COUTUMES

GÉNÉRALES

DU PAYS ET COMTÉ

DE BLOIS.

COUTUMES

GÉNÉRALES

DU PAYS ET COMTÉ

DE BLOIS,

Enſemble les Coutumes Locales des Baronnies &
Châtellenies ſujettes du Reſſort de ſon Bailliage,

Avec des Notes *particuliérement étendues sur les Articles
qui different de la Coutume de Paris & du Droit commun*,

Par M. FOURRÉ, Avocat du Roi au Préſidial de Blois.

TOME SECOND.

Refellere ſine pertinatiá, & refelli ſine iracundiá parati ſumus.
Cicer. Tuſcul. Quæſt. Lib. 2.

A BLOIS,

Chez J. P. J. Masson, Imprimeur-Libraire, grand'Rue.

Et ſe vend,

A PARIS, chez De Lalain, Libraire, Rue de la Comédie Françoiſe.

M. DCC. LXXVII.

AVEC APPROBATION ET PRIVILEGE DU ROI·

COUTUMES
LOCALES

DU COMTÉ ET BAILLIAGE DE DUNOIS (a), *Seigneurie de Marchenoir & Freteval, Membres dépendans dudit Comté, & toutes autres Terres enclavées qui font fous les Coutumes étant régies & gouvernées par la Coutume de Dunois.*

(a) LE Dunois eſt fous le reſſort du Bailliage de Blois ; mais il a ſes Coutumes locales, dont les diſpoſitions aſſez étendues contiennent cent Articles en dix-ſept Chapitres.

Par Coutumes locales d'une contrée ſubordonnée à une Coutume générale, il ſembleroit qu'on ne dût entendre que des diſpoſitions en contradiction ou du moins en oppoſition avec celles de cette Coutume générale ; mais il n'en eſt pas ainſi. Si le Dunois dans la plupart de ſes Articles fait oppoſition à la Coutume de Blois, il en eſt quelques-uns qui ſont entiérement conformes. C'eſt ce qu'on peut reconnoître en conférant entr'autres Articles ceux qui concernent le champart ou terrage, & les Articles 262 de Blois & 96 de Dunois, aux titres *des exécutions.*

Il en eſt de même des autres locales de notre Comté & Bailliage. Les cahiers qui en furent préſentés aux Commiſſaires du Roi, contenoient pluſieurs Articles qu'ils ne jugerent pas à propos, comme ils le diſent eux-mêmes par le procès-verbal, d'inférer à cauſe de leur conformité avec la Coutume générale ; mais outre qu'ils ont laiſſé ſubſiſter pluſieurs de ces diſpoſitions, quoique conformes à la générale, on verra que dans les retranchemens qu'ils ont faits, ils n'ont pas toujours apporté toute l'attention convenable.

A

Une chose digne de remarque , & propre en même temps à faciliter l'intelligence des dispositions locales du Dunois, est qu'elles ne font pour la plupart qu'une copie *de verbo ad verbum* de l'ancienne Coutume d'Orléans. Nous parlons de celle surnommée *l'ancienne Coutume de Lorris*, réformée en 1509.

Lalande, dans la Préface de son Commentaire sur la nouvelle Coutume , (celle de 1583) nous explique la raison pour laquelle elle conserve ce sur-nom ; que c'est parce qu'une premiere rédaction de la Coutume d'Orléans avoit été faite sous Philippe de Valois , en la Ville de Lorris, temps auquel la Ville d'Orléans étoit tenue en apanage ; que pendant la durée de ces apanages , nos Rois, jusqu'à Charles IX , établissoient une ou plusieurs Cours pour les cas royaux & privilégiés ; que ces Cours n'étoient jamais dans la Ville principale de l'apanage ; que c'est ainsi que Charles VI , donnant la Touraine en apanage à son frere Louis de France , établit un Siege royal à Chinon ; que comme la rédaction du droit coutumier est un cas royal, nul en France ne pouvant faire des Loix & Statuts sans l'autorité du Prince , on auroit craint de donner atteinte à cette maxime , si ces rédactions eussent été faites dans la Ville principale de l'apanage.

Mais ni cette remarque , ni rien de ce que dit Lalande sur l'origine des Coutumes en général , & particuliérement sur ce qui peut concerner les différentes rédactions de celle d'Orléans , ne nous apprend pourquoi le Dunois differe autant des Coutumes Blésoises , & est si littéralement conforme dans nombre de ses Articles à celles d'Orléans.

Quant aux différences d'avec la Coutume de Blois , nous observerons que le ressort du Dunois au Bailliage de Blois n'est pas fort ancien. Châteaudun ne le cede point en ancienneté à la Ville de Blois : le Dunois avoit ses Comtes ou Gouverneurs , comme Blois avoit les siens ; & il n'est pas trop certain, quoiqu'on l'ait avancé au Mémoire de M. de S. Michel, contre M. le Duc de Chevreuse, que les quatre Comtes de Blois , prédécesseurs de Thibault, dit *le Vieux* ou *le Tricheur*, aient été Comtes de Dunois. Il est probable au contraire que ce fut lui qui s'empara du Dunois § , comme il fit du Berry jusqu'à l'Indre : mais il ne posséda le Dunois que comme un fief distinct & indépendant du Comté de Blois.

Châteaudun avoit aussi son Vicomte ; & cette dignité, comme

§ Il y a des Auteurs qui prétendent que Hugues Capet le lui inféoda , mais probablement après qu'il s'en fut emparé.

tous les autres emplois civils & militaires, prit dans ces temps la forme & la nature d'un fief.

Louis de France, lors Duc de Touraine, & depuis d'Orléans, qui fit le 13 Octobre 1391 l'acquisition des Comtés de Blois & de Dunois, avoit acquis par contrat du jour précédent de Guillaume de Craon, cette Vicomté de Châteaudun.

Le Comté de Blois & celui de Dunois étoient donc deux fiefs pairs en dignité, comme l'avoient été les bénéfices dont ils avoient pris la place. Ces deux Seigneuries, quoique possédées par un même Seigneur, ne ressortissoient point l'une à l'autre. Les Officiers qui prirent en Dunois la place de ceux qui, avant la formation des fiefs, rendoient la justice au nom du Roi, jugeoient en souveraineté & sans appel comme ceux du Comté de Blois; & s'il y avoit quelques plaintes à faire de leurs jugemens, ou quelques cas qui regardassent la Justice royale, la marche étoit la même pour le Comté de Dunois que pour le Comté de Blois.

Le Dunois ne paroît avoir été subordonné au Comté de Blois & sujet à son ressort, qu'en conséquence de la clause apposée à la donation que Charles d'Orléans, fils de Louis, en fit en 1439 à son frere naturel Jean §. Or au temps de cette donation & de cette loi de ressort imposée, nos Coutumes étoient formées, non pas à la vérité telles que nous les avons : elles n'étoient point par écrit, ou l'écrit qui les contenoit étoit sans authenticité; mais les principales dispositions qui en font le fond, & qui, par succession des temps, ont été étendues, existoient. La Thomassiere, dans son Avertissement, à la tête de son Commentaire sur la Coutume de Berry, dit que celle de la Ville & Septaine de Bourges fut rédigée par écrit vers 1300. Philippe de Beaumanoir écrivoit en 1283 les Coutumes & Usages du Beauvoisis; & Guydo, Doyen de Saint-Quentin en Vermandois, fit dès le regne de Philippe premier, vers la fin du onzieme siecle, le Recueil par écrit de quelques Coutumes de son temps.

Il ne sembleroit donc pas surprenant que le Dunois, qui ne ressortissoit point à Blois, eut ses Coutumes particulieres : mais d'autre part tous nos Auteurs attribuent la principale cause de la diversité de nos Coutumes au changement que fit naître l'introduction du droit féodal & aux différentes vues de politique & d'intérêt, suivant lesquelles cette multitude de Semi-Souve-

§ Lorsqu'en 1383, Guy second de Chatilon, mariant son fils avec Marie de Berry, lui donna le Comté de Dunois, ce fut bien sous condition de le tenir en foi & hommage de lui Comte de Blois : mais il ne paroit pas que ce fût sous la condition de ressort & souveraineté de Justice

A ij

rains, qui mirent le Royaume en lambeaux, gouvernoient les provinces qu'ils s'étoient appropriées. On fait qu'ils fe donnerent la licence de faire eux-mêmes de nouvelles loix : *novas leges concinnarunt, & provincialibus confuetudines quibus pro lege uterentur dedére.* Auteferre, *de Ducibus & Comitibus*, liv. 2, chap. 3.

Or puifque le Bléfois & le Dunois ont été depuis cette époque fous la même domination, comment fe fait-il que les Coutumes y foient différentes ?

Si leurs difpofitions ne différoient que dans ce qui eft étranger au droit féodal, on pourroit dire que fi ce droit apporta bien des changemens, il ne détruifit pas tout, & feulement ce qui lui étoit relatif : mais ce n'eft pas moins dans les matieres féodales que dans celles qui n'y ont nul rapport, comme les prefcriptions, que la Coutume de Dunois differe de celle de Blois, & eft copiée fur l'ancienne d'Orléans. Celle de Blois défend le démembrement de fief, celle de Dunois le permet comme Orléans. A Blois, le vaffal n'eft obligé pour porter la foi à fon Seigneur, que de fe tranfporter au fief dominant, Dunois comme Orléans l'oblige d'aller trouver le Seigneur s'il eft dans les dix lieues. Blois établit le quint & requint en vente de fief, Dunois feulement le rachat ; il eft vrai qu'à cet égard Dunois s'éloigne également d'Orléans, mais au mot près de *rachat*, l'Article premier de Dunois eft copié fur le premier & cinq d'Orléans §. Blois pour le profit de rachat n'oblige le vaffal qu'à offrir le revenu de l'année, Dunois comme Orléans veut qu'il offre le choix de trois chofes, & delà comme à Orléans un tarif pour aider les prudhommes dans leur eftimation. Blois fait ceffer la garde, & met le mineur en âge de porter la foi à 14 ans pour les mâles, & à 12 pour les fémelles : Dunois comme Orléans feulement à 20 ans pour les mâles & à 14 pour les fémelles. Blois admet le parage, Dunois n'en admet que les mêmes reftes qu'Orléans. Blois donne à l'aîné manoir en fucceffion de pere & de mere, Dunois comme Orléans ne le donne qu'en fucceffion de pere ou de mere. Il y a une multitude d'autres différences avec Blois & de conformités avec Orléans, qui feront remarquées dans nos Notes.

Comme cette conformité avec Orléans n'eft pas fimplement dans l'efprit, mais entiere dans la lettre, il en réfulte que les anciennes Coutumes d'Orléans ont été reçues dans le Dunois : mais quand cette introduction s'eft-elle faite, & l'a-t-elle été librement ? C'eft ce qu'il n'eft pas facile de décider.

§ Sur les caufes de cette différence entre Orléans & Dunois. *V. les Notes fur l'Article* 31 *de Dunois.*

A travers cette obſcurité, on ne peut guere ſe livrer qu'à des conjectures. L'aſſaſſinat de Louis, Duc d'Orléans, par le Duc de Bourgogne en 1407, fut ſuivi de guerres qui déſolerent particu-liérement l'Orléannois & la Beauce. Il eſt évident que dans un pays fréquemment livré aux incurſions des ſoldats & au pillage, l'adminiſtration de la Juſtice & les Loix elles-mêmes dûrent beau-coup ſouffrir. Charles d'Orléans, fils de Louis, étoit encore pri-ſonnier à Londres, lorſqu'en 1439 il fit à ſon frere naturel la premiere donation du Comté de Dunois, qu'il réitera & pour la pleine propriété en 1441, après avoir recouvré ſa liberté.

Jean, devenu Comte de Dunois, ſon premier ſoin dût être de réparer les déſordres que la guerre avoit cauſés, & de redreſſer les Loix que la licence avoit altérées. Les Coutumes d'Orléans avoient été rédigées par écrit ſous Philippe de Valois, c'eſt-à-dire à peu-près un ſiecle auparavant : ces Coutumes différoient peu en ſubſtance de celles du pays, Jean les aura probablement don-nées pour regles à ſes Juges, ſi peut-être d'eux-mêmes, par leur voiſinage, ils ne les avoient déja adoptées.

Qu'on ne diſe pas que la charge du reſſort, impoſée par Charles, en la donation par lui faite à ſon frere naturel, dût s'oppoſer à ce changement; que les Juges de Blois dûrent être jaloux de ramener ceux du Dunois à leur Coutume. Le reſſort dans ces temps ne faiſoit pas que l'appel ſe portât à Blois, mais il étoit jugé dans le lieu même par un Juge prépoſé à cet effet, ou dans des aſſiſes que le Juge ſupérieur alloit y tenir. Auſſi les Lettres de donation de 1439 portent-elles cette clauſe : *pour leſ-quels reſſort & ſouveraineté exercer toutes fois que bon nous ſemblera, nous aurons ſiéte & place éſdits Comté & Vicomté de Châteaudun & de Dunois, Bailli & Sergent ſi métier eſt.* C'eſt ainſi que ceux de Ro-morantin, quoique reſſortiſſans au Bailliage de Blois, n'étoient point obligés de venir plaider au perron de Blois, mais devoient être jugés en cas d'appel à Romorantin même par le Bailli de Blois ou ſon Lieutenant: ce qu'ils ont réclamé, lors de la ré-daction de notre Coutume, comme un privilege particulier dans lequel ils ſe ſont conſervés, quoique ce ne fût qu'un reſte de l'ancien uſage général.

Rien n'a donc empêché que les Coutumes d'Orléans ne priſ-ſent racine en Dunois; mais comme Marchenoir & Fréteval étoient des Châtellenies particulieres qui avoient chacune leur Juge, leur plus grande proximité de Blois, & une relation plus fréquente, ont été cauſe qu'elles ont conſervé une plus grande conformité avec les Coutumes Bléfoifes, que n'a fait le furplus du Dunois.

Mais il refte dans notre fyftême une difficulté à réfoudre. En fuppofant que les Coutumes d'Orléans fe foient introduites dans le Dunois de la maniere que nous venons de le dire, on conçoit que fi la conformité n'eft pas entiere avec la Coutume réformée à Orléans en 1509, c'eft parce que lors de cette réformation, il fut fait plufieurs changemens & en même tems un très-grand nombre d'additions fondées fur les interprétations des Jurifconfultes & les décifions des Arrêts. Le Dunois, alors parfaitement foumis pour le reffort au Siege du Bailliage de Blois, ne pouvoit pas adopter ces nouvelles décifions. Mais il n'eft pas fi aifé d'imaginer comment ce nombre d'Articles de la Coutume de Dunois, qui fe trouvent conformes à la Coutume d'Orléans, le font jufques dans les mêmes expreffions de la réformation de 1509.

S'il m'eft permis de rifquer encore fur ce mes idées, je dirai que le ftyle dans lequel fe trouvent rédigées les Coutumes d'Orléans de la réformation de 1509, n'eft point, fi ce n'eft pour les Articles qui furent ajoutés ou changés, l'ouvrage de l'affemblée des trois Ordres dans laquelle elles furent reconnues ou confenties, ni celui des Commiffaires, ni de perfonnes chargées de leur part; que les cahiers qui contenoient les anciennes Coutumes étoient depuis long-temps écrits; que ces écrits fe trouvoient dans tous les Sieges qui en fuivoient les difpofitions; qu'il ne leur manquoit guere que l'authenticité & de ne pouvoir être altérées, motifs qui déterminerent nos Rois à en ordonner des rédactions folemnelles plutôt que le projet de ramener toutes ces Coutumes à une feule §. Ces écrits fans doute dûrent changer

§ Ce projet paroit peu difficile quand on ne compare une Coutume qu'avec celles qui l'environnent. Les différences font peu de chofe : & elles feroient bien moins grandes encore fi toutes avoient été rédigées en même temps, qu'il eût été poffible que ce fût en préfence des mêmes Commiffaires, & fi la réformation de quelques-unes n'avoit opéré de plus grands changemens. Orléans admet en collatérale la repréfentation fuivant le droit, Blois ne l'admet pas : mais anciennement ni Blois ni Orléans ne l'admettoient pas même en directe, & c'étoit le droit commun coutumier de la France. *V. les anciennes Loix des François par M. Houard.*

Si au contraire on compare nos Coutumes des Provinces méridionales voifines des pays qui fe régiffent par le droit écrit, avec les Coutumes des Provinces qui font au nord de la France, la difficulté de fondre toutes les Coutumes en une feule devient bien plus grande; & elle s'accroit encore en raifon de ce que ces Provinces ont été plus ou moins de temps fouftraites à l'obéiffance de nos Rois, comme le pays d'Artois, la Normandie, le Maine, l'Anjou, le Poitou, la Bretagne.

plus d'une fois à mesure que le langage se perfectionnoit, mais c'étoient toujours les mêmes mots plus francifés, formés par plus ou moins de lettres ; ou si l'on veut que le style & les expreſſions aient changé, c'eſt lorſqu'auparavant les aſſemblées ordonnées pour les rédactions folemnelles, on demandoit aux Juges, aux Avocats, aux Praticiens de chaque lieu des cahiers & mémoires de leurs anciennes Coutumes, & qu'ils s'aſſembloient pour les arrêter entr'eux. Il eſt très-poſſible que ceux de Dunois, à qui on demandoit de femblables cahiers pour la rédaction ordonnée par Louis XII, des Coutumes de Blois, aient réformé l'ancien style des vieilles Coutumes d'Orléans qu'ils ſuivoient, ſur celui dans lequel les Articles qui leur étoient communs venoient d'être couchés en 1509.

CHAPITRE PREMIER.

Des Fiefs.

ARTICLE PREMIER.

LE Vaſſal peut (*a*) vendre fon fief ou partie (*b*) d'icelui, fans le confentement de fon Seigneur de fief ; & eſt tenu le Seigneur recevoir en foi & hommage l'acquêteur dudit fief ou partie d'icelui en lui payant les profits & rachats de fief qui feront dus : auſſi peut ledit Vaſſal vendre rentes fur fon fief fans le confentement de fondit Seigneur ; mais ledit Seigneur n'eſt point tenu recevoir en foi & hommage l'acquêteur de la rente fe bon ne lui femble. Et auſſi ne peut ledit Seigneur de fief contraindre l'acquêteur de ladite rente, de lui faire la foi & hommage de ladite rente.

(*a*) Cet Article eſt une copie littérale du premier & du fecond Article de l'ancienne Coutume d'Orléans, aujourd'hui premier & cin-

(*b*) Cette Note fe trouve page fuivante.

quieme de la nouvelle. La feule différence eft que l'Article premier d'Orléans dit *en payant le quint denier de la vente*, au-lieu que
notre Article dit *en payant les profits & rachats de fief.* Voyez fur
l'Article 31 quel eft ce profit.

(*b*) Voyez fur ces mots, *ou partie*, ce que nous avons dit fur
l'*Article 61* de la Générale au fujet de la nouvelle explication du
démembrement donnée par Guyot.

Au refte fi cette explication de Guyot étoit admife, & que ces
mots *ou partie* n'emportaffent pas faculté de démembrer fans le
confentement du Seigneur, au moins feroit-il vrai que cette Locale différeroit toujours de la Générale en ce qu'elle ne limite point
point le jeu de fief.

Et conféquemment le vaffal peut s'ébattre de telle portion que
bon lui femble par accenfement, bail à rente non-rachetable ou
autre devoir retenu, fans que le Seigneur puiffe l'empêcher, ni
qu'il foit dû aucun profit.

Nous croyons même que par fuite du même principe, le
vaffal peut donner tout fon fief à rente avec deniers d'entrée,
même équipolens à la valeur du fief, & qu'à cet égard la Coutume de Dunois doit être interprétée par celle d'Orléans dont
l'Article fept en contient difpofition §.

Si au contraire, le vaffal aliene quelque partie que ce foit de
fon fief, par vente on donation, fans fe réferver d'en porter la
foi & un devoir fur la partie aliénée, il eft dû au Seigneur les profits & rachats de fief de cette portion, & l'aliénataire eft tenu de
lui en porter la foi.

§ Il fuit de l'Arrêt de 1775, rendu au profit de M. le Duc d'Orléans, cité
fur l'Article 61 de la générale, *note* (*a*), *n.* 3°, que les baux fous la réferve
d'un fimple cens avec deniers équipolens à la valeur de l'héritage, donnent ouverture aux droits feigneuriaux, & conféquemment au rachat en Dunois.

Article II.

Le Vaffal, quand la foi faut de fon côté (*a*), il
eft tenu d'aller devers fon Seigneur de fief faire la foi

(*a*) Il n'eft pas néceffaire que le vaffal foit faifi pour qu'il foit
tenu d'aller trouver le Seigneur ailleurs qu'au principal du fief.
En quoi diffère d'Orléans *Article* 45.

&

& hommage de fon fief, s'il (*b*) eſt (*c*) à dix lieues près de fondit fief, à cauſe duquel (*d*) le Vaſſal eſt tenu lui faire la foi, ſi tel Seigneur de fief a domicile au dedans deſdites dix lieues, & s'il eſt outre leſdites dix lieues, il ſuffit aller audit lieu à cauſe duquel ledit Vaſſal eſt tenu faire la foi & hommage, & offrir (*e*) payer les profits de fief, s'aucuns on doit, tel qu'il feroit à la perſonne de fon Seigneur de fief : après leſquelles offres ledit Vaſſal peut jouir de fon fief ſans offenſe : autrement tel Vaſſal ne fait fon devoir, & pourra ledit Seigneur de fief jouir & uſer de fon

(*b*) Le Seigneur.

(*c*) Ajoutez demeurant, comme en l'Article 45 d'Orléans; & par l'addition de ce feul mot, on pourra retrancher ceux *ſi tel Seigneur du fief a domicile au-dedans deſdites dix lieues*, qui ſont déplacés dans le Texte.

(*d*) Ce pronom eſt ici relatif au fief dominant, l'Article 24 ci-après ne laiſſe aucun doute. Cet Article, parlant de l'obligation du vaſſal d'aller vers la perſonne du Seigneur, dit : *S'il eſt demeurant a dix lieues près du lieu à cauſe de quoi il tient fon fief.* Ce qui eſt bien plus correct que de dire, comme notre Article : *le lieu à cauſe duquel le vaſſal eſt tenu faire la foi*, dont le ſens le plus naturel ſembleroit ſe référer *au lieu tenu*, & non au lieu dont on tient.

L'Article 45 d'Orléans, qui ne s'exprime pas mieux que le nôtre, porte dans ſa fin une exception que nous devons également admettre : ſavoir que quand le fief dominant eſt ſans manoir ni domaine, les dix lieues doivent alors ſe compter à partir du fief ſervant.

1. Pour obliger le vaſſal d'aller trouver fon Seigneur domicilié dans les dix lieues, il ne ſuffit pas que la Coutume du fief dominant l'exige, ſi celle du fief ſervant n'en dit rien : *aut* *vice verſà* que celle du fief ſervant l'exige, ſi celle du fief dominant n'en dit rien.

(*e*) L'Article 45 d'Orléans dit : *faire ou offrir leſdites foi & hommage, & payer les profits ſi aucuns ſont dûs, & faire telles offres qu'il feroit a la perſonne de fon Seigneur féodal.*

Lorſque dans la Coutume d'Orléans le vaſſal ſe tranſporte au fief

B

droit. Mais si le Seigneur de fief ignorant (*f*) lesdites offres faites par son Vassal en son absence, saisit ou resaisit ledit fief & le Vassal ne va dans quarante jours après le second (*g*) saisissement faire ses offres (*h*) comme dessus & payer ses devoirs de fief, ledit Seigneur de fief pourra exploiter (*i*) ledit fief par la commission de son Juge, s'il a Justice, sinon par son Supérieur ayant Justice.

dominant, & qu'au-lieu de simplement offrir la foi, il la fait au Seigneur absent, il n'est pas obligé d'y retourner en cas de nouvelle saisie. Mais il n'en est pas de même en Dunois. Le vassal, au cas d'absence du Seigneur, ne peut qu'offrir la foi & non la faire ; & s'il est saisi ou resaisi, il doit retourner à la foi dans 40 jours. Les frais de cette saisie ou resaisie sont aux dépens du Seigneur.

(*f*) Ce mot *ignorant*, signifie ici *prendre cause d'ignorance*, autrement *ne vouloir se contenter*.

(*g*) Cette épithete *second* s'entend du cas où le vassal fait ses offres en l'absence du Seigneur après une premiere saisie, & le Seigneur use de resaisissement ; mais si les offres avoient été faites avant toute saisie, il ne faut pas croire que le Seigneur, pour obliger le vassal à faire la foi, soit necessité de saisir & resaisir : le vassal au premier saisissement doit aller faire la foi ou ses offres.

(*h*) Et d'après cette seconde offre, le vassal n'est plus tenu de retourner, quelque sommation qui lui en soit faite.

(*i*) Cette exploitation en pure perte a-t-elle lieu de plein droit, ou bien la saisie ou resaisie sur les premieres offres du vassal, ne vaut-elle que sommation ?

J'estime que quand la saisie ou resaisie est faite par commission du Juge du Seigneur ou de celui supérieur, les fruits sont acquis en pure perte, si le vassal ne va dans 40 jours faire son devoir. *Secùs*, si le Seigneur n'a usé que de simple sommation. *Article 61 & 67 d'Orléans.*

Mais les fruits cueillis dans les 40 jours tombent-ils en perte ? L'affirmative paroîtroit suivre des termes de l'*Article 61 d'Orléans*, mais l'espece n'est pas tout-à-fait la même : il y est question de saisie faite sur vassal qui n'a point encore fait d'offres, la Note sur l'*Article 67 d'Orléans* semble ne donner au Seigneur que les fruits cueillis depuis les 40 jours, & ce fentiment me paroît préférable.

Notre Article de Dunois differe donc de la Générale, 1°. en ce que le vaffal eft tenu d'aller vers la perfonne du Seigneur, s'il eft dans les dix lieues du fief dominant.

2°. En ce que l'offre de foi n'équivaut à foi faite que dans le cas où cette offre fe fait pour la feconde fois, fur la fommation ou faifie du Seigneur.

ARTICLE III.

Quand aucun doit rachapt, il doit offrir à fon Seigneur de fief, l'une (*a*) des trois chofes. Savoir eft la revenue d'une année de fon fief : une fomme d'argent telle que le Vaffal verra être convenable : ou ce que deux Prudhommes eftimeront : & dès-lors ledit Seigneur de fief ne fait plus les fruits fiens (*b*) dudit fief, mais fi bon femble audit Seigneur, il aura quarante jours pour choifir & eflire l'une defdites trois offres.

(*a*) Il faut lire *le choix de l'une des trois chofes*, ou comme dans l'Article 52 d'Orléans, fur lequel voyez M. Pothier, *offrir trois chofes*, en quoi Dunois & Orléans font plus conformes au droit commun que le 91 de Blois.

(*b*) Il ne les faifoit fiens qu'autant qu'il avoit faifi faute de foi & payement de profits, ou faute de foi feulement.

ARTICLE IV.

Si le Seigneur féodal prent & eflift la jouiffance de ladite année, ledit Seigneur payera les loyaux coûts & mifes. Et s'il choifit le dit de deux Prud'hommes, le Seigneur en prendra & eflira un, & le Vaffal l'autre, lefquels arbitreront en leurs confciences ce que peut valoir ledit rachat.

B ij

Article V.

Quand un Vaſſal a fait ſes offres au Seigneur de fief, ledit Seigneur de fief eſt tenu rendre réponſe à ſon Vaſſal dedans quarante jours, laquelle des offres il veut accepter : & en défaut de ce faire ledit Seigneur de fief ne peut prendre, accepter ou choiſir l'année (a) : mais ſeulement peut prendre & choiſir lequel qu'il lui plaira de la ſomme de deniers ou du dit de deux Prudhommes. Et eſt compté le jour des offres pour le premier deſdits quarante jours. Et eſt ledit Vaſſal tenu retourner (b) à la fin deſdits quarante jours (c), & demander réponſe de ſes offres quand il doit rachapt.

(a) La Coutume d'Orléans ne prononce point contre le Seigneur cette déchéance du droit d'opter l'année du revenu : mais auſſi ne peut avoir lieu en Dunois l'Article 55 d'Orléans, qui dit que ſi le vaſſal, après les offres faites, laiſſe ſon héritage vacant pendant un an, il eſt quitte du profit de rachat. En Dunois, ſi le Seigneur n'a pas fait ſignifier ſon option dans les 40 jours, le vaſſal qui retourne demander réponſe, peut réduire l'option à la ſomme offerte ou au dit de prud'hommes.

(b) Il doit ſe tranſporter non avec des huiſſiers, mais avec un Notaire & témoins pour requérir la réponſe. On doit prendre la même précaution dans tous les actes qui ſe font du vaſſal au Seigneur, ainſi que pour toutes réquiſitions, ſommations faites aux perſonnes vers leſquelles la nature ou les loix nous impoſent obligation de reſpect.

S'il en eſt autrement des ſommations de juger, c'eſt qu'elles ſe font au Greffe.

(c) Guyot, *du Rachat. pag. 366*, tient que le vaſſal peut aller requérir cette réponſe le 40e. jour : & ſe fonde ſur ces mots, *retourner à la fin deſdits 40 jours.*

Je trouve qu'à l'apui de ce ſentiment viennent mieux encore ceux qui impoſent au Seigneur obligation de rendre réponſe au vaſſal dedans *40 jours* : mais je crois que ſi le vaſſal va demander cette réponſe avant que le 40ᵉ jour ſoit révolu, le Seigneur peut encore choiſir l'année du revenu.

ARTICLE VI.

Et ſi le Seigneur de fief accepte la ſomme de deniers qui lui ſera offerte (*a*), en ce cas les fruits empêchés ou levés (*b*), feront reſtitués au Vaſſal en payant les frais.

(*a*) Ou le dire de prud'hommes. *Orléans 59.*

(*b*) Ceci ſuppoſe, comme en l'*Article* 3, que le Seigneur avoit ſaiſi. L'offre du rachat empêchoit bien que le Seigneur ne continuât de faire les fruits ſiens, mais le vaſſal pendant le temps accordé au Seigneur pour faire ſon option, n'a point de mainlevée.

ARTICLE VII.

Quand un Seigneur féodal a choiſi l'année pour le profit de rachat à lui dû, & en icelle année audit fief. y a bois prêts à couper ou étangs à pêcher, ledit Seigneur ne peut couper ledit bois, ne pêcher leſdits étangs en l'état qu'ils ſont ; mais doit prendre ſeulement la revenue d'une année. Et doit-on eſtimer combien le revenu deſdits bois & étangs peut valoir pour une année : & n'aura ledit Seigneur ſinon la valeur du revenu d'une année.

Cet Article ne fait point Coutume locale. Il en eſt de même dans la Générale , & tel eſt le droit commun. *Voyez l'Article 57 d'Orléans & l'Article 54 de la même Coutume*, ajouté lors de la réformation. *Voyez auſſi l'Article 92 de Blois & les Notes.*

Quoique l'étang ne ſoit pas prêt à pêcher, ni le bois à couper, le Seigneur y prend également le revenu d'une année.

Article VIII.

Entre trois ou plufieurs enfans, en fucceffion de fief, en ligne directe, le fils aîné prend un manoir patri-monial (*a*) avec les Vaffaux (*b*) dépendans dudit prin-cipal manoir, ainfi qu'il fe comporte & pourfuit avec le vol d'un chapon eftimé à trois mines de terre (*c*) à l'entour dudit manoir, s'il y a tant de terre joignant; enfemble la moitié de tous & chacuns les héritages, rentes & revenus tenus en fief : & les autres enfans, foient fils ou filles auront l'autre moitié, laquelle ils partiront également, & y aura autant la fille que le fils.

(*a*) Ce mot, *patrimonial*, eft furabondant, il ne fignifie rien autre chofe ici que dépendant de la fucceffion.

(*b*) Ce mot doit être ici pris ftrictement, & ne s'entend que de ceux qui tiennent à hommage, & non de ceux qui tiennent à cens ou terrage, fauf à l'aîné fa plus grande part.

(*c*) Ce qui revient à notre arpent, mais excede d'un tiers l'ar-pent ordinaire en Dunois. Voyez les Notes fur les *Articles* 23, 25 & 51 *ci-après*.

Cet Article ne differe de la Générale qu'en ce qu'il donne à l'aîné les vaffaux par préciput.

Article IX.

* Et s'il n'y a que deux enfans, le fils aîné pren-dra le manoir & vaffaux ainfi que dit eft, & les deux tiers du réfidu ; & l'autre foit fils ou fille, aura l'au-tre tierce partie des chofes féodales, fors & excepté à Marchenoir (*a*) qui fe régit & fe gouverne en ce cas felon la Coutume générale.

(*a*) Cette exception de Marchenoir ne tombe que fur les

vaſſaux, puiſque dans tout le reſte, l'Article eſt conforme à la Générale.

ARTICLE X.

Le fils aîné ne peut demander droit ou prérogative d'aîneſſe quant au manoir (a) qu'une fois ſeulement en ſucceſſion de pere, ou en ſucceſſion de mere (b),

(a) Ceci doit s'entendre de tout ce qui forme le préciput, vaſſaux & vol du chapon, de ſorte que l'aîné, qui prend ce préciput en l'une des deux ſucceſſions, prend ſeulement en l'autre ſa portion avantageuſe dans le manoir & dans les vaſſaux, comme dans les autres dépendances du fief : mais ſon choix n'eſt conſommé qu'après les deux ſucceſſions échues. La Coutume d'Auxerre, *Article 55*, & celle de Châteauneuf, *Article 5*, en contiennent une diſpoſition préciſe.

(b) Cette diſpoſition eſt conforme à celle de l'*Article 97 d'Or-léans*, qui étoit le 27 de l'ancienne, ſur lequel Dumoulin a fait cette Note : *etiamſi utriuſque ſit heres, idem Conſuetudo Dunenſis : ſed non debet fieri extenſio ad ſucceſſiones avi & aviæ, quia iſte §. exhorbitat a regulâ communi Conſuetudinum.*

M. Pothier, ſur cet Article 97 de la nouvelle Coutume d'Or-léans, dit auſſi qu'il ne doit pas être étendu aux ſucceſſions des autres aſcendans, dans leſquelles l'aîné, qui ſuccede par repréſentation de ſon pere ou de ſa mere, peut prendre un manoir, quoiqu'il en ait pris un dans celle de ſon pere ou de ſa mere.

Ceci ſert d'explication à la Note de Dumoulin, dont on ne doit pas inférer que le petit-fils peut prendre un manoir en la ſucceſſion de l'ayeul paternel, & un autre en la ſucceſſion de l'ayeule maternelle.

1. Il faut encore obſerver que notre diſpoſition ne reçoit ſon application qu'entre enfans d'un même lit, ſuivant une autre Note de Dumoulin, ſur l'*Article 3 de la Coutume de Dreux*, qui ne donne pareillement qu'un manoir dans les deux ſucceſſions. Voici les termes de cette Note : *id eſt, ſi illud accepit in ſucceſſione communis patris, non debet rursùs aliam principalem manſionem capere in ſucceſſione communis matris, & è contra. Secùs ſi parens, in cujus ſucceſſione accepit, non eſſet communis, ſed alterius matrimonii.*

Mais comme le remarque Le Brun, *des ſucceſſ. liv. 2, chap. 2, ſect. 1, n. 74.* cela ne doit s'entendre que dans le cas où le fils

pourvu que tel manoir foit entier (*c*) : fauf à Marchenoir & Freteval où ledit fils ainé prend manoir tant
en fucceffion de pere qu'en fucceffion de mere.

du premier lit eft enfant unique : autrement s'il a pris un manoir
en fucceffion de fa mere, il n'en peut prendre un fecond en celle
du pere, puifqu'au refpect de fes freres germains, il auroit un
manoir en fucceffion de mere, & encore en fucceffion de pere.
Mais il lui eft libre de choifir ; & s'il fe tient au manoir d'un
fief dépendant de la fucceffion de fa mere, l'effet de ce choix eft
tel que s'il fe trouve dans la fucceffion de la feconde femme un
fief avec manoir, le fils aîné de ce fecond lit relativement au
pere, & premier lit relativement à la feconde femme, a droit
de prendre le manoir : droit qui lui feroit enlevé, fi le fils aîné
du premier lit du pere avoit au contraire opté fon manoir en fa
fucceffion.

(*c*) Ainfi lorfque le manoir eft conquêt de la communauté des
pere & mere, le fils aîné le prend en entier à moins qu'il ne fût
pas héritier des deux.

ARTICLE XI.

Les enfans mâles nobles ou non nobles font réputés en âge quant à droit de fief, & faire finir leur
garde à vingt ans & un jour, & les filles à quatorze
ans & un jour (*a*).

(*a*) Differe quant à l'âge auquel finit la garde, & commence
la majorité pour porter la foi, & eft femblable à l'*Article* 24
d'Orléans.

ARTICLE XII.

Un fils aîné (*a*) noble ou non noble, âgé de vingt
ans & un jour, peut (*b*) porter la foi & hommage

(*a*) Cet Article établit un efpece de parage bien moins étendu
que celui du Chapitre 6 de la Coutume générale, qui conféquemment n'a pas lieu dans cette Locale.

(*b*). Cette Note fe trouve page fuivante.

pour

pour tous ſes freres & ſœurs mariés & non mariés (*c*),
& garder une fois en ſa vie (*d*) ſeſdits freres & ſœurs
de payer profit ſoit qu'il y ait partage ou non (*e*) :
& la fille à quatorze ans & un jour non mariée peut
porter la foi & hommage de ſes héritages féodaux ſans
payer aucun profit (*f*).

Si le fils aîné renonce, ce droit paſſe à celui qui prend ſa
place, quoique ſans prérogative. Voyez Dumoulin, ſur l'*Article
35 de Paris*, *gloſſ.* 1ʳᵉ, *queſt.* 3, *n.* 6.

(*b*) Il n'y peut être contraint par ſes puînés. Voyez Lalande,
ſur l'*Article 35 d'Orléans*.

(*c*) Cet affranchiſſement de profit porte ſur le mariage actuel
des filles, ou ſur le premier que les filles ou veuves contractent
depuis l'ouverture des ſucceſſions des pere & mere, mais ne va
point au-delà. *V. les Articles 35 d'Orléans, & 35 de Paris.*

Mais l'affranchiſſement pour le premier mariage des filles, lors
même qu'il n'y a point de fils aîné qui porte la foi, qui a été
ajouté dans ces deux Coutumes lors de leur réformation, n'a
point lieu dans cette Locale : & c'eſt la raiſon pour laquelle,
lorſque le fils aîné renonce, nous croyons qu'on doit ſuivre l'o-
pinion de Dumoulin, ci-deſſus, Note (*a*).

(*d*) Si le fils aîné, qui a porté la foi, décede ſans enfans, il
n'eſt dû rachat que de ſa portion, quoique le fief ſoit demeuré
indivis : c'eſt ce qui réſulte de ces mots, *garder une fois en ſa vie.*

Bien plus : les freres & ſœurs, au nom deſquels il a porté la
foi, ne ſont pas obligés d'y retourner, *quia cenſentur in fidem ad-
miſſi organo fratris.* Lalande, *ibid.*

(*e*) Un frere, après partage fait avec ſa ſœur pour laquelle il
avoit porté la foi, acquiert d'elle le fief qui lui étoit échu. Nous
avons eſtimé, M. Legroux & moi (Juin 1762) qu'il doit les profits & même une nouvelle foi.

(*f*) Si elle porte la foi au-lieu de ſon aîné, & qu'enſuite elle
ſe marie, elle doit le rachat.

A ʀ ᴛ ɪ ᴄ ʟ ᴇ XIII.

Le fils du fils aîné (*a*) n'autres de lui deſcendans,

(*a*) On trouvera cette Note à la page ſuivante.

C

ne peut porter la foi & hommage pour ſes oncles & autres (*b*).

(*a*) Cet Article réfute la Note 1ᵉ. ſur l'Article 35 d'Orléans, de l'Edition de 1740, & juſtifie celle de l'Auteur de l'Edition de 1711 : auſſi M. Pothier, dans ſa nouvelle Edition de 1760, ſi conſidérablement augmentée, a-t-il ſupprimé ce que M. de la Jannès & lui avoient dit en 1740.

(*b*) L'Article précédent ne donnant au fils aîné le droit de porter la foi & hommage que pour ſes freres & ſœurs, & celui-ci parlant du fils du fils aîné, à qui ce droit eſt refuſé, il ſuit qu'il faut lire *tantes* & non pas *autres* : mais cette faute, qui ſe trouve également en l'original, ne fait aucun contre-ſens.

Article XIV.

Si pere ou mere, ayeul ou ayeule donnent en mariage à leur fille aucun héritage ou autrement (*a*) en avancement de ſucceſſion, il n'en eſt dû au Seigneur de fief aucun profit : ſinon que le mari de ladite fille vouliſt entrer en foi & hommage, & que celui qui ainſi fait ladite donation ſe demiſt de la foi en ladite donation faiſant (*b*).

(*a*) Ces mots, *ou autrement*, ſont poſt-poſés, & doivent être placés après celui *mariage*.

(*b*) Cet Article eſt copié ſur le 44 de l'ancienne Coutume d'Orléans, ſur lequel Dumoulin a fait cette notè : *poteſt enim contingere quod tempore mortis donantis, hæc erit vidua, & ſic nihil debebitur Domino feudali.*

La diſpoſition de cet Article revient à celle du 89 de la Générale. Il y a cependant cette différence que dans la Générale, la foi eſt due pour donation faite en avancement de ſucceſſion, au-lieu que dans cette Locale, elle n'eſt pas due, à moins qu'il n'y ait démiſſion de foi, auquel cas le rachat eſt dû *in inſtanti*.

1. Mais ſuffit-il, pour opérer la démiſſion de foi, qu'elle ne ſoit pas expreſſément réſervée ?

L'affirmative dans la Coutume générale ne ſouffriroit pas de difficulté, par la raifon que la foi n'y peut être féparée du domaine entier, ou du moins d'une rente qui le repréfente : *Articles* 61 & 62. Mais en Dunois, où le démembrement eft permis, la foi peut être féparée du domaine : refte donc à favoir fi parce que l'un y peut aifément fubfifter fans l'autre, la foi dans notre efpece eft de plein droit préfumée réfervée?

J'incline fort à le penfer : 1°. à caufe de la faveur de la caufe. 2°. Parce que les termes de notre Article favorifent ce fentiment : ils n'exigent point, pour que le rachat ceffe d'être dû, cette réferve expreffe, mais que le donateur ne fe foit pas démis.

2. Ce que cet *Article* dit de la fille dotée, doit-il également s'appliquer aux donations faites en collatérale en avancement de fucceffion? Les termes dans lefquels l'Article eft conçu, femblent limiter cette faveur dans la ligne directe afcendante. Cependant j'inclinerois encore à l'étendre à toute donation en avancement de fucceffion : 1°. parce qu'on doit toujours rapprocher les Locales de la Générale, quand on le peut fans trop faire de violence aux termes, & qu'il n'y en a point ici qui réfiftent : 2°. parce que le retour à la Générale fe fait ici pour une caufe favorable.

On peut objecter que notre Article, après ces mots *pere*, *mere*, *ayeul ou ayeule*, n'ajoute pas, comme le 89 de Blois, *ou autres parens*. Mais en Dunois (quoique fa conformité avec Orléans puiffe faire foupçonner qu'autrefois il en ait été autrement) on ne peut ainfi qu'à Blois, être donataire & héritier.

Ainfi, puifque l'obligation de rapporter à fucceffion eft la même, même raifon de fufpendre le rachat : j'avoue cependant que la queftion fouffre grande difficulté.

Article XV.

Le Seigneur de fief peut acquérir le fief que fon Vaffal tient de lui, & le joindre à fon domaine ; & n'eft tenu en faire foi ne hommage au Seigneur de qui il tient fon plein fief : mais fon héritier (*a*) ou celui

(*b*) Quand le vaffal acquiert le fief tenu de lui, s'il a déja porté la foi du fief principal, le Seigneur, dont il le tient, n'a aucun prétexte pour lui demander la foi du tout. Et c'eft la raifon pour laquelle la confolidation ne fe fait qu'en la perfonne de l'héritier, lorfqu'il va porter la foi. Mais fi le vaffal, qui acquiert le

qui a la caufe de lui en eft tenu faire foi (*b*) : & auffi
fi le Seigneur de fief meurt après que le Vaffal aura
achepté fon riere-fief, ledit Vaffal eft tenu en faire
foi tant du fief dudit Seigneur féodal que du riere-
fief, & n'eft plus réputé qu'un fief (*c*).

fief tenu de lui, n'étoit pas en foi, ou bien qu'étant en foi, elle
vienne à manquer de la part du Seigneur, la confolidation fe
fait dans la perfonne de l'acquéreur, qui eft obligé de porter la
foi des deux, fi mieux il n'aime, comme dit Guyot, *tom. 1, pag.*
183 fur l'Article 18 d'Orléans, déclarer qu'il les veut tenir féparément.

Au refte la confolidation dans cette Locale, qui permet le démembrement, n'eft pas dangereufe : on la détruit quand on veut.

Guyot, au lieu cité, foutient, contre la Note de Dumoulin,
fur notre Article, contre Lalande, fur l'Article 18 d'Orléans,
& contre L'hofte fur le 44 & 45 de Montargis, que la réunion
fe confomme dans la perfonne de l'héritier ; que l'effet en eft
même rétroactif, & que l'héritier ne peut plus aliéner les parties
réunies que comme parties du fief principal.

M. Pothier rejette avec raifon cette union de plein droit en
la perfonne de l'héritier : mais il eft vrai qu'il ne lui refte, pour
l'empêcher, que le parti d'aliéner l'un des deux fiefs. La fimple
déclaration de vouloir tenir féparément ne fuffiroit pas : il n'y
avoit que l'acquéreur qui l'a pût faire.

(*b*) Ajoutez, comme Orléans, *fans payer profit*, ce qui s'entend
non-feulement pour raifon de l'acquifition faite par le vaffal de
l'arriere-fief, mais même du rachat, fi l'héritier eft collatéral ou
bien fille mariée : lequel rachat n'eft dû que du fief & non de
l'arriere-fief, quoiqu'en ait dit Dumoulin dans fa note fur cet
Article, par la raifon qu'en rend M. Pothier, que cet arriere-
fief avant la foi, n'étoit pas encore réuni, il ne relevoit point
immédiatement du Seigneur.

(*c*) Voyez les Articles 66 & 67 de la Générale qui font femblables.

Article XVI.

* Nul ne peut avoir droit d'aubenage (*a*) s'il n'eſt Chatelain. Et quant à la confiſcation elle appartient au Haut-Juſticier où feront aſſiſes & ſituées les choſes confiſquées (*b*).

(*a*) L'oppoſition formée par le Procureur du Roi à cette prétention du Châtelain, étoit bien fondée, ſi par aubénage on doit entendre le droit d'aubaine qui n'appartient qu'au Roi. Mais M. Pothier, ſur l'Article 21 d'Orléans, où ce même mot *aubénage* ſe trouve employé, dit qu'il ne doit point être entendu du droit d'aubaine proprement dit, mais ſeulement de celui de déshérence.

Cette interprétation, qui va bien à l'Article 21 d'Orléans, iroit mal à notre Article, puiſqu'il en réſulteroit que le droit de déshérence n'appartient qu'au Châtelain & non au ſimple haut-Juſticier.

J'eſtime que ce droit d'aubénage n'eſt ni celui de déshérence, ni même celui d'aubaine. L'*Article 43* de la Coutume de Tours accorde ce droit d'aubénage au moyen-Juſticier, & établit qu'il eſt dû par la mort du forain, qui n'eſt du Bailliage de Touraine, & qu'il conſiſte dans une bourſe & quatre deniers dedans qui doivent être payés au Seigneur, ſon receveur ou fermier, ou à ſon Juge, à peine de ſoixante ſols d'amende, dans les vingt-quatre heures de la mort du forain. Il differe donc du droit d'aubaine, en ce que celui-ci n'a lieu que ſur le non regnicole, & défere au Roi tous les biens de ſa ſucceſſion ſitués en France, au-lieu que l'aubénage a lieu par la mort d'un François, par la ſeule raiſon qu'il n'eſt pas domicilié dans l'étendue de la province.

(*b*) Se prennent préalablement les dettes du condamné, les frais de Juſtice & l'amende. Quant aux biens vacans, *voyez l'Article 48.*

Article XVII.

Quant à un Chatelain ou Haut-Juſticier advient par confiſcation (*a*) un fief qui n'eſt point tenu de

(*a*) Ou déshérence. *Voyez les Notes ſur l'Article précédent.*

lui (*b*), il en doit dedans l'an qu'il fera requis vuider fes mains pour raifon de l'indemnité du Seigneur de fief ou arriere-fief (*c*), ou faire la foi & hommage au Seigneur féodal (*d*), & lui payer fes droits & profits (*e*) de fief. Autrement le Seigneur de fief en jouira & exploitera par faifie faite (*f*) par la commiffion de fon Juge s'il a Juftice, finon par fon Supérieur ayant Juftice.

(*b*) *Idem*, s'il n'en eft tenu que médiatement.

(*c*) Ce mot trouve fa relation dans la Note précédente.

(*d*) Le Roi n'eft point réduit à cette option pour les fiefs qu'il acquiert *quoquo modo*. Il ne porte point la foi, ni ne la fait point porter pour lui par autre, comme on faifoit autrefois, ce qui réfifte à la majefté du Trône. S'il garde l'héritage, il indemnife les Seigneurs de la perte de la mouvance.

(*e*) *Rachat* s'entend dans le cas même où le fief feroit fujet à quint. *Quid*, fi l'héritage eft tenu à cens? Il n'eft dû au Seigneur aucun profit en Dunois, où le relief n'a pas lieu : mais dans la Générale, le relief eft dû fuivant la nature de la cenfive.

Guyot fe trompe quand il dit qu'après l'année, le rachat eft dû. Le Seigneur n'a que le droit de faifir féodalement pour contraindre le Jufticier à faire fon choix. *Voyez la Note 5, fur l'Article 21 d'Orléans.*

Article XVIII.

Quand un Seigneur de fief a reçu fon Vaffal en foi, il ne peut plus donner empêchement pour les profits qui lui pourroient être dus au-devant de la réception de foi (*a*) : finon que fût faite réfervation expreffe defdits profits, auquel cas telle réfervation ne gît qu'en action (*b*).

(*a*) Pour éviter le contre-fens, il faut ajouter ces mots, *ni les demander*, qui fe trouvent dans le 53 de l'ancienne Coutume d'Orléans, & 66 de la nouvelle.

(*b*) *Laquelle action il peut intenter contre l'acquéreur & détenteur, encore qu'il fût reçu en foi, réservé à lui son recours.* Cette addition faite à l'Article 66 d'Orléans, convient également à notre Article & au 97 de Blois, qui est semblable.

Article XIX.

Un Vassal en quelque maniere que le fief lui soit advenu soit par succession, acquêt ou autrement, ne se peut dire saisi de son fief à l'encontre de son Seigneur, jusqu'à ce qu'il en ait fait la foi & hommage à sondit Seigneur ou que de lui il ait souffrance qui équipolle à foi & hommage, ou qu'il ait offert duement à son Seigneur de fief à son domaine (*a*) la foi & hommage, & payé (*b*) les droits & profits de fief, s'aucuns en sont dus, esquels cas il se peut dire saisi (*c*).

(*a*) Sauf les cas où il doit aller vers la personne du *Seigneur*, *Article* 2, *ci-dessus.*

(*b*) *Meliùs, payer.* Orléans 88, qui est semblable.

(*c*) Même former la complainte, si le Seigneur le troubloit dans la possession, autrement que par saisie féodale. *Voyez l'Article 99 de Blois & le 68 d'Orléans.*

Article XX.

Et les quarante jours passés (*a*) pour bailler par le Vassal son adveu, peut ledit Seigneur de fief sommer son Vassal à encore autres quarante jours pour sondit aveu bailler. Et si pareillement il ne le baille dedans

(*a*) Cette maniere de s'exprimer suppose des dispositions précédentes relatives à ces 40 jours, telles que l'obligation au vassal de donner son aveu dans les 40 jours de l'injonction portée par l'acte de réception en foi, ou par une premiere sommation; omission qu'il faut suppléer.

lefdits quarante jours fera tenu de pareille (*b*) amande
de quinze fols : laquelle payée aura main-levée de fon
fief en payant les frais. Et s'il ne le baille encore, le
pourra fommer pour tierce fois. Et fe dedans ledit
temps de quarante jours il ne le baille, fera tenu en
femblable amende : & néanmoins n'aura délivrance de
fon héritage ne des fruits d'icelui, qu'il n'ait baillé
fondit aveu : mais le tiendra en fa main (*c*) jufques
à ce qu'il ait été baillé. Lequel aveu baillé & les frais
& amendes payées, ceffera la main dudit Seigneur, &
rendra à fon Vaffal les fruits perçus, & jouira ledit
Vaffal de fondit fief & fera les fruits fiens nonobftant qu'il foit en procès fur le débat & queftion de
l'adveu.

(*b*) Cette expreffion & la fuite de l'Article prouvent encore
une autre omiffion : favoir, que faute par le vaffal d'avoir donné
fon aveu dans les 40 jours de la premiere injonction ou fommation il a encouru une premiere amende de 15 fols.

Voyez l'Article 78 d'Orléans qui fert d'explication, & qui cependant differe 1°. en ce que le Seigneur y gagne amende de
15 fols par chacune fommation jufqu'au nombre de quatre : au-
lieu qu'il n'eft parlé que de trois dans notre Article.

2°. En ce qu'il paroît qu'à Orléans, le Seigneur, faute d'aveu,
ne peut faifir le fief qu'après les quatre fommations, au-lieu qu'il
eft évident qu'il le peut faifir en Dunois, après les 40 jours de la
premiere ou de la feconde, comme de la troifieme.

(*c*) Vice de langage. Ce qui précede ne tombe que fur le vaffal:
c'eft pourquoi il falloit dire : *mais le Seigneur le tiendra en fa main.*

Cet Article differe de la Générale en ce qu'elle n'a qu'une feule
amende, & que le Seigneur qui a faifi fi-tôt après les 40 jours
de la premiere injonction, n'eft point obligé de donner main-
levée que l'aveu ne lui foit baillé.

ARTICLE

ARTICLE XXI.

Quand le Seigneur de fief, exploite l'héritage tenu de lui en plain-fief, par défaut d'homme & foi non faite, il ne (*a*) peut exploiter les Vaſſaux de ſon Vaſſal, riere-fief de lui, s'ils ne ſont en foi dudit Vaſſal ; & s'ils ſont en foi dudit Vaſſal, tant que ledit Seigneur tient l'héritage de ſon Vaſſal, les peut ſommer de venir à ſa foi, à laquelle faire ils ont quarante jours à ſommer leurdit Seigneur de fief pour aller faire ſon devoir devers ſondit Seigneur de fief ; & s'il ne le fait, ledit Seigneur principal ne peut exploiter ſeſdits Vaſſaux-Rerevaſſaux dudit Seigneur dedans leſdits quarante jours. Et ſi ledit Vaſſal ne fait ſon devoir dedans quarante jours, leſdits Rerevaſſaux ſont tenus faire la foi audit premier Seigneur, & bailler leurdit adveu & dénombrement comme tenant en riere-fief de lui, ſur peine d'être exploité comme plain-fief.

(*a*) Cette négation s'eſt mal-à-propos gliſſée dans l'original & dans toutes les Éditions : il faut la ſupprimer, autrement l'Article ſeroit contraire au droit commun & à la raiſon. Auſſi ne la trouve-t-on pas dans l'*Article 76 d'Orléans*, ſur lequel celui-ci a été littéralement copié.

L'Article ainſi corrigé, ſe réfere au 77 de la Générale ; & cependant en differe en ce que les arriere-vaſſaux, qui ſont en foi de leur Seigneur, ſont obligés ici de venir à la foi du ſuzerain, s'il les ſomme d'y venir.

Recours aux Notes de M. Pothier ſur l'*Article 76 d'Orléans*.

ARTICLE XXII.

Si le Seigneur de fief, après les trois offres à lui faites par le Vaſſal accepte l'année des fruits des héritages tenus de lui en fief, ou qu'il exploite par dé-

D

faut d'hommes, il ne pourra couper le bois de haute-
futaie, ne autres bois qui ont été laiſſés d'ancienneté
pour ſervir de touches & embelliſſemens de maiſons :
ſinon (*a*) que le Vaſſal les eût vendus, & il les eût commencé à exploiter par maniere de vente : auquel cas
ledit Seigneur de fief pourra exploiter en ſaiſon de
coupe, ce qui a été vendu ſeulement.

(*a*) Cette exception additionnelle, qui ne ſe trouve ni dans
aucun Article de la Générale, ni dans le 74 d'Orléans auquel
notre Article ſe réfere, me paroît dure & devoir être renfermée
dans cette Locale.

Bien plus : ſi c'eſt pour profit de rachat, & non faute de foi
que le Seigneur prend les fruits, il n'auroit point en entier la
coupe de la futaie, quoique vendue, mais ſeulement ce qui ſeroit arbitré pour le revenu d'une année.

Article XXIII.

Un cheval de ſervice eſt eſtimé à ſoixante ſols
tournois ; & eſt tenu ledit Vaſſal payer ladite ſomme
pourvu que ledit héritage contienne un muid de terre
& au-deſſus. Et ſi ledit héritage ne contient un muid
de terre, ledit Vaſſal n'eſt tenu en payer ſinon *prorata*
de ce que contient ledit héritage tenu en fief au-deſſous
dudit muid de terre.

Cet Article eſt conforme au 93 de la Générale, ſauf que la
valeur du fief, qui doit le roncin entier, eſt ici déterminée à
un muid de terre, au-lieu que par la Générale elle eſt déterminée à dix livres de rente.

Autrefois le muid de terre n'étoit pas cenſé valoir dix livres de
rente, mais ſeulement ſoixante ſols, comme on peut voir ci-
deſſous, Article 25. Aujourd'hui il vaut au moins ſix fois 10
livres de rente, ce qui vient non d'un plus grand produit réel,
mais de la valeur numéraire des eſpeces. *Voyez les Notes ſur l'Ar-*
ticle 93 de la Générale.

Cette maniere d'exprimer la quotité des terres labourables est analogue à celle dont se mesurent les grains ; de même qu'on dit un muid, un septier, une mine, un minot, un boisseau de bled, on dit un muid, un septier, une mine, un minot, une boisselée ou boisseau de terre ; & la consistance de ce muid, septier, mine, minot & boisseau de terre varie dans les différentes provinces, même dans quelques parties du Comté & Bailliage de Blois, suivant que le muid, le septier, la mine ou le boisseau de grains contient plus ou moins.

Le muid ou mouée de terre, en Bléfois comme en Dunois, est de douze septiers ou septrées, comme le muid de grain.

Le septier de grain, en Bléfois & en Dunois, n'est communément que de 8 boisseaux §; dans le Berry-Bléfois & dans la Sologne il est de douze.

Le septier de terre, en Dunois, est de huit boisseaux ou deux mines qui font la même chose que l'arpent ; la mine se divise en deux minots, & le minot en deux boisseaux.

La septrée, en Bléfois, n'est également que de huit boisselées, la mine de quatre, &c. mais il faut douze boisselées à l'arpent : ainsi la mouée de terre en Bléfois ne fait que huit arpent §§.

Si en Dunois, la mouée est de douze septiers ou arpens, cette quotité n'excede guere les huit arpens de la mouée mesure de Blois. *V. la preuve aux Notes sur l'Article 51, ci-après.*

§ Mais le boisseau de froment en Bléfois ne pese que 12 à 13 livres, au lieu qu'en Dunois il en peze environ 20.

§§ J'ai plusieurs anciens aveux d'un héritage que je possede qui disent *quatre mouées de terre faisant 48 septrées qui sont 32 arpens.*

Arpentage ayant été fait de trois mouées de terre bien limitées, communes entre le Propriétaire du Moulin Franc, & les sieurs du Chapitre S. Jacques, il ne s'en est trouvé que 24 arpens.

J'ai encore plusieurs autres preuves de la consistance de la mouée en Bléfois.

ARTICLE XXIV.

Quand deux ou trois, ou plusieurs Seigneurs de fief, tiennent indivisément un fief, à cause duquel sont & dépendent un ou plusieurs Vassaux, il suffit auxdits Vassaux d'aller faire la foi & hommage à l'un desdits Seigneurs auquel il plaira audit Vassal (a), s'il est de-

(a) *L'Article 48 d'Orléans,* auquel celui-ci se réfere, veut que le vassal, dans le cas de plusieurs Seigneurs, aille faire la foi ou ses

meurant dedans dix lieues près du lieu à caufe de quoi il tient fon fief : & fi lefdits Seigneurs font demeurans outre lefdites dix lieues, il fuffit d'aller fur le lieu defdits Seigneurs de fief faire ou offrir faire lefdites foi & hommage, & offrir payer les droits & devoirs de fief s'aucuns font dus : & fi l'un d'iceux Seigneurs auquel premier feront fignifiées lefdites offres, reçoit ledit Vaffal ou compofe avec lui des profits de fief, accepte l'une defdites trois offres ou fait compofition avec ledit Vaffal defdits profits, & le reçoit en foi, telle acceptation ou compofition vaut tant pour lui que pour les autres Seigneurs (*b*), & ne pourront aller au contraire defdites compofition & acceptation, mais pourront avoir lefdits autres Seigneurs dudit fief, qui n'auroient été préfens à ladite compofition & acceptation, leur recours pour demander contre ledit Seigneur qui telle compofition & acceptation aura faite, leur portion & intérêts qu'ils pourroient prétendre (*c*).

offres au fief dominant, & ne l'oblige, ni ne lui permet d'aller trouver l'un d'eux dans les dix lieues.

(*b*) Cette difpofition doit être également fuivie dans la Générale, pourvû cependant que la foi ait été faite ou offerte au lieu dont le fief eft tenu, & la compofition faite avec l'un des co-Seigneurs.

1. Je crois même, quoique l'Article ne parle que des vaffaux, que fa difpofition doit également s'appliquer aux rotures, & que les compofitions faites pour les profits entre l'acquéreur & l'un des co-Seigneurs, doit avoit fon plein effet au regard de tous.

(*c*) Si le co-Seigneur, avec lequel le vaffal a compofé, n'a fait que des remifes ordinaires, les co-Seigneurs peuvent-ils prétendre d'être payés en entier de leur portion?

En Dunois, où le profit ordinaire, en cas de fief vendu, n'eft que le rachat, la remife eft peu d'ufage, & je crois, s'il en eft fait, que le co-Seigneur, qui ne l'a pas confentie , peut exiger fa portion entiere contre celui qui l'a accordée.

Mais s'il s'agit de rotures, ou que le fief foit tenu à quint & requint, & que la compofition ait été faite avec l'acquéreur qui a déprié, à la remife du quart des profits pour la roture, du tiers pour les fiefs, je n'eftime pas que le co-Seigneur puiffe rien répéter contre celui qui a fait telle remife. Le refus d'une grace d'ufage , s'il n'eft pas injufte, a trop de dureté.

CHAPITRE II.

L'Eftimation commune du rachat qu'on dit être le dit de deux Prudhommes , eft telle.

ARTICLE XXV.

Pour le manoir eft dû   LX f. T^{nois}.

§. Pour Coulombier à pied en quelque lieu qu'il foit affis,   LX f. T.

§. Pour la garanne eft dû   LX f. T.

§. Pour chacun muid de terre eft dû   LX f. T.

§. Pour chacun Vaffal entier qui contient un muid de terre & au-deffus eft dû   LX f. T.

§. Et s'il n'eft entier d'un muid de terre, n'eft dû que cinq fols tournois pour chacune fexterée ou arpent.

§. Pour chacun arpent de prés étant fur riviere ,   X f. T.

§. Pour chacun arpent de noues eft dû V f. T.

§. Pour chacun arpent de bois de dix ans & au-deffus qu'on appelle bois de ferpe eft dû cinq fols tournois,

& ne peut ledit Seigneur de fief exploiter ledit bois s'il n'a été dix ans fans couper.

§. Pour chacun arpent de bois de touche qu'on appelle embelliſſement de maiſon, ce qui eſt comprins en trois mines * de terre ne doit rien : mais pour le ſurplus eſt dû pour chacun arpent,   X ſ. T.

§. Pour Moulins étans en un même ſault & ſous une même couverture à quelque uſage qu'ils ſoient ordonnés & établis combien qu'ils ayent diverſes roues, eſt dû pour le rachat,   LX ſ. T.

§. Pour chacun arpent de riviere,   X ſ. T.

§. Pour chacun arpent de vignes,   V ſ. T.

---

* Ces trois mines font un arpent & demi de Dunois, mais cette conſiſtance n'excede guere notre Arpent en Bléſois. *V. les Notes ſur les Art.* 23 *&* 51.

Cette eſtimation faite par la Coutume eſt bien au-deſſous de la valeur actuelle des choſes, & conféquemment n'eſt plus d'aucune utilité au vaſſal, au moyen du choix que l'Article 3 laiſſe au Seigneur de l'une des trois choſes que le vaſſal doit lui offrir.

On ne voit pas même trop pourquoi cette eſtimation a été faite & inférée au Texte de la Coutume, ſi ce n'eſt pour faciliter les prud'hommes dans leur opération, ce qui ne devoit pourtant pas les aſſujettir : autrement il eût été inutile d'en nommer pour eſtimer en leur ame & confcience, comme dit l'Article 4, il eût été plus ſimple de forcer le Seigneur qui acceptoit le dit de prud'hommes, de ſe régler ſuivant le tarif de la Coutume.

A R T I C L E XXVI.

Les Cenſives, Tailles & Feſtages, quand ils tombent en rachat, doublent (*a*).

(*a*) Ceci ne veut pas dire que pour héritage cenſuel, qui échet par ſucceſſion collatérale, il eſt dû double cens, puiſque l'Article 32, ci-après, dit qu'il n'y a point de cens à relief ſans titre.

Il ſembleroit donc que l'Article n'eût été inféré que pour fixer
ce que le vaſſal, auquel ces droits appartiennent ainſi que ceux
mentionnés en l'*Article ſuivant*, doit payer au Seigneur pour le
rachat, mais ce n'eſt pas encore là le ſens. La Coutume a voulu
par un droit ſingulier, qui néanmoins a lieu en quelques autres
Coutumes, telles que Poitou, *Article 160*, que le Seigneur de fief
qui leve par lui même le revenu de l'année pour le rachat, put
faire payer aux ſujets le double de ces menues redevances.

On ne peut pas dire que ce doublement, qui n'a lieu que
pour une cauſe étrangere au cenſitaire, ſoit pour cela injuſte, c'eſt
une charge préſumée impoſée lors de la conceſſion de l'héritage.

Si le Seigneur accepte une ſomme une fois offerte, ou le dire
de prud'hommes, au-lieu des fruits de l'année, le vaſſal leve en
ſon lieu & place par doublement les cens, tailles, faîtages, pain
d'hôtellage & avenages.

Le Seigneur de fief qui pour le rachat prend le revenu de l'année, encore qu'il faſſe payer le double du cens ordinaire, n'en
a pas moins les ventes & les gands des mutations qui arrivent
dans l'année.

La Coutume de Tours, Article 94, fait auſſi doubler toutes les
redevances, ſoit en deniers, grains ou volailles qui n'excedent
pas vingt ſols, mais ce n'eſt que dans le cas de loyaux aides, &
pour les fixer.

Anjou & Maine font auſſi doubler les devoirs, mais ce n'eſt
auſſi que dans les cas de loyaux aides, & juſqu'à 25 ſols tournois pour tout doublage.

Ces doublages pour loyaux aides, dûs par les hommes de foi à
leur Seigneur noble, n'ont aucun rapport avec le doublage de
notre Locale, qui ſe leve par le Seigneur ſur les ſujets de ſon
vaſſal dans le cas du rachat.

Je doute de l'interprétation cy-deſſus. Elle n'eſt rien moins
que certaine : notre Article, le 28 & le 29 ne font qu'une
ſuite du 25, comme le prouve clairement le 29, & conſéquemment il faut les regarder comme inférés avec lui uniquement
pour guider les prud'hommes dans leur eſtimation. Si la Coutume eût voulu aſſujettir ceux qui doivent cens, tailles & faîtages à payer le double, lorſque le fief auquel ces droits ſont dûs
tombent en rachat, outre qu'il eût été totalement déplacé d'inter-
caler ſa diſpoſition au milieu d'Articles qui ne regardent que la
liquidation du rachat due par le vaſſal, elle n'auroit pas dû dire : *les*
cenſives, tailles & faîtages, quand ils tombent en rachat, doublent, **ex-**

preſſion qui n'a de relation qu'à celui à qui ces droits ſont dûs, & non à celui qui les doit, au reſpect duquel on ne peut pas dire que ces droits tombent en rachat.

Mais qui peut avoir occaſionné ce doublement? Si l'on dit que c'eſt à raiſon des droits caſuels que le cens produit, & pour en tenir lieu au Seigneur, à qui le rachat eſt dû, cette conſidération ceſſe pour les tailles, faîtages, pains d'hôtellage & avenage, qui ſont des droits morts, à moins qu'on ne diſe que, comme ces droits ſont communément unis au cens, on a cru devoir les comprendre dans le doublement, d'autant mieux que celui du cens ſeul n'auroit pas dédommagé ſuffiſamment le Seigneur des profits caſuels auxquels il donne lieu.

Mais de notre Article, entendu dans ce dernier ſens, qui ſemble préférable au premier, en ce que pour établir des droits onéreux aux cenſitaires & contraires au droit commun, il faut une diſpoſition expreſſe, & auſſi claire que l'eſt en Poitou l'*Article 160*, naît la queſtion ſi le Seigneur eſt obligé de ſe tenir à ce doublement, ou s'il peut demander une autre eſtimation, ou à jouir par lui-même?

Je le crois fondé à demander la nouvelle eſtimation, par la même raiſon que dans tout le reſte, il n'eſt point obligé de ſuivre celle de la Coutume.

Article XXVII.

Pains d'hoſtellage (*a*) mangés (*b*) & avenages (*c*) doublent pareillement de moitié comme leſdites tailles & feſtages.

(*a*) Voyez la Note (*d*) ſur l'Article 40 de la Coutume de Blois, au mot *obliage*.

(*b*) J'ignore à quoi vient cette épithete, & perſonne en Dunois ne m'en a pu donner d'explication ſatisfaiſante; je la crois adultérine, & qu'elle s'eſt gliſſée au-lieu d'un ſubſtantif, comme *obliage*, *oſliſe*, *fouage*, ou autre droit de cette nature.

(*c*) L'*Article 161 de Poitou* dit qu'il n'y a que les cens dûs en argent qui doublent, & non ceux dûs en poulailles, bleds ou autres; quoique notre derniere interprétation ne réfere pas, comme Poitou, au cenſitaire ou tenancier, le doublement de notre Article & du précédent, cependant on doit auſſi le reſtreindre aux ſeules choſes qui y ſont exprimées.

Article

Article XXVIII.

Dixmes duement inféodées (*a*), terrages & champarts, ne doublent pas comme les deſſus dits arrérages (*b*). Ainçois les exploite (*c*) le Seigneur féodal comme les autres (*d*).

(*a*) Non pas que celles non inféodées doublent, mais parce que les inféodées ſont les ſeules ſur leſquelles le doute pût avoir lieu.

(*b*) Ce mot qui ſe trouve en l'original, s'eſt viſiblement gliſſé pour celui *avenages*, comme il a été corrigé en l'Edition générale des Coutumes; & même le mot *droits*, comme plus générique, conviendroit encore mieux pour la relation que contient notre Article à ce qui eſt porté par le 26 & le 27.

(*c*) Cette expreſſion ſembleroit prouver notre premiere interprétation ſur l'Article 26, que c'eſt à la charge des ſujets que doublent les droits qui y ſont exprimés, mais elle peut auſſi ſe concilier avec la ſeconde. Les Prudhommes en eſtimant le cens & les menues redevances y attachées le doivent faire par doublement pour dédommager le Seigneur du caſuel des ventes : mais ce doublement ne doit point s'étendre à des droits ſi conſidérables que les dîmes & le terrage.

(*d*) Ajoutez *domaines*, dont il n'a que le revenu de l'année.

Article XXIX.

Etangs tenus en foi & hommage, pour les bondes de chacun étang, pourvu que chacun étang contienne un arpent & au-deſſus, ſoixante ſols tournois; & pour chacun arpent d'eau dix ſols tournois.

Cet Article eſt déplacé, & devoit faire partie de l'Article 25. *Voyez-le & ſa Note.*

Article XXX.

* Un Vaſſal ayant & tenant bois en foi & hommage, de quelque nature que ſoit ledit bois, ne le pourra

E

dorénavant appliquer à autre chose qu'à bois (*a*) : sinon
que le bois fût sec, auquel cas par Ordonnance de Juge,
le pourra faire couper (*b*).

(*a*) Cette disposition est contraire au droit commun, qui permet au vassal, *salvâ substantiâ*, de faire de la chose hommagée
ce que bon lui semble. Il est d'autant plus étonnant qu'elle se
trouve dans la Coutume de Dunois, & qu'elle y ait été ajoutée
lors de sa rédaction, comme le prouve le procès-verbal, que cette
Locale n'établit aucun droit de grurie.

(*b*) Le sens demande qu'on substitue *arracher*. Le vassal n'a
pas besoin de l'Ordonnance du Juge pour couper du bois qui
doit renaître.

Ce qui est dit dans cette Note & la précédente, n'est que relativement aux droits du Seigneur & du vassal, & abstraction faite
de ce que portent nos Ordonnances pour la Police des Bois.

A R T I C L E   X X X I.

Au Comté de Dunois, membres enclavés & ressorts
d'icelui qui se gouvernent par la Coutume de Dunois,
n'y a aucun droit de quint & requint (*a*), s'il n'y a
adveux ou autres titres suffisans au contraire.

(*a*) Il n'est jamais dû que le rachat même pour vente de fief,
quoique le douzieme & les gants soient dûs pour vente d'héritage à cens.

Anciennement que les rentes se constituoient au denier dix ou
douze, le prix des héritages étoit relatif à ce taux, & le rachat
équipoloit aux ventes. Aussi dans les Coutumes de Tours, Anjou,
Maine, Poitou, Bretagne, &c. le douzieme est dû pour les fiefs
comme pour les rotures : mais il en est autrement dans cette Locale, & il y en coûte moins pour acheter un héritage en fief qu'un
à cens. Chartres est semblable, Article 19. Je crois que cette disposition de la Coutume de Dunois est nouvelle, qu'anciennement
le quint & le requint étoient dûs, comme à Blois & comme
à Orléans : & ce qui me le persuade, c'est 1°. que l'Article premier de Dunois a été pris de mot à mot sur les Articles premier
& cinq d'Orléans, & n'en differe que dans le seul mot *rachat*,
substitué à ceux de *quint & requint*, & même si peu correctement

pour le ſtyle, qu'il eſt aiſé de voir que ce n'eſt pas l'expreſſion premiere.

2°. Parce que notre Article, qui déclare le quint & requint droit non coutumier, eſt comme déplacé, & le dernier du Chapitre des Fiefs. Cet affranchiſſement du quint ne me paroît avoir commencé que depuis que le Dunois a paſſé à Jean, Bâtard d'Orléans. Il eſt même probable que ce fut ce fameux Guerrier qui, pour s'affectionner davantage ſes vaſſaux dans un temps où ils lui étoient ſi néceſſaires, leur fit cette remiſe.

CHAPITRE III.

De la Matiere cenſuelle.

ARTICLE XXXII.

AUDIT Comté & Bailliage de Dunois, Reſſorts, & autres Seigneuries enclavées deſſus dites, n'y a aucuns droits de cens à cher prix, n'a queſte, n'aucuns droits de reliefs, ſinon qu'il y ait titre au contraire.

Voyez les Notes ſur l'*Article 109 de la Générale.*

ARTICLE XXXIII.

Un Seigneur cenſier n'eſt tenu de donner dépry (a) à celui qui tient de lui à cens, ſe bon ne lui ſemble.

(a) *Déprier*, c'eſt demander terme pour le profit de l'acquiſition, dont on donne avis au Seigneur. *Voyez l'Article 107 d'Orléans & ſes Notes.*

On entend aujourd'hui par dépri la compoſition qui ſe fait avec le Seigneur avant le contrat, ſoit pour la remiſe d'une partie des profits, ſoit pour le temps du payement.

ARTICLE XXXIV.

* Aucun non ayant droit de cens, ne peut de nou-

vel créer cenfif, ne bailler héritage audit droit de cenfif portant gands, ventes, faifines & amendes, s'il n'eft
Seigneur chatelain, ou tout au moins qu'il ait haute-
Juftice (*a*), moyenne & baffe : & fi ne fe peut créer
de nouvel autre cenfif, fur les chofes tenues à cenfif;
mais fe peut bien augmenter par tous autres qui ont
ledit droit de cens ; mais fi ledit Seigneur de cens retire aucune piece, il la pourra rebailler à titre de cens,
ou autre piece audit titre de cens.

(*a*) Il eft fingulier qu'une Coutume qui permet le démembrement, ou du moins, ce que Guyot auroit avoué, qui ne limite
point le jeu de fief, ne permette pas à tout vaffal de donner fon
domaine à cens, s'il n'a déja cenfif, ou s'il n'eft pour le moins
haut-Jufticier.

Loifeau, *des Seigneuries*, *chap.* 6 , *n.* 28 & 29, effaie d'interpréter cet Article, & dit que *peut-être* il fignifie que la terre ainfi
accenfivée, fans le confentement du Seigneur de fief, demeure
toujours en fa premiere nature de fief, & doit être partagée féodalement : mais il ajoute que ce n'eft pas là l'interprétation reçue. Il convient auffi que celle qu'il donne, s'éloigne du droit
commun.

Le procès-verbal apprend que cet Article parut dommageable
à la chofe publique, & que pour y remédier, furent ajoutés ces
mots à la fin : *mais fi ledit Seigneur de cens retire*, &c. Addition qui
ne corrige en rien la bifarrerie de l'Article, addition fuperflue,
puifqu'on ne voit rien dans l'Article dont on pût induire le contraire de ce qu'elle porte ; addition enfin très-mal entendue, &
contraire à l'idée de réformation qu'on avoit. En effet il fembleroit fuivre de cette addition qu'un Seigneur de fief, ayant
cenfif, ne pourroit donner à cens que ce qu'il auroit acquis dans
fa cenfive ou autre piece d'héritage équivalente, tandis que le
texte ancien ne limite point le pouvoir d'accenfer, pourvû que
celui qui le fait ait cenfive ou bien haute-Juftice.

D'après cette critique qu'on nous pardonnera, paffant à l'interprétation de l'Article, nous ne croyons pas que celle de Loizeau
doive être admife. Nous difons bien avec lui que tel accenfement fait contre la difpofition de l'Article, ne préjudicie point
au Seigneur fupérieur, & qu'il continue d'exercer fur cette por-

tion les mêmes droits que ſi elle étoit demeurée en la main de
ſon vaſſal : mais nous croyons que cette portion aliénée à cens,
devient roturiere *quoad omnes*, *excepto patrono*, & ſe partage
comme telle.

La difficulté eſt de ſavoir ſi le Seigneur de fief peut ſe plaindre de tel accenſement & en empêcher l'effet entre ſon vaſſal &
le cenſitaire ?

De l'affirmative il ſuivroit que dans la Locale de Dunois, qui
ne limite point le jeu de fief, qui permet de le diviſer par contrat de vente, ou de le donner à rente en entier avec réſerve de
foi, il ne ſera pas permis d'en donner aucune portion à cens,
ſi le vaſſal n'eſt dans les circonſtances requiſes par l'Article : &
dès-lors le vaſſal en Dunois, ſans cenſif, aura moins de liberté
qu'à Blois, où tout vaſſal, ſuivant l'*Article 61*, peut donner
à cens la tierce partie de ſon fief, ſans que le Seigneur puiſſe
l'empêcher, ſauf ſes droits ſur la partie aliénée, comme ſi elle
étoit en la main de ſon vaſſal.

Si l'on préfere la négative, la diſpoſition de l'Article devient
ſans effet. L'accenſement fait de portion du domaine d'un fief,
qui n'avoit point de cenſif, ne différera point de l'accenſement
fait de portion d'un fief, dont dépendoit déja un cenſif, puiſque
ſur la portion accenſée de ce dernier, le Seigneur exerce auſſi
ſes droits de la même maniere que ſi cette portion étoit encore
en la main de ſon vaſſal.

Pour dire mon avis ſur cette difficulté, j'eſtime que la diſpoſition de notre Article n'a pour objet qu'une certaine hyérarchie
dans les fiefs ; que comme un fief qui a cenſive eſt plus quali-
fié que celui qui n'en a point, notre Article ne veut pas que
celui qui n'a point joui de cette diſtinction, puiſſe ſe la pro-
curer par l'accenſement de partie de ſon domaine, s'il n'eſt au
moins Seigneur haut-Juſticier.

Que conſéquemment ſon dominant peut ſe plaindre de tel accenſement, & faire déclarer nuls les contrats qui les contiennent, mais qui ſont valables, tant qu'il ne ſe plaint pas.

Que la contradiction qui ſemble ſe trouver entre cet Article
& le premier qui permet le démembrement de fief, ſe concilie
en diſant que le vaſſal qui n'a point de cenſif, peut bien en vertu
de l'Article premier, ſans le conſentement de ſon Seigneur, couper ſon fief en différentes portions, dont même chacune for-
mera, contre le ſentiment de Guyot, autant de fiefs différens ;
qu'il peut de même bailler à rente la totalité ou partie de ſon
domaine, avec ou ſans deniers d'entrée, en ſe réſervant d'en

porter la foi, pourvû que la rente qu'il fe réferve ne lui produife gants, ventes, faifines, ni amendes qui font les attributs diftinctifs du cens.

Cette difpofition à la vérité eft bizarre, même inconféquente dans la Coutume de Dunois, mais elle n'eft pas contradiċtoire.

Au mois de Décembre 1762, la queftion s'eft préfentée entre M. Bignon, Avocat à Châteaudun, qui avoit pris à cens des Dames de l'Abbaye de Saint Avit, certains héritages faifant partie d'un fief qu'elles poffedent fans cenfif & fans haute-Juftice. Le Seigneur, dont le fief eft mouvant, s'oppofa à cette aliénation, & en demanda la nullité.

M. Bignon écrivit pour favoir le fentiment de M. Legroux & le mien. Je fis part à M. Legroux des obfervations ci-deffus; il les approuva, & notre réponfe y fut conforme.

M. Bignon s'eft depuis confulté à Paris, & il lui fut de même répondu que le Seigneur étoit fondé.

Mais fi le Seigneur a approuvé l'accenfement, en fouffrant que le vaffal ne lui reporte que le droit de cens, il n'eft plus recevable à fe plaindre, n'y eût-il qu'un feul aveu. Envain diroit-on que l'on ne prefcrit point contre le droit public, & que la difpofition dont il s'agit fait partie de ce droit dans le Dunois, une difpofition contraire au droit commun ne mérite pas cette faveur.

ARTICLE XXXV.

Le Seigneur cenfier pour les arrérages de fon cens, & de fondit défaut peut empêcher l'héritage tenu à cens de lui : & fi le Seigneur ou détenteur dudit héritage brife la main de Juftice appofée par la commiffion du haut-Jufticier, duement fignifiée, il enchet en foixante fols tournois d'amende envers ledit haut-Jufticier. Sur laquelle amende ledit Seigneur cenfier prendra cinq fols tournois feulement. Et peut faire empêcher pour les arrérages de neuf années dernieres écheuës & d'une amende feulement, l'héritage tenu de lui à cens. Et fi le détenteur dudit héritage s'oppofe, s'il confeffe ledit héritage être redevable envers ledit Seigneur cenfier dudit cens, ou que ledit Seigneur de ladite cenfive enfeigne par fes papiers anciens ou titres, en ce cas la main mife tiendra pour lefdites neuf années & une amende feulement ; & par diverfes années, par diverfes ceffations de payemens, pour chacun empêchement y a cinq fols tournois.

Voyez les Notes de M. Pothier, fur les *Articles* 203 & 204 *d'Orléans*, dont cet Article eft tiré. Il en differe cependant en ce qu'à Orléans, le Seigneur peut faire faifir cenfuellement pour les profits à lui dûs, au-lieu qu'ici, comme dans la Générale, il ne le peut que pour les arrérages du cens. Voyez cependant une exception dans l'*Article* 49, *ci-après*.

Il differe de la Générale 1°. en ce qu'il n'eft dû qu'une feule amende, à moins qu'il n'y ait eu divers empêchemens ou demandes judiciaires aux diverfes ceffations de payement.

2°. En ce que fur l'amende de 60 fols pour le bris de faifie, il appartient cinq fols au Seigneur de cens.

ARTICLE XXXVI.

Quand un héritage ou autre chofe immeuble tenuë à cens (*a*) eft vendue, il eft dû par l'acheteur au Seigneur cenfier quatre deniers tournois pour les gands (*b*), & pour les ventes (*c*) vingt deniers pour chacune livre du prix de la vente.

(*a*) Pour ceux à terrage, il n'eft rien dû ; pour ceux en fief, le rachat.

(*b*) Une fois payés s'entend, & non pas pour chacune livre du prix de la vente.

(*c*) Cette Locale, ainfi que la Générale, ne reconnoît point de cenfifs à lods & ventes, c'eft-à-dire au fixieme au-lieu du douzieme ; mais Orléans, *Article* 106, en admet.

Article XXXVII.

Les gands fe doivent payer par l'acheteur dedans huit jours (*a*) après l'achapt au Seigneur ou à fon Procureur ou Receveur, s'ils font préfens : ou finon en leur abfence les configner au Greffe de la Juftice ordinaire, dont on payera deux deniers tournois feulement pour l'efcriture, fur peine de 60 fols tournois d'amende à appliquer audit Seigneur cenfier, fauf à Marchenoir, où fi on défaut de payer lefdits gands dedans huitaine n'y a que cinq fols tournois d'amende : & fi on défaut par un an, y a 60 fols tournois d'amende.

(*a*) Ce terme, dans lequel l'acheteur eft obligé de payer les gants à peine d'amende, revient à celui dans lequel, dans la Générale, fuivant l'Article 118, il eft tenu notifier fon acquêt & exhiber fon contrat; & la différence, pour le Dunois feulement, & non pour Marchenoir, eft que l'amende de 60 fols eft encourue après la huitaine.

Cette huitaine ne fe compte pas de moment à moment; elle eft franche, & l'amende n'eft encourue que le dixieme jour, compris celui de la vente.

Article XXXVIII.

En échange d'héritage redevable à cenfive, fait une à une fans fraude, ne font dûs que les gands feulement qu'on fera tenu payer comme ci-deffus : jaçoit (*a*) que les héritages échangés foient en diverfes cenfives (*b*) ou juftices ; mais s'il y a tournes, font dus gands & ventes defdites tournes au prix deffus dit.

(*a*) Nonobftant.
(*b*) En quoi differe de la Générale, d'où il fuit qu'aujourd'hui,
dans

sans quelqu'échange que ce soit d'héritages à cens, fait sans tournes, les ventes en sont dues au fermier ou à l'aliénataire des droits d'échange , & le Seigneur n'a que les gants. *Voyez les Notes sur l'Article 119 de la Générale.*

Article XXXIX.

De bail à rente à toujours-mais d'un héritage tenu à cens, ne sont aussi dûs que les gands seulement, sinon qu'en faisant ledit bail le preneur eut payé & déboursé au bailleur quelque somme de deniers qui est réputée pour achat : pour lequel déboursement sont dûs gands & ventes, pour la somme déboursée & non autrement : sauf à Marchenoir où on ne doit gands en bail à rente simple.

Voyez l'*Article 123 de la Générale* qui, aux gants près, est semblable.

La Coutume d'Orléans, *Article 108*, differe. Elle assujettit aux ventes les baux à rentes non-rachetables : mais en même temps elle fixe à dix livres le capital de 20 sols de rente , qui étoit le fur en 1509, temps de sa premiere rédaction. Elle fixe à 40 liv. le capital d'un muid de bled de rente ; à pareille somme, le capital d'un tonneau de vin, jauge d'Orléans, aussi de rente, &c.

M. Pothier, sur cet Article, remarque que les Seigneurs sont encore obligés de suivre cet assurement, quoiqu'il n'ait plus de proportion avec le prix actuel. Ce sentiment ne peut être fondé que sur ce que la Coutume d'Orléans s'écarte du droit commun, en assujettissant aux ventes le bail à rente fonciere non-rachetable.

Cet assurement du capital d'un muid de bled de rente, mesure d'Orléans, qui fait moitié du nôtre, à une somme de 40 livres, dans un temps où le fur des rentes étoit le denier dix, prouve que le muid de bled d'Orléans valoir, année commune, quatre liv. & notre muid huit livres ; qu'un tonneau de vin ne valoit aussi que quatre livres; ce qui ne paroîtra plus surprenant , si l'on fait attention que le marc d'argent ne valoit lors que 11 livres, & que d'ailleurs il y en avoit les trois quarts moins en Europe ;

d'où il fuit que vingt fols procuroient les mêmes chofes qui coû-
teroient aujourd'hui plus de dix fois autant.

Jacquet qui, ſur le Titre 34 de la Coutume de Tours, a
voulu parler de ces anciennes évaluations de nos Coutumes, n'y
a rien entendu.

ARTICLE XL.

En don ou tranſport ſimple (*a*), fait ſans fraude,
ne ſont dus que les gands comme deſſus, s'il n'y a
bourſe déliée.

(*a*) Ce qui ne doit s'entendre ici que pour acte de pure libéralité.

Voyez l'*Article 121 de la Générale*, qui eſt ſemblable.

ARTICLE XLI. **

Quand on vend rente fonciere, on conſtitue rente
ſur héritage tenu à cens, ſoit à vies ou à toujours-mais,
ou que l'on vend héritages à vies, redevables à droit
de cens, ſont dus gands & ventes par l'acheteur au
prix deſſus dit.

** La conſtruction de cet Article eſt louche, & doit être ainſi
rectifiée : *quand ſur héritage tenu à cens, on vend (a) rente fonciere
ou que l'on conſtitue rente, ſoit à vies, ſoit à toujours-mais : ou que
l'on vend à vies (b) héritage redevable à droit de cens, ſont dus gants
& ventes par l'acheteur au prix deſſus dit.*

(*a*) Ici *vendre*, ne doit pas être entendu d'une rente déja exiſ-
tante, mais eſt ſynonime avec les mots créer, conſtituer à prix
d'argent : ce qui vient de ce qu'autrefois le propriétaire d'un héritage pouvoit pour argent le charger d'une rente fonciere à toujours, ou bien pour avoir cours pendant la vie de l'acheteur,
de ſa femme, de ſes enfans, &c. & comme ces rentes étoient
cenſées déprécier d'autant l'héritage ſur lequel elles étoient aſſi-
gnées, les gants en étoient dûs au Seigneur, & les ventes du prix
payé à raiſon. Mais comme aujourd'hui toute rente créée à prix

d'argent eft toujours rachetable ; que fi les rentes viageres fur une ou plufieurs têtes font exceptées de la faculté du rachat, elles ne font également que fimples perfonnelles & hipothéquaires & non foncieres, l'affignat de ces rentes fur un héritage ne donne aucune ouverture aux profits vers le Seigneur. *Voyez l'Article 115 de la Générale & fes Notes.*

Mais s'il s'agit de la vente d'une vraie rente fonciere déja exiftante, les profits en font dûs. *Article 126 de la Générale.*

(*b*) La fimple vente d'ufufruit ne donne point ouverture aux ventes : mais fi cet ufufruit eft vendu pour le temps de plufieurs vies, ou ce qui revient au même, fi l'héritage eft baillé à rente, pour le cours de plufieurs vies, & qu'il y ait bourfe déliée, les profits fonts dûs du prix de la vente, ou en bail à rente de la bourfe déliée. *Voyez les Articles 123 de la Générale & fuivans jufques & compris le 127.*

De même, fi la propriété utile de l'héritage tenu à long bail ou à plufieurs vies eft vendue, les gants & ventes font dûs. *V. l'Article 126 de la Générale.*

ARTICLE XLII.

S'aucun vend ou conftitue rente perpétuelle ou à remeré (*a*), fur fes biens & héritages, fans fpécifier aucuns héritages particuliers : en ce cas n'y a aucun droit de gands ne ventes : mais fi l'acheteur fait déclarer aucuns d'iceux héritages cenfuels, hypothéqués à fa rente ; dès-lors en font dus gands & ventes qui fe payeront comme deffus.

(*a*) L'Article précédent, dans fa premiere partie, affujettit aux gants & ventes toute création de rente perpétuelle ou à vies, faite à prix d'argent avec affignat fur un héritage. Celui-ci qui en affranchit les rentes fans affignat en eft une fuite : mais il s'écartoit bien autrement que l'autre des vrais principes, puifque dans le cas même, où la rente étoit conftituée rachetable & fans affignat, les profits étoient dûs fi-tôt que le créancier faifoit déclarer un héritage du débiteur hypothéqué à fa rente.

L'Article 111, ajouté à la Coutume d'Orléans, lors de fa réformation, a corrigé ces erreurs. Il porte : « de toutes rentes

» conftituées à prendre fpécialement ou généralement fur aucuns
» héritages , n'eft dû aucun profit de vente : toutesfois fi lefdits hé-
» ritages ou partie étoient par-après vendus à la charge defdites
» rentes ou partie, en ce cas les ventes fe payent au Seigneur
» cenfier, tant à caufe de la valeur defdites rentes que du prix
» de la vente defdits héritages ».

Cette doctrine eft la vraie, & fe fuit nonobftant ce que portent
les Articles 41 & 42 de notre Locale, & le 115 de la Générale.

ARTICLE XLIII.

Si un acheteur des héritages cenfuels qui n'a payé
fe déporte de fon achat, & le vendeur reprend ledit
héritage par lui vendu en acquit dudit prix, au Seigneur cenfier en font dus les gands & ventes de la
premiere vendition feulement.

Cet Article a été copié fur le 112 d'Orléans. Dumoulin, fur
l'*Article 55*, *hodiè 78 de la Coutume de Paris, Glof. 1 , n. 39*, fuppofe qu'il fuit de ces deux Articles 43 de Dunois, & 12 d'Orléans , qu'il eft dû profits fi-tôt que le contrat, fait fans terme
de payement, eft parfait, quoique l'acquéreur ne paie pas, &
que le vendeur foit trompé dans fon attente, ce qu'il trouve déraifonnable : *tranfeat in dictis locis , quia fic ibi receptum non eft ratio-
nabile*. Et il penfe qu'ailleurs d'une vente réfolue faute de payement, *infrà modicum tempus , putà duorum menfium* , il n'eft rien dû.

Mais il n'y a rien dans les termes de l'Article qui force d'admettre cette interprétation que les profits foient dûs d'une vente
faite fans terme, fi-tôt le contrat parfait.

Guyot, *tom. 3, du Quint, chap. 12, de la Réfolution des contrats*,
d'après Dumoulin, lui-même, fur l'*Article 33 de Paris, n. 29*,
nous explique nettement le cas décidé par cet Article 43 de
Dunois.

Il n'a point, dit-il , pour objet une vente dont la réfolution,
avant qu'il ait été rien payé du prix (ajoutez avec l'Article 149
de Tours : *& avant la poffeffion ou jouiffance prife, autrement que par
le contrat*) eft confentie entre le vendeur & l'acheteur, dans un
très-court intervalle, tel qu'un mois tout-au-plus, (Dumoulin ,
comme nous avons dit, va jufqu'à deux mois, ce qui paroît fort.) il
n'eft dû ni premiers ni feconds profits de telle vente.

Mais s'il avoit été payé partie du prix, ne fût-ce que des arrhes, du nombre de celles qui doivent être précomptées (ajoutez encore : *ou que la tradition réelle eût fuivi*) alors il eſt bien permis aux parties de ſe départir volontairement de la vente dans un court intervalle, quoique l'acquéreur fût entré en compoſition des droits : mais les premiers profits ſont dûs. C'eſt ce que décide notre Article ; & pour qu'il n'en ſoit pas dû de ſeconds, il faut que ce qui avoit été payé par l'acquéreur lui ſoit rendu par le vendeur; en un mot, qu'entr'eux il ſoit dit que la vente eſt regardée comme non faite & non avenue.

Notre Article pris en ce ſens, & c'eſt celui dans lequel l'entend auſſi M. Pothier, *Cout. Introd. aux Fiefs n. 131*, n'a rien que de conforme à ce que Dumoulin établit lui-même pour regle du droit commun.

Ceci ſoit dit pour la réſolution volontaire. Quant à la réſolution forcée, ſi elle ſe fait pour vice inhérent au contrat, *per viam annihilationis & actum retroagentem ut ex tunc*, comme incapacité dans le vendeur, ou un mineur qui ſe fait reſtituer, le contrat eſt effacé, les fruits ſont reſtitués, il n'eſt dû aucuns droits, *& ſi ſoluta, repetuntur*.

Si la réſolution forcée n'a effet que pour l'avenir, *ut ex nunc*, les premiers droits ſont dûs : mais les ſeconds ne le ſont pas, ſi la réſolution eſt pour cauſe ancienne qui dérive du contrat, comme le défaut de payement.

Mais Guyot ajoute qu'il eſt néceſſaire, pour éviter les ſeconds profits, que le vendeur rentre pour le même prix, ſans nouvelle eſtimation, & qu'il rende ce qu'il a reçu.

Il ſoutient qu'autrement il eſt indifférent que la vente ait été faite avec terme ou ſans terme, & reprend d'après Berroyer, dans ſes Notes ſur Bardet, le Journaliſte du Palais, pour avoir dit que l'arrêt du 26 Avril 1672, a condamné à payer de ſeconds profits, parce qu'il s'agiſſoit de vente faite à terme, au-lieu que c'eſt parce que le vendeur s'étoit rendu adjudicataire pour un nouveau prix.

Poquet de Livoniere, *des Fiefs, liv. 3, chap. 6*, & M. Pothier, tiennent la même doctrine. Elle me paroit trop dure, & je ne vois pas qu'elle ſoit ſuivie dans notre uſage.

Si pour éviter de ſeconds profits, le vendeur n'avoit d'autre voie que de faire prononcer purement & ſimplement la réſolution de la vente, en rendant ce qu'il a reçu du prix, & ſans pouvoir demander à rentrer ſur nouvelle eſtimation, au moins ne ſemble-t-il pas qu'on pût lui refuſer contre l'acheteur la condamnation aux dommages-intérêts réfultans de l'inexécution du contrat , & ceux de la moindre value de l'héritage, tant à raifon des dégradations qu'autrement.

Or à moins que de foutenir que le vendeur ne peut, fans s'expofer à de feconds profits, rien prétendre pour l'inexécution de fon contrat & pour les dégradations , il eft évident que rentrer fur nouvelle eftimation fans dommages-intérêts, ou rentrer pour le même prix avec dommages-intérêts, revient au même, & ce ne fera plus qu'une pure cavillation de termes.

Voyons donc s'il y a quelque juftice à dire que celui qui rentre forcément, faute de payement de tout ou de partie du prix, ne puiffe , fans s'affujettir à de feconds profits, prétendre dommages-interêts , à raifon de l'inexécution du contrat, & à raifon des dégradations.

Tout ce qu'on peut alléguer pour le Seigneur, eft que fi le vendeur peut rentrer fur nouvelle eftimation fans payer de feconds profits, il ne fera queftion , pour colorer une revente volontaire, que de fuppofer que le vendeur rentre forcément faute de payement.

Mais faut-il par la crainte d'une fraude dont le cas fera rare , ou facile à démafquer, affujettir aux profits un vendeur de bonne foi, qui ne rentre que parce qu'il ne fauroit mieux faire ?

N'eft-il pas affez à plaindre de reprendre une chofe qu'il n'avoit vendue que parce qu'elle ne lui convenoit pas , ou pour le befoin de fes affaires , & d'être quelquefois obligé de payer les profits de la premiere vente que l'acheteur n'avoit pas acquittés , fans qu'il faille encore le réduire à la cruelle alternative ou de payer de feconds profits, ou de rendre ce qu'il avoit reçu à compte, & perdre tout dédommagement à raifon des dégradations, & à raifon de l'inexécution du contrat ?

Voici, pour concilier les intérêts du Seigneur & ceux du vendeur, la diftinction que je croirois devoir être fuivie : lorfque le vendeur, qui rentre fur nouvelle eftimation faite foit avec l'acheteur, foit avec le corps des créanciers, trouve dans l'inftant, foit dans le prix de la chofe, foit dans les autres biens du débiteur , de quoi fe payer de tout ce qui lui eft dû tant en principal, intérêts que frais, les profits font dûs de la rentrée comme de la premiere vente.

Mais lorfqu'il ne fe trouve pas dans les biens apparens du débiteur de quoi payer le vendeur en entier ; qu'il ne lui refte que l'efpérance incertaine de fe faire payer par la fuite fur les biens que le débiteur pourra acquérir, on ne peut plus en ce cas le fufpecter de fraude, & je pense qu'il n'est rien dû pour la rentrée, quoique sur nouvelle estimation.

L'Arrêt de 1672 n'a rien jugé de contraire à cette distinction. Il est vrai que cet Arrêt n'a pas pour fondement que la vente étoit faite à terme, mais il paroît que le vendeur avoit laissé saisir réellement ; que le débiteur avoit ensuite abandonné ses biens à ses créanciers, qui s'étoient syndiqués, & la direction avoit donné au vendeur sur nouvelle estimation non-seulement la chose par lui vendue, mais encore d'autres biens qui l'avoient entiérement rempli.

Celui du 6 Avril 1726, ne peut de même être opposé : il y avoit du concert, le sieur Savalette étoit notoirement solvable.

Article XLIV.

Par partage fait d'aucuns héritages censuels, n'est dû aucun profit au Seigneur censuel, s'il n'y a bourse déliée (a).

(a) L'Article 88 de la Générale, en partage de biens féodaux, donne ouverture aux profits de quint, quand la bourse déliée excede la moitié de la valeur du fief : mais sa disposition ne s'applique point aux rotures. Notre Article au contraire, en partage d'héritages censuels, donne ouverture aux profits à raison de la bourse déliée, mais sa disposition ne s'étend point aux fiefs : *favores ampliandi, odia restringenda.*

Sur la question : si en licitation il est dû profits, *voyez la Note sur l'Article 88 de la Générale.*

Article XLV.

Un Seigneur censier peut contraindre une fois en sa vie (a), les détenteurs & acquéreurs des héritages de son censif de lui bailler par déclaration les héritages tenus de lui à droit de cens.

On tient au contraire, dans la Générale, que tout censitaire ne peut être contraint à donner à ſes dépens déclaration qu'une fois en ſa vie, s'il n'y a lettres de terrier.

ARTICLE XLVI.

Cens eſt diviſible, & ſont les détenteurs redevables dudit cens, quittes en payant ledit cens chacun pour ſa portion de l'héritage diviſé dont ils ſont détenteurs, & les peut contraindre le Seigneur cenſier à ce faire.

Cet Article eſt conforme au 129 de la Générale & au 29 de l'ancienne Coutume d'Orléans, ſur lequel il a été copié. C'eſt le 121 de la nouvelle avec une addition explicative. *Voyez - le & les Notes de M. Pothier.*

ARTICLE XLVII.

Le Seigneur de l'héritage tenu à cens ne peut vendre ou aliener partie dudit héritage, ſans charge de la Juſtice (*a*) partie dudit cens, à peine de cinq ſols tournois d'amende envers ledit Seigneur & de faire réduire (*b*) la charge à ſes dépens.

(*a*) Pour *la juſte portion.*
(*b*) Fixer, régler.
Quand au contraire le cenſitaire aliene la totalité de ſon héritage, il doit déclarer de quel Seigneur il eſt tenu, & le Notaire en doit faire mention : *Ordonnance de Blois, Article 180.* Mais il ſuffit de dire qu'on l'ignore, pourvû qu'on ajoute que l'héritage n'eſt point en la mouvance du Roi.

ARTICLE XLVIII.

Ledit Seigneur cenſier peut faire les fruits ſiens des héritages tenus de lui à cens, qu'il trouve vacans ſans

être

être occupés (*a*), & les tenir en fa main (*b*) ou les peut bailler à fon profit, jufqu'à ce qu'il ait propriétaire qui le reconnoiffe. Et en le reconnoiffant eft tenu payer les réparations & méliorations néceffaires qui auront été faites par le Seigneur cenfier ou de par lui. Et pendant ledit temps que ledit Seigneur cenfier tient lefdits héritages en fa main, ledit Propriétaire demeure quitte (*c*) du devoir qu'il en faifoit.

(*a*) Cette vacance differe de la déshérence : celle-ci fuppofe l'héritage fans propriétaire, celle-là en fuppofe un qui, ignorant ou fachant fon droit, ne prend aucun foin de l'héritage, le laiffe inculte, & n'a pas même pris la précaution de reconnoitre le Seigneur. *Voyez Coquille, fur l'Article 11 du tit. des Cens de Nivernois, & en fes Queft. & Rép. queft. 9.*

1. Jugé par Arrêt du   1746, confirmatif de Sentence de Blois, au profit du Seigneur de Villegomblain, contre le fieur Parceval de la Broffe, que l'héritage eft cenfé vacant, lorfque celui qui en jouit, & dit le poffeder en vertu de contrat de vente depuis moins de trente ans, ne peut juftifier de la vente. J'avois écrit à Blois, pour le Seigneur de Villegomblain.

(*b*) Le Seigneur, pour ce faire, n'a pas befoin de l'autorité de Juftice. Anciennement le Seigneur n'en avoit pas befoin pour faifir féodalement : s'il en eft autrement aujourd'hui, on ne doit pas en argumenter pour notre cas. Il y a bien de la différence entre un vaffal à qui l'on veut défendre tous exploits dans fon fief, & un cenfitaire qui ne prend aucun foin de fon héritage, & femble le quitter pour le cens.

(*c*) Ce qui prouve que le Seigneur n'eft pas obligé de rendre les fruits qu'il a perçus. Si le propriétaire ne fe préfente qu'après 30 ans, le Seigneur eft-il obligé de lui rendre l'héritage? La négative feroit inconteftable dans le cas où le Seigneur auroit fait faifir l'héritage, & fe feroit fait envoyer en poffeffion par autorité de Juftice : mais je la crois également fondée dans le cas où le Seigneur fe feroit mis en poffeffion de fa propre autorité. Le Seigneur jouit en fon nom dans la préfomption que le propriétaire abandonne l'héritage, & quitte la terre pour les charges. Le laps de 30 années a converti cette

G

préfomption en preuve légale, contre laquelle la déclaration contraire du propriétaire ne doit plus être écoutée.

Quid, fi le Seigneur haut-Jufticier & le Seigneur cenfier prétendent en même temps l'héritage, le premier comme en déshérence, le fecond feulement comme vacant?

Je crois que la queftion doit fe décider par l'éclairciffement du fait, s'il y a déshérence ou fimple vacance; que le Seigneur haut-Jufticier qui prouve que l'héritage n'eft vacant que parce que le dernier poffeffeur eft décédé fans laiffer d'héritiers, doit être préféré; qu'au contraire, fi l'ancien propriétaire n'eft pas connu, ou fi connu, il délaiffe, le Seigneur cenfier doit l'emporter.

Article XLIX.

Pour raifon des gands & autres droits Seigneuriaux, ventes dues par gens forains (*a*) au Seigneur cenfuel, tel Seigneur peut fi bon lui femble faire proceder par voie d'empêchement fur les fruits des héritages cenfuels. Et s'il y a oppofition fera baillé provifion par le Juge au détenteur de tel héritage de lever & recueillir les fruits: pourvu qu'icelui détenteur foit fuffifant (*b*) d'en rendre compte & reliqua.

(*a*) Et non par domicilié. Voyez l'Article 35, dont celui-ci eft l'exception.

(*b*) L'héritage & le privilege du Seigneur font une caution fuffifante, & autant valoit-il ne pas différencier le forain du domicilié.

CHAPITRE IV.
De Terrage ou Champart.

Article L.

Celui qui tient & occupe terre fujette à terrage ou champart, qui eft réputé un même droit, ne peut en-

lever fac de bled (*a*), fans appeller le Seigneur à qui
eft dû le terrage ou champart, fon commis ou fermier : & s'il fait le contraire il enchet en l'amende
envers le Seigneur dudit terrage ou champart qui eft
de foixante fols tournois, pourvu que ledit Seigneur,
fon Fermier ou Commis faffe réfidence en la Paroiffe
où eft affis l'héritage durant le temps d'Août : & nonobftant ladite amande fera payé ledit champart : & au
furplus chacun jouira (*b*) dudit droit de terrage &
champart, ainfi qu'on a accoutumé en ufer d'ancienneté, pource qu'il y a diverfes manieres de lever &
payer lefdits champart & terrage.

(*a*) Faute d'impreffion qui fe trouve dans toutes les Editions &
non dans l'original. Il faut lire *fa déblée*, qui fignifie fa récolte,
comme le demande le fens, & que le prouve l'Article 141 d'Orléans, fur lequel celui-ci a été copié.

Au refte, fur le terrage, Dunois ne differe en rien de la Générale.

(*b*) Cette fin de l'Article eft relative à l'oppofition des Religieux de Bonneval, qui prétendirent que leur droit étoit tel,
que quand le détenteur défailloit de labourer & enfemencer fuivant l'ufage du pays, qui n'a d'intervalle que d'un an en trois,
ils étoient fondés à s'en faire dédommager, fuivant l'eftimation
de ce que le terrage leur eût produit, fi l'héritage eût été labouré
& enfemencé.

Article LI. ✶✶

Tout arpentage fe doit faire à cent perches (*a*),
& à vingt pieds pour perches, pour arpent & feptier,
pied & mefure de Roi : & eft & fera réputé tout un

✶✶ Cet Article eft on ne peut plus mal placé au Chapitre du
terrage ou champart, puifque la maniere de percevoir ce droit,

(*a*) Cette Note fe trouve page fuivante.

chacun arpent & feptier de terre : fauf à Marchenoir & Fréteval qui ont cent cordes pour arpent, & chacune corde vingt & deux pieds (*b*).

qui confifte dans une portion des fruits, n'a nulle relation avec la confiftance de l'héritage.

Sa vraie place étoit au Chapitre fecond, à la fuite de l'Article 25.

L'Arpentage à vingt pieds pour perche, au-lieu de 24 que contient celle dont on fe fert en Bléfois, fait prefqu'un tiers de différence, puifque la perche de vingt pieds ne rend que 400 pieds quarrés, autrement onze toifes quarrées & un neuvieme, au-lieu que celle de vingt-quatre pieds rend 576 pieds quarrés, autrement 16 toifes quarrées. C'eft peut être la raifon pourquoi en Dunois, l'arpent & la feptrée ou feptier font une même chofe, au-lieu qu'en Bléfois, la feptrée n'eft que des deux tiers de l'arpent.

Celui qui vend la fuperficie de fes bois, les vend à raifon de 22 pieds pour perche, mefure fixée par l'Ordonnance de 1669, mais celui qui en vend le fonds ne doit en Dunois que vingt pieds pour perche, & en Bléfois en doit vingt-quatre.

Les cens & rentes fur les bois font également dûs à la mefure prefcrite par la Coutume & non à celle de l'Ordonnance.

C'eft une erreur dont j'ai trouvé plufieurs perfonnes imbues, qu'en Bléfois, la mefure des prés n'eft qu'à 22 pieds pour perche, elle eft à 24, comme pour les autres héritages.

Si rarement on trouve fa mefure, c'eft que plus l'héritage eft précieux, plus les propriétaires, dans les titres qu'ils fe font, cherchent à fe frayer des moyens d'ufurpation.

(*b*) Ce qui fait deux pieds par corde plus que dans le refte du Dunois, & deux pieds par corde de moins qu'en Bléfois. Ainfi le feptier, à Marchenoir & Fréteval, ne fait guere plus que dix boiffelées en Bléfois §, autrement un fixieme d'arpent de moins.

Au contraire la boiffelée de terre contient plus qu'en Bléfois, puifque les huit de Marchenoir font l'arpent de dix boiffelées.

A Onzain fous-Blois, on ne compte que dix boiffelées à l'arpent de terre labourable, quoique l'arpent foit le même que dans le refte du Bléfois.

§ La corde à 22 pieds ne rend que 484 pieds quarrés au-lieu de 576.

CHAPITRE V.

Des Pâturages & Herbages,

ARTICLE LII.

QUAND aucun trouve en ſes héritages aucunes per‑
ſonnes ou bêtes, lui faiſant dommage, il s'en peut cla‑
mer à Juſtice dedans quinze jours enſuivant (*a*), & en
affirmant par lui l'entrée & dommage fait par icelles
bêtes, celui à qui ils (*b*) appartiennent doit être con‑
damné en l'amende de juſtice (*c*) qui eſt de cinq ſols
tournois : pourvu que le dénonciateur ſoit perſonne
légale, & que telle amende lui appartienſiſt (*d*), il l'a
peut affermer ou faire affermer par ſes enfans, ſervi‑
teurs, procureurs, familiers ou domeſtiques, en ayant
avec lui un témoin (*e*). Et en Marchenoir une perſonne
non reprochable, eſt cru de ſes dommages juſqu'à cinq
ſols tournois (*f*).

(*a*) En quoi diffère de la Générale, qui en donne 30.
(*b*) Elles.
(*c*) Cette amende eſt mal-à-propos appellée de *Juſtice*, puiſ‑
qu'elle appartient au maitre de l'héritage pour ſon dommage,
ſauf plus grande réparation en prouvant la priſe par deux témoins :
mais ſoit que les bêtes ſoient priſes de jour a garde faite ou ſans
garde, il n'y a point d'amende applicable au Seigneur de Juſtice,
en quoi cette Locale diffère de la Générale, *Article* 223. Les
Locales de Romorantin & de la Ferté-Avrain ne parlent point
non-plus d'amende vers Juſtice.
(*d*) Ces mots font la preuve de la note précédente.
(*e*) En quoi diffère encore la Générale.
(*f*) Marchenoir rentre ici dans la diſpoſition de la Coutume

générale, mais y doit-il rentrer pour la durée de l'action & pour les amendes applicables à Juftice? Je ne le penfe pas.

ARTICLE LIII.

En faifon que les fruits & desblées font en terre & non cueillis, il eft prohibé mener les bêtes pâturer aux champs où il y a desblées avant le point du jour levé, & les y tenir après le jour couché (*a*), fous peine d'amende arbitraire (*b*).

(*a*) La nuit eft faite pour le repos de l'homme, il ne feroit pas jufte de le lui enlever, en l'obligeant de faire garde à fes héritages.

(*b*) Cette amende eft applicable au Seigneur de la Juftice; elle eft encourue fans qu'il foit befoin que les bêtes foient trouvées dans l'héritage enfruité, il fuffit de les trouver dans le climat.

CHAPITRE VI.

Des Efpaves.

ARTICLE LIV.

QUI recele aucune Efpave plus de vingt & quatre heures, & il ne la porte ou meine à juftice, il eft condamnable à l'amende de foixante fols tournois envers Juftice.

Cet Article eft conforme au droit commun.

Article LV.

Toutes Efpaves qui font amenées à Juftice, fe doivent crier & fubhafter par trois jours de marché,
au lieu où l'on a accoutumé faire criées. Et s'il ne
vient perfonne qui avoue fienne ladite Efpave, elle
doit être vendue (*a*) & livrée au marché où l'on vend
les biens prins par exécution au plus offrant & dernier
enchériffeur. Et fur les deniers qui en iftront de la
vente de ladite Efpave, en doit être délivré jufques à
foixante fols tournois, au Prévôt-fermier de la Juftice
(*b*) où fera trouvée ladite Efpave, fi tant eft vendue,
& le furplus au Seigneur de ladite Juftice.

(*a*) Cette obligation de vendre l'efpave n'eft point abfolue ;
mais relative. *Voyez la Note* (*d*), *n.* 2, *fur l'Article 26 de la Générale.*

(*b*) Voyez ladite Note (*d*), *n. 5.*

Article LVI.

Et fi aucun vient dedans lefdits trois marchés (*a*)
qui avoue (*b*) fienne ladite Efpave, en informant duement qu'elle lui appartient, elle lui fera délivrée par
Juftice en payant par lui les frais raifonnables.

(*a*) Voyez la Note (*d*), *n.* 1, fur l'Article 26 de la Générale.

(*b*) Il eft libre d'avouer, fans la réclamer : *putà,* s'il dit la tenir
pro derelictâ, ce qui néanmoins n'excufe pas toujours de la réparation du dommage. *Voyez fur l'Article 218 de la Générale, la Note*
(*b*), *n. 3.*

CHAPITRE VII.

Des Communautés d'entre Hommes & Femmes mariés.

ARTICLE LVII.

SE durant & conftant le mariage du mari & de la femme, le mari vend ou conftitue (*a*) aucune rente en général fur tous fes biens & héritages fans le confentement de fadite femme, après le décès dudit mari, ladite femme (*b*) eft tenue de la moitié des arrérages de ladite rente (*c*) pour autant que peut valoir la moitié (*d*) des meubles & conquêts immeubles. Et demeure fa moitié des acquerremens hypothéquée pour la moitié de ladite rente. Mais s'il vend ou conftitue ladite rente fpécialement fur aucun de fes propres héritages & acquerremens, l'acheteur ne fe pourra prendre à la généralité (*e*), finon en défaut de pouvoir recouvrer fes rentes & arrérages fur l'héritage propre fpécialement obligé.

(*a*) Mots fynonimes.
(*b*) Acceptant la communauté.
(*c*) Et du principal.
(*d*) Et non-plus : par la raifon que des dettes de la communauté auxquelles la femme ne s'eft point perfonnellement obligée, elle n'eft tenue que jufqu'à concurrence de ce qu'elle amende en ladite communauté.
(*e*) Ceci n'a plus lieu, & au furplus il n'en réfultoit rien en faveur de la femme, qui n'étoit pas moins tenue de fa moitié.

ARTICLE

ARTICLE LVIII.

Femme féparée de fon mari quant aux biens peut &
lui loift contracter & difpofer de fes biens meubles &
immeubles (*a*), ainfi & en la maniere qu'elle pourroit faire fi elle n'étoit mariée : mais telle féparation
eft réputée nulle (*b*), fi elle n'eft publiée au prône
de la paroiffe où ils font demeurans, dedans le fecond
dimanche du jour qu'elle eft faite.

(*a*) En quoi differe de la Générale, *Article 3*, & du droit
commun, jufques-là que les Arrêts ont déclaré nulles les autori-
fations par contrat de mariage, étendues jufqu'au pouvoir d'a-
liéner, comme contraires à la bienféance publique. Voyez M. Pothier, fur Orléans, *tom. 2*, *pag. 179*, qui en cite plufieurs, &
Denifard, au mot *autorifation*.

Cette difpofition, qui regle la capacité de contracter de la
femme féparée, eft évidemment un ftatut perfonnel, & conféquemment fon effet ne regarde que celles domiciliées en Dunois : mais auffi j'eftime qu'à raifon de la perfonnalité, fon effet
s'étend même aux biens que la femme féparée poffede en autres
Coutumes.

Cependant fi les aliénations étoient confidérables & fans caufe
avantageufe à la femme, le mari feroit bien fondé à les empêcher.

D'autre part, s'il y avoit violent foupçon que les aliénations
n'euffent été faites que pour en faire tourner le prix au profit
du mari, les héritiers de la femme peuvent le répéter contre lui.

Le foupçon eft fuffifant, quand il n'y avoit point néceffité de
vendre, ou qu'il ne fe trouve point de remploi fait par la femme.

Les emprunts faits par la femme doivent être confidérés de
même que fes aliénations au refpect de fon mari.

Sur les acquifitions de la femme féparée, voyez la Note (*b*),
n. 1, fur l'Art 179 de la Générale.

(*b*) Ceci ne doit être entendu que comme dans la Générale.

H

CHAPITRE VIII.
Des Sociétés.

ARTICLE LIX.

SOCIÉTÉ n'a point de lieu, sinon qu'elle soit par contrat exprès accordée entre les parties.

Voyez Vatan, Article 12.

CHAPITRE IX.
Des Servitudes réelles.

ARTICLE LX.

EN mur metoyen, le premier qui affied fes cheminées, l'autre ne les lui peut faire ôter ni reculer, en laiffant par (*a*) moitié (*b*) du mur & une chantille pour contre-feu : mais au regard des lanciers & jam-

(*a*) Au-lieu de *par*, lifez *la*, comme en l'Article 233 d'Orléans, fur lequel celui-ci a été copié.

(*b*) Blois 234, ne permet que jufqu'à la tierce partie.

La chantille, qui eft un contre-mur de tuillots de demi-pied d'épaiffeur, fembleroit ramener les chofes au même point, fi, comme l'entendoit Lalande, fur Orléans, ce contre-mur devoit regner tout le long du tuyau de la cheminée : mais M. Pothier ne l'exige que jufqu'à quatre pieds de hauteur, & obferve que quand on met plaque, le contre-mur n'eft pas néceffaire.

Bourjon, *tom.* 2, *pag.* 15 & 16, dit la même chofe, mais la Coutume de Paris ne permet que d'adoffer la cheminée contre le mur mitoyen, & non de rien prendre dans fon épaiffeur.

bages des cheminées & cymezes il peut percer ledit mur tout outre, pour les affeoir à fleur dudit mur (*c*).

J'eftime donc que la chantille ou contre-mur doit regner tout le long du tuyau, d'autant plus qu'à ce moyen rien n'empêche que le voifin ne puiffe faire cheminée à l'oppofite, qui par les deux chantilles auroit un pied de mur entr'elle & l'ancienne, au-lieu que le mur mitoyen, étant pris jufqu'à moitié fans contre-mur jufqu'au haut, le voifin ne peut plus placer cheminée jufqu'à l'autre moitié.

(*c*) Sans que le voifin, pour y affeoir les fiens puiffe l'obliger de les couper à moitié du mur : en quoi differe de la Générale, Article 233, & eft conforme au 238 d'Orléans.

ARTICLE LXI.

On ne peut faire ne tenir retraits, latrines, égoûts, citernes (*a*) près du puits à eau de fon voifin, finon qu'il y ait entre-deux neuf pieds de diftance, pourvu que ledit puit à eau foit premier édifié.

(*a*) Ce mot, qui ne fe trouve point dans le 246 d'Orléans, fur lequel l'Article a été copié, doit être fupprimé, ou du moins entendu des citernes autres que celles d'eau claire. Voyez la Note (*a*), *n. 6*, fur l'Article 235 de la Générale, & M. Pothier, en fon *Contrat de Société, n. 11.*

ARTICLE LXII.

Quand aucun fait édifier ou réparer en fon héritage, fon voifin eft tenu lui donner & prêter patience à ce faire, en réparant & amendant diligemment par celui

Cet Article a été pris fur le 240 d'Orléans, fur lequel voyez Lalande.

Cette patience que le voifin eft tenu d'accorder ne doit s'entendre qu'au cas de néceffité, que celui qui bâtit ou répare ne puiffe faire la chofe autrement : il ne fuffit pas que ce foit avec plus d'incommodité pour lui.

H ij

qui a édifié ce qu'il avoit (*a*) démoli, rompu & gâté
à fondir voifin. Et ne peut pour ce l'édifiant acquérir droit ne poffeffion, contre n'au préjudice de celui
qui a donné ladite patience de réparer & amender.

(*a*) *Meliùs*, ce qu'il auroit, comme Orléans.

Article LXIII.

Dorefnavant un chacun ayant maifon dedans la clôture de la Ville (*a*) de Chateaudun, fera tenu dedans
l'an après la publication de ceftes, faire faire latrines
en icelles maifons ou appartenances d'icelles, de creux
de quatre toifes pour le moins; autrement ledit an paffé
fans l'avoir fait, les loyers & penfions defdites maifons
feront arrêtés & employés à faire lefdites latrines.

Il ne paroît pas que l'ancienne Coutume d'Orléans eût fur ce
de difpofition : c'eft le 244 de la nouvelle, fur lequel voyez Lalande, qui rapporte plufieurs Réglemens de Police qui ont rapport à la falubrité de l'air. Voyez auffi le *Traité de la Police, par La-
marre, tom. 1, liv. 14, tit. 13, chap. 7.*
(*a*) Ce qui conféquemment ne comprend pas les fauxbourgs

CHAPITRE X.

Des Donations faites entre - vifs.

Article LXIV.

LE pere ou mere ne peut avantager l'un de leurs
enfans plus que l'autre venans ou renonçans (*a*) à leur

(*a*) On trouvera cette Note à la page fuivante.

fucceſſion (*b*), ſoit en mariage ou autrement, en quelque maniere que ce ſoit.

(*a*) En quoi ſeulement differe de la Générale, pourquoi voyez
les Notes ſur l'*Article 159 & ſur le 168.*

1. La Coutume de Tours, *Article 309*, a ſemblables diſpoſition pour les perſonnes coutumieres : elle défend non-ſeulement
la voie directe, mais l'indirecte, ſoit par contrat de vente, échange, (frauduleux, s'entend) ou perſonne interpoſée : elle excepte
le don pour ſervices duement vérifies, & tout ceci doit également avoir lieu dans notre Locale.

2. Dumoulin, ſur notre Article, a fait cette note : *ſcilicet de ſuo,
quod ſi cautiùs cavendo, aut prævidendo melius geſſit negotium, non eſt
trahendum ad invidiam.* Et Palu, ſur l'Article cité de Tours, ajoute :
voire quand le pere, *oblatam ſibi acquirendi occaſionem repudiaſſet
ut ad filium perveniret,* ce ne ſeroit avantage, *quia nihil erogavit de
ſuo pater, ſed non acquiſivit :* & cite la Loi *profectilia,* §. *Si pater,
ff. de Jure dot.*

Je ſuis bien de cette opinion, s'il s'agiſſoit d'un retrait lignager
avantageux que le pere, quoique plus prochain en dégré laiſſât
exercer à l'un de ſes enfans : mais non, ſi ayant un fils & pluſieurs
filles, il répudioit une ſucceſſion collatérale, viſiblement avantageuſe, dans laquelle il y auroit des fiefs, pour la faire paſſer en
totalité à ſon fils à l'excluſion des filles.

3. En eſt-il des autres aſcendans comme des pere & mere ?

La raiſon de douter eſt que cette obligation de rapporter en
renonçant, eſt contre le droit commun, & par-là ne ſemble
pas devoir être étendue au-delà des termes de la Coutume.

Mais il paroît que ſon eſprit a été d'établir une parfaite égalité entre les enfans ; & ſous ce point de vue, c'eſt le cas de dire
avec la Loi 201, ff. *de Verb. ſignif. Juſtâ interpretatione recipien-
dum eſt, ut appellatione filii, ſicuti filiam familias contineri ſæpè reſ-
pondebimus, itâ & nepos videatur comprehendi. Et patris nomine avus
quoquè demonſtrari intelligatur.*

D'ailleurs notre Article, en défendant aux pere & mere d'avantager leurs enfans venans ou renonçans à leur ſucceſſion, ajoute :
en quelque maniere que ce ſoit. Or ſi un ayeul pouvoit donner à ſon
petit-fils, ſans que le pere ou le petit-fils fuſſent tenus de rapporter la choſe donnée, envain la Loi auroit-elle prohibé la voie
indirecte comme la directe.

(*b*). Cette Note ſe trouve page 643.

4. Il fuit que fi un ayeul fait donation à l'un de fes petit-fils, dont le pere eft mort, ce petit-fils n'eft pas libre de fe tenir à fon don, & doit rapporter à la maffe avec fes oncles & tantes.

5. *Idem*, s'il a des freres ou fœurs, quoiqu'il n'y ait ni oncles ni tantes.

6. Si la donation eft faite au petit-fils du vivant du pere, celui-ci fera-t-il tenu de rapporter?

Nul doute, s'il vient à la fucceffion : mais la difficulté eft plus grande, s'il renonce.

Palu, *ibidem*, dit : « Si le don a été fait du confentement de » l'héritier à fon enfant, il fera précompté à l'héritier, fans re- » cours, contre celui qui doit lui fuccéder; & toutesfois celui » qui a reçu l'avantage, fera tenu d'en faire le rapport ou pré- » compter en la fucceffion de celui qui aura fait le rapport; que » s'il n'y a biens en l'hérédité pour égaler les autres, & que » l'héritier n'ait moyen de faire le rapport, après icelui difcuté, » celui qui aura eu le don, fera obligé au rapport ».

Il fuit que le fils n'eft obligé de rapporter que dans le cas où le don a été fait de fon confentement, autrement ce rapport pour-roit entraîner fa ruine, fans qu'il y eût de fon fait.

7. Si le don a été fait fans le confentement du fils, le petit-fils, donataire, eft tenu de rapporter fous la déduction de la portion héréditaire de fon pere, qui renonce à la fucceffion : car confentement ou non, fi le pere vient à la fucceffion, c'eft à lui à précompter.

8. Le petit-fils, donataire de l'ayeul, eft également tenu de rapporter ou précompter à la fucceffion du pere, venant comme renonçant, les fommes que fon pere a rapportées ou pré-comptées pour lui en la fucceffion de l'ayeul.

9. Si le petit-fils, dans l'efpece, nomb. 7, a rapporté en la fuc-ceffion de l'ayeul, les chofes qu'il lui avoit données, il n'eft pas moins tenu de rapporter ou précompter en la fucceffion de fon pere ce qui lui eft refté de la donation de l'ayeul.

10. *Quid* du don fait au petit-fils par l'ayeul, du vivant du pere, feul héritier de l'ayeul? ce petit-fils eft-il tenu de rapporter à la fucceffion de fon pere, foit qu'il y renonce ou non?

S'il l'accepte, voyez ce qui a été dit fur l'Article 168 de la Générale, Note (*a*), n. 6.

S'il y renonce, je ne le crois pas tenu de rapporter : il ne s'agit pas de la fucceffion du donateur, & d'y conferver l'égalité : d'au-tre part, fon pere n'a rien rapporté pour lui, & conféquemment il n'en tient rien directement ni indirectement; enfin l'argument de l'égalité ne preſſe pas ici avec la même force que quand il vient à la ſucceſſion du pere, & l'opinion qui ſemble prévaloir eſt qu'en ce cas même, il n'eſt pas tenu de rapporter.

11. Les enfans qui renoncent, peuvent-ils demander ce rapport, ou ſeulement leur légitime ?

Palu, *ibidem*, dit qu'ils peuvent demander leur légitime, & il ajoute qu'il n'auroit pas oſé avancer cette propoſition, ſans l'autorité de deux Arrêts qu'il cite, & qui l'ont jugé en la Coutume de Paris.

Mais depuis que Palu a écrit, on ne doute plus que, pour former la demande en légitime contre un donataire, il n'eſt pas néceſſaire de ſe porter héritier du donateur.

Si donc dans les Coutumes, qui ne ſont pas d'égalité parfaite, la qualité d'héritier n'eſt pas néceſſaire pour former la demande en légitime, il ſemble ſuivre que dans celles d'égalité parfaite cette qualité ne ſoit pas plus néceſſaire pour demander à partager également dans la choſe donnée. C'eſt l'avis de Jacquet, ſur l'Article cité de Tours.

Les termes de notre Locale favoriſent cette opinion : & M. Souchay, Avocat-Fiſcal à Châteaudun, m'a fait part d'une Note de M. ſon pere, qui occupoit la même place, portant que par Sentence de ſon Siege, du 22 Mai 1666, entre les enfans Ricois, il a été jugé que les enfans, quoique renonçant, pouvoient demander à leur frere donataire à partager également, & que cette Sentence, dont il n'y a point eu d'appel, ſert de regle ſur cette queſtion.

12. Le rapport eſt dû par privilege ſur les biens donnés par avancement; & lorſque l'avancement a été fait par acte devant Notaire, ce qui ne peut plus guere ſe faire autrement, l'hypotheque a lieu du jour de l'acte ſur les biens particuliers de l'héritier avancé. Livoniere, ſur l'*Article 250 d'Anjou*, 2*e*. *Obſerv*.

13. De la prohibition d'avantager aucun enfant, renonçant comme venant à la ſucceſſion, il ſuit que toute ſubſtitution contraire à l'ordre des ſucceſſions, ne peut avoir lieu dans cette Locale.

(*b*) La conſtruction ſeroit plus réguliere, ſi tout ce qui ſuit avoit été placé immédiatement après le mot *avantager*.

Article LXV.

Don eſt réputé acquêt, pourvu qu'il ne ſoit fait à

perſonne qui pût ſuccéder au donateur ſans moyen (*a*), auquel cas il eſt réputé propre.

(*a*) En directe, ſoit que le donataire ſoit préſomptif héritier, ou qu'il ne le ſoit que par moyen, l'immeuble donné eſt·également propre.

En collatérale, ſi le donataire eſt héritier ſans moyen, l'immeuble donné eſt propre non-ſeulement au regard de la communauté, mais encore quant aux autres effets, c'eſt-à-dire propre de diſpoſition & de ſucceſſion; ce qui à ces deux derniers regards n'a pas lieu dans la Générale, ſur l'Article 172 de laquelle voyez les Notes.

On ſuit au reſte en Dunois, pour les donations entre-vifs, par mariage ou autrement, les diſtinctions établies par les Articles 160 & 161, 166 & 167 de la Générale relativement à la qualité du donateur, à la nature de ſes biens & à l'effet de la donation.

CHAPITRE XI.

Donation faite en Mariage.

ARTICLE LXVI.

QUAND pere ou mere ont donné en mariage faiſant à leurs enfans aucuns biens meubles ou immeubles, & leſdits pere & mere vont de vie à trépas, leſdits enfans & leurs héritiers ſeront tenus de rapporter ou précompter (*a*) chacun à leur regard, ce qui leur

Cet Article, au moyen du 64 ci-deſſus, & du 67 ci-après, pouvoit être ſupprimé.

(*a*) Ainſi le donataire n'eſt point obligé de rapporter en eſſence, mais ſous deux conditions. La premiere : qu'il ſe trouve autres biens de même nature, mais non préciſément de même eſpece, de quoi égaler les autres héritiers. La ſeconde : d'une nouvelle

a

a été donné en mariage : en telle maniere qu'ils (*b*) ne peuvent avantager l'un de leurs enfans plus que l'autre, ſauf les fruits dont ne ſera fait aucun rapport comme ſera dit ci-après.

eſtimation de la choſe donnée, faite ſur le pied des autres biens, de laquelle eſtimation néanmoins on doit retrancher les impenſes faites par le donataire.

(*b*) Pour parler correctement, il falloit répéter *les pere & mere.*

ARTICLE LXVII.

Les fruits des héritages (*a*) ou revenus de rentes donnés en mariage, ne ſe rapportent, ne conferent, nonobſtant la Coutume devant dite.

(*a*) Pourvû ſeulement que *ſeparati ſint à ſolo :* mais s'ils ſont encore pendans au temps de l'ouverture de la ſucceſſion du donateur, n'importe en quelle ſaiſon de l'année, ils entrent dans le rapport, comme faiſant partie de l'héritage.

Ils y entreroient dans le cas même où le donataire par mariage auroit joui onze mois & plus ſans rien recueillir, mais en ce cas on lui doit compte de ſes labours & ſemences.

CHAPITRE XII.

Des Donations teſtamentaires & pour cauſe de mort.

ARTICLE LXVIII.

Homme & femme conjoints par mariage ſains d'entendement (*a*), peuvent donner à toujours-mais l'un

(*a*) Il faut encore qu'ils ſoient en ſanté. Arrêt de 1612, dans cette Locale. Ricard, *du Don mutuel, chap. 5, ſect. 3.*

I

à l'autre par don mutuel fait entre-vifs & confirmé par testament fait par eux deux ensemble, ou par testament seulement fait ensemblement (*b*), tous & chacuns leurs biens meubles & acquerremens immeubles (*c*), tant en propriété qu'en usufruit, qu'ils auront alors du trépas du premier décédé d'eux deux, & l'usufruit de tous leurs héritages propres (*d*) la vie durant du survivant seulement : & vaut ladite donation, soit qu'ils

(*b*) Ce testament mutuel n'est point abrogé par l'Ordonnance de 1735. Voyez l'Article 77 de cette Ordonnance & le 48 de celle 1731.

(*c*) Ceux de la communauté seulement. *Arrêt du 2 Juin 1748* §, connu sous le nom d'*Arrêt des Picheri.*

(*d*) Pour que le don des propres en usufruit ait lieu, il faut que les deux époux aient de cette nature de biens, & qu'ils soient situés en même Coutume, ou autre de semblable disposition. *V. l'Article 244 de Tours.*

1. Il n'est pas nécessaire qu'ils en aient en égale quantité.

2. Il ne suffit pas que le survivant ait des propres conventionnels pour jouir des propres réels du prédécédé, quoique Palu, sur ledit Article de Tours, dise qu'entre les conjoints, les propres conventionnels doivent à tous égards produire le même effet que les réels : mais des rentes constituées propres suffisent.

3. *Vice versâ*, les propres réels du survivant ne doivent pas lui donner la jouissance des propres conventionnels du prédécédé : autrement cesseroit la réciprocité.

4. Si les deux conjoints ont des propres réels, l'usufruit du survivant doit s'étendre jusqu'aux propres conventionnels. Il ne peut entrer dans l'esprit de la Coutume, de donner à l'héritier du prédécédé plus de droit sur cette espece de biens que sur un véritable propre. Ici la raison de réciprocité n'agit plus, comme elle fait dans le paragraphe précédent.

5. Si les conjoints, sans avoir des propres réels, en ont l'un &

§ On m'a dit depuis que cet Arrêt, regardé comme constant en Dunois, ne se trouvoit point. Il y a actuellement (1769) appel au Bailliage de Blois d'une Sentence du Juge de Châteaudun qui a jugé conformément à cette ancienne opinion. Je serois pour le bien-jugé, nonobstant même l'inexistence de l'Arrêt.

ayent enfans ou non (*e*), à la charge toutes-fois de nourrir & entretenir, pourvoir & assigner les enfans selon leur état durant leur minorité, ou qu'ils soient mariés ou autrement pourvus : & payer les dettes (*f*), legs (*g*), funérailles du premier décédé, ensemble les charges foncieres, (*h*) que doivent les héritages & iceux entretenir ; & demeure ledit survivant dona-

l'autre de conventionnels, je ne vois aucune raison pour ne pas donner au survivant l'usufruit de ceux du prédécédé.

6. L'action de remploi de propre aliéné me paroît devoir à tous égards tenir dans le don mutuel la place du propre réel.

(*e*) Si l'un des conjoints a des enfans d'un autre lit, le don ne peut avoir lieu que suivant l'Edit des secondes noces, tant au premier qu'au second chef. Jugé pour la réserve portée par de second chef, au profit de Leroy, cessionnaire du nommé Dauphin, par Sentence du Bailliage de Blois, du 20 Juin 1750, confirmative de celle du Juge de Châteaudun.

Si le prédécédé ne laisse point de propres, ou qu'ils soient de modique valeur, les enfans peuvent-ils demander une légitime au survivant ? Voyez sur l'Article 161 de la Générale la Note (*c*), *n*. 3.

(*f*) Mobiliaires s'entend, & faites pendant la communauté, autrement se prennent sur les biens qui n'entrent point au don pour la propriété.

(*g*) De sommes modiques & de nature à être regardées comme faisant partie des funéraires, autrement ces legs ne pourroient valoir s'ils étoient faits par le testament mutuel ; cessant d'être la volonté d'un seul, ils tomberoient dans le vice que l'Ordonnance de 1735 a voulu proscrire, sans qu'on pût les défendre par la réserve de l'Article 77, qui n'a pour objet que les avantages que les conjoints peuvent se faire l'un à l'autre, & non à des tierces personnes. De même si ces legs étoient par un codicile particulier du prédécédé, il ne seroit pas juste qu'ils enlevassent au survivant tout ou partie du bénéfice de son don. Ces legs se prendroient donc, ou sur les biens sur lesquels le don ne porteroit ni pour la propriété ni pour l'usufruit, ou sur la nue propriété de ces derniers. Voyez Palu, *ibidem*.

(*h*) *Idem* des arrérages des rentes constituées, soit avant le mariage, soit pendant la communauté.

I ij

taire (*i*) faifi (k) : mais efdites Seigneuries de Marchenoir & Freteval, quand y a enfans, lefdits meubles &
conquêts ne fe peuvent donner à toujours-mais : &
en icelles fe peut faire ledit don fans le confirmer par
teftament.

(*i*) C'eft ainfi qu'il faut lire & non *donateur*, quoique ce mot
fe foit gliffé dans toutes les Editions, à l'exception de celle des
Coutumes générales.

(*k*) En quoi differe de la Générale, *Article 176*, où le don
mutuel entre conjoints, quoique fait entre-vifs, & fans qu'il foit
befoin de le confirmer par teftament, ne faifit pas. Au moyen
de cette faifine, le furvivant faifant apparoir du teftament mutuel, le Juge ne peut, pour l'abfence du préfomptif héritier du
prédécédé, appofer les fcellés.

Sur l'infinuation de ce don mutuel, voyez la Note (*b*) *n. 30*,
fur l'Article 163 de la Générale.

CHAPITRE XIII.

Des Douaires des Femmes.

ARTICLE LXIX.

QUAND aucune femme foit noble ou roturiere eft
conjointe par mariage, & par le Traité n'y a aucun
douaire préfix ne conventionnel, ladite femme eft par
ladite Coutume douée de la moitié de tous les héritages que le mari avoit lors de la confommation (*a*)
dudit mariage, & de ceux qui depuis lui adviennent
de pere & de mere, ayeul ou ayeule & autre afcen-

(*a*) Ce n'eft pas de la confommation dont il faut partir, mais
à défaut de contrat de mariage du jour de la célébration. Voyez

dans : pour d'icelle moitié jouir & user par ladite femme sa vie durant, en soutenant & acquittant les charges que doivent iceux héritages, & durant le temps dudit douaire à la raison d'icelui (*b*) : & est ladite femme saisie dudit douaire qui est appellé douaire coutumier (*c*). Et où il n'y auroit héritages ou douaire préfix, la femme est douée de soixante sols tournois pour une fois (*d*).

la Note 3 sur l'Article 118 d'Orléans, qui est semblable.

(*b*) Tout ce qui précede n'a rien que de conforme à la Générale, Article 189, & au droit commun.

(*c*) Ici Dunois est en opposition avec la Générale, *Article 190*, suivant lequel la veuve n'est saisie du douaire coutumier que du jour qu'il est requis. Mais peut-on dire *à contrario* que dans notre Locale le douaire préfix ne soit dû que du jour de la demande ?

L'argument, *qui dicit de uno, negat de altero*, sembleroit décider l'affirmative ; & c'est par la seule force de cet argument que dans la Coutume d'Orléans on tient que le douaire préfix est dû du jour de la mort, l'Article 199 disant simplement que le coutumier n'est dû jusqu'à ce qu'il soit demandé.

Mais cet argument n'est point assez fort par lui-même, & moins encore d'après les termes dans lesquels notre Article est conçu pour établir cette double différence d'avec la Générale.

(*d*) Et non de rente, mais ce douaire est sans retour. Pourquoi j'incline beaucoup, lorsque le douaire préfix est de somme modique, & que la clause, *sans retour*, est omise, à la suppléer ; tout ce qui est de convention devant toujours s'interpréter par l'intention présumée des contractans.

Mennetou, *Article 20*, Tremblevif, *Article 12*, Chabris, *Article 11*, ont des dispositions à peu-près semblables.

Pour que ce douaire de 60 sols ait lieu, il suffit qu'il n'y ait point d'héritages sujets au douaire situés en Dunois, quoiqu'il y en ait ailleurs qui y soient sujets, & sur lesquels la veuve l'exerce. *V. les Notes sur l'Article 11 de Chabris.*

Article LXX.

Quand un homme noble affigne à fa femme par
mariage pour fon douaire préfix rente ou héritage, il
ne peut durant le mariage faire vente ou aliénation
de fefdits héritages au préjudice de ladite affignation (*a*) de douaire. Et lui décédé ladite rente ou
héritage eft fait le propre (*b*) des enfans (*c*) de lui

(*a*) Ceci a également lieu, quoique le douaire ait été conftitué fans affignat, & même quoiqu'il s'agiffe de douaire coutumier perfonnel à la femme, & non propre aux enfans. La veuve
qui n'a point confenti aux aliénations faites par fon mari, peut,
lorfque fon douaire eft ouvert, agir hypothéquairement contre les
acquéreurs des chofes qui y font fujettes. Mais cette action ne
doit être admife que fubfidiairement à défaut d'autres biens. Si la
veuve a confenti l'aliénation, la récompenfe ne lui en eft pas
moins due : mais elle ne peut en aucun cas troubler les acquéreurs. *Voyez les Notes fur l'Article 189 de la Générale.*

(*b*) Cette difpofition, qui s'écarte de la Générale, ne porte
que fur le douaire préfix & non fur le coutumier.

1. Elle n'a lieu qu'au profit des enfans de celui qui étoit noble
au temps du mariage, & non de celui qui n'a été annobli que
depuis.

2. *Quid*, fi le douaire préfix n'eft que d'une fomme une fois
payée, eft-il également propre aux enfans?

Nul doute dans la Coutume de Paris : mais le douaire coutumier comme le préfix y eft propre aux enfans entre roturiers
comme entre nobles; & notre Locale, qui ne rend propre que le
douaire préfix aux enfans du mari noble, ne parle que de douaire
en héritages ou rentes. Cependant il paroît plus raifonnable de
regarder ces mots *héritage ou rente*, comme fimplement démonftra-
tifs & non limitatifs.

3. Ce douaire préfix en deniers, une fois ouvert en faveur des
enfans, eft mobiliaire, & paffe dans leurs fucceffions aux plus
proches héritiers mobiliers : conféquemment la mere fuccede à la
portion des enfans douairiers, qui décedent après leur pere.
Denifard, au mot *douaire*, *pag. 515.*

4. Le Décret, avant le décès du pere, ne purge point tel

& de ſadite femme (*d*) : tellement que ladite femme ſurvivant ne les peut vendre n'engager que ſa vie durant : durant laquelle vie en jouira pourvu que douaire ait lieu, & que ladite femme ſurvive ſon mari, ſauf à Marchenoir & Freteval où ladite Coutume n'a lieu (*e*).

douaire ; les lettres de ratification le purgent bien moins encore.

(*c*) Ils ne peuvent, de même qu'à Paris, être héritiers & douairiers.

Ils ne ſont point tenus des dettes de leur pere, créées depuis le mariage.

La preſcription commence à courir au profit des tiers détenteurs, contre les enfans douairiers majeurs, du jour du décès du pere, & non pas ſimplement de celui du décès de la mere. Arrêt du 24 Juillet 1666 au 3*e*. *tom. des Audiences, liv. 10, chap. 11.*

(*d*) Noble ou roturiere.

(*e*) Cet Article, qui rend le douaire préfix accordé par homme noble, propre aux enfans, l'exprime en termes bien différens des Articles de Paris 249 pour le coutumier, & 255 pour le préfix : *& lui* (le mari) *décédé*, dit notre Article, *ladite rente ou héritage eſt fait le propre des enfans, tellement que ladite femme...... ne le peut vendre......* On pourroit dire que l'Article décide ſeulement que tel douaire n'eſt que perſonnel & viager à la femme, & que la propriété en eſt acquiſe aux enfans, mais du jour du décès du pere, & autant qu'ils ſont héritiers : que conſéquemment les enfans ne peuvent ſe plaindre de l'aliénation que le pere auroit faite des choſes ſur leſquelles il eſt aſſigné ; que ſi la premiere partie de l'Article interdit au mari cette aliénation, ce n'eſt que relativement à l'intérêt de la femme.

Mais ſi tel étoit le ſens de l'Article, il n'y auroit point en Dunois de différence entre le douaire préfix & le coutumier ; entre celui accordé par homme noble & celui accordé par le non noble, quoique l'Article en ait voulu mettre une. Il n'y en auroit même plus entre Dunois & la Générale, quoiqu'elle réſulte évidemment de ce que Marchenoir & Fréteval ont préféré de ſuivre la Générale.

Or ſi la différence eſt que le douaire préfix, accordé par homme noble, ſoit propre à ſes enfans, il ſuit qu'il doit l'être tout-ainſi qu'à Paris, & avec les mêmes effets.

1. Le douaire préfix, accordé par contrat de mariage paſſé à

Paris, eſt propre aux enfans en quelque lieu que ſoient ſitués les biens du mari, à la différence du douaire coutumier acquis par contrat ou ſans contrat, qui ſe regle par la diſpoſition des Coutumes où les biens ſont ſitués.

La raiſon qu'on en donne eſt que le droit des enfans, quant au douaire préfix, ne vient pas de la loi, mais de la convention des parties qui doit s'exécuter ſur tous les biens de celui qui eſt obligé. *Acte de notoriété de M. le Lieutenant Civil, Le Camus, du 17 Août 1702.*

Cette raiſon ne devroit porter que quand il eſt dit au contrat de mariage que le douaire préfix ſera propre aux enfans, & non quand il n'en eſt rien dit, & que le douaire préfix n'eſt propre que par la ſeule diſpoſition de la Coutume; cependant on le juge autrement.

Quid du douaire préfix, accordé par homme noble, en contrat de mariage paſſé en Dunois, eſt-il propre aux enfans dans le cas même où les biens du mari ſont ſitués à Blois, ou autre Coutume qui different de celle de Dunois?

Il ſemble qu'on doive décider de même que quand le contrat eſt paſſé à Paris : mais je ne puis regarder le lieu de la paſſation du contrat comme une raiſon déciſive, & je n'en vois point d'autre que la diſpoſition de la Coutume qui régit l'héritage, ou la convention expreſſe des parties.

CHAPITRE XIV.

Des Droits de Succeſſion.

ARTICLE LXXI.

EN Succeſſion de ligne collatérale d'héritages propres, on n'a aucun regard à la conſanguinité & proximité du lignage : mais ſeulement à la deſcendue & ſouche dont les héritages ſont deſcendus & advenus (*a*).

(*a*) De la maniere dont cette premiere partie de l'Article s'explique, il ſembleroit que cette Locale fût ſouchere, & que pour

Et

Et à iceux héritages propres ne ſuccedent les plus prochains en dégré de conſanguinité, mais ſeulement ceux
qui ſont de la ligne dont les héritages procedent, *re-
ferendo paterna paternis, materna maternis.*

ſuccéder au propre, il fût néceſſaire d'être deſcendu de l'acquéreur. Ce doute eſt encore fortifié ſur ce que telle étoit l'ancienne
Coutume d'Orléans, avec laquelle Dunois a tant de conformité.

Mais la ſeconde partie de l'Article, en appellant ceux qui ſont
de la ligne, à l'excluſion du parent plus prochain en dégré étranger à cette ligne, fait aſſez connoître que cette Coutume, comme
celle de Blois, celle de Paris, & la nouvelle d'Orléans, n'eſt
que de côté & ligne, & qu'il ſuffit, pour ſuccéder au propre,
d'être parent de celui qui premier a mis l'héritage dans la famille.

La Coutume de **Tours**, *Article 287 & 288*, dit la même choſe
que notre Article 71, & le dit d'une maniere qui ſembleroit encore mieux établir que cette Coutume eſt ſouchere : cependant
elle n'eſt auſſi que de côté & ligne, comme il a été jugé par pluſieurs Arrêts, rapportés par Palu.

L'Article 75 de Dunois, qui dit *que tous héritages venant de
ſucceſſion ſont réputés propres :* le 79 qui permet le retrait lignager
au parent du vendeur *du côté & ligne dont l'héritage vendu procede,*
ſervent encore à prouver que cette Coutume n'eſt pas ſouchere.

Quant à l'Argument tiré de l'ancienne Coutume d'Orléans,
pour le détruire, il ne faut que faire attention qu'à Orléans, pour
être admis au retrait lignager, il eſt encore néceſſaire de deſcendre
de l'acquéreur ; que d'ailleurs l'Article 263 de l'ancienne Coutume
portoit : *héritage acquis & fait propre aux enfans de l'acquéreur après
ſon trépas ;* que ce n'eſt que par la nouvelle Coutume que cet Article, aujourd'hui le 303, a été changé, en ajoutant après ces
mots *propre aux enfans,* ceux *& autres héritiers.*

Si l'on veut ſe donner la peine de comparer cet Article 26
de l'ancienne Coutume d'Orléans avec le 75 de Dunois, les Articles 363 & 380 de la nouvelle Coutume d'Orléans, qui étoient
les 276 & 277 de l'ancienne, avec le 79 de Dunois, on demeurera perſuadé que ces deux Coutumes, quoique l'une ſoit la fille
de l'autre, différencioient quant à la maniere dont les propres ſe
forment, quant a ceux qui ſont habiles à les recueillir par ſucceſſion, & à les retraire.

K

La queſtion s'eſt préſentée à Châteaudun, entre les différens héritiers de Nicolas Lemaître, dont les héritages à lui échus de Paſquier Caillard, ſon oncle maternel, qui en étoit acquéreur, étoient prétendus par les parens paternels, comme plus prochains en dégré, fondé ſur ce que les maternels, qui ſe trouvoient en dégré plus reculé, n'étoient point deſcendus de ce Paſquier Caillard, mais en étoient ſeulement parens. Elle a été jugée en faveur de ces derniers par Sentence du 7 Février 1739, confirmée à Blois, *unâ voce*, par Sentence ſur procès par écrit du 2 Avril 1762, à laquelle les parens paternels, après en avoir appellé, ont acquieſcé.

Je vois qu'il avoit été jugé de même par Sentence du 14 Février 1651, au rapport de M. Belot de Moulins, confirmative de celle du Juge de Châteaudun, au profit de Marguerite Raoul, contre Florent l'aîné.

Voyez l'Article ſuivant & ſes Notes.

ARTICLE LXXII.

Si aucun ayant propres héritages, venus de l'acquêt de ſes pere ou mere, va de vie à trépas ſans hoirs (*a*) du côté dont lui vient tel héritage, & il a freres de

(*a*) On a prétendu au procès pour la ſucceſſion des propres de Nicolas Lemaître, que le mot *hoirs* ne devoit s'entendre que des héritiers en ligne directe, & que cet Article eſt une preuve que cette Locale eſt fouchere.

Il a été ſoutenu au contraire que mot *hoirs*, qui dérive de celui latin *heres*, doit s'entendre indiſtinctement de tout héritier direct ou collatéral; que dans notre Article, il n'eſt pas poſſible d'en limiter le ſens aux héritiers en directe : qu'autrement ce mot ne feroit pas ſuivi de ceux *du côté dont lui vient tel héritage*, étant abſurde de dire de quelqu'un, qu'il a des enfans du côté dont lui vient tel héritage, ce qui ſe dit très-bien au contraire de ſes héritiers collatéraux.

Ainſi ce mot *hoir*, s'appliquant à l'héritier collatéral comme au direct, le ſens de cet Article devient très-clair : il a pour objet de faire exception à l'Article précédent, & d'appeller à la ſucceſſion du propre le parent le plus prochain, tout étranger qu'il ſoit à la ligne dont il procede, quand les héritiers de pere ou de mere (*b*) d'autres mariages, tels freres lui ſuccedent eſdits propres, combien qu'ils ne ſoient de la ligne dont procedent leſdits propres.

cette ligne manquent. Diſpoſition qui eſt ici inſérée par oppoſition aux Coutumes qui, comme Maine & Anjou, appellent le fiſc quand il y a extinction de ligne.

(*b*) Ici les freres ne ſont qu'*exemplariter*, & l'Article doit également s'entendre de tout autre héritier, en quelque dégré qu'il ſoit. *Voyez la Note précédente, & l'Article 326 de la Coutume d'Orléans.*

Il faut encore remarquer que l'héritier le plus prochain exclut l'héritier qui n'eſt que du côté dont procede le propre, ſans être de la ligne : ainſi le frere conſanguin, ou le couſin germain paternel exclura pour la ſucceſſion d'un propre maternel le couſin iſſu de germain maternel, ſi ce dernier n'eſt en même temps de la ligne dont procede le propre, c'eſt-à-dire s'il n'eſt parent de l'acquéreur.

Tout ce que nous avons dit ci-deſſus, & ce qui ſera dit dans la ſuite de ce Chapitre, s'obſerve également dans la Générale.

Article LXXIII.

Enfans bâtards peuvent diſpoſer de tous leurs biens en leur teſtament & entre-vifs : & à eux peuvent ſucceder leurs enfans légitimes.

Cet Article, conforme au droit commun, renferme ce qui eſt porté par le 310 & 311 d'Orléans, & ſert d'explication au 246 de la Générale.

Article LXXIV.

Propre héritage ne monte point par ſucceſſion au pere, mere, ayeul ou ayeule & autres aſcendans en ligne directe.

Le 314 d'Orléans dit la même choſe, mais 1°. comme le porte le 315 de la même Coutume, les aſcendans ſuccedent aux im-

K ij

meubles par eux donnés à leurs enfans, décédés sans enfans &
descendans d'eux. Voyez la Note de M. Pothier sur ledit Article 315 , & les Commentateurs de la Coutume de Paris.

2°. L'exclusion donnée par notre Article n'a lieu que pour les
propres qui sont d'une ligne étrangere aux ascendans, & non
pour ceux qui sont de leur ligne.

Voyez les Notes sur l'Article 172 de la Générale.

Article LXXV.

Tous héritages venans de succession (*a*) sont réputés propres.

(*a*) Collatérale comme directe. *Voyez les Notes sur les Articles 71*
& 72, ci-dessus.

Si cependant il n'y a aucun héritier de la ligne dont l'héritage procede, il est libre d'en disposer en entier, soit par donation entre-vifs ou par testament, sans que le parent plus prochain
qui n'est appellé qu'à défaut d'héritier de la ligne, puisse demander les réserves, & faire retrancher la disposition.

Article LXXVI. **

Quand aucun fait prinse de quelqu'héritage à vie (*a*)
ou à tems, tel preneur, ses hoirs ou ayans cause, ne
peuvent démolir, couper, n'abattre les bois de haute-
futaie (*b*), arbres fruitiers (*c*), n'autres bois anciens
qui ne sont de coupe : n'aussi les bois faisant l'embel-
lissement & décoration des lieux, ne faire fosses (*d*)

** Cet Article est déplacé dans ce Chapitre : en tout cas, il
eût mieux valu ne le mettre qu'après celui qui suit.

(*a*) Même pour plusieurs vies, ou à longues années.

(*b*) Mais peuvent en faire abbattre pour les réparations, & prendre pour leur chauffage ceux qui sont morts.

(*c*) Encore qu'ils les eussent fait planter, à moins qu'ils ne
fussent dévenus nuisibles.

(*d*) C'est ainsi qu'il faut lire & non pas *fossez*, comme on lit
dans toutes les Editions : quant à l'original, il est assez difficile

en iceux héritages, & n'en peut & ne doit user sinon comme un pere de famille ; s'il n'y a convention au contraire.

de décider s'il y a *fousse* ou *fousse*. Le mot *fosses* ne doit même être entendu qu'autant qu'elles détérioreroient l'héritage, comme celles qui se font pour tirer de la pierre à autre effet que de bâtir dans le lieu, & non de celles qui se feroient pour mettre poisson ou pour tirer de la marne qui seroit portée dans les dépendances ; il suffit, comme dit l'Article en sa fin, que le preneur & ses hoirs en usent en tout, comme feroit un pere de famille.

ARTICLE LXXVII.

Aucun ne pourra prendre ni recueillir aucuns héritages prins à vies (*a*) par ses prédécesseurs, sans se porter & se déclarer leurs héritiers (*b*) ; & jouiront & disposeront les héritiers desdits héritages à vies comme d'autres héritages (*c*) le bail durant.

(*a*) Ce mot est ici au pluriel, ce qui est nécessaire pour que le droit de jouir ne s'éteigne pas par la mort du preneur, & passe à ses héritiers.

(*b*) C'est ainsi qu'il est écrit en l'original : mais *aucun* étant au singulier, il suit qu'il faut lire *leur héritier*, ou bien comme en l'Edition générale des Coutumes, *d'eux héritier*.

(*c*) Non pas cependant comme vrais propriétaires, mais comme un bon pere de famille, & simple usufruitier, comme il est dit en l'Article précédent.

ARTICLE LXXVIII.

Meubles & conquêts (*a*) immeubles, sont réputés d'une même nature & condition quant à la succession (*b*).

(*a*) Pour acquêts.

(*b*) Quant à ceux qui sont appellés pour y succéder, mais non quant au payement des dettes de la succession, les acquêts-im-

meubles entrant dans la maffe des biens immobiliers, pour la
contribution au payement des dettes immobiliaires , comme en
la Générale.

CHAPITRE XV.

En Matiere de Retrait.

ARTICLE LXXIX.

QUI vend fon héritage propre à lui venu de fes
parens & lignagers à un étranger de la ligne dont meut
& procede ledit héritage, il peut être retrait par un
de fon lignage du côté dont il lui eft échu dedans
l'an & jour de la poffeffion réelle & actuelle (*a*) faite
fans fraude en rembourfant l'acheteur des deniers de

(*a*) En quoi differe de la Générale ; En conféquence de cette
difpofition, il eft d'ufage en Dunois de prendre poffeffion par
un Notaire : mais je n'eftime cette formalité néceffaire que quand
la poffeffion civile de l'acquéreur eft féparée de la corporelle.

C'eft auffi l'Avis de M. Pothier, *des Retraits, n.* 222 *& fuivant.*
Il dit méme au *n.* 223, qu'il fuffit, pour difpenfer de cette formalité, que le vendeur, qui jouiffoit par lui-même de l'héritage
vendu, en ait quitté la jouiffance, & que l'acheteur en ait paffé
bail à lover à un tiers.

Cette derniere décifion me paroît fouffrir difficulté : le lignager peut dire que rien ne l'induit à croire que le bail ait été plutôt fait par un acquéreur, que par un ancien propriétaire.

1. Dans le cas où l'acquéreur n'a que la feule poffeffion civile, &
n'a point pris cette poffeffion par acte particulier, préfence d'un
Notaire & témoins, l'action de retrait ne dure-t-elle que dix ans,
comme le porte l'Article 160 de la Coutume de Tours?

Il faut dire avec M. Pothier, *Traité des Retraits, n.* 483, *& 484,*
que quand la prefcription annale n'a pas couru par la négligence
de l'acheteur, il ne peut être libéré du retrait que par la prefcription de 30 ans.

la vente, & loyaux coutemens dedans le temps de couſtumes qui eſt de huitaine après l'adjudication (*b*).

2. Si l'héritage eſt revendu, & que le ſecond ait pris poſſeſſion réelle, l'an & jour doit courir, quoique le premier ne l'eût pas priſe. Je ne puis admettre, même dans la Coûtume de Tours, l'opinion contraire de Palu.

(*b*) Il ne ſembleroit pas au premier aſpect que ces mots fiſſent différence d'avec la Générale, mais l'Article ſuivant, en la fin, fait clairement connoître le contraire.

Elle gît en ce que la huitaine pour conſigner, court du jour de l'adjudication, ſoit que les lettres d'acquêt ſoient miſes en Cour dans les deux jours de la Sentence de délais ou non.

1. Mais comment le retrayant peut-il conſigner, ſi les lettres d'acquêt, qui lui donnent connoiſſance du prix, ne ſont pas miſes en Cour ?

Les Notes de M. Pothier, ſur l'*Article* 370 d'Orléans, qui ne donne que 24 heures pour conſigner, répondent à cette difficulté.

Cet Article d'Orléans dit : *que le retrayant eſt tenu de rembourſer le ſort principal, loyaux coûts & miſes qui ſe trouveront, & ſeront déclarés clairs & liquides, en faiſant l'adjudication du retrait.*

Si la Sentence d'adjudication ne contient aucune déclaration du prix principal & loyaux coûts clairs & liquides que le retrayant doit rembourſer, M. Pothier, dans ſa Note premiere, dit que le retrayant peut arrêter le délai de la Coutume, en requérant l'acquéreur, ſoit avant, ſoit lors, ſoit incontinent après l'adjudication, de mettre ſes lettres en Cour ; & que tant qu'il ne ſatisfait pas à cette requiſition, le délai pour conſigner eſt ſuſpendu.

2. La conſignation, en Dunois, doit - elle être précédée d'offres à domicile ? doit-elle ne ſe faire que partie appellée ?

La raiſon de douter eſt qu'en la Coutume d'Orléans, ces deux queſtions ſe décident par l'affirmative. M. Pothier, *Cout. Introd. au titre des Retraits*, n. 36.

La raiſon de décider, eſt que Dunois n'a nulle conformité avec Orléans, ſoit pour la maniere dont le retrayant doit faire ſes offres, ſoit pour le temps dans lequel le rembourſement doit être fait. Dunois veut des offres à chaque journée de la cauſe, ce qu'Orléans n'exige pas. Dunois donne huitaine pour rembourſer, Orléans ne donne que 24 heures. Il ne faut donc pas recourir à Orléans, pour interpréter en cette partie la Locale de Dunois, & il eſt bien plus raiſonnable de le faire par la Coutume de Blois , ſa Générale , qui ne requiert ni ſommation avant de conſigner au Greffe , ni que l'acquéreur ſoit appellé.

3. Notre Article diffère encore de la Générale en ce que les loyaux coûts , qui ſe trouvent clairs & liquides par les reçus en fin du contrat , tels que le contrôle , le centieme denier , vacations du Notaire , doivent être conſignés dans le même délai accordé pour le prix principal.

4. Cette huitaine paroît devoir être entendue ſeulement d'une ſemaine , comme il eſt dit ſur l'Article 194 de la Générale , le jour de l'adjudication & celui de l'exécution compris , quoique dans les Coutumes , qui s'expriment pareillement par *huitaine* , il ait été jugé que le jour de la connoiſſance & celui de l'exécution ne devoient pas être compris , comme on peut voir dans Dupineau , ſur l'*Article* 370 *d'Anjou* , aux mots , *& il n'y a que huit jours , pag.* 1264 : dans Vaſlin , qui , ſur l'*Article* 34 *de la Rochelle* , dit que ces huit jours , ſans être francs , ſont de huit fois *vingt-quatre heures*.

Mais comme les termes de l'Article 194 de Blois ne donnent qu'une ſemaine , autrement ſept fois vingt-quatre heures , & que l'uſage eſt conſtant , on ne doit pas ſi légérement établir des différences entre la Générale & les Locales.

ARTICLE LXXX.

En la Seigneurie de Marchenoir faut que le retrayant ſoit de la ligne ſouche (*a*) & fourchage dont meut ſed

(*a*) Suit-il de ce mot *ſouche* , qu'il ſoit néceſſaire , à Marchenoir , d'être deſcendu de l'acquéreur ?

On dit pour l'affirmative , que notre Article n'a été inſéré que pour établir une différence avec le ſurplus du Dunois , où ſuivant l'Article précédent , il ſuffit d'être de la ligne ; que ſi pour Marchenoir , il n'eſt pas néceſſaire de deſcendre de l'acquéreur , cette différence que notre Article a voulu établir , diſparoît , & la diſpoſition de notre Article devient plus que ſuperflue.

Pour la négative , que ces mots *de la ligne , ſouche & fourchage* , ne ſont que les mêmes ou du moins ſynonimes avec ceux *côté , eſtoc & fourchage* de l'Article 190 de Blois ; que le mot *côté* eſt l'équivalent de celui *ligne* ; que celui *ſouche* n'a pas plus de force que celui *eſtoc* ; qu'être de l'*eſtoc* , comme de *la ſouche* , c'eſt être *ex trunco* ; que de-là étoit né le doute ſi la Coutume de Blois exi-

héritage

héritage qu'il veut avoir par retrait : & n'eſt tenu le retrayant conſigner ſon argent à Juſtice ſinon huit

geoit qu'on fût deſcendu de l'acquéreur, mais que le contraire étant certain aujourd'hui, ſuivant les déciſions rapportées ſur l'Article 190, ces mêmes déciſions doivent également avoir lieu pour Marchenoir ; que le mot *ſouche* ne doit point toujours être pris dans ſa force grammaticale ; que, quoiqu'employé en l'Article 71 de Dunois, au Chapitre des ſucceſſions, cependant il ne ſignifie pas que pour ſuccéder au propre, il ſoit néceſſaire d'être deſcendu de l'acquéreur ; qu'intercalé, comme il eſt dans notre Article, entre les mots *ligne* & *fourchage*, comme à Blois, entre ceux *coſé* & *fourchage*, il y eſt comme noyé, & n'a pas à beaucoup près la même force que ſi l'on pouvoit trouver entre chacun de ces mots une relation graduelle, de maniere que l'un enrichît ſur l'autre. On ajoute que Marchenoir, dans toute autre matiere, n'a point de diſpoſition qui ſoit tout-à-la-fois différente de Dunois & de Blois, ſi ce n'eſt dans la longueur de la perche à arpenter, qui tient le milieu entre celle de Blois & celle de Dunois ; que par tout ailleurs, lorſque Dunois n'eſt pas ſemblable à Blois, & que Marchenoir déclare n'être pas conforme à Dunois, ce n'eſt que pour ſe réunir à Blois, comme on peut voir dans les Articles 9, 10, 39, 52 & 68 ; que notre Article même en fournit encore une preuve dans la ſuite de ſa diſpoſition, en ne faiſant courir, comme à Blois, la huitaine pour conſigner, que du jour que l'acquéreur a mis ſes lettres en Cour, au-lieu qu'en Dunois, elle court du jour de l'adjudication, ſoit qu'il les y ait miſes on non ; que ſi l'Article qui ſuit ſemble s'écarter tout-à-la-fois de Dunois & de Blois, il eſt cependant vrai qu'il eſt ſuſceptible d'une interprétation qui le rend conforme à Blois ; que puiſqu'il eſt vrai que Marchenoir, dans les autres matieres ne s'éloigne jamais de Dunois que pour ſe conformer à Blois, & jamais pour faire Coutume à part, il deviendroit bizarre qu'il en fût autrement en matiere de retrait ſeulement.

Sur cette queſtion très-épineuſe, ſuſpendons notre jugement, *ſub judice lis eſt*, elle vient d'être appointée en droit en ce Siege, le 20 Février 1768, entre le ſieur Pineau & conſorts, demandeurs en retrait, & le ſieur Briſſet §.

§ Le ſieur Pineau a depuis cédé ſans jugement, & reconnu qu'à Marchenoir, en retrait, il faut être deſcendu de l'acquéreur.

L

jours après que l'acquéreur aura mis ses Lettres en Cour, & après (*b*) l'adjudication faite dudit retrait.

(*b*) C'est ainsi qu'il est écrit en l'original, au contraire en l'Edition générale des Coutumes, *après* est supprimé. J'aimerois mieux laisser *après*, & supprimer l'*&*, ce qui pourtant revient au même pour le sens.

Article LXXXI.

Si le plus prochain lignager vient dedans la huitaine après la premiere assignation judiciairement prinse (*a*) en ladite matiere de retrait, il sera préféré à l'autre lignager qui aura fait faire ajournement en remboursant ledit lignager adjournant de ses loyaux coûts & mises : sauf en la Seigneurie de Marchenoir & Freteval (*b*) esquelles ladite Coutume n'a lieu (*c*).

(*a*) Cette assignation judiciairement prise, s'entend de la huitaine après la premiere Audience; mais pour venir à temps, il faut que cette huitaine soit au-dedans de l'an & jour. Cet Article differe de la Générale en ce que cette huitaine passée, le plus prochain n'est point préféré, quoiqu'il vienne avant le retrait consommé.

(*b*) Il faut lire *& celle de Fréteval*. Ce sont deux Seigneuries différentes qui, quoique faisant partie du Comté de Dunois, ont chacune leur Justice ressortissante nuement au Bailliage de Blois, & à toutes les fois que Marchenoir est seul dénommé faisant exception à la Coutume de Dunois, Fréteval n'est point censé compris.

Fréteval, en latin *fracta vallis*; c'est près de cette petite Ville que le Roi Philippe-Auguste tomba dans une embuscade que le Roi d'Angleterre lui avoit tendue, dont il eut beaucoup de peine à sauver sa personne, & où il perdit avec le sceau de la Couronne tous les titres de son domaine qui tomberent entre les mains des Anglois : perte qui ne fut réparée qu'en partie avec beaucoup de recherches & à grands frais, & qui donna lieu à l'é-

(*c*) Cette Note se trouve page suivante.

tabliſſement d'un dépôt, depuis appellé Tréſor des chartes de la Couronne.

(*c*) Cette exception veut-elle dire qu'à Marchénoir, le plus prochain en dégré, n'eſt pas préféré, mais le plus diligent? Ou bien ſignifie-t-elle ſeulement qu'il n'eſt pas néceſſaire que le li-gnager vienne dans la huitaine de la premiere aſſignation judi-ciairement priſe, & qu'il ſuffit qu'il vienne dans la huitaine du délais, autrement entre la bourſe & les deniers, ſuivant l'Article 200 de Blois?

S'il étoit jugé en interprétation de l'Article précédent, qu'il n'eſt pas plus néceſſaire à Marchenoir qu'à Blois, de deſcendre de l'acquéreur pour être habile au retrait, j'interpretrois de même notre exception par la Coutume de Blois : mais ſi l'on admet qu'à Marchenoir, il faut être deſcendu de l'acquéreur, je ne vois plus rien qui puiſſe empêcher de dire que Marchenoir différera encore de Dunois & de Blois, en ce que le plus diligent y ſera préféré ſur le plus prochain, en quelque temps que ce dernier ſe préſente après l'action formée.

Article LXXXII.

L'adjournement en matiere de retrait lignager, ſe doit faire ſur le lieu & héritage (*a*) qu'on veut retraire

(*a*) En quoi differe de la Générale, & d'où il ſuit que l'action de retrait en cette Locale eſt réelle, & doit ſe porter devant le Juge de la ſituation de la choſe.

Cependant je ne crois pas que l'acquéreur pût ſe plaindre d'un ajournement à lui donné devant le Juge de ſon domicile, pourvû que cet ajournement fût d'ailleurs régulier, qu'il eût été fait ſur l'héritage, & dénoncé dans la quinzaine à ſa perſonne ou do-micile. C'eſt privilege au retrayant de pouvoir porter l'action devant le Juge de l'aſſiette de la choſe, & il eſt permis à chacun de ne point uſer de ce qui n'eſt établi qu'en ſa faveur.

1. *Quid*, s'il s'agit de droits incorporels, où l'aſſignation doit-elle être donnée?

Si c'eſt rente fonciere, c'eſt ſur l'héritage qui la doit; ſi ce ſont droits de Juſtice, de Boucherie, &c. au lieu où l'exercice s'en fait.

Guyot, *du Retrait ſeigneurial, chap. dernier, n. 2*, fait mention d'un exploit en retrait féodal dans la Coutume du Grand-Perche, qui le comprend dans une même diſpoſition avec le retrait li-

préfens témoins, & donner l'affignation certaine (*b*):
& dedans quinzaine fignifier à l'acheteur s'il eft de-

gnager, & qui porte qu'il fuffit, fi l'acquéreur n'a domicile au-
dedans de la Coutume, de le faire appeller fur le lieu acquis. Il dit
que cet exploit pofé fur le lieu, dans le cas prévu par la Coutume, fût attaqué de nullité, fondé fur la difpofition de l'Ordonnance de 1667, qui veut que toutes affignations foient données
à perfonne ou à domicile, à peine de nullité, & qui par une
autre difpofition générale, déroge à toutes Coutumes contraires;
que par arrêt de la 5e. des Enquêtes, du 19 Juillet 1729, il fût
dit que les parties fe retireroient pardevers le Roi, pour favoir
fon intention fur l'Article 3 du titre 2 de l'Ordonnance, & s'il a
affujetti l'exploit en retrait aux formalités dudit Article 3, nonobftant la difpofition de la Coutume du Grand-Perche, Article
192, qui a paru s'obferver jufqu'à préfent.

Guyot dit que fur cet Arrêt, les parties tranfigerent, mais il
tient qu'il n'y a point de nullité, fi l'on fuit la difpofition de la
Coutume qui eft réelle, encore moins fi l'on fuit celle de l'Ordonnance de 1667, qui déroge aux difpofitions des Coutumes.

Ce raifonnement ne paroît pas trop conféquent : car que fait
la réalité des Coutumes, fi l'Ordonnance y a dérogé ?

Notre Article dit que fi l'acquéreur eft abfent du Comté (de
Dunois s'entend) il fuffit de fignifier l'exploit à celui qui tient &
occupe les lieux : mais c'eft après avoir établi dans la premiere
partie de fa difpofition, la néceffité de donner cet ajournement
premier à la perfonne ou domicile de l'acquéreur. L'Ordonnance
de 1667, dit bien que toutes affignations feront données à perfonne
ou domicile : & de-là occafion de douter, fi quand l'acquéreur ne
demeure pas au-dedans du Comté, la fignification faite au détenteur des lieux du premier exploit fait fur l'héritage, eft valable ?
Mais nulle occafion de douter que dans l'un comme dans l'autre
cas, il faut commencer par ce premier ajournement fur l'héritage,
puifqu'il ne bleffe en rien la difpofition de l'Ordonnance.

Quant au doute de la validité de la dénonciation faite au détenteur des lieux, dans le cas où l'acquéreur eft abfent du Comté,
on ne peut guères raifonnablement s'y arrêter : l'Ordonnance de
1667 n'a certainement point prétendu abroger un expédient fi
fagement introduit par les Coutumes, pour un exploit qui requiert
célérité, & qui fouvent viendroit à tard s'il falloit chercher l'acquéreur dans une province éloignée; d'ailleurs quelles occafions de
frauder le retrait, à quoi la Coutume a fans doute voulu pourvoir.

meurant audit Comté : & s'il eſt abſent le ſignifier à celui qui tient & occupe les lieux (*c*) ſeulement. Et chacun jour d'aſſignation de la cauſe (*d*) offrir deniers à découvert par celui qui veut retraire ledit héritage juſques au jour de la conteſtation includ (*e*) ; autrement il déchet dudit retrait.

(*b*) C'eſt-à-dire à jour préfix , en quoi differe de la Générale. *V. les Notes ſur l'Article 193.*

(*b*) *Quid*, ſi le détenteur même ne demeure pas au-dedans du Comté, comme j'ai vu depuis peu, s'agiſſant de terres non logées, ſituées à Sermaiſe, qui étoient exploitées par un fermier , domicilié dans une partie de la paroiſſe de Maves , régie par la Coutume d'Orléans?

La diſpoſition de notre Article , qui permet de dénoncer au détenteur des lieux, quand l'acquéreur ne demeure pas au Comté, n'eſt qu'une facilité accordée au retrayant : le fermier exploitant ne peut jamais demeurer loin de la choſe exploitée, il ne fait rien que ce ſoit hors le Comté ou dedans ; la dénonciation qui lui eſt faite eſt également valable, & le retrayant a l'option de la lui faire, ou bien au domicile de l'acquéreur, ſuivant qu'il lui eſt plus commode.

(*d*) En quoi differe auſſi.

C'eſt-à-dire chaque fois que la cauſe eſt portée à l'Audience : mais ni dans l'exploit ſur le lieu, ni même dans celui de dénonciation, il n'eſt pas néceſſaire d'offrir deniers à découvert.

Il n'eſt pas même néceſſaire dans les ſignifications qui ſe font de Procureur à Procureur, pour l'inſtruction, ou pour avenir de plaider, de déclarer que deniers à découvert ſeront offerts à l'Audience, il ſuffit que l'offre en ſoit effectivement faite à l'Audience.

(*e*) Ainſi lorſque l'acquéreur ſoutient que l'héritage n'eſt pas ſujet à retrait, ou que le retrayant n'eſt pas habile, ou qu'il y a nullité dans l'exploit , & que ſur ce intervient un jugement, il opere ce qu'on appelle conteſtation en cauſe , & ce jugement doit encore contenir acte des offres à deniers découverts.

En cauſe d'appel, ſi l'appellation eſt verbale, les offres ne ſont néceſſaires que juſqu'au premier réglement incluſivement : s'il s'agit de procès par écrit , juſqu'à l'appointement de concluſion , auſſi incluſivement.

Mais il n'eſt pas néceſſaire que la commiſſion d'appel , ni l'aſſignation donnée en conféquence contiennent des offres, ce ne font pas journées de la caufe.

Article LXXXIII.

Pour héritage ou autres chofes adjugées par retrait lignager, ne font dues aucunes ventes ne profit de fief, pourvu que l'acquéreur les ait payés : mais feulement la foi & hommage (*a*) ès chofes féodales, & les gands ès chofes qui font tenues à cens (*b*).

(*a*) Quoique l'acquéreur l'eût portée, ce devoir étant perfonnel.

(*b*) Quoique l'acquéreur les eût payés, ce droit étant pareillement dû *in fignum obfequii* : mais s'il ne les a pas payés, il ceffe de les devoir, & le retrayant ne les doit que fimples. Cependant le Seigneur, auquel les gants n'ont pas été payés dans le temps de coutume, peut exiger l'amende fuivant qu'il eft dit en l'Article 37.

Article LXXXIV.

Si l'acquéreur d'un héritage propre en chofe fujette à retrait, avant fon acquifition a fait ou fait faire prinfe (*a*) de la chofe retrayable à quelque temps, le lignager en retrayant l'héritage l'aura purement & fimplement avec le droit de prinfe, en payant les loyaux coûts & mifes comme deffus.

(*a*) Dumoulin, fur ces mots de notre Article, a fait cette note: *id eft fi conduxit, vel locari fecit tertio in fraudem retrahentis, ut fæpé folent facere : contrà quam fraudem hæc confuetudo optimè providet, & generaliter obfervanda eft.*

Nul doute que dans le cas de fraude, l'Article ne doive être fuivi par tout.

Mais *quid juris*, même en cette Locale, fi le bail a été fait de bonne foi ?

J'eftime que fi par le contrat de vente il eft dit qu'en cas de retrait le bail aura fon exécution, la difpofition de notre Article ceffe.

Il eſt vrai que quand le fermier devient propriétaire, ſon premier droit s'éteint dans le ſecond, mais auſſi les principes de l'équité dictent que quand la cauſe, qui a produit l'extinction n'a été que momentanée, & que le droit, qui la produiſoit, a été anéanti, l'effet doit ceſſer, & le droit, qui étoit plutôt ſuſpendu qu'éteint, revivre.

Si l'on dit que le retrayant, étant alors conſidéré comme ayant acquis directement du vendeur, a pour lui la Loi 9, au Cod. *Loc. cond. emptorem quidem fundi neceſſe non eſt ſiare colono cui prior Dominus locavit*: je répons avec la même Loi, *niſi eâ lege emit.*

Or la clauſe du contrat de vente portant qu'en cas de retrait, le bail aura ſon exécution, devient une Loi impoſée à l'acquéreur par retrait de laiſſer jouir le preneur.

M. Pothier, *Traité des Retraits*, *n.* 437, n'exige pas même cette clauſe, pour rendre le retrayant tenu d'entretenir le bail fait de bonne foi à l'acquéreur : il dit qu'autrement cet acquéreur ne ſeroit point indemne; & il regarde comme préſomption ſuffiſante de bonne foi, quand le bail précede d'une année le contrat d'acquiſition.

Il tient auſſi que le retrayant eſt obligé d'entretenir les baux faits par l'acquéreur, lorſqu'ils ſont faits de bonne foi, & que la fin de ceux qui ſubſiſtent eſt imminente.

CHAPITRE XVI.

De Preſcriptions.

ARTICLE LXXXV. ★★

Quiconque jouit d'aucun héritage, rente ou droit incorporel paiſiblement & de bonne foi (a) par trente

---

★★ Differe de la Générale en ce qu'il n'admet point la preſcription de dix & vingt ans, & eſt ſemblable au 261 d'Orléans, 8 de Vatan, 33 & 34 de la Rue-d'indre.

(a) Il ſuffit, s'il y a titre, qu'il n'établiſſe point de mauvaiſe foi, ou que pendant la poſſeſſion il n'en ſurvienne pas de mau-

ans entiers (*b*) & confécutifs entre perfonnes aagées & non privilegiées, foit qu'il ait titre ou non, il eft acquêteur & fait feigneur de l'héritage, rente ou droit incorporel ainfi par lui poffédé ; fauf le vendeur de la rente, obligé ou héritier du vendeur ou obligé (*c*) qui l'acquiert par quarante ans.

vaife, en quoi differe encore de la Générale, dans laquelle la mauvaife foi furvenante, n'empêche que la prefcription de 10 & 20 ans, & non celle de 30. *V. Bourjon, tom. 1, pag. 903.*

(*b*) Voyez la Note 6 fur l'Article 261 d'Orléans.

(*c*) En l'Edition générale des Coutumes, on lit, *fauf le ven-deur de la rente, l'obligé, ou l'héritier du vendeur ou obligé,* ce qui marque encore mieux le fens; dans la plupart des Editions, une mauvaife ponctuation le corrompt entiérement.

1. L'action perfonnelle-réélle qu'a le créancier de la rente con-tre celui qui a acquis l'héritage à la charge de la rente, & qui n'a pas paffé titre nouveau, fe prefcrit par 30 ans. Ce n'eft que dans le cas où il a paffé nouveau titre devant Notaires, que l'action fe proroge contre lui & contre fon héritier jufqu'à 40 ans. Voyez M. Pothier, *du Bail à rente, n. 212.*

CHAPITRE XVII.

Des Exécutions de Louages de Maifons & Métairies.

ARTICLE LXXXVI.

LE preneur ou détenteur d'une métairie eft tenu de mettre & loger les fruits venans & croiffans en icelle, ès logis de ladite métairie, & y pourra être contraint : lefquels fruits répondront (*a*) de la charge, penfion

(*a*) Cette Note fe trouve page fuivante.

ou

ou moifon à laquelle a été baillée ladite métairie : &
les pourra faire faifir (*b*) ledit bailleur (*c*), fes hoirs
& ayans caufe, faire mettre en main de juftice, & les
faire vendre, fi métier eft, jufqu'à plein payement &
fatisfaction de fon droit ; & en ce fera ledit bailleur,
fes hoirs & ayans caufe, préféré (*d*) à tous autres créanciers jufques à la concurrence de fon debt (*e*).

(*a*) Suivant le Droit romain, le privilege du bailleur étoit
borné aux feuls fruits de la métairie, & ne s'étendoit point fans
convention *fuper invecta & illata*. Voyez la Loi 4, ff. *in quib. cauf.
pign. tacit. contrah.*
Il fembleroit que la difpofition du préfent Article feroit relative à celle de droit, & j'ai vu des créanciers le prétendre contre
le bailleur de métairie : mais la limitation n'eft point affez précife,
& il eft plus raifonnable d'interpréter l'Article par notre droit
commun coutumier, qui donne au bailleur le privilege fur les
meubles du fermier, comme fur les fruits de la métairie. Orléans le donne de même.
(*b*) Même par droit de fuite, fur lequel voyez l'Article 68 de
la Générale, *Note* (*a*), & entr'autres le *nombre 4*, qui me paroît
particuliérement recevoir fon application contre un fermier qui,
au-lieu de ferrer les fruits dans les bâtimens de la métairie, les
tranfporte ailleurs.
(*c*) Même à rente fonciere.
(*d*) Sur le privilege du maître de métairie, voyez l'Article 268
de la Générale, *Note* (*c*).
(*e*) D'où il fuit que fon privilege n'eft pas borné à une feule
année ni à trois. Voyez fur l'étendue de ce privilege le nombre
1 de ladite Note (*c*) de l'Article 268 : voyez auffi l'Article 91,
ci-après, *Note* (*c*).

Article LXXXVII.

Les fumiers, pailles & eftrain (*a*) ne peuvent être
enlevés d'une métairie : ains doivent demeurer pour

(*a*) Ce mot fignifie les tiges des menus grains, comme pois,
veffes, &c. ce qu'on appelle communément fourrages, & dont

M

être convertis pour mener ès terres de ladite métairie, & pour ce, peuvent être arrêtés, empêchés & pourſuivis (*b*).

partie, comme la paille, ſert à la nourriture des beſtiaux, & le ſurplus ſe convertit en fumiers.

(*b*) *Secùs*, ſi les pailles ont été achétées en foire ou marché.

1. Un fermier, qui vend les fumiers ou les pailles de ſa métairie, eſt coupable d'un dol qui approche du larcin, & eſt certainement contraignable par corps à en rétablir la valeur.

2. Celui qui les rachete eſt auſſi tenu de ce rétabliſſement, comme il fut jugé en ce Siege en 1754, contre Amiot, Huiſſier, qui avoit acheté, rendu dans ſa vigne, un fumier d'un fermier du ſieur Vigreux.

M. Pothier, *du Louage*, *n*. 190 dit que le fermier de terres non logées contracte la même obligation qu'un fermier de métairie, & que le locateur peut l'empêcher de divertir les pailles & fourrages provenus deſdites terres. Je ne penſe pas que cette action fût admiſe parmi nous : mais le locateur en a une autre contre le fermier qui revient au même, c'eſt de l'obliger de fumer convenablement.

3. Dès qu'une fois les pailles ſont entrées dans les bâtimens de la métairie, le fermier ne peut en les vendant alléguer pour prétexte, qu'elles proviennent de terres non dépendantes de ſa ferme.

4. Il ne peut, ſous le même prétexte, ſe diſpenſer d'engranger les fruits & pailles deſdites terres dans les bâtimens, lorſqu'elles ont une fois été fumées des fumiers de la métairie.

5. Mais ſi le fermier, la premiere année de ſon entrée en la métairie y a fait conduire les pailles d'un marché particulier, il lui eſt libre, la derniere année de ſon bail, de ne point faire entrer dans la métairie les pailles de ce marché.

Ceci peut s'étendre juſqu'aux deux dernieres années, s'il a commencé par faire entrer deux récoltes.

6. Quoiqu'un fermier, à ſon entrée dans la ferme, ait fait un procès verbal de la quantité de pailles & autres engrais par lui trouvés, il n'eſt pas moins tenu de laiſſer la totalité, à moins qu'il n'y eût clauſe au contraire par le bail.

7. Un fermier, depuis la récolte juſqu'à la Touſſaint, temps de ſa ſortie, peut faire conſommer juſqu'à la tierce partie des pailles & fourrages.

8. Il ne lui eſt pas libre, l'année de ſa ſortie, de faire bat-

tre les grains avec précipitation : l'intérêt du nouveau fermier que les pailles puiffent fervir à la nourriture des beftiaux, a introduit fur ce un ufage, fuivant lequel ce bat ne doit fe terminer que vers le commencement de Février.

9. C'eft une queftion, fi les foins font fruits, dont le fermier ait la libre difpofition, ou s'ils font de la nature des pailles & fourrage? Je les tiens fruits, & en conféquence que le fermier n'eft point tenu d'en laiffer à fa fortie, s'il n'en a point trouvé en entrant; s'il en a trouvé, qu'il n'eft tenu d'en laiffer que la même quantité.

10. Dans les lieux où il eft d'ufage de ferrer les chaumes pour faire litieres & fumiers, le fermier eft tenu de le faire.

11. Les fumiers, pailles & fourrages, même le foin qu'un fermier eft chargé de laiffer à fa fortie, font partie du fond de la métairie, & par conféquent fuivent le propriétaire, l'ufufruitier, &c.

12. Il en eft autrement des pailles & fumiers d'un Curé, foit de fes dîmes, foit des terres, qu'il fait valoir par fes mains, quoique dépendantes de fon bénéfice.

ARTICLE LXXXVIII. **

Le conducteur qui n'a de quoi payer ou qui ne garnift l'hôtel de biens meubles, pour le payement de deux termes (*a*) de loyer en peut être expellé & mis hors par le feigneur dudit hôtel par autorité de juftice.

** Cet Article a été copié fur le 328 de l'ancienne Coutume d'Orléans, qui eft le 417 de la nouvelle.

Il n'a rien que de conforme au droit commun, & qui ne s'obferve dans la Générale, fur l'Article 268, de laquelle voyez la Note (*a*), *n. 6, 7 & 8.*

(*a*) Ces deux termes font deux années, fi par ce bail il n'eft dit que le locataire payera tous les fix mois. *Orléans 407.*

ARTICLE LXXXIX. **

Ceux qui font couratiers ou médiateurs (*a*) de faire vendre ou acheter quelques biens, chevaux ou mar-

(*a*) Cette Note fe trouve page 543.

M ij

chandifes, feront contraints à reftituer (*b*) ou à bailler
le prix qu'ils en auront reçu (*c*) par prifon (*d*).

** Cet Article, qui a été pris fur le 338 de l'ancienne Coutume d'Orléans, 429 de la nouvelle, n'a, comme l'Article ci-
après, aucune relation avec le titre du préfent Chapitre. Ils euffent été beaucoup moins déplacés dans le fuivant.

(*a*) *Moyennant falaire*, comme il eft ajouté en l'Article 429
d'Orléans.

(*b*) Rendre ladite marchandife.

(*c*) Orléans dit le prix qu'elle aura été vendue, & c'eft ainfi
qu'on doit l'entendre.

(*d*) Ce qui s'applique auffi aux Agens de change & de banque,
à qui on donne lettres de change à négotier.

1. *Idem* aux femmes revendreffes publiques, à qui on donne
meubles ou bijoux à vendre. Le par-corps a lieu contr'elles,
& même contre leurs maris. *Voyez la Note* (*b*) *fur l'Article* 3 *de
la Générale.*

2. *Idem* à ceux à qui on donne vin à vendre en détail.

3. L'Article 419 d'Orléans ajoute à l'ancienne Coutume, *fans
qu'ils puiffent jouir d'aucun répit, ni du bénéfice de ceffion.* Ce qui eft
fondé fur ce que tels proxénetes ne font que comme dépofitaires
du prix qu'ils doivent fe faire remettre par l'acheteur à l'inftant
de la tradition de la marchandife.

Si cependant l'acheteur n'avoit pas payé, le maître de la chofe
pourroit s'en prendre directement à lui.

4. Il n'en eft pas de même de vins vendus en gros, le vendeur,
s'il n'eft autrement convenu, ne connoît que le commiffionnaire, & même feroit fans action contre celui pour lequel il a
acheté.

Cet ufage eft certain parmi nous, & même c'eft le droit commun. Voyez Denifard, au mot *Commiffionnaire*, qui cite Arrêt
du 21 Juillet 1742.

Auffi le bénéfice de ceffion a-t-il lieu en faveur du Commiffionnaire, comme il auroit lieu en faveur de celui qui vend
vin en détail pour un autre.

5. Anciennement le vendeur de vins & eaux-de-vie devoit le
congé & la commiffion, s'il n'étoit autrement convenu : aujour-
d'hui le contraire n'a plus befoin d'être ftipulé.

6. De même lorfqu'en vente d'eau-de-vie, on ne s'expliquoit
pas, le vendeur étoit cenfé la vendre rendue à Blois; aujourd'hui
elle eft cenfée vendue prife fur le lieu.

7. Ce n'eſt pas la marque du vin qui fait la vente, elle n'en fait que la preuve : en conſéquence ſi du vin a été goûté, qu'en ſuite il y ait prix convenu, il n'eſt plus permis au vendeur ou à l'acheteur de ſe reſuſer à l'exécution de la vente.

Anciennement, juſqu'à la marque, *locus erat pænitentiæ*, pour le vendeur comme pour l'acheteur, comme il avoit été jugé par Sentence du Préſidial de Blois, du 28 Juillet 1684, confirmée par Arrêt du 15 Janvier 1685, au profit d'Alain, contre Coulange. Mais pluſieurs Sentences du Siege ont depuis établi une Juriſprudence plus conforme à la bonne foi qu'exige le commerce.

8. Quoique le prix du vin ſoit convenu , ſi l'acheteur s'eſt réſervé ſon goût deſſus, la vente n'eſt pas parfaite : & conſéquemment le vendeur n'eſt pas plus engagé que l'acheteur.

9. La vente du vin au prix qu'un voiſin vendra le ſien, ou que tels vendront, ou au prix le plus cher, ou des plus chers du canton, eſt bonne & valable. Voyez M. Pothier, *du Contrat de vente* , n. 28.

Une Ordonnance du Siege a déclaré nulles toutes les ventes de vins ſans prix ; mais ſur l'appel que les Commiſſionnaires en ont interjetté au Conſeil, il y a eu des défenſes proviſoires de l'exécuter, & l'appel eſt demeuré indécis.

10. La vente au prix connu de l'acheteur, qu'un tiers a vendu le ſien, ſoit au même acheteur ou autre, ne me paroît pas valable, quand ce prix eſt tenu ſecret au vendeur. Ce myſtere eſt une fraude ; il opere qu'il n'y a point de prix actuel dont le vendeur ſoit demeuré d'accord, ni de prix que l'avenir puiſſe fixer à l'avantage ou déſavantage des parties.

11. La vente au prix des plus chers n'eſt point le prix moyen de tous les prix du canton, mais le prix moyen des trois plus chers : celle au prix du plus cher eſt le même prix que le plus cher vendu.

Ce prix ſe détermine par celui des ventes faites depuis la récolte juſqu'au mois de Février, ſi le temps n'eſt autrement limité.

12. Un Commiſſionnaire de vins, qui place des rapés, n'étoit point obligé anciennement de prendre les vins ſur lie ; il y en a une Sentence du Bailliage de Blois, du 26 Novembre 1712, au profit du ſieur Couſin, contre Maulny , mais aujourd'hui le contraire eſt généralement reçu.

13. Du jour que la vente eſt parfaite, le vendeur peut contraindre l'acheteur à recevoir le vin , & le prendre à ſes charges. Le délai d'un mois que les Commiſſonnaires voudroient intro-

duire, n'eſt ni établi, ni fondé en raiſon; il a été rejetté en 1763; par Sentence du Bailliage de Blois, au profit du ſieur Texier Li-douaniere, contre le ſieur Guérin du Meſlier.

M. Pothier, *Contrat de vente*, *n.* 229, dit que lorſque le con-trat ne porte aucun temps pour l'enlevement, l'acheteur peut être ſommé incontinent de le faire; qu'il y a cependant certaines marchandiſes, pour l'enlevement deſquelles l'uſage des lieux ac-corde un certain temps; qu'il eſt d'uſage, au vignoble d'Orléans, que les marchands, qui achetent les vins au temps des vendan-ges, aient terme juſqu'à la Saint-Martin pour les enlever.

Nous ſuivons le même terme, mais ſeulement pour obliger le marchand à recevoir le vin : quant à l'enlevement, on lui laiſſe tout le temps pendant lequel le vendeur n'eſt point incommodé.

Ce terme de Saint-Martin, accordé au marchand pour recevoir les vins achetés au bouillon, ne peut lui ſervir de prétexte pour reculer la réception de ceux achetés depuis la Saint-Martin.

14. Il a été jugé au même Siege, en 1741, au profit de Poin-clou, contre Tremblay, que l'uſage, qui s'eſt introduit d'accor-der au Commiſſionnaire terme de payement juſqu'à la foire de Blois, n'eſt que volontaire. Il s'agiſſoit de rapés que Tremblay avoit placés chez Poinclou.

Je doute fort que cette Sentence fût aujourd'hui ſuivie. Quand un Commiſſionnaire achete du vin bourgeois, il eſt comme ſous-entendu que le payement ne s'en fera qu'à la foire, autrement le vendeur ne manque pas de s'en expliquer : *in contractibus veniunt ea quæ ſunt moris & conſuetudinis.*

S'il s'agit de vins de gens de campagne & d'artiſans, la vente eſt cenſée faire au comptant : mais on accorde au commiſſion-naire la faculté de payer par parties, dans des termes peu re-culés.

ARTICLE XC.

Langayeux qui ont langayé pourceaux & aſſeurés ſains, s'il eſt trouvé en les tuant qu'ils ſoient mezeaux en la langue, ils ſont tenus de les prendre (a) & reſ-

Cet Article eſt tiré du 334 de l'ancienne Coutume d'Orléans. Voyez les 425, 426 & 427 de la nouvelle, où ſe trouvent plu-ſieurs explications.

(a) Par la raiſon que tout homme en choſes de ſon art & mé-

tituer le prix à l'acheteur. Et s'il n'y a rien en la langue, & il en a dedans le corps, jambons & ailleurs, le vendeur fera tenu de les reprendre & reſtituer les deniers.

tier eſt tenu non-feulement du dol, mais encore du dommage qu'il caufe par fon impéritie.

(*b*) Par la raifon que tout vendeur eſt tenu de reprendre fa marchandife, lorfqu'elle contient un vice caché qui la rend nuifible ou inutile à l'acheteur, tel qu'il eſt évident qu'il ne l'eût pas prife, s'il en avoit eu connoiſſance.

1. Il ne fait rien que le vendeur ignorât ce vice. C'eſt ainſi que les tonneliers font tenus de reprendre les poinçons par eux fournis, qui fe trouvent être de bois punais, qui ait donné au vin un goût de fût, & de payer le prix du vin mis dans ces poinçons, quoiqu'il foit généralement avoué que ce vice du bois ne peut être connu lors de la fabrication du poinçon.

L'action réfultante de ce vice rédhibitoire dure toute l'année, comme il a été jugé en 1744 au Préfidial de Blois, au profit des héritiers du fieur Boureau, contre Colineau, tonnelier, qui prétendoit en fixer le temps à la Saint-Martin. M. Pothier, en fon *Contrat de vente*, n. 231, dit qu'à Orléans, la durée de cette action n'a rien de bien certain, qu'il y en a qui prétendent qu'elle ne doit plus être admife après la Saint-André : mais il ne faut point argumenter de ce que l'action rédhibitoire eſt renfermée dans un court efpace pour les autres marchandifes.

La différence vient de ce que le vice du poinçon, toujours reconnoiſſable, ne peut jamais être foupçonné venir de la faute ou négligence de l'acheteur.

Cependant cette action n'a lieu contre le tonnelier que pour les poinçons fournis dans l'année, & non lorfque l'acheteur ne les emplit, quoique pour la premiere fois, que l'année fuivante, comme il a été jugé au Préfidial de Blois, en 1736, au profit de Buzelin, contre les héritiers du fieur Durozier. Le contraire avoit été jugé fuivant une Note de M. Lefebvre : mais je préfere la Sentence de 1736.

Secùs lorfqu'il s'agit de poinçons défectueux : jugé au même Siege le 9 Janvier 1739, que le tonnelier étoit tenu de payer le vin qui s'étoit répandu par mal-façon de poinçons que l'acheteur n'avoit fait fervir que la feconde année, ce qui ne doit s'en tendre que des encoignures, vice caché, & auquel le laps de temps n'a pû contribuer.

L'action rédhibitoire pour les chevaux & les vaches n'eft, fuivant notre ufage, que de neuf jours. M. Pothier en fon *Contrat de vente*, *n. 231*, dit qu'à Orléans, elle eft de 40 jours, & qu'il faut fuivre à cet égard le lieu où le contrat eft paffé.

Article XCI. **

Un Seigneur d'Hôtel (*a*) ou ayant rente fonciere fur icelui, peut audit hôtel faire exécution par un Sergent (*b*) fur les biens du détenteur & demeurant en icelui hôtel pour trois années (*c*) précédentes & der-

** Voyez l'Article 406 d'Orléans qui a beaucoup de conformité.

(*a*) Ce mot ne doit pas être pris ftrictement pour maifon deftinée pour l'habitation, mais s'applique également au Seigneur de métairie. L'Article 406 d'Orléans a ajouté à l'ancienne Coutume le mot *métairie*, pour lever toute équivoque; & M. Pothier remarque judicieufement que les droits du maître d'hôtel, quant aux privileges que la Coutume accorde, ne font pas attachés à la qualité de propriétaire, mais à celle de locateur, & conféquemment font les mêmes dans la perfonne du fermier ou locataire qui a fous-fermé.

(*b*) La Coutume d'Orléans pouffoit ce privilege plus loin, & permettoit au maître d'hôtel de faire cette exécution par lui-même. *Voyez la Note 3 fur ledit Article 406.*

(*c*) Cette limitation à trois années n'a lieu que contre le tiers détenteur, ou lorfqu'il n'y a point de lettres obligatoires, autrement l'exécution peut être faite pour tout ce qui eft dû au maître d'hôtel ou créancier de rente fonciere. Voyez la Note 5 fur ledit Article 406 : voyez auffi l'Article 246 de la Générale, qui n'admet point cette limitation.

1. Je trouve une autre différence entre cette Locale & la Générale. La Générale ne permet point au maître d'hôtel de prendre les meubles du fous-locataire pour le loyer. Le fous-locataire en eft quitte comme à Paris, en payant à raifon de fon occupation. La Coutume d'Orléans au contraire en fon Article 408, qui a été nouvellement ajoûté, mais qui n'eft que l'interprétation du 406, donne droit au maître d'hôtel fur tout ce qui garnit la

nieres

nieres à lui dues du loyer ou rente fonciere d'icelle maifon : & vaut & tient cette exécution fans lettres obligatoires. Et doit ledit Sergent fignifier la vente des biens par lui prins au détenteur (*d*), & s'il s'oppofe lui donner jour en oppofition : auquel jour ou autre affi-gné par le Juge eft tenu l'exécutant d'informer de fon droit par lettres obligatoires, témoins ou confeffion de parties. Et en ce faifant, pendant le procès la main tiendra fur lefdits biens prins : *aliàs* en défaut de ce faire l'éxécuté doit avoir main-levée.

maifon, & notre Article paroît lui donner le même droit par ces mots *fur les biens du détenteur & demeurant en icelui hôtel.*

2. Mais quoique l'Article parle du créancier de rente fonciere, comme du maître d'hôtel, cependant le créancier de rente fon-ciere ne peut exécuter que quand c'eft le propriétaire ou poffef-feur de la maifon ou métairie chargée de la rente fonciere, qui jouit par lui-même; fi c'eft un locataire, ou fermier , le proprié-taire ne peut que faifir-arrêter les loyers ou fermages. Voyez M. Pothier , *Introd. à ce titre*, §. 6.

Je doute cependant que ce fût l'ancienne Jurifprudence, vû les termes dans lefquels l'Article fuivant & le 418 d'Orléans font conçus, ainfi que le 93 ci-après, & le 419 d'Orléans.

(*d*) Il faut de plus, lors de la faifie , en laiffer copie fur le champ , & fatisfaire à toutes les formalités prefcrites par l'Ordon-nance de 1667.

A R T I C L E XCII. **

Et s'il eft queftion (*a*) entre deux feigneurs dudit (*b*) hôtel pour (*c*) rente fonciere, le conducteur en

** Cet Article a été pris fur le 318 de l'ancienne Coutume d'Orléans, qui eft le 418 de la nouvelle.

(*a*) Orléans dit *s'il y a différent.*
(*b*) Orléans dit *d'hôtel.*
(*c*) Orléans dit *ou*, & le fens demande cette correction.

N

confignant & mettant en main de juftice la penfion du
(*d*) loyer de ladite maifon (*e*) aura main levée defdits (*f*) biens.

(*d*) Lifez &, comme à Orléans.

(*e*) Orléans ajoute *ou rente fonciere*, qui ont été mal-à-propos omis ici.

(*f*) Lifez, comme à Orléans, *de fes*.

Il fuit bien clairement de cet Article que le créancier de rente fonciere pouvoit faifir fur le fermier ou locataire, puifqu'il eft dit qu'en cas qu'il y ait différent entre deux perfonnes fur la propriété de l'hôtel ou de la rente fonciere, le conducteur ou locataire exécuté en fes biens, aura main-levée en confignant le loyer ou la rente fonciere : mais puifqu'à Orléans, comme il eft dit en la Note (*c*), *n.* 2, fur l'Article précédent, le créancier de rente fonciere ne jouit plus de ce droit exhorbitant, il n'en doit pas davantage jouir en Dunois.

ARTICLE XCIII. ✶✶

Si le conducteur ou autre que le feigneur (*a*) de rente fonciere (*b*) enleve lefdits biens étans en l'hôtel baille à louage, fans le confentement du locateur, ledit locateur peut faire appeller le conducteur ou celui qui a fait ledit entiercement (*c*) en rétabliffement, pour rétablir lefdits biens audit hôtel pour feureté d'ê-

✶✶ Cet Article a été pris fur le 319 de l'ancienne Coutume d'Orléans, qui eft le 419 de la nouvelle.

(*a*) Le 419 d'Orléans ajoute au 319 de l'ancienne Coutume ces mots *d'hôtel ou*, addition fuperflue, puifqu'il ne pouvoit être douteux que quand le Seigneur d'hôtel faifoit lui-même cet enlevement, il ne pouvoit s'en plaindre.

(*b*) Nouvelle preuve de ce qui a été dit fur les deux Articles précédens, que le Seigneur de rente fonciere pouvoit exécuter fur le conducteur ou locataire.

(*c*) Orléans dit *celui qui a enlevé*, parce que dans l'Article 454, elle emploie le mot *entiercer* dans un autre fens qu'*enlever*. Voyez

tre payé defdites trois années dernieres, fi tant en eft
dû, & outre poura faire contraindre le conducteur à
garnir la main (*d*) pour un an (*e*).

fur ce droit de fuite la Note (*a*), fur l'Article 268 de la Générale.

(*d*) Il faut lire *maifon*, Orléans 419.

(*e*) Même pour deux, fi c'eft une maifon à loyer, & qu'il n'y
ait qu'un terme de payement en l'année. *V. l'Article 88 ci-deffus.*

CHAPITRE XVIII.

Des Exécutions faites par vertu de Lettres obligatoires.

ARTICLE XCIV.

UNE Sentence donnée contre aucuns ayans prins la
caufe pour un autre, eft exécutoire tant de principal
que de dépens, tant contre celui qui eft condamné,
que celui pour lequel il a prins la caufe (*a*) en ayant
fait diligence contre le principal condamné.

(*a*) La Sentence n'eft exécutoire contre le garanti que pour le
principal, & non pour les dépens ni les dommages-intérêts *V.*
l'Ordonnance de 1767, tit. 8, Article 11.

ARTICLE XCV.

Lettres obligatoires ne font exécutoires par le por-
teur (*a*) après la mort du créancier : toutesfois les

(*a*) Puifqu'il n'eft que mandataire, & que fon pouvoir s'éteint
par la mort.

N ij

veufves & héritiers (*b*) du créancier les peuvent faire
mettre à exécution fur le debteur vivant, en la maniere que deſſus.

(*b*) Voyez les Notes fur les Articles 245, 251, 252, 253,
& 254 de la Générale.

A R T I C L E   XCVI.

Le rapport de main-pleine ſe doit bailler par le
debteur à ſes dépens au créancier de la ſomme pour
laquelle l'exécution aura été faite, avant qu'être oui
ſur ſon oppoſition (*a*) & la choſe eſt obligée ſpécia-
lement (*b*).

(*a*) Cet Article eſt fondé ſur le même principe qui a dicté
les Articles 262 & 266 de la Générale. Les Articles 347 & 367
de l'ancienne Coutume d'Orléans avoient diſpoſition ſemblable.
Ils ont été retouchés, & à mon avis gâtés dans la nouvelle, où
leur place numérique eſt de 430 & 462.
Ce n'eſt plus, comme parmi nous, la main de Juſtice qui doit
être fait pleine avant que le débiteur ſoit oüi en ſes cauſes d'oppoſition, c'eſt celle du créancier ; & c'eſt la raiſon pour laquelle
M. Pothier, *n*. 5, ſur le 430, appelle le garniſſement de main,
le payement que le débiteur eſt tenu de faire au créancier, en
donnant par ce dernier caution de rapporter.
Mais ce n'eſt pas ce qu'entendoit l'ancienne Coutume, & la
preuve s'en tire de ces mots de l'Article 462, *juſqu'a ce qu'il ait
garni ne doit être reçu à propoſer exception & défenſe.*
Garnir la main eſt moins difficile au débiteur que de payer par
proviſion. Auſſi n'exige-t-on point à Orléans ce payement avant
que de le recevoir à propoſer aucune exception ni défenſe, &
ce n'eſt qu'après l'avoir entendu que le payement par proviſion
eſt ordonné, & le plus ſouvent même ce n'eſt qu'en jugeant dé-
finitivement la cauſe que l'exécution proviſoire eſt ordonnée. Ce
qui fait bien voir que par la nouvelle Coutume on s'eſt éloigné
de l'eſprit de l'ancienne, qui ſagement dénioit l'audience à tout

(*b*) On trouvera cette Note à la page ſuivante.

débiteur dont les effets faisis ne garnissoient pas suffisamment la main de Justice.

(*b*) En conséquence le créancier y a certainement le même droit que sur les autres choses comprises en la saisie, c'est-à-dire celui d'être le premier payé. *Article 268, ci-après, Paris, 178.*

On peut douter si son droit ne va pas même plus loin, & si dans le cas de déconfiture, il ne pourroit pas opposer l'Article 181 de Paris, qui dit que contribution n'a point lieu, quand le créancier se trouve saisi du meuble qui lui a été donné en gage.

Je n'estime pas que ce soit le cas, dès que c'est la saisie qui fait la déconfiture, le premier saisissant ne doit pas avoir plus de droit sur ce qui auroit été rapporté par le débiteur pour garnir à son égard la main de Justice, que sur ce qui a été compris en la saisie.

ARTICLE XCVII.

Un Sergent qui fait exécution ès biens d'autrui par vertu de Lettres obligatoires, sentence ou autrement, doit avoir avec lui un Notaire (*a*) ou deux Témoins à faire ladite exécution, sur peine d'amende arbitraire (*b*), & s'il y a plusieurs Sergens à faire ladite exécu-

(*a*) L'Ordonnance de 1667, ayant dérogé à toute Coutume contraire ; il suit que la présence d'un Notaire ne pourroit suppléer à celle de deux témoins.

Ces deux témoins ne doivent pas s'entendre des deux records, dont l'assistance est requise par l'Article 2 du titre des ajournemens de l'Ordonnance de 1667. Assistance encore nécessaire dans les exploits de saisies & exécutions, quoique l'Edit du contrôle ait abrogé cette formalité pour les simples exploits. Ces deux témoins dont parle notre Article, sont requis dans le même esprit qui a dicté l'Article 4 du titre des saisies & exécutions de la même Ordonnance, & doivent s'entendre des deux voisins que le Sergent doit appeller avant que d'entrer dans la maison. Précaution sage pour assurer d'autant plus la fidélité du procès-verbal de saisie : mais disposition qui ne s'exécute aujourd'hui que dans le style, & dont la nécessité d'une plus exacte observation entraîneroit d'autres inconvéniens.

(*b*) L'Ordonnance de 1667 qu'il faut seule consulter sur les

tion, chacun d'eux en pourra être convenu, & tenu seul & pour le tout.

formalités de la saisie & procès-verbaux de vente, prononce, *Article* 29, peine de nullité, dommages-intérêts envers le saisissant & le saisi, interdiction du Sergent, & cent livres d'amende, applicable moitié au Roi, moitié à la partie saisie, sans que la peine puisse être remise ou modérée.

ARTICLE XCVIII.

Un Sergent est tenu exécuter les Lettres à lui baillées & rendre les Lettres exécutées dedans trois jours de marché, après qu'il aura reçu lesdites Lettres, sur peine de payer le debt & tenir prison : sinon qu'il y eut opposition ou autre cause raisonnable qui pût empêcher ou differer l'exécution.

Voyez l'Article 256 de la Générale & ses Notes.

ARTICLE XCIX.

Exécution faite sur meubles non enlevés ou desquels aucun autre que le debteur ne s'est constitué acheteur de biens est réputée nulle quant au préjudice d'un autre créancier : & n'empêche point qu'il ne les puisse enlever (*a*). Et doit le Sergent en toutes exécutions avant que procéder à aucune vendition signifier la vente desdits biens au debteur huit jours francs avant que faire ladite vente (*b*) en présence d'un Notaire (*c*) ou de deux Témoins.

(*a*) Voyez la Note (*b*) sur l'Article 268 de la Générale.

(*b*) & (*c*). Ces deux Notes sont à la page suivante.

(*b*) Il suffit aujourd'hui qu'il y ait cette huitaine franche entre l'exécution & la vente. *Ordonnance de 1667 , Article 12 des saisies.*

(*c*) Ces mots se réferent à la signification qui doit être faite au saisi & non à la vente, des témoins de laquelle il n'est parlé qu'en l'Article suivant.

Il n'est plus besoin aujourd'hui de faire signifier cette vente au saisi en présence ni de Notaire, ni de témoins ; un simple exploit d'intimation pour y être présent suffit. *Ordonnance, Article 11 , même titre.*

Mais une procédure trop ordinaire aux Sergens , qui n'est nullement prescrite par les Ordonnances, & ne sert qu'à multiplier les frais , ou plutôt à tout consumer, est de faire intimer les créanciers opposans à la saisie, pour être présens à la vente.

Article C.

Le Sergent ne peut faire vente de biens prins par éxécution, sinon au lieu où l'on a accoutumé faire lesdites ventes (*a*) & en présence d'un Notaire (*b*) &

(*a*) La vente se doit faire au plus prochain marché public. *Ordonnance , Article 11 , titre des saisies.*

Cependant si le saisi y consent pour éviter à frais de transport, la vente se peut faire dans le lieu de la saisie, & même à autre jour que celui de marché : mais s'il y avoit des opposans il faudroit également leur consentement.

(*b*) Dans les deux Articles précédens, il est dit présence du Notaire ou deux témoins, ici le Notaire & les témoins sont cumulativement requis. Mais la nécessité de cette présence du Notaire doit être également censée abrogée par l'Ordonnance de 1667.

C'est probablement à raison de cette présence requise du Notaire à la vente des meubles exécutés, qu'en Dunois les Notaires se sont maintenus en la possession de faire vente des meubles, quoique non saisis ; possession en laquelle sont les Notaires de Touraine & d'autres provinces.

En conséquence il a été prétendu que les adjudications portées par tels procès-verbaux de vente, duroient trente ans contre les adjudicataires & leurs héritiers, & même emportoient hypotheque, mais par Sentence de notre Présidial, du 9 Juillet

deux témoins, lequel Notaire fera tenu défigner (*c*), les biens particuliers & le dernier enchériffeur (*d*) : & aura ledit Notaire pour ladite vente douze deniers tournois (*e*).

1757, il a été jugé que ces procès verbaux de vente n'avoient pas autre durée ni force que ceux faits par les Sergens ou Huif-fiers, dont le Notaire fait en quelque forte la fonction.

Il y a en effet des différences effentielles entre ces fortes de pro-cès-verbaux & les véritables obligations contractées devant No-taires.

Les adjudicataires ne fignent point, ni ne font interpellés de figner le procès-verbal de vente. Ils font cenfés payer comptant, & en conféquence ne prennent point de quittance de payement qui n'eft jamais conftaté que par un fimple émargement fur la minutte ou fur la groffe du procès-verbal.

(*c*) C'eft ainfi qu'il faut lire & non pas *de figner*, comme il fe voit en plufieurs Éditions.

(*d*) Par nom, fur-nom, qualité & demeure, mais les Huiffiers affectent quelquefois pour multiplier les rôles, de dénommer les différens enchériffeurs, ce qu'un Juge de cette province a cru devoir leur défendre, à peine de radiation, d'amende & d'in-terdiction.

(*e*) Cette rétribution trop modique pour le temps actuel, n'eft plus fuivie.

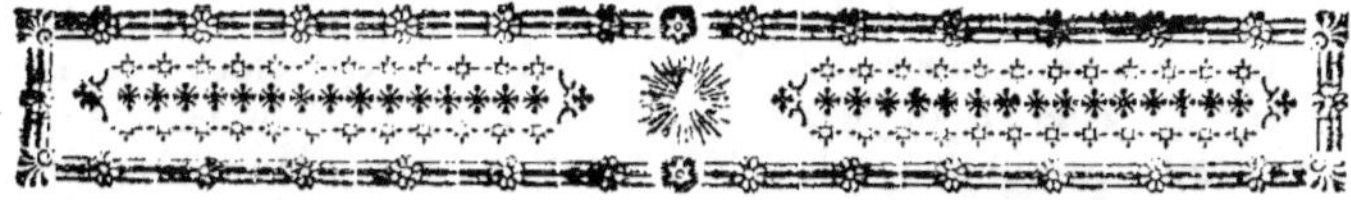

COUTUMES
LOCALES
DE LA CHATELLENIE DE ROMORANTIN, MILLANÇAY, VILLEBROSSE ET BILLY.

Romorantin reffortit nuement au Parlement, fauf pour les matieres qui font du premier chef de l'Edit des Préfidiaux.

On pourroit peut-être foupçonner que Romorantin n'auroit ceffé de venir par appel au Siege du Bailliage de Blois dans les cas ordinaires que depuis qu'il fut réuni à la Couronne par François premier, à qui il appartenoit comme petit-fils de Jean d'Angoulême qui l'avoit eu pour fon lot de partage des biens de la maifon d'Orléans §.

Mais le procès-verbal nous apprend qu'il faut remonter plus loin pour en trouver la caufe.

Le Procureur de Marie de Savoie, Ducheffe d'Angoumois, mere de François premier, & qui avoit l'ufufruit defdites Châtellenies de Romorantin & Millançay, remontra que par un privilege fingulier, dont avoient joui de tout temps les habitans de ces Châtellenies, ils n'étoient point obligés de venir plaider ni en premiere inftance, ni par appel en quelque cas que ce fût §§, au perron du bailliage de Blois; que les caufes civiles & criminelles devoient être jugées en premiere inftance par les Juges Châtelains prépofés par le Seigneur, & en cas d'appel elles devoient être jugées par affifes tenues aux Sieges de Romorantin & de Millançay, pardevant le Bailli de Blois, ou par le Lieutenant commis par le Roi ou par ledit fieur Bailli.

Le Procureur du Roi répondit, mais uniquement pour prouver ce que le Procureur de Marie de Savoie ne conteftoit pas

§ Voyez les Obfervations fur l'Article 10 de la Générale.
§§ Les Préfidiaux n'ont été créés que depuis fous Henri II.

O

que les Châtellenies de Romorantin & de Millançay avoient ac-coutumé d'être gouvernées, & les procès d'être décidés par les Coutumes générales du Comté de Blois, fi-non dans les cas où il y avoit Coutume locale, & au furplus ne difconvint point que le Bailli de Blois dût tenir fes affifes efdites Châtellenies, & là décider des caufes d'appel des Juges defdites Châtellenies.

Il y a eu fort long-temps par cette raifon deux dégrés de Jurif-diction à Romorantin. Le Châtelain & le Bailli, & ce n'eft que depuis 25 ans que l'office de Châtelain a été réuni à celui de fon Supérieur.

Ce dernier, devant lequel étoient portées les appellations du Châtelain, n'étoit avant cette réunion autre que le Lieutenant du Bailli de Blois, & c'eft la raifon pour laquelle fes Sentences reffortiffoient & reffortiffent encore nuement au Parlement, fauf pour les cas qui font du premier chef de l'Edit des Préfidiaux, & auffi la raifon pour laquelle on ne l'appelle point aux affifes à Blois.

C'eft ainfi qu'au Bailliage d'Orléans, les Juges des Sieges de Boifgency, d'Yenville, &c. ne font que Lieutenans du Bailli d'Or-léans, & conféquemment ne doivent point prendre la qualité de Bailli, mais feulement celle de Lieutenant-Général au Siege par-ticulier de &c.

La raifon pour laquelle Romorantin ne doit venir par appel à Blois, qu'au premier chef de l'Edit des Préfidiaux eft aifée à fentir; elle eft la même que pour Boifgency, Yenville, &c. qui ne vien-nent auffi par appel au Préfidial d'Orléans qu'au premier chef.

L'appel des Sentences du Bailli de Blois ou de fon Lieute-nant-Général à Blois, ne va point devant Meffieurs du Préfidial de la même Ville, mais quand le cas n'excede pas ni le pre-mier ni le fecond chef de l'Edit, la caufe eft portée devant eux en premiere inftance.

C'eft donc avoir affez donné au Préfidial que l'appel des Sen-tences du Bailli de Blois ou de fon Lieutenant à Romorantin, pour les caufes du premier chef, & dans lefquelles par ce moyen on évite aux parties les frais plus confidérables d'un appel au Par-lement, fans qu'il faille foumettre la Sentence du Bailli de Blois ou fon Lieutenant à Romorantin, à l'appel devant les Officiers du Préfidial de Blois, pour ne donner à celui qui obtient à fes fins que la fimple exécution provifionnelle : ce feroit d'ailleurs s'éloigner totalement de l'objet de l'établiffement des Préfidiaux, puifqu'au-lieu d'éviter de plus gros frais aux parties, elles feroient expofées à un dégré de Jurifdiction de plus qu'avant l'Edit.

J'ai traité cette matiere, parce que je l'ai vue encore depuis peu
(1764) controverſée.

CHAPITRE PREMIER.

Des Profits de Fiefs.

ARTICLE PREMIER. **

QUAND a aucun Seigneur féodal, eſt dû par ſon
Vaſſal profit de rachapt qui eſt le profit & levée
d'une année des fruits des héritages tenus en foi &
hommage, ledit Vaſſal eſt tenu faire trois offres à ſondit Seigneur : ſavoir eſt qu'il prenne & accepte ſe
bon lui ſemble la cueillette & levée d'une année, ou
bien lui doit offrir une ſomme d'argent pour leſdits
fruits & profits, ou l'eſtimation qui ſera faite par deux
Prudhommes. Et ſi ledit Seigneur accepte la levée de
ladite année, en ce cas il ſera tenu payer les loyaux
coûts & miſes du laboureur & en uſer comme un bon
pere de famille. Et s'il advient qu'en ladite année il y
eût étang en pêche (*a*) qui n'a accoutumé d'être pê-
ché que de deux ans en deux ans, au plutard, ou de
bois taillis (*b*) qui n'ont accoutumés d'être coupés que

** Ne differe de la Générale, *Article 84*, qu'en ce que le
vaſſal, comme en Dunois, doit offrir au Seigneur le choix de
trois choſes.

(*a*) Soit qu'il y ſoit ou non, le Seigneur a également droit
d'y prendre par proportion le revenu d'une année.

(*b*) Il eſt de même en l'original, mais le ſens demande qu'on
liſe, *ou qu'il y eût bois-taillis en coupe.*

O ij

de dix ans en dix ans ou autre temps, en ce cas ledit Seigneur ne prendra sur ledit étang & bois taillis que le profit d'une année seulement, qui est sur ledit étang la moitié ou la tierce partie de la pêche ; & sur ledit bois taillis la dixieme ou autre partie de toute la coupe.

CHAPITRE II.

De Succession des Fiefs.

ARTICLE II.

EN succession de fief en ligne directe, le fils aîné prend & choisit un manoir ainsi qu'il se poursuit & comporte, avec le vol d'un chapon estimé à un arpent de terre à l'entour dudit manoir, s'il y a tant de terre joignant ledit manoir avec le principal vassal (*a*) & un homme de serve condition (*b*) si aucun en y a dépendant dudit manoir : & le surplus desdits héritages soient roturiers ou féodaux se partent également (*c*) par tête entre ledit fils aîné & sesdits freres & sœurs.

(*a*) Tenant à hommage & non autrement.

(*b*) Ainsi cette Locale, comme celle de la Rue-d'indre, admet la servitude personnelle, mais il faut que le Seigneur soit fondé en titre & possession, dont je n'ai point encore vu d'exemple. Voyez sur les effets de cette servitude Coquille, sur la *Coutume de Nivernois*.

(*c*) Differe de la Générale, *Articles 143 & 144.*

ARTICLE III.

Et s'il advient qu'au dedans dudit arpent de terre & à l'en-our dudit manoir (*a*) ait moulin, étang ou four-à-ban, il ne les pourra prendre pour ladite prinſe dudit arpent de terre (*b*), mais prendra ſondit arpent de terre ou le ſurplus de ce qui en reſteroit en autre héritage le plus prochain dudit manoir.

(*a*) Et qui en fuſſent ſéparés, comme en la Générale, *Article* 143.

(*b*) Mais bien les retenir par eſtimation.

ARTICLE IV.

Et ne peut ledit fils aîné avoir ne prendre qu'une aîneſſe (*a*) en la ſucceſſion de ſon pere ou de ſa mere (*b*) lequel (*c*) bon lui ſemblera.

(*a*) Pourvû que le manoir ſoit entier, comme il eſt dit en l'Article 10 de Dunois, & en ſa Note (*c*): voyez auſſi la Note de Dumoulin ſur cet Article, qui au fond eſt conforme à cette déciſion, quoique dans la fin cet Auteur ajoute que cependant l'égalité entre les enfans eſt favorable.

(*b*) Mais celle qu'il a priſe en leur ſucceſſion ne l'empêche pas d'en prendre une autre en la ſucceſſion de l'ayeul ou ayeule, & des autres aſcendans. Voyez la Note (*b*) ſur ledit Article 10 de Dunois, & l'Article 97 d'Orléans, & ſes Notes; voyez auſſi la Note (*a*) ſur l'Article 143 de la Générale.

(*c*) *Ainſi que.*

CHAPITRE III.

De Profits Censuels.

ARTICLE V.

IL y a deux manieres de cens, les aucuns font à lots, ventes & défaux quand le cas y échet; & les autres qui ne portent ventes ne défaux (*a*).

(*a*) D'où il fuit 1°. que le Seigneur ne peut prétendre cens de la premiere efpece, s'il n'eft fondé en titre ou poffeffion.

2°. Que dans le cas du cens de la feconde efpece, il n'eft point dû, même au Roi de droits d'échange, qui n'ont été établis par les Edits & Déclarations que pour être les mêmes qui font dûs en cas de vente. Voyez les Notes fur les Articles 87 & 119 de la Générale.

1. Soefme, *Article 3*, n'admet aucun cens coutumier que celui de cette derniere efpece, qu'on appelle *cens truant*; elle dit que l'acquéreur, la premiere année, doit le double cens. Mais je n'eftime pas que ce double cens, qui eft une efpece de relief, foit dû ici, par la raifon que l'Article 14, ci-après, qui eft déplacé, & qui devroit fuivre immédiatement celui - ci, porte expreffément qu'*en ladite Coutume il n'y a point de reliefs.*

CHAPITRE IV.

Des Terrages.

ARTICLE VI.

LEs Seigneurs ou détenteurs des terres fituées & affifes au-dedans d'un circuit(*a*) de terrage qui ont ac-

coutumé d'être cultivées & mises en labour, font sujets
à labourer & cultiver lesdites terres & payer ledit
droit de terrage à la raison qu'il appartient : & si lesdits détenteurs font ou défaillans ou négligens de labourer & ensemencer lesdites terres par le temps &
espace de neuf années continuelles & consécutives,
en ce cas le Seigneur dudit terrage peut & lui est loisible prendre (*b*) & appliquer à lui lesdites terres accoutumées d'être labourées comme dit est.

(*a*) Disposition qui sert d'explication à la Générale, & dont il
suit que l'enclave suffit pour obliger le détenteur à cultiver & à
payer, s'il ne prouve que son héritage est tenu à autre droit seigneurial.

(*b*) Termes qui justifient ce qui a été dit sur l'Article 134
de la Générale, que le Seigneur n'est point obligé de recourir
à l'autorité de la Justice.

Article VII.

Celui qui tient & occupe terre sujette à terrage ne
peut enlever sac de bled (*a*) sans appeller le Seigneur
à qui est dû ledit terrage, son Commis ou Fermier,
sinon qu'il y ait privilege ou jouissance de temps immémorial au contraire (*b*), & s'il le fait le contraire,
il enchet en l'amende de soixante sols tournois à appliquer moitié à justice (*c*) & moitié audit Seigneur terrager ou sondit fermier.

(*a*) Même faute d'impression qu'en l'Article 50 de Dunois,
lisez, *sa déblée.*

(*b*) Ce privilege ou usage seroit contraire au droit commun &
à la raison, de plus une occasion de fraude, & ne peut conséquemment être admis que sur bonne preuve par écrit.

(*c*) En quoi differe de la Générale *Article 133*, qui applique
le tout au Seigneur de terrage.

CHAPITRE V.

De Dons & Récompenses.

ARTICLE VIII.

L'HOMME & femme conjoints par mariage, ne peuvent contracter l'un avec l'autre, ni faire don l'un à l'autre, soit mutuel (*a*) ou autre, durant & constant leurdit mariage : mais bien peuvent donner & avantager l'un l'autre par le contrat de leur mariage.

(*a*) Cet Article ne differe de la Générale qu'en ce qu'il prohibe le don mutuel entre conjoints.

Ce statut est-il réel ou personnel ? C'est-à-dire des conjoints domiciliés à Romorantin, peuvent-ils faire don mutuel qui porte sur leurs conquêts situés à Blois ou autres Coutumes qui permettent le don mutuel ?

Froland, en ses Mémoires concernant la qualité des Statuts, *tom.* 2, *pag 944*, dit que les statuts qui concernent les donations entre conjoints, font des statuts réels, & en conséquence qu'il est permis à ceux qui ont leur domicile dans une Coutume qui défend les donations entre gens mariés de se donner l'un à l'autre les biens situés dans une autre Coutume qui a des dispositions contraires.

Mais je doute fort de cette décision. Voyez sur l'Article 163 de la Générale, la Note (*b*); & d'ailleurs quand avec Froland on regarderoit en général le statut concernant le don mutuel comme purement réel & non comme mixte, je ne crois pas que cela pût avoir lieu dans notre Locale, par la raison que sa prohibition tombe sur le pouvoir de contracter, ce qui rend à cet égard le statut personnel.

CHAPITRE

CHAPITRE VI.

De Retrait Lignager.

ARTICLE IX.

QUAND aucun héritage patrimonial eſt vendu & aliéné à perſonne étrange, il eſt permis & loiſible au parent & lignager dudit vendeur du côté & ligne dont procede ledit héritage, de l'avoir & demander pour cauſe de retrait lignager, dedans l'an & jour de ladite vente ; & celui deſdits parens qui premier (*a*) fait adjourner ledit acquéreur eſt préféré à tous autres parens, combien qu'ils ſoient plus prochains en degré.

(*a*) En quoi ſeulement differe de la Générale, & eſt conforme aux Coutumes de Paris, d'Orléans & pluſieurs autres.

CHAPITRE VII.

De Prinſe & Deſgagement.

ARTICLE X.

QUAND aucun fait prinſe ou deſgagement (*a*) ſur gens ou bêtes qu'il trouve en ſon héritage lui faiſant

(*a*) Cet Article ne differe pas de la Générale , & ce mot *dé-*

P

& portant dommage, par la Coutume il eſt cru de ſes dommages juſqu'à la ſomme de cinq ſols tournois & au-deſſous en les affirmant, & ſi plus en demande, il eſt tenu de le prouver.

gagement doit être entendu du gage demandé, & non du gage pris de force, ſauf à l'inconnu & non domicilié.

ARTICLE XI.

Item, tous héritages étant ès Châtellenies de Romorantin, Millançay, Billy & Villebroſſe ſont défenſables pour aller, venir, paſſer & repaſſer par iceux outre le gré & volonté du Seigneur, & pâturer & champayer (*a*) : & peuvent les Seigneurs des héritages prohiber & défendre quand il leur plaît, & auſſi quand ils veulent ils le permettent, ſans que celui qui paſſe par héritage d'autrui, ou fait mener ſes bêtes ainſi pâturer puiſſe acquérir poſſeſſion en l'héritage (*b*), par quelque laps de temps (*c*), qu'il ait pu paſſer & repaſſer ou faire champayer & abreuver ſes bêtes ſans titres (*d*) ou conſtitution de ſervitude faite entre les parties.

(*a*) En quoi diffère de la Générale, qui permet la vaine pâture : Mais ſont ſemblables la Ferté - Imbault 6, la Ferté - Avrain 3, Tremblevif 5, & Autroche 2.

(*b*) Clos ou non. Voyez la Ferté-Avrain qui ſert d'explication.

(*c*) Même immémorial.

(*d*) Mais ne fuſſent - ils qu'énonciatifs, accompagnés de longue poſſeſſion, ils ſuffiroient ſuivant cette regle, *in antiquis enunciativa probant.* Pourvû toutesfois que cette énonciation ne ſe trouve pas ſimplement dans les titres de celui qui prétend la ſervitude. M. Pothier, *Introd. au tit. des Servit. n. 12. Sentence du Bailliage de Blois, du 5 Mai 1640, au rapport de M. Viau.*

Si celui qui a longue poſſeſſion de faire pâcager ſes beſtiaux ſur des héritages incultes, prétend que ces héritages font communs, c'eſt à celui qui ſe dit ſeul propriétaire à prouver ſa propriété par titres, ou du moins ſa poſſeſſion par des faits de nature à l'acquérir & non tels que ceux mentionnés en notre Article.

ARTICLE XII.

Item, Terre en iſſue de Ville, ſi elle n'eſt bouchée (*a*) n'eſt défenſable.

(*a*) Ni enſemencée. Mais cette derniere qualité ne ſert que pour faire priſe à garde faite & non de l'échapée.

Cette Locale ne parle point d'amende envers Juſtice, & je ne crois pas que cette peine y doive avoir lieu. *Idem* la Ferté-Avrain.

CHAPITRE VIII.
De Matiere Féodale. **

** Ce Chapitre, compoſé de deux Articles, eſt très-déplacé; le premier des deux appartenant effectivement a la matiere féodale, devoit avec ſon titre faire partie du Chapitre premier : l'autre, qui n'a de relation qu'aux héritages tenus à cens, devoit être placé au Chapitre 3, à la ſuite de l'Article 5.

ARTICLE XIII.

QUAND deux Seigneurs de fiefs prétendent la foi d'aucun héritage, le Vaſſal empêché aura délivrance des fruits en conſignant par lui les devoirs (*a*) qu'il pourra devoir : laquelle conſignation faite (*b*) ledit Vaſſal pourra être reçu par main ſouveraine.

(*a*) Ce mot eſt ici employé pour celui *profits*, & l'eſt dans le même ſens dans pluſieurs Coutumes.

(*b*) Ce qui eſt conforme au droit commun. Paris, *Article 60*, Livoniere, *liv. 1, chap. 6.*

P ij

ARTICLE XIV.

Item, en ladite Châtellenie n'y a aucuns reliefs (*a*).

(*a*) Ajoutez : *s'il n'y a titres*, & avec Dumoulin, *sed non excluduntur laudimia in casum venditionis.* Ce qu'il faut cependant entendre avec la distinction portée en l'Article 5, quand le cens est à lods & ventes.

Mennetou, *Article 3*, mais au Chapitre *des cens & droits censuels*, dit la même chose. *Item* la Ferté-imbault, *Article 4*, Chapitre *des cens & profits censuels.* Comme notre Article 14 se trouve placé en un Chapitre intitulé *de Matieres féodales*, & que dans la Coutume de Paris & plusieurs autres, les mots *relief & rachat* sont synonimes, rien n'est plus propre à induire en erreur ceux qui n'examinent que superficiellement.

Guyot, lui-même, en son Traité des Fiefs, tom. 2, *du Relief*, *chap. 15, pag. 267*, faute d'avoir fait attention que dans la Coutume de Blois les mots *relief & rachat* ne sont jamais synonimes, que le premier ne s'applique qu'aux profits de cens, dit que dans les deux Locales, de Romorantin & de Mennetou, le rachat n'a pas lieu, s'il n'est stipulé par l'acte d'inféodation; & *pag. 369*, il est tombé dans la même erreur pour la Ferté-Imbault.

Mais comment, s'il a été induit en erreur par le déplacement de notre Article 14, n'a-t-il pas pris garde que les Article 3 de Mennetou, Article 4 de la Ferté-Imbault sont l'un & l'autre au Chapitre *des cens & droits censuels* de ces deux Locales? Ou comment n'est-il pas tombé dans la même erreur pour le Dunois, qui dit de même, Article 32, *de matiere censuelle*, qu'audit Comté de Dunois, il n'y a ni cens à cher prix, ni à queste, ni *aucuns droits de reliefs*, s'il n'y a titre au contraire.

Je dis plus : Malgré le déplacement de notre Article 14, il n'y devoit pas même tomber pour Romorantin, puisque l'Article premier qui compose seul le Chapitre premier, intitulé *des profits de fiefs*, s'étend fort au long sur le profit de rachat, ce que certainement il n'eût pas fait, si ce profit eût été le même que les reliefs, si formellement rejettés par l'Article 14.

COUTUMES
LOCALES
DE LA BARONNIE ET SEIGNEURIE DE SAINT AIGNAN. **

** A Été érigée en Comté en 1641, Chopin, *du Domaine,* *liv. 1er. titre 5, n. 8*, & depuis en Duché - Pairie, en l'année 1663 : en conséquence ne ressortit plus à Blois, pas même au premier chef de l'Edit des Présidiaux.

La Baronnie de Luffay a depuis été distraite de la mouvance du Comté de Blois, & réunie au Duché de S. Aignan, en faveur de Paul de Beauvilliers, par Lettres-Patentes du mois de Février 1702, & Lettres de surannation du 6 Juin 1705, registrées le 7 Septembre.

CHAPITRE PREMIER.
De Prinse de Bêtes.

ARTICLE PREMIER.

IL est permis à un chacun possesseur ou détenteur b'aucuns héritages défensables, quand il trouve les bêtes d'autrui en iceux, les prendre ou faire prendre & les mener en justice pour en avoir l'amende coutumiere qui eſt de cinq ſols à appliquer, les deux parts au preneur & le tiers à juſtice (*a*). Et eſt ledit preneur cru par ſerment du lieu où il a fait ladite prinſe pourvu qu'il ait ſaiſi juſtice deſdites bêtes ou qu'il ait pleige (*b*) ou gage (*c*) de ladite amende.

(*a*) Soit que la priſe ſoit à garde faite ou ſans garde. Ainſi differe de la Générale 1°. en ce que l'amende & la réparation du dommage ſont confondus.

2°. Que celui qui fait la priſe, s'il ne veut pas prouver l'outre‐plus de ſon dommage, n'a que les deux tiers de cinq ſols.

3°. Que Juſtice a le tiers de cette amende, quoique la priſe ne ſoit point à garde faite.

4°. Qu'elle n'a toujours que le tiers de cette amende, quoique la priſe ſoit à garde faite.

Mais en priſe de nuit à garde faite, la peine doit être la même qu'il a été dit ſur l'Article 223, Note (*f*) *n. 1.*

(*b*) Voyez la Note (*d*) ſur l'*Article 2 de Chabris.*

(*c*) Voyez la Note (*c*) ſur l'Article 27 de la Générale, que je crois devoir être également appliquée à cette Locale & à toutes celles qui ſemblent préciſément exiger de mener les bêtes à Juſtice ou d'avoir gage.

ARTICLE II.

Item, ſi ledit preneur deſdites bêtes les retient outre les vingt-quatre heures, & n'en ſaiſit juſtice, il eſt amendable de ſoixante ſols (*a*). Et ſi ledit preneur prétend plus grand dommage que de cinq ſols pour ladite amende, il eſt reçu à demander ſes dommages tel que montrer les pourra, pourvu qu'il n'y ait privilege au contraire (*b*).

(*a*) Cette amende n'a pas lieu dans la Générale. Voyez la Note (*a*) ſur l'Article 218.

(*b*) Un ſemblable privilege ſeroit ſingulier, & on ne s'y arrê‐teroit pas, à moins que la Coutume par ce privilege n'ait en‐tendu un droit de pâture ſur l'héritage.

ARTICLE III.

Item, tous prés, gaigneaux & pâtureaux que l'on voudra dire défenfables outre la faifon deffus dite (*a*), faut qu'ils foient duement fouffoyés & bouchés.

(*a*) Ceci fuppofe quelque chofe d'omis, qui marquoit le temps où les prés, fans être clos, font défenfables.

Chabris, Locale de Saint-Aignan, porte, *Article 6*, difpofition littéralement femblable, mais *Article 5*, elle explique en quelle faifon les prés font défenfables, & en quel temps font vaine pâture. Je crois que l'omiffion de Saint-Aignan doit être fuppléée par Chabris, & non par l'Article 224 de la Générale.

ARTICLE IV.

Item, les vignes & jardins font défenfables en tout temps, & les terres enfruités en bled ou autre femences, & les chaumes (*a*) jufques à la Touffaint, & femblablement les taillis de tous bois jufques à quatre ans après la coupe.

(*a*) En quoi differe de la Générale. Voyez la Note (*a*) *n. 13, fur l'Article 223.*

ARTICLE V.

* Quand aucun trouve autrui en fes héritages lui faifant & portant dommage, il le peut dégager ou faire dégager (*a*), & eft ledit dégagé amendable de cinq fols à appliquer pour les deux parts à celui qui fait ledit dégagement & le tiers à juftice. Et fi ledit dégagé empêche que juftice ne foit faifie dudit gage, & qu'il

(*a*) Sans violence, *Article 221 de la Générale*, à moins qu'il ne foit inconnu & non domicilié. Note (*a*) *n. 1, fur ledit Article.*

l'ôte & recouvre, il enchet en l'amende de foixante
fols à appliquer comme deffus (*b*), s'il n'y a privilege
ou conceffion contraire (*c*).

(*b*) En quoi differe de la Générale.
(*c*) Le procès-verbal apprend que les habitans de Contre ont
prétendu avoir privilege contre les peines prononcées par cet Article, & contre celles de l'Article 7, mais ce privilege eft certainement chimérique : nul ne peut prétendre droit de recouvrer
fon gage ni d'obftacler la voie publique impunément.

Article VI.

Item, celui qui recourt ou empêche que les bêtes
prinfes en dommage d'autrui, ne foient menées à
juftice, il eft amendable de foixante fols à appliquer
comme deffus.

Article VII.

* Toutes perfonnes qui empêchent (*a*) chemins
publics & errans (*b*) par fa (*c*) faute & coulpe, enchet en foixante fols d'amande, s'il n'y a privilege ou
conceffion contraire (*d*).

(*a*) Soit en les labourant en tout ou partie, foit en les re-
tréciffant par bâtiffes, foffés, foit en les endommageant.
C'eft un délit dont la connoiffance appartient aux Juges des Seigneurs, même ne fuffent-ils dans notre Coutume de Blois que
moyens-Jufticiers, à l'exception feulement des entreprifes fur les
chemins royaux. Ces derniers ne s'entendent que de ceux qui
conduifent de ville marchande en ville marchande. Bretagne,
Article 49. Ou plutôt les feuls chemins royaux font ceux de l'entretien defquels le Roi fe charge ; les Tréforiers de France ne peuvent, au préjudice des Seigneurs Jufticiers, prendre connoiffance des entreprifes qui fe font fur les autres. Cette Jurifpru-

(*b*), (*c*) & (*d*). Ces trois Notes fe trouvent page fuivante.

dence

dence eſt fondée ſur une multitude d'Arrêts : outre ceux rapportés par Deniſard, il y en a un contre les Tréſoriers de Tours,
au profit de M. le Duc de Choiſeul, pour Amboiſe ſ.

(*b*) C'eſt-à-dire chemins voiſinaux.

(*c*) La diction demande que ce qui précede ſoit au ſingulier,
ou le tout au plurier.

(*d*) Voyez la Note (*c*) ſur l'Article ſ.

§ Pendant l'impreſſion de cet ouvrage, il vient d'en être rendu un le 7 Septembre 776 au profit des Seigneurs de Thigonville contre les Tréſoriers de
France d'Orléans, qui déclare leurs Sentences nulles & incompétemment rendues,
leur fait défenſes d'en rendre de ſemblables à l'avenir, & d'entreprendre ſur les
droits des Seigneurs Juſticiers, oɪdonne l'impreſſion & l'affiche de l'Arrêt.

CHAPITRE II.

Des Droits & Devoirs de Cens.

ARTICLE VIII.

TOUTE perſonne qui doit cens, eſt tenu les payer
aux jours & lieux accoutumés. Et s'il défaut il enchet
en l'amende de cinq ſois envers les Seigneurs deſdits
cens : toutefois s'il défaut de payer ledit cens par diverſes années conſécutives, il ne doit que l'amende
d'un défaut (*a*), & peut le Seigneur dudit cenſif faire
ſaiſir les choſes tenues audit devoir, pour avoir payement deſdits profits (*b*) en ayant Lettres de commiſſion de Juge deſdits lieux.

(*a*) En quoi differe de la Générale qui, *Article 112*, dit trois.

(*b*) De cens & amende, & non des ventes ou du relief. *Voyez*
Dunois, Articles 35 & 49.

Q

ARTICLE IX.

Tous cens defdites Seigneuries qui font inféodés (*a*) font à ventes & relief, & quand ils (*b*) font vendus en eft dû au Seigneur dudit cens vingt deniers pour livre, & pour le relief (*c*) douze deniers tournois pour un denier de cens, & de plus plus, & de moins moins : toutesfois en la Ville & Banlieue dudit Saint Aignan, n'a (*d*) que tels cens tels reliefs.

(*a*) Ces trois derniers mots font fuperflus, puifqu'il n'y a dans cette Locale, comme dans la Générale, nulle terre fans Seigneur, & nulle feigneurie ou cenfive qui ne foit inféodée. *Blois*, *108*.

(*b*) Quoiqu'il foit de même en l'original, il faut lire : *& quand les héritages tenus à ce droit font vendus.*

(*c*) Ces mots, *& pour le relief*, font par oppofition à ceux *quand ils font vendus*, & il faut fe fouvenir de ce qui a été dit fur l'Article 119 de la Générale, Note (*a*), *n.* 10, que le relief eft le profit dû pour toute mutation, même en directe, autre que par vente ou acte équipolent & que les ventes & le relief ne font jamais dûs cumulativement.

S'il eft douteux que dans la Générale il faille titre pour le relief à tel cens tel relief, il eft certain qu'en la Ville de Saint-Aignan, le Seigneur n'en a nul befoin, non-plus que hors de la Ville pour le relief au fol pour denier de cens. *Voyez l'Article 109 de la Générale.*

(*d*) Lifez *n'y a.*

CHAPITRE III.

De Communautés.

ARTICLE X.

Hommes & femmes roturiers (*a*) conjoints par mariage, incontinent leur bénédiction nuptiale faite, font

uns & communs en biens meubles & conquêts immeubles par eux ou l'un d'eux faits durant leurdit mariage,
en telle maniere que la moitié en appartient au survivant desdits conjoints, & l'autre moitié aux héritiers
du trépassé.

(*a*) La différence qu'établit cet Article entre les nobles & les
roturiers, n'est pas, quant à la communauté, qui a également
lieu entre nobles, du jour de la bénédiction nuptiale, mais
quant au gain des meubles en propriété & usufruit des conquêts
que l'Article suivant donne au survivant noble.

Article XI.

Et au regard des nobles le survivant (*a*) gagne les

(*a*) Enfans ou non , en quoi cette Locale suit l'ancien droit
de la Générale, dont elle n'a pas cru devoir embrasser la réformation.

1. L'Article reçoit son application soit que le mari soit noble
de race ou seulement ennobli.

2. *Idem*, quoique la femme n'ait été ennoblie que par son
mari.

3. *Idem*, quoiqu'elle eût un enfant d'un premier mariage roturier. Palu , sur l'*Article 247 de Tours*, *n. 3*.

4. Si les conjoints nobles, domiciliés dans cette Coutume au
temps de leur mariage , transferent leur domicile en Coutume dif-
ferente , comme Blois, ce gain de survie cesse d'avoir lieu.

Palu , *ibidem*, excepte le cas où par le contrat de mariage , il
seroit dit que la communauté sera régie par la Coutume de Saint-
Aignan, dans le cas même où les conjoints transféreroient leur
domicile en autre Coutume.

Je ne crois pas cette exception fondée , à moins qu'il ne fût
dit non-seulement communauté, mais encore gain de survie.

5. Si au contraire , conjoints nobles , domiciliés à Blois,
transferent leur domicile à Saint-Aignan, le survivant gagnera les
meubles quoique Palu en fasse doute.

6. Si les conjoints nobles ont leur domicile à Blois, & qu'il
y ait des conquêts à Saint-Aignan , le survivant jouit par usu-

meubles à perpétuité (*b*) ; & au regard des conquêts immeubles, la moitié en appartient en propriété audit

fruit de la moitié du prédécédé. Palu, *ibid.* Arrêt du 6 Juin
1660, au profit des Légataires du Duc de Tallard, pour l'usufruit
du Comté de Medavie, situé en Normandie, quoique le domicile fût à Paris, & qu'il fût dit que la communauté seroit régie
par cette capitale, dans le cas même où les conjoints transféreroient leur domicile, ou feroient des acquisitions en autre Coutume, & ce fondé sur ce que la communauté & les gains de
survie n'ont rien de commun.

(*b*) Ce qui comprend tout ce qui est de nature mobiliaire,
dont il faut cependant excepter les sommes dues aux héritiers du
prédécédé pour deniers stipulés propres ou pour remploi de propres aliénés. La Loi du contrat de mariage exclut les premieres,
la prohibition de la Loi à mari & femme de s'avantager pendant
le mariage, exclut les secondes.

J'ai cependant vu dans les Notes de M. Lefebvre, qu'il avoit
consulté M^e. Charbonnier, Avocat à Saint-Aignan, si ce gain
des meubles, que donne notre Article au survivant, s'étendoit
à autres que ceux de la communauté, & que Me Charbonnier avoit
répondu pour l'affirmative. Mais cette décision me paroît contraire
à l'esprit de cette Locale, & entraîneroit après elle trop d'inconvéniens.

1. S'il a été pris dans la communauté des deniers pour racheter
une rente due du chef de celui des conjoints qui survit, la rente,
suivant l'Article 244 de la Coutume de Paris, revit pour moitié
au profit des héritiers du prédécédé, & le survivant n'en a que
l'usufruit pendant sa vie.

2. Mais le survivant demeure quitte des actions de récompense
que les héritiers du prédécédé pouvoient avoir à raison des sommes
prises dans la communauté pour son profit particulier, comme
pour construire un bâtiment sur son fonds, racheter une servitude, *à fortiori*, si pour acquitter quelque dette mobiliaire, qui
lui fût personnelle.

3. *Quid*, si la rente rachetée étoit due du chef du prédécédé ?
Moitié en est due au survivant en propriété, & l'autre moitié
en usufruit.

4. *Quid*, si la dette mobiliaire acquittée des deniers de la communauté étoit dette particuliere du prédécédé, la récompense est-
elle due au survivant pour le tout, ou seulement pour moitié ou
point du tout ?

furvivant , & fi jouit de l'autre moitié en ufufruit fa vie durant à la charge de payer les debtes (*c*), fu-

Nous avons dit fur les Articles 262 & 263 de la Coutume générale que la récompenfe eft due pour le tout au conjoint donataire mutuel de ce qui a été pris dans la communauté pour l'intérêt particulier du prédécédé. Et nous voyons que c'eft auffi la doctrine de M. Pothier, *Cout. tom.* 2 , *pag.* 435, fondée fur ce qu'autrement l'égalité ne fe trouveroit plus dans le don mutuel.

Mais ici, cette égalité n'eft plus requife, il s'agit d'un titre lucratif tout différent ; c'eft un gain de furvie donné par la Loi, à condition de payer indéfiniment toutes les dettes mobiliaires du prédécédé : or ce qui eft dû pour cette récompenfe eft dette mobiliaire du prédécédé, qui doit conféquemment demeurer confufe en la perfonne du furvivant.

5. En doit-il être de même dans le cas où la récompenfe feroit due pour toute autre caufe que l'acquit d'une dette mobiliaire particuliere au prédécédé , comme pour bâtiment fait fur fon fonds, ou rachat de fervitude ?

Il faut dire avec Palu, fur l'Article cité de Tours, *debitum illud quafi reale eft : perpetuam fundi utilitatem refpicit ;* & en conféquence récompenfe en eft due, mais pour moitié feulement.

(*c*) Cette charge n'eft pas impofée uniquement à raifon de l'ufufruit de la moitié des conquêts, mais à raifon encore du gain des meubles, & l'obligation eft la même , foit qu'il n'y ait que meubles fans conquêts , *aut vice verfâ.*

1. Il a été dit ci-deffus , Note (*h*), que le gain des meubles que fait le furvivant, ne comprend pas les deniers ftipulés propres au prédécédé & ceux de remploi ; que cette dette fubfifte au profit des héritiers : mais le furvivant eft-il tenu de l'acquitter indéfiniment ?

Le gardien noble dans la Coutume de Blois, n'eft pas tenu de payer cette efpece de dettes. *Voyez la Note* (*h*) *fur l'Article* 5.

Mais il n'en eft pas de même dans les Coutumes qui donnent les meubles au furvivant. Orléans, *Article* 25. Auffi M. Pothier, *Cout. tom.* 1 , *pag.* 175, dit-il que cette dette fait partie de celles que le gardien eft tenu d'acquitter non pas indéfinimcnt , mais par proportion émolumentaire fur les meubles & fur les acquêts.

2. On peut demander fi à Saint-Aignan , on doit fuivre la même proportion ?

La raifon de douter vient de ce que conformément à la Coutume de Blois , les dettes mobiliaires y fuivent les meubles.

nérailles & obsèques du prédécédé, & les charges anciennes (*d*), & entretenir les édifices & héritages ainſi

Mais cette raiſon ne peut empêcher ici cette contribution. Lorſque M. Pothier dit qu'elle a lieu à Orléans, ce n'eſt pas d'après la diſpoſition de cette Coutume qui, pour le payement des dettes, établit la proportion émolumentaire, mais d'après la diſpoſition qui oblige le gardien à payer toutes les dettes mobiliaires; c'eſt auſſi la doctrine de Livoniere, ſur Dupineau, *Article 286 d'Anjou, pag. 903* : & de Palu, ſur l'*Article 237 de Tours*, *n. 4*.

3. Si donc il eſt dû aux héritiers du prédécédé pour propres fictifs & remplois 1200 liv., qu'il y ait pour 3000 livres de meubles, dettes déduites, & pour 6000 livres d'acquêts, le ſurvivant payera pour le mobiliaire le tiers de 1200 ſivres & les 800 livres reſtans ſeront portés par les acquêts, dont moitié par le ſurvivant, & l'autre moitié par les héritiers du prédécédé, ou quoique ce ſoit confus en leurs perſonnes, de laquelle ſomme ils pourront exiger du ſurvivant l'intérêt, tant que durera ſon uſufruit des acquêts.

4. *Quid*, ſi le ſurvivant a pareillement deniers réaliſés ou action de remploi, la repriſe en demeure-t-elle confuſe en ſa perſonne, comme prenant les meubles?

Il faut ſuivre la même proportion émolumentaire ſur les meubles & ſur les acquêts.

5. Quand de la part du prédécédé & de celle du ſurvivant, il y a pareille repriſe à faire, *putà*, pour 1200 livres de la part du prédécédé, & pour 600 livres de celle du ſurvivant, on ne doit pas commencer par compenſer les 600 livres du ſurvivant à pareils 600 livres des 1200 qui ſont dûs au prédécédé, pour enſuite ne régler la contribution émolumentaire que pour les 600 livres reſtant, mais il faut opérer ſur les 1800 livres de repriſes & remplois, ſauf après l'opération à compenſer ce que le ſurvivant & les héritiers du prédécédé peuvent ſe devoir réciproquement.

(*d*) C'eſt-à-dire les arrérages de rentes foncieres ou conſtituées dont les acquêts ſe trouvent chargés, mais non d'accomplir le teſtament du prédécédé, autrement il ne tiendroit qu'à lui d'enlever au ſurvivant tout le gain de ſurvie. Les diſpoſitions teſtamentaires s'acquittent ſur les propres fictifs & deniers de remploi, ſur la nue propriété des acquêts, & ſur la portion des propres qu'il eſt permis de léguer.

qu'un bon pere de famille : & nourir les mineurs s'aucuns en y a (*e*).

(*e*) Jufquà l'âge de puberté s'entend , à moins que les enfans
n'aient point d'autres biens.

1. Mais le furvivant gagne-t-il comme gardien les fruits & revenus
des propres réels & fictifs des mineurs jufqu'à cet âge de puberté?

On peut dire pour la négative que l'obligation de nourrir les
mineurs étant impofée au furvivant , à raifon du gain des meubles
& ufufruit de leur moitié des acquêts , on ne doit point étendre
au-delà le bénéfice de la garde qui eft à charge aux mineurs.

Pour l'affirmative, au contraire, que l'obligation impofée au
furvivant ne dérive pas précifément du gain de furvie, puifqu'elle n'eft pas générale pour tous les enfans , & ne regarde que
les mineurs; que conféquemment elle ne peut être regardée que
comme une fuite de la garde qui eft déférée au furvivant; que
puifque la Locale de Saint-Aignan ne s'eft pas exprimée plus au
long fur cette garde, on doit fuivre la Coutume générale en
tout ce qui n'eft pas oppofé; que fi à Saint-Aignan le gardien noble fe trouve avoir tous les meubles & l'ufufruit des acquêts , il
n'aura toujours que cet ufufruit des acquêts de plus que ce que
donnoit l'ancienne Coutume de Blois au gardien; que comme
cet ufufruit eft un gain de furvie & non de garde, il eft jufte
de laiffer en outre au gardien tout ce que la Coutume attribue
à cette qualité , aux charges auffi qu'elle impofe.

Ce dernier fentiment me paroît préférable.

2. Si le furvivant qui gagne les meubles eft obligé , lorfqu'il
y a des enfans mineurs hors de garde, de faire inventaire pour
empêcher la continuation de communauté. Voyez l'Article 183
de la Générale , *Note* (*a*) *n.* 2.

CHAPITRE IV.

De Douaires.

ARTICLE XII.

IL y a deux manieres de douaire : l'un qui eft préfix, & l'autre qui eft coutumier.

Voyez la Générale , *Article 187.*

Article XIII.

Le douaire coutumier eſt tel que la femme qui ſur-
vìt ſon mari jouit par maniere de douaire de la tierce
(*a*) partie des héritages (*b*) propres (*c*) de ſondit feu
mari, par maniere d'uſufruit ſa vie durant ; à la charge
de les tenir en réparation & payer les charges dues
pour raiſon de la tierce partie.

(*a*) En quoi differe de la Générale, *Article 189.*

(*b*) Ce qui comprend également les rentes. Voyez les Notes
ſur ledit Article 189 de la Générale.

(*c*) Ce mot exclut-il les acquêts antérieurs au mariage, & com-
prend-il les héritages qui viennent au mari pendant le mariage
par voie de ſucceſſion collatérale ?

Celles, *Article 7*, a diſpoſition ſemblable, & au-lieu du mot
propre, ſe ſert de celui *patrimoniaux*.

J'eſtime que dans ces deux Locales tous les héritages du mari
propres de communauté, ſont ſujets au douaire.

CHAPITRE V.

Des Succeſſions.

Article XIV.

Entre gens nobles (*a*), l'aîné prend pour ſon
droit d'aîneſſe le maître d'hôtel noble, & le vol d'un

(*a*) Il ne fait rien qu'il s'agiſſe de ſucceſſion de perſonne noble, ſoit la mere ou ayeux maternels, il faut, à la différence de
Tours, que le pere ſoit noble, ou que les choſes nobles viennent en ſeconde ou troiſieme ſouche. *Infrà.*

1. *Vice verſá*, il ne fait rien que la mere ſoit roturiere, pourvû

chapon

chapon eſtimé à une ſeſtrée (*b*) de terre : auquel vol n'eſt compris moulins, four-à-ban, & étang s'aucun en y a. Et le ſurplus de ladite ſucceſſion ſe départ par têtes entre les mâles & femelles. Et ſi en ſucceſſion d'homme & femme nobles n'a que choſes roturieres, elles ſe dé-partent par tête, & n'y a aucun droit d'aîneſſe; & auſſi entre gens nobles n'y a qu'une aîneſſe (*c*).

que le pere ſoit noble, quoique le fief ſe trouve en la ſucceſſion de la mere, ſon mariage l'ennoblit.

2. Mais ſi le fief ſe trouvoit en la ſucceſſion de l'ayeul mater-nel roturier, déférée directement aux petits-enfans nobles, il n'y auroit point d'aîneſſe.

3. Il n'y en auroit point non-plus, ſi la femme née roturiere, mariée à homme noble, avoit été auparavant mariée à homme roturier, & qu'il y eût de ce mariage un fils vivant. Tours, 317, dit indiſtinctement *enfans ou leurs repréſentans vivans.* Mais je ne penſe pas que dans notre Locale, s'il n'y avoit que filles de ce premier mariage, elles fiſſent obſtacle au droit d'aîneſſe d'un fils du ſecond.

4. Si la femme roturiere, mariée en premieres noces à homme noble, en a un fils, & ſe remarie à homme roturier dont elle ait d'autres enfans, le fils du premier lit, qui trouve un fief dans la ſucceſſion de ſa mere, y prend aîneſſe. Argument tiré de l'*Ar-ticle 318 de Tours.*

(*b*) Ce qui revient au même que l'arpent de la Générale.

(*c*) En ſucceſſion de pere & de mere s'entend. Ce qui n'ex-clut pas la ſucceſſion des autres aſcendans. *Voyez les Notes* (*b*) *&* (*c*) *ſur l'Article 10 de Dunois.*

Notre Article differe de la Générale 1°. en ce qu'il ne donne le droit d'aîneſſe qu'en l'une ou en l'autre ſucceſſion.

2°. En ce qu'il ne le donne qu'aux nobles & en ſucceſſion de perſonnes nobles, ſauf les exceptions des Articles 15 & 16.

3°. En ce qu'il ne conſiſte que dans le manoir & vol du chapon

ARTICLE XV.

En ſucceſſion de gens anoblis (*a*) les fiefs nobles (*b*)

(*a*) *&* (*b*). Ces deux Notes ſont à la page ſuivante;

R

demeurez de leur fucceffion fe départent par tête entre les fils & filles, & n'y a point de droit d'aîneffe pour la premiere fois. Et quand lefdites chofes nobles viennent en feconde fouche (c), elles fe départent comme entre gens nobles, & en prend l'aîné le maître hôtel & le vol d'un chapon comme deffus eft dit.

(*a*) Soit par Lettres du Prince, Grade militaire, Office de Cour Souveraine, de Secrétaire du Roi, &c. mais non en fucceffions de ceux qui n'ont eu que la nobleffe perfonnelle, dans lefquelles les chofes nobles, quoique venues en feconde fouche, fe partagent fans aîneffe.

(*b*) Cette épithete eft fuperflue, à moins qu'on ne fubftitue au mot *fiefs* celui *chofes*. Chabris dit *chofes & fiefs nobles*.

(*c*) C'eft ce que les Coutumes d'Anjou 256, Maine 274, Tours 300, Poitou 280, Loudunois, *chapitre 29*, *Article 5*, appellent *tierce foi*.

L'acquéreur fait ou eft cenfé faire la premiere, fes héritiers la feconde, ce qui ne fait que la premiere fouche; & les héritiers des héritiers la troifieme, ce qui ne fait que feconde fouche.

1. Le vrai cas de notre Article eft quand le fief eft venu par voie de fucceffion directe ou collatérale à pere ennobli, fon fils aîné prend aîneffe en fa fucceffion, puifque le fief paffe en feconde fouche.

Mais fi le pere ennobli eft l'acquéreur, il n'y a point d'aîneffe.

2. *Quid*, fi l'ayeul a été ennobli, & que le pere ait acquis le fief?

Cette queftion tombe dans celle, fi le fils de l'ennobli peut fe dire noble, ou ne doit être rangé que dans la claffe des ennoblis?

Palu, fur l'Article 316 de Tours, mettant en oppofition l'ennobli au noble d'ancienneté, dit que ce dernier eft celui qui fait le troifiéme, qui eft noble *à patre & avo*.

Mais je n'eftime pas qu'en partage de fucceffion on doive l'entendre ainfi. Celle du fils de l'ennobli me paroît devoir être regardée dans notre Locale & autres femblables comme fucceffion de noble.

3. Si c'eft l'ayeul ennobli qui a acquis le fief, & que fes petits-enfans viennent à fa fucceffion autrement que par reprefentation, l'aîné defdits enfans n'aura point d'aîneffe. Voyez Dupineau, fur l'*Article 256 d'Anjou*.

Secùs si les petits-enfans viennent avec frere ou sœur de leur pere ou enfans des freres ou sœurs, les représentés alors sont censés faire la premiere souche & les représentans la seconde.

4. *Quid*, si plusieurs enfans d'un pere ennobli viennent à la succession de leur ayeul roturier acquéreur du fief ?

Soit qu'ils viennent de leur chef ou par représentation, il ne peut y avoir droit d'aînesse, parce qu'il s'agit de succession de personne roturiere, & que l'héritage n'est qu'à la premiere ou à la seconde souche. Mais il en seroit autrement, si c'étoient les arrieres-petits-enfans venant par représentation.

ARTICLE XVI.

Fiefs nobles échus à gens roturiers par succession directe, se départent par tête jusqu'à ce qu'ils viennent à la tierce foi (*a*). Et l'aîné quand ils sont en tierce foi, y prend tel avantage comme font les gens nobles.

(*a*) Il faut lire *tierce souche*, comme il est très-bien noté en l'Edition générale des Coutumes de France, ou *tierce fois*, comme il est écrit en l'Article 11 de Chabris.

En effet tierce foi ne signifie que seconde souche, comme il a été remarqué sur l'Article précédent. Or notre Article ne veut pas dire qu'entre roturiers à la seconde souche, il y ait aînesse : autrement il n'y auroit plus de différence entre le roturier & l'ennobli, quoiqu'il soit évident que notre Locale en établit une entr'eux, comme entre l'ennobli & le noble d'extraction.

ARTICLE XVII.

Item, & si en succession de gens nobles (*a*), n'y a que filles, elles succedent également.

(*a*) *A fortiori* de gens roturiers, quoique le fief soit en troisieme souche. Mais si parmi les représentans d'une fille il y a mâles, il y a lieu dans la sous-division entre ses représentans au droit d'aînesse.

R ij

Article XVIII.

En fucceffion collatérale les mâles & femelles (*a*) fuccedent également ès chofes nobles (*b*). Et n'y a aucun droit d'aîneffe foit entre nobles ou non nobles.

(*a*) En quoi feulement l'Article differe de la Générale, *Article* 152.

(*b*) Ou non nobles.

Article XIX.

En toutes les Baronies & Seigneuries dudit Saint Aignan, repréfentation a lieu en toutes fucceffions tant directes que collatérales ainfi que le droit le permet (*a*).

(*a*) C'eft-à-dire à l'infini pour la directe. *Inflit. de Hered. quæ ab inteſt.* §. 7, & *nov*. 118, *cap.* 1. Et jufqu'aux enfans des freres & fœurs pour les collatérales, & non plus loin. Même Novelle, Chap. 3, § *ſi verò.*

1. En conféquence, le neveu du double lien exclut le frere ou la fœur du fimple lien. *Voyez Lalande, ſur l'Article* 330 *d'Orléans, &* M. *Pothier, ſur le même Article.*

2. Dans le Droit romain, fuivant la Novelle 118, le neveu excluoit l'oncle, quoiqu'en pareil dégré : mais nous ne fuivons pas la Novelle en ce point, l'oncle & le neveu fuccedent également. *Cout. de Paris, Article* 339, *Orléans* 329.

3. *Quid*, fi le neveu, enfant du frere germain, ne fe trouve en concurrence qu'avec un oncle du fimple lien, c'eft-à-dire qui ne fût frere que de pere ou de mere avec le pere ou la mere de celui *de cujus*?

Dans la Coutume d'Orleans, fuivant l'Article 330, le neveu l'emporteroit fur l'oncle : de même l'oncle, qui fe trouveroit frere germain du pere de celui *de cujus*, excluroit le neveu qui ne feroit enfant que d'un frere du défunt du fimple lien. Mais cette difpofition de la Coutume d'Orléans, qui a étendu le privilege du double lien jufqu'au troifieme dégré de parenté collatérale, eft une fauffe interprétation de la Novelle 118. Voyez Lalande & M. Pothier, *ibid.*

4. La sœur germaine, & même ses enfans sont préférés dans la succession des fiefs-acquêts aux freres du simple lien. M. Pothier, *ibidem.*

ARTICLE XX.

★ Par ladite Coutume successions de bâtards décédés sans hoirs légitimes, appartiennent à mondit Seigneur [Comte de Saint Aignan] & aussi les successions des Aubains, ensemble les successions vacantes.

Il paroît par le procès-verbal que le Procureur du Roi forma opposition à cet Article en ce qui touche la succession des bâtards : opposition que Dumoulin par inattention a cru avoir pour objet la succession des aubains, ce qui lui a fait dire *mal empêché : car cela est général quasi par toutes les Coutumes de Gaules, même sous les Comtés de Flandres & d'Artois,* quòd peregrinorum succeffio *appartient au Haut-Justicier,* quamvis novi Fiscales Quæstuarii controversum fecerint.

Il ne faut pas moins dire sur l'opposition, *mal empêché.* La succession des bâtards appartient au Haut-Justicier dans le concours de certaines circonstances que nous avons expliquées sur l'Article 20 de la Générale. Et au contraire, quoiqu'en ait dit Dumoulin, celle des aubains appartient au Roi dans tout le Royaume, non-obstant la disposition contraire des Coutumes. Voyez Bacquet, *du Droit d'Aubaine, chap.* 4, *n.* 2.

CHAPITRE VI.

De Donations.

ARTICLE XXI.

HOMME & femme roturiers (a) au contrat & traité de leur mariage peuvent faire don mutuel l'un à l'au-

(a) Cette Note se trouve page suivante.

tre de tous leurs biens meubles & conquêts (*b*) immeubles pour en jouir, c'eſt à ſavoir des meubles à perpétuité par ledit ſurvivant, & des conquêts immeubles la vie dudit ſurvivant ; à la charge de payer les dettes, charges & devoirs, & tenir les choſes en bonne réparation : pourvu toutesfois que leſdits conjoints ou l'un d'eux n'ayent aucuns enfans. Et s'il y a enfans ladite donation aura lieu pour leſdits conquêts immeubles ſeulement & non pas deſdits biens meubles.

(*a*) Non pas que les nobles puiſſent ſe donner ni moins, ni d'avantage, mais parce que de droit le ſurvivant, enfans ou non, jouit, ſuivant l'Article 11, des mêmes avantages, ſauf des acquêts antérieurs au mariage, mais qui ſuivant la Note ſuivante, peuvent entrer au don.

(*b*) Ce mot porte également ſur les acquêts antérieurs au mariage. Argument tiré des Articles 160 & 161 de la Générale, où ce mot eſt employé génériquement, & encore autre argument tiré de l'Article 22, ci-après, où ce même mot eſt employé dans un ſens différent, mais avec une limitation que ne porte point le préſent Article.

1. Les acquêts antérieurs au mariage pouvant être compris au don, & le ſurvivant noble n'en ayant pas la jouiſſance de droit en vertu de l'Article 11, j'eſtime que les nobles peuvent par contrat de mariage donner au ſurvivant cette jouiſſance, ne venant point à l'eſprit de la Coutume de leur donner moins de liberté à cet égard qu'aux roturiers.

2. Le préſent Article n'ayant pour objet que les donations entre futurs conjoints, & l'Article ſuivant que les donations entre mari & femme, on ſuit dans cette Locale pour les donations faites à autres perſonnes les diſtinctions des Articles 166 & 167 de la Générale, pour la quotité des biens dont il eſt permis de diſpoſer.

ARTICLE XXII.

Les conjoints (*a*) par mariage, s'ils n'ont aucuns

(*a*) On trouvera cette Note à la page ſuivante.

enfans (*b*), peuvent faire don mutuel l'un à l'autre des
conquêts immeubles par eux ou l'un d'eux (*c*), faits
durant & conftant leurdit mariage, pour en jouir par
le furvivant fa vie durant, à la charge de payer les
devoirs dus pour raifon d'iceux : & s'il y a enfans,
lefdits conjoints peuvent faire ledit don mutuel l'un à
l'autre de la moitié de leur moitié, qui eft la quarte-
partie defdits conquêts immeubles, pour en jouir par
ledit furvivant.

(*a*) Roturiers s'entend, comme en l'Article précédent , le furvivant , entre nobles , ayant de droit plus grands avantages.

(*b*) De leur mariage. Argument tiré de l'Article 163 de la Générale & de l'Article 20 de Chabris.

(*c*) Pourvû qu'ils foient biens de communauté.

(*d*) L'Article ne parlant point des meubles, il fuit qu'ils ne
peuvent entrer au don pour aucune portion, foit en propriété ,
ou en ufufruit.

En quoi 1°. differe de la Générale.

2°. En ce que le don mutuel ne peut porter qne fur l'ufufruit
des conquêts & non fur la propriété, quoiqu'il n'y ait point d'enfans du mariage.

3°. Qu'au cas d'enfans du mariage le don ne peut porter que
fur l'ufufruit de la moitié de la moitié du conjoint.

1. Mais ce ftatut n'eft-il que réel, ou bien eft-il mixte ? *Voyez*
la Note (*b*) *fur l'Article 163 de la Générale : voyez auffi la Note fur l'Ar-*
ticle 8 de Romorantin.

CHAPITRE VII.

De Retraits Lignagers.

ARTICLE XXIII.

IL fuffit que celui qui prétend ledit retrait , offre
de faire le rembourfement au jour qu'il a fait ajour-

ner (*a*) ledit acheteur, & qu'en figne de ce, il configne un grand blanc (*b*), & fi ledit acheteur connoît
à retrait ledit lignager, icelui lignager eft tenu rem-
bourfer ledit acheteur dudit fort principal & loyaux
coûts dedans huit jours après ladite cognoiffance (*c*),
& fi ainfi ne le fait, il en demeure forclos.

(*a*) Donc il n'eft pas néceffaire que l'exploit contienne aucunes
offres réelles, mais, à la différence de la Générale, il faut les réa-
lifer à la premiere audience. Ces mots *au jour qu'il a fait ajourner*,
ou bien, *au jour affigné*, commme difent Vatan 10, & Soefme
6, fembleroient exiger affignation à jour certain : cependant ces
Locales ne l'exigeant pas formellement, il eft plus raifonnable de
ne les point différencier de la Générale; & en conféquence, je
crois valable l'affignation donnée à trois jours d'ordonnance ou
autre délai fixé, puifque l'ajourné peut favoir par-là à quel jour
tombe l'affignation.

Idem, fi elle eft donnée pour le premier jour d'Audience,
puifque les jours d'Audience & l'heure font cenfés connus de
tous les Jufticiables.

(*b*) C'eft la confignation de cette piece de monnoie qui réa-
life les offres. Ce *grand blanc* eft ce qu'on appelloit autrefois *un
double*, & fa valeur eft de dix deniers; le blanc fimple en vaut
cinq : on dit encore *fix blancs*, pour trente deniers. *Voyez l'Article 15 de Mennetou.*

Comme il n'y a plus de piece de monnoie de ce nom, il fuffit
d'en configner une qui vaille au moins dix deniers.

Voyez Chabris, Article 22 & fa Note.

(*c*) C'eft-à-dire dans la huitaine de la Sentence de délais, mais
autant que l'acquéreur met fes lettres en Cour dans les deux jours,
comme en l'Article 196 de la Générale. Si nous avons dit le
contraire fut l'Article 79 de Dunois, c'eft en raifon de la difpofition de l'Article 80.

Voyez, fur la maniere de compter ces huit jours, la Note (*b*),
n. 3, *fur l'Article 79 de Dunois.*

CHAPITRE

CHAPITRE VIII.

Des Droits Féodaux.

ARTICLE XXIV.

Quand il avient que gens nobles vont de vie à trépas, & qu'ils delaiffent des filles lefquelles prennent & recueillent leurs fucceffions, fi lefdites filles renoncent à ladite fucceffion au profit de leur frere aîné ou autre (*a*), moyennant certaine fomme de deniers, en ce cas en eft dû profit de quint au Seigneur féodal, duquel lefdites chofes font tenues en foi & hommage.

(*a*) Cet Article eft contraire à l'efprit du 88 de la Générale, fuivant lequel les profits ne font dûs que quand le retour excede la moitié de la valeur du fief. Il faut donc reftreindre la difpofition au cas précis dont il eft parlé, la renonciation moyennant deniers, & non l'étendre au cas de partage avec retour, à moins qu'il n'excede moitié de la valeur du fief, ce qui peut fe rencontrer aifément dans cette Locale, où l'aîné n'a d'autre avantage que le manoir & le vol du chapon.

On ne doit pas même l'appliquer aux renonciations moyennant deniers, quand il ne s'agit que d'héritages à cens, & que la renonciation eft faite au profit d'un cohéritier.

S

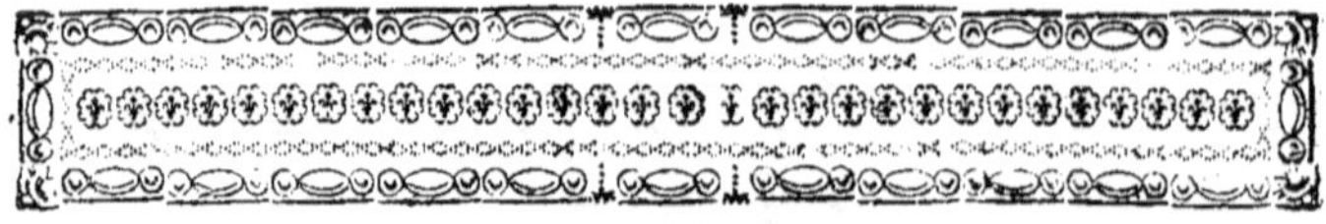

COUTUMES
LOCALES
DE LA CHATELLENIE DE MENETOU SUR CHER.

CHAPITRE PREMIER.

Des Cens & Droits censuels.

ARTICLE PREMIER.

Quand aucun doit cens qui se paye à jour & lieu nommés pour aucun héritage, & il ne paye ledit jour qu'il est dû, il n'y a aucun défaut (*a*) sinon que l'héritage ait été baillé à cette charge, ou qu'on ne montre du contraire.

(*a*) En quoi diffère de la Générale & du droit commun.

ARTICLE II.

Item, quand aucun héritage redevable de cens est vendu, les ventes en sont dues au Seigneur censier de la somme qu'il lui (*a*) a été vendu, au prix de vingt deniers tournois pour livre : & est tenu l'acheteur les déprier (*b*) dedans neuf jours (*c*), à peine de soixante (*d*) sols tournois, à appliquer au Seigneur censier la moitié, & l'autre moitié à justice (*e*): & ledit dépry fait, ne peut ledit acheteur être contraint de payer lesdites ventes jusques à quarante jours francs (*f*) à prendre du jour de ladite vente, & n'y a aucune amende, & ne peut être poursuivi que par action ou empêchement (*g*) de l'héritage. Et est tenu l'acquéreur de payer lesdites ventes s'il n'est convenu au contraire.

(*a*) Supprimez ce mot, comme en l'Edition générale des Coutumes, quoiqu'il se soit glissé en l'original.

(*b*) *Idem* que *notifier*, dont se sert le 118 de Blois.

(*c*) En quoi differe de la Générale qui n'en donne que huit.

(*d*) En quoi differe de la Générale, qui dit à peine de cinq sols, & n'établit celle de soixante qu'après l'an.

(*e*) En quoi differe de la Générale, qui donne l'amende entiere au Seigneur de cens.

(*f*) En quoi differe encore de la Générale. *Voyez la Note* (*d*) *n. 7, sur l'Article 118.*

(*g*) En quoi differe encore de la Générale, qui ne permet l'empêchement ou saisie de l'héritage qu'à défaut de payement des cens & non des ventes.

ARTICLE III.

En la Châtellenie de Menetou, n'y a aucuns reliefs.

Voyez la Note sur l'Article 14 de Romorantin.

CHAPITRE II.

Des Terrages.

ARTICLE IV.

QUAND aucun tient terre redevable de terrage, il n'en peut enlever sa desblée sans le faire savoir au Seigneur dudit terrage, son Procureur ou Commis : & s'il fait le contraire, il enchet en l'amende de soixante sols tournois qui est à appliquer moitié au Seigneur dudit terrage ou à son fermier, & l'autre moitié à justice (*a*) : & est tenu le détenteur de la terre redevable audit droit mener & conduire à ses dépens ledit terrage : & si le Seigneur dudit terrage étoit négligent d'aller terrager après qu'on lui a fait à savoir (*b*), le Seigneur de l'héritage ou laboureur pourra enlever & mener sa déblée : & s'il y a fermiers divers d'un même terrage feront tenus élire un lieu ou grange dedans le circuit du terrage, où ledit terrage sera mené (*c*).

(*a*) En quoi differe de la Générale, *Article 133.*
(*b*) Voyez les Notes sur ledit Article 133.
(*c*) C'est ainsi qu'il faut lire, & non pas *semé*, comme en la plupart des Editions.

ARTICLE V.

* Que les habitans de la Châtellenie de Menetou *ne* pourront déformais mettre en prés ne pâtis les terres

qu'ils tiennent à droit de terrage : auffi ne font contraints mettre en labeur (*a*) les terres que de préfent
tiennent en prés ou pâtis , excepté les terres que depuis
neuf ans en ça lefdits habitans ont prins du Seigneur
de Menetou , à la charge expreffe d'iceux (*b*) cultiver
& labourer.

(*a*) Meliùs *labour.*
(*b*) *D'icelles* , quoiqu'en l'original il y ait *iceux.*

CHAPITRE III.

Des Pâturages , Herbages & Peffons.

ARTICLE VI.

UN chacun peut mener fes bêtes , fors les porcs ,
paître ès prés depuis qu'ils font fauchés fans contredit
jufques à la Notre-Dame de Mars (*a*) : finon que les
prés foient clos & fermés : auquel cas ils font toujours
défendus.

(*a*) La Générale ne donne que jufqu'à la mi-Mars.

ARTICLE VII.

Item , on ne peut mener en quelque faifon que ce
foit les porcs èsdites prairies , & s'ils y font trouvés ,
on les peut prendre & mener à juftice , & y échet
amende (*a*).

(*a*) L'Article ne dit point quelle eft cette amende , ni à qui applicable. J'eftime d'après l'Article 9, *infrà*, qu'elle eft de cinq

fols, & qu'elle appartient à la partie pour fon dommage, fans que Juftice y ait part, en quoi differe de la Ferté-Imbault, dont les difpofitions fur les prifes de bêtes ont au refte beaucoup de conformité.

Voyez auffi la Note (*c*) fur l'Article 4 de la Ferté-Avrain.

ARTICLE VIII.

On peut mener paître fes bêtes ès terres d'autrui, finon que lefdites terres foient en gueret, (*a*), ou femées, ou en gaignage, ou en chaume (*b*), ou embouchées; toutesfois le Seigneur n'eft tenu boucher fes héritages (*c*), & font les vignes défendues en tout tems.

(*a*) En quoi differe de la Générale.

(*a*) En quoi differe encore. Voyez même l'Article 25, ci-après, & fa Note (*d*).

(*c*) Cette exception, qui n'a point lieu dans la Générale, eft admife dans quelques autres Coutumes.

ARTICLE IX.

Toutes perfonnes peuvent prendre gens & bêtes d'autrui qu'il trouve en fon (*a*) héritage défendu, lui faifant dommage, & eft cru par ferment de fa prinfe du lieu où il l'a faite & de fon dommage jufqu'à cinq fols tournois & au-deffous en fignifiant ladite prinfe à partie ou à juftice dedans huit jours (*b*) : & auffi peut prendre bon gage, ou refus du pàtre ou gardien de bêtes, & le dénoncer comme deffus (*c*). Et fe peut tenir auxdits cinq fols tournois ou prouver l'outre plus

(*a*) Ainfi la diction demande : *il eft loifible a chacun*, au-lieu de toutes perfonnes peuvent.

(*b*) Voyez la Note 9 fur l'Article 217 de la Générale.

(*c*) Voyez l'Article 221 de la Générale & fes Notes.

de son dommage : & il n'y a aucune amende pour justice sur les gens francs de franche condition : mais sur les gens serfs, y a vingt-un denier tournois à justice (*d*).

(*d*) Je ne crois pas que ces 21 deniers se prissent sur les cinq sols, mais qu'ils étoient dûs en sus par le serf.

ARTICLE X.

Item, si les bêtes de divers tects étoient prinses, il y a diverses amendes, & pour chacun tect est dû une amende (*a*) ; supposé (*b*) qu'elles soient sous une même garde & sous un même pâtre : toutefois en froux ou friche on ne peut faire prinse sinon qu'il soit bouché.

(*a*) De cinq sols applicable en entier à la partie, comme il est dit sur l'Article 7.

Je crois que cette regle de compter par tect doit être généralement suivie pour les cinq sols tournois de dommage sur prise affirmée, ou lorsque l'amende ne s'applique pas pour le tout à Justice, mais pour le tout ou partie à celui qui fait la prise.

Secùs, si l'amende ne tient pas lieu de dommage, & s'applique en entier à Justice ; il n'est dû alors d'amendes qu'autant que de pâtres, l'amende en ce cas n'étant que la punition de la négligence.

(*b*) Encore bien.

ARTICLE XI.

Item, quand aucunes bêtes sont prises par nuit en héritage défendu, & qu'elles sont trouvées à garde faite, il y a soixante sols tournois d'amende (*a*).

(*a*) Quoique notre Article ne dise pas à qui cette amende est applicable, je crois que c'est à Justice, à la différence de ce qui a été dit sur les Articles 7 & 10.

La raison est que cette prise de nuit à garde faite, doit être prouvée par témoins, & que la partie conséquemment peut se faire payer de tout son dommage, mais cette amende n'exclut pas les autres peines. *Voyez la Note (f) sur l'Article 223 de la Générale.*

CHAPITRE IV.

Des Espaves.

ARTICLE XII.

ESPAVES se doivent crier & publier par trois huitaines au lieu accoutumé à faire cris (*a*). Et si dedans ledit temps ne s'apparoît aucun qui les maintienne siennes, lesdites épaves sont acquises au Prévôt (*b*) jusques à soixante sols & au-dessous : & le résidu au Seigneur si plus elles valent, déclaration préalablement faite par Justice (*c*).

(*a*) Voyez la Note (*d*) sur l'Article 26 de la Générale.
(*b*) Voyez ladite Note, *n. 5.*
(*c*) D'où il suit que si le propriétaire les réclame avant le jugement, quoiqu'après les trois publications, elles doivent lui être rendues en payant par lui les frais : *Dunois 46 :* elles doivent même l'être, s'il vient dans les 40 jours. *Voyez la Note (d) n. 1.*

CHAPITRE V.

ARTICLE XIII.

ESTANGS & garennes sont défendus ; qui y chasse ou pêche, en sera puni comme de larcin.

ARTICLE

ARTICLE XIV.

On ne peut lever (*a*) bonde d'étang en fon héritage ou autre part, ne faire fault de moulin (*b*), fans le congé du Seigneur.

(*a*) Il faut lire *élever*, comme Vatan, *Article 19*, ou bien *affeoir*, comme la Ferté-Imbault, qui font femblables, mais dans l'original il y a *lever*.

(*b*) En quoi, comme au droit de conftruire étang, differe de la Générale, fur l'Article 237 de laquelle voyez les Notes : voyez auffi celles fur l'Article 19 de Vatan.

CHAPITRE VI.

De Retrait Lignager.

ARTICLE XV.

QUAND aucun vend fon héritage hors fa ligne, le prochain parent procédant (*a*) du côté & eftoc (*b*) dont procede ledit héritage, le peut avoir par retrait lignager dedans l'an & jour de la vente, en faifant fon ajournement libellé, & rembourfant l'acheteur de fon fort principal, loyaux frais, coûts & mifes. Et fuffit à la premiere expofition configner une piece d'argent

(*a*) Ces mots *prochain* & *procédant*, entre lefquels fe trouve celui *parent*, ne fervent qu'à charger inutilement le ftyle.

(*b*) De même ces mots *cofté* & *eftoc* ne fignifient que *lignage*, comme en l'Art. 193 de la Générale, & la fimple néceffité d'être parent de celui qui a mis l'héritage dans la famille. *Voyez l'Art. fuivant.*

T

valant dix deniers (*c*) tournois pour le moins, en con-
teftant (*d*) parfaire.

(*c*) Voyez la Note (*b*) fur l'Article 23 de Saint-Aignan.
(*d*) C'eft-à-dire fauf en plaidant & confommant le retrait, parfaire.

ARTICLE XVI.

Celui des lignagers qui premier fait fes diligences
de faire convenir & adjourner l'acquéreur en matiere
de retrait, faifant fes ajournemens, libelles & offres
eft préféré devant tous autres, *etiam* plus prochains en
degré (*a*), pourvu que le retrayant foit du côté, eftoc (*b*) & fourchage dont meut & procede l'héritage
& chofe retrayable.

(*a*) En quoi differe de la Générale, *Article 199 & 200.*
(*b*) Voyez la Note (*b*) fur l'Article précédent.

CHAPITRE VII.
De l'État & Droits des Perfonnes.

ARTICLE XVII.

Item, S'IL y a aucuns mineurs de condition fer-
vile (*a*) qui demeurent après le décès de fes (*b*) peres

(*a*) Ainfi cette Locale admet la fervitude perfonnelle, pourvû
s'entend que le Seigneur foit fondé en titre & poffeffion. *Idem*
la Rue-d'indre, *chap.* 5.
Sur les effets de cette fervitude, voyez la Coutume de Nivernois & Coquille.
(*b*) Lifez *leurs*, comme en l'Edition générale des Coutumes,
quoiqu'en l'original il y ait *fes*.

& meres, le Seigneur peut & a accoutumé de faire
pourvoir par ſes Officiers de tuteur ou curateur ſelon
leur âge, pour la tuition & défenſe des corps & biens
deſdits mineurs : & n'en peuvent les parens en faire
pourvoir ſans le vouloir & conſentement dudit Seigneur (*c*), de ſes Juges & Officiers.

(*c*) Par la raiſon qu'il eſt ſeul regardé de leur ſucceſſion.

CHAPITRE VIII.

Des Preſcriptions.

ARTICLE XVIII.

QUi jouit & uſe & a joui & uſé d'aucun héritage
ou droit incorporel par dix ans entre préſens, vingt
ans entre les abſens avec titre : le tout de bonne foi :
& par trente ans ſans titre paiſiblement (*a*), par telle
jouiſſance on (*b*) acquiert preſcription & tout droit
de poſſeſſion, propriété & ſeigneurie de la choſe dont
l'on a joui & uſé : ſauf toutesfois leſdits droits de fiefs,
cens ou terrages qui ſont droits impreſcriptibles (*c*),

(*a*) Ce mot *paiſiblement*, eſt ici par oppoſition à *bonne foi*, laquelle n'eſt pas néceſſaire pour la preſcription de 30 ans.

Cette premiere partie de la diſpoſition ſembleroit différer du
192 de la Générale, en ce qu'il n'eſt fait ici aucune diſtinction entre les Laïcs & l'Egliſe, mais c'eſt une omiſſion qu'il faut ſup-
pléer.

(*b*) Cet *on*, qui ſe trouve dans l'original & dans toutes les
Editions, doit être ſupprimé.

(*c*) Voyez les Articles 35 & 39 de la Générale & les Notes.

& ne se peuvent prescrire par quelque temps qu'on en ait joui sans les payer des terres & choses sujettes & redevables dudit droit.

ARTICLE XIX.

Item, droit de festage ne se prescrit (*a*) contre ledit Seigneur en la ville & banlieue.

(*a*) A quartier s'entend, *secùs* par la communauté. Voyez les Notes sur l'Article 40 de la Générale.

CHAPITRE IX.

Des Douaires.

ARTICLE XX.

EN tant que touche le douaire coutumier entre gens de labeur, ledit douaire coutumier (*a*) est seulement de cent sols tournois, à prendre sur les biens communs de la communauté, s'il n'y a enfans ; & s'il y a enfans, ledit douaire n'est que de cinquante sols tournois (*b*). Et quant aux nobles, marchands & bourgeois (*c*) aura lieu comme en la générale.

(*a*) Soit que le mari ait des héritages ou non.

(*b*) En l'un comme en l'autre cas, pour une fois seulement & sans retour. *Voyez la Note* (*d*) *sur l'Article* 69 *de Dunois.*

Ce Douaire coutumier n'ôte point aux parties la liberté d'en établir un plus considérable par le contrat de mariage.

(*c*) Ceci est dit par opposition aux gens de labeur, entre lesquels il ne faut pas confondre ceux qui exercent les arts libéraux & quasi libéraux. Bien plus : lorsqu'il s'agit, en vertu de l'Article, de faire ceſſer le douaire de la Coutume Générale ſur les bien du mari, on doit prendre dans la ſignification la plus ſtriĉte l'expreſſion *gens de labeur*, & la limiter preſque comme fait le fermier des droits de contrôle, lorſque les droits ſont fixés par la qualité des parties : & au contraire lorſque le mari ne laiſſe aucuns héritages ſujets au douaire, on ne doit priver la veuve de celui porté par notre Article, qu'autant qu'elle eſt préciſément dans la claſſe des nobles, bourgeois ou marchands : *odia enim reſtringenda, favores autem ampliandi ſunt.*

CHAPITRE X.

De Servitudes réelles.

ARTICLE XXI.

A Toute perſonne qui a héritage ſur la riviere du cher (*a*) ayant l'eau droit en droit de ſes héritages, juſques au fil de l'eau lui compete & appartient l'eau, ſinon qu'il y ait titre au contraire (*b*). Toutes fois le long de ladite riviere y a ſente à pied pour y aller & venir (*c*).

(*a*) Qui dans toute l'étendue de Châtellenie de Mennetou n'eſt pas navigable.

(*b*) En quoi differe de la Générale, dans laquelle les rivieres, quoique non navigables, n'appartiennent point ſans titre aux riverains, mais aux Seigneurs hauts-Juſticiers ou aux Seigneurs de fiefs. Ces derniers, contre les Seigneurs hauts-Juſticiers, n'ont beſoin que de leur poſſeſſion.

(*c*) C'eſt ici une ſervitude impoſée par la Coutume, qui ne peut s'éteindre par le ſeul non-uſage.

Je ne ſais ſi c'eſt à raiſon de cette ſente que les meûniers ſur nos petites rivieres prétendent de même avoir droit de faucher juſqu'à trois pieds des prés riverains, & d'en prendre l'herbe. Cette prétention n'a aucun fondement raiſonnable. Le proprié-

taire d'un pré joignant une riviere a feul droit de faucher juſques ſur les derniers confins du bord : mais je ne crois pas que ce
propriétaire puiſſe empêcher de paſſer ſur ce bord.

Il eſt permis aux propriétaires & fermiers des moulins ſur la
Ciſſe, & je crois à ceux des autres rivieres de prendre gazons
d'une ſeule piqué de bêche, & au moindre dommage poſſible dans
l'héritage le plus voiſin de leurs chauſſées pour les entretenir.

Ce qui eſt bien juſte, puiſque cet entretien tourne au profit
dudit héritage qu'il garantit des ravines. Auſſi l'action eſt ouverte contre les meûniers qui n'entretiennent point à la hauteur
requiſe, ou laiſſent des renards.

Le Juge du Comté de Roſtaing a la Police des meûniers, pour
leur faire tenir leur riviere nette & chauſſées en état ſur toute
la partie depuis Landes juſqu'au moulin de Chéry, quoiqu'il ne ſoit
le Juge territorial que dans partie de cette étendue.

Article XXII.

Item, que l'on peut pêcher en icelle à la ligne à
trois poils ſeulement ſans en pouvoir être reprins, &
auſſi à l'ableret, autrement appellé le carré.

On uſe de cette même liberté dans la Loire, mais je ne vois pas
qu'on en uſe dans nos petites rivieres : cependant l'eſpece de poiſ-
ſon qu'on peut prendre avec ces inſtrumens, ne porte pas aſſez de
préjudice au propriétaire ou fermier du droit de pêche pour l'autoriſer à interdire cet amuſement, ſur-tout lorſque c'eſt un riverain qui en uſe. C'eſt un trop foible reſte de l'ancien droit dont
le riverain n'a guere été dépouillé que par la loi du plus fort.

Article XXIII.

Item, que les garennes & archaux (*a*) en ladite riviere de cher ſont défendus (*b*), & pareillement les
foſſes autrement appellées les bourdures des moulins
qui ſont ſous la roue & bâtimens deſdits moulins.

(*a*) C'eſt ce que nous appellons fonds & combles en la riviere de
Loire, & qui ſont réputés immeubles dans la ſucceſſion des pêcheurs.
(*b*) C'eſt-à-dire que nul, ſauf le propriétaire, n'y peut pêcher
même avec la ligne ou l'ableret.

Article XXIV.

Item, que chacune chevre prinfe en l'héritage d'autrui, en eft dû pour l'amende douze deniers tournois (*a*), ou le preneur a fon choix de lui couper la
langue (*b*) & la mettre en la corne.

(*a*) *Idem* Blois, 237.
(*b*) En quoi differe de la Générale. Ce choix eft d'autant plus
déraifonnable, que l'amende appartient à Juftice, & que celui
qui fait la prife eft payé de fon dommage fur fon affirmation jufqu'à cinq fols, & peut, s'il veut, prouver l'outre-plus : *fuprà*, Article 9. Auffi je ne crois pas que qui uferoit aujourd'hui de cette
permiffion, fût excufable.

Article XXV. **

Item, qu'on peut aller & venir, paître, pâturer &
champayer en héritage d'autrui, & n'y peut-on faire
prinfe mêmement en héritage étant fur le chemin public ou front de village, n'ailleurs, finon que l'héritage foit clos & (*a*) enfemencé ou en chaume & gaignage (*b*) ; fauf Monfeigneur de Menetou qui n'eft
point tenu de boucher. Et des prinfes faites en héritage étans de la nature deffus dite (*c*), ne pourra être
faite demande, finon qu'en héritage étant fur le chemin public, front de village & ailleurs, non bouchés,
les bêtes fuffent tenues & trouvées à garde faite, au-

** Cet Article & le précédent euffent été mieux placés au
Chapitre 3, ou plutôt notre Article devoit être fupprimé,
puifqu'il n'eft qu'une répétition des difpofitions de l'Article 8,
mais moins bien rendues.
(*a*) Lifez *ou*, quoique l'*&* fe trouve dans l'original & dans
toutes les Editions.
(*b*) Ajoutez encore *en guéret*, comme en l'Article 8.
(*c*) C'eft-à-dire ayant toutes les qualités ci-deffus qui le rendent
défenfable, fauf celle d'être clos.

quel cas y aura amende coutumiere (d) & non par échapée.

(a) La Générale, *Article 223*, n'établit de même l'amende coutumiere qu'en cas de garde faite ou de prife de nuit fans garde, mais permet de faire prife, & pourfuivre la réparation du dommage dans le cas de la fimple échapée. Il fembleroit au contraire que notre Locale rejetteroit toute prife & action pour la fimple échapée, mais il eft plus raifonnable de dire qu'elle ne rejette l'action pour l'échapée que pour héritage non bouché, étant fur le chemin public & front de village. Il eft vrai qu'elle dit *& ailleurs*, mais fi le fens de cet Article étoit de rejetter indéfiniment l'action pour l'échapée, à quelle fin auroit-il parlé d'héritage fur *chemin public & front de village*? N'eft-il pas évident que fi la prife par échapée faite en pleine campagne ne peut donner matiere à l'action, *à minori* celle faite en héritage fitué près le chemin public ou le front de village?

Les héritages fitués près le chemin public, ou au front du village, ne font donc ici que pour former exception à la loi générale, lorfqu'ils ne font pas bouchés. Romorantin, Locale voifine de Menetou, les excepte de même, *Article 12*.

Rien de plus jufte que de ne point prononcer d'amende vers Juftice pour l'échapée, mais il feroit injufte que celui qui fouffre de cette négligence, ne fût pas dédommagé.

CHAPITRE XI.
De Dîmes.

ARTICLE XXVI.

TERRES & chofes décimables tenues en foi & hommage, ne font pour raifon de ladite foi franches, n'affranchies de dîmes, mais les doivent, s'il n'y a autre chofe au contraire (a).

(a) La poffeffion de ne pas payer ne fuffit pas même, quelqu'ancienne qu'elle foit.

Voyez fur les dîmes, l'Article 3 de Valencay & les Notes.

COUTUMES

COUTUMES
LOCALES
DE LA CHATELLENIE DE CELLES EN BERRY.

CHAPITRE PREMIER.
De Prinſe de Bêtes.

ARTICLE PREMIER.

Par la Coutume dudit lieu de Celles, il eſt permis à un chacun poſſeſſeur ou détenteur (*a*) d'aucuns héritages défenſables, quand il trouve les bêtes d'autrui, les prendre ou faire prendre & les mener au prévôt du lieu ou ſon commis (*b*), pour en avoir l'amende coutumiere qui eſt de cinq ſols tournois, à appliquer les deux parts au preneur & le tiers à juſtice. Et eſt cru ledit preneur par ſerment du lieu où il a fait ladite prinſe. Et ſi ledit preneur veut prétendre plus grand

(*a*) Et à ſes familiers & domeſtiques pour lui, comme en la Générale, *Article 220.*

(*b*) Voyez la Note (*c*) ſur l'Article 217 de la Générale.

V

intérêts & dommage que ladite amende, il est reçu en le prouvant par lui.

A R T I C L E II.

Item, il est permis à un chacun Seigneur ou posseffeur d'aucun héritage quand il trouve autrui en icelui lui faifant & portant dommage, le dégager (*a*), & dudit gage faifir juftice, pour en avoir l'amende coutumiere qui eft de cinq fols tournois, à appliquer les deux parts à celui qui a fait ledit dégagement & le tiers à juftice.

(*a*) Sans violence, s'il n'eft inconnu & non domicilié.

CHAPITRE II.

Des Droits & Devoirs de Cens.

A R T I C L E III.

CEns inféodés (*a*) font fubjets à ventes & reliefs (*b*), en telle maniere que quand les chofes tenues à droit & devoir de cens font vendues, il eft dû au Sei-

(*a*) Voyez la Note (*a*) fur l'Article 9 de Saint-Aignan.

(*b*) Il paroît par le procès-verbal que les gens du tiers état s'opposerent à cet Article, & que nonobftant il fut ordonné qu'il demeureroit par forme de provifion. Cette oppofition n'a point été jugée, & cependant tous les cens de cette Locale ne font pas à relief au fol pour denier. Le Seigneur qui le prétend, doit l'établir par les reconnoiffances des cenfitaires, fes aveux ou autrement.

gneur cenſier au fur de vingt deniers pour livre, &
pour le relief (*c*) douze deniers pour un denier (*d*).

(*c*) Ce relief au ſol pour denier , comme à Saint-Aignan & à
Valençay, ainſi que pluſieurs autres conformités entre ces trois
Locales, viennent moins de leur voiſinage, que de ce qu'elles
ont été long-temps poſſédées par un même Seigneur, ſur-tout
Saint-Aignan & Valençay.
Voyez la Note (*c*) ſur l'Article 9 de Saint-Aignan.
(*d*) Ajoutez *de cens*.

A R T I C L E   IV.

Item, leſdits cens ſe doivent payer au jour & lieu
où ils ſont dûs : & en défaut de ce, il y a amende (*a*)
de cinq ſols tournois à appliquer au Seigneur cenſier.

(*a*) S'il y a défaut par pluſieurs années, y a-t-il juſqu'à trois
amendes, comme en la Générale , ou une ſeule, comme à Saint-
Aignan ? J'eſtime qu'il n'y a qu'un défaut, & qu'il en doit être
de même à Valençay , le cens étant le même dans ces trois Locales.

C H A P I T R E   III.

De Succeſſions.

A R T I C L E   V.

SUCCESSION de gens roturiers ſe départ également
par tête (*a*) : & a repréſentation lieu en toutes ſuc-

(*a*) En doit-il être de même de fief tombé en troiſieme ſouche ?
La raiſon de douter eſt que Saint-Aignan, *Article 16*, admet
en ce cas le partage noble ; que c'eſt le droit commun du royaume ,

V ij

ceffions tant directes que collatérales ainfi que le droit le permet (*b*).

& même à un dégré de fucceffion de moins dans les Coutumes qui, comme Tours, Loudunois, Anjou, Maine, Bretagne, &c. décident du partage noble ou roturier par la qualité des perfonnes & non par celle des biens ; qu'il eft d'autant plus raifonnable de conformer ici Celles à Saint-Aignan, que c'eft de Saint-Aignan que Celles tient fa difpofition contraire à celle de Blois, du partage égal des biens nobles entre roturiers, ainfi que la repréfentation fuivant le droit.

Nonobftant ces raifons, j'ai toujours vu tenir le contraire, fondé 1°. fur ce que Saint-Aignan ne fait point la loi de Celles dans les cas où celle-ci fe tait, pas même dans les fucceffions : l'aîné noble à Celles prenant droit d'aîneffe en fucceffion de pere & de mere, & tel qu'il eft établi par l'Article 143 de Blois ; de même en collatérale entre nobles les mâles excluant les fémelles, quant aux biens féodaux.

2°. Sur la faveur de l'égalité, fur-tout entre enfans roturiers, & qu'il ne doit pas être permis d'ajouter au Texte de la Coutume pour donner atteinte à cette égalité.

3°. Sur ce que Valençay, dont les difpofitions fur les fucceffions dérivent auffi de Saint-Aignan, a bien réglé de même le partage entre les enfans de l'ennobli, lorfque le fief eft paffé en feconde fouche, mais n'a point ordonné le partage noble entre roturiers à la troifieme fouche ; & qu'il eft fenfible que c'eft à deffein & non fimple omiffion, lorfque la matiere étoit fi préfente.

On demande en fecond lieu, fi pour donner lieu au partage noble entre les enfans de l'ennobli, il eft néceffaire à Celles, comme à Valençay, que le fief foit paffé en feconde fouche ?

Ici de même preffe la faveur de l'égalité, preffe auffi la même origine que Valençay & Saint-Aignan. Mais on répond que l'argument de l'égalité n'a plus la même force entre enfans parvenus à la nobleffe ; que Celles n'ayant exclu le partage noble qu'entre roturiers, fa difpofition ne peut s'étendre à un partage qui fe fait entre vrais nobles, tels que font les enfans de l'ennobli ; que l'unité d'origine de nos Locales ne doit pas opérer plus ici que fur la queftion précédente ; que n'avoir pas admis expreffément la difpofition de Saint-Aignan & de Valençay, c'eft l'avoir rejettée ;

(*b*) On trouvera cette Note à la page fuivante.

que le partage noble en ce cas ne fait que rapprocher Celles de la Générale, au lieu que Valençai s'en éloigne davantage. Je ferois pour cette derniere opinion.

On demande en troisieme lieu, si entre nobles l'aîné ne prend droit d'aînesse qu'en l'une ou en l'autre succession de pere & de mere, & si ce droit d'aînesse ne consiste que dans le manoir & vol du chapon, comme à Saint-Aignan, Article 14?

Celles, n'ayant sur ce aucune disposition, est censé avoir voulu suivre la Générale par préférence à Saint-Aignan.

(*b*) La Seigneurie de partie du fauxbourg de Vienne de Blois appartenoit autrefois aux Seigneurs de Celles, non comme dépendance de cette terre, mais comme Seigneurie particuliere. M. de Bethune, le 14 Avril 1608, en fit échange avec le Roi Henri IV, qui lui céda la Justice sur la moitié des paroisses de Villefranche, l'Hôpital & Villedieu, l'autre moitié appartenant par indivis au Commandeur de Villefranche; qui lui céda en outre, pour être unie à la Châtellenie de Celles, la Justice sur la paroisse de Gy, sur partie de celle de Sonin, dont le surplus est de Saint-Aignan, enfin la Justice de Gievre, & celle des hameaux de Bezaine, Turpincy & Saugirard, paroisse de Celles.

Tout le territoire cédé au Seigneur de Celles, à l'exception de ce qui est commun avec le Commandeur, & qui a sa Justice particuliere & sa Coutume locale étoit du ressort de la Coutume de Romorantin, & l'échange n'a fait cesser que le ressort, sans apporter aucun changement au droit des particuliers, qui continuent d'être régis par la Locale de Romorantin. C'est pourquoi dans lesdits lieux représentation en collatérale n'a point lieu. Le fils aîné entre roturiers, comme entre nobles, prend son droit d'aînesse dans les biens féodaux. Il ne le prend qu'en succession de pere ou de mere. Le don mutuel entre conjoints n'est point admis; & en retrait lignager le plus diligent est préféré.

L'échange cédoit encore au Seigneur de Celles la Justice sur partie de la paroisse de Billy, mais nonobstant Billy est toujours demeuré dans le ressort de Romorantin; & les Officiers du Seigneur de Celles m'ont dit en ignorer la raison.

ARTICLE VI.

* Le Seigneur dudit lieu de Celles a la succession des bâtards & Aubains qui meurent sans hoirs habiles

à lui fuccéder , & auffi les fucceffions vacantes.

Voyez le procès-verbal & les Notes fur l'Article 20 de S. Aignan.

CHAPITRE IV.

De Douaires.

ARTICLE VII.

Q UAND homme & femme font conjoints par mariage , fi le mari meurt le premier, fa femme qui le furvit, jouit fa vie durant de la tierce partie des héritages patrimoniaux (*a*) de fondit mari, fi par contrat de
mariage n'eft autrement parlé dudit douaire (*b*) ; en
entrenant ladite tierce partie d'héritages , & payant les
charges qui y font.

(*a*) Voyez la Note (*c*) fur l'Article 13 de Saint-Aignan, qui
eft femblable.

(*b*) Et conféquemment le préfix peut excéder le coutumier.

COUTUMES
LOCALES
DE LA CHATELLENIE DE VALENÇAY.

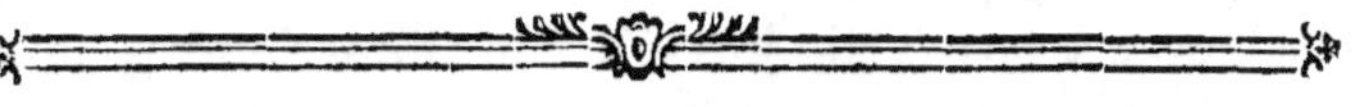

CHAPITRE PREMIER.
De Cens.

ARTICLE PREMIER.

TOus cens sont à ventes & reliefs, c'est à savoir vingt deniers tournois pour livre en vendition : & au regard du relief, il y a un sol pour denier.

Saint-Aignan 9, Celles en Berri 3, sont semblables. Voyez leurs Notes, particulierement celle (*c*) sur cette derniere, & la Note (*a*) sur son Article 4.

CHAPITRE II.
De Terrages.

ARTICLE II.

SI par le temps de sept ans (*a*) suivans l'un l'autre sans intervalle, les laboureurs des terres sujettes à

terrage délaiſſent icelles terres ſans y faire labourer
& les enfruiter, le Seigneur dudit terrage les peut
faire labourer & emblaver par autres (*b*) pour avoir
ſon droit de terrage qui eſt de douze gerbes une.

(*a*) En quoi ſeulement differe de la Générale qui en veut neuf
(*b*) Ou par lui - même.

Article III.

Quand une perſonne tenant feu, lieu & cheſeolage (*a*)
dedans les fins & limites d'aucune dîmerie, va labourer & enfruiter aucune terre hors icelle dîmerie, en
ce cas le Seigneur ou Dame d'icelle dîmerie, où il eſt
demeurant, a droit & lui eſt permis prendre la moitié
du dîme des choſes décimables ainſi labourées & enfruitées èſdites terres hors ſadite dîmerie (*b*), pourvu

(*a*) Ce mot vient de celui *Caſa*, *ménage*, *habitation*, & conſéquemment ne dit rien de plus que les deux premiers.
(*b*) Coquille, Fevret, la Thomaſſiere diſent que ce droit de
ſuite approche de la nature des dîmes perſonnelles.
1. Berry, *tit. 10*, *Article 18*, Nivernois, *des Dîmes*, *Article 2*,
exigent que les bêtes avec leſquelles le labourage a été fait, aient
été hivernées dans la dîmerie du Seigneur.
Notre Locale s'étant tue ſur cette condition, je n'eſtime pas
qu'elle ſoit néceſſaire.
2. Ce droit de ſuite a lieu, ſoit que le labourage hors la dîmerie du Seigneur, ait été fait en lieu ſujet à dîme ou exempt.
Nivernois, *Article 1*.
La Thomaſſiere, ſur l'Article cité de Berri, dit qu'il n'a pas
lieu, lorſque le labourage a été fait de main d'homme avec bêche ou autre inſtrument. Cette décision me paroît inconteſtable
en Berry & en Nivernois, où le droit de ſuite dérive du travail
des bêtes hivernées. J'en fais bien plus de doute en notre Locale.
4. Nivernois dit, *Article 4*, que le droit de ſuite n'a pas lieu
ſi le laboureur laboure pour autrui à prix d'argent.

que

que ce ne foit ès dîmerie d'Eglife (c) èfquelles nulle
perfonne n'a droit de fuite, auffi n'ont les curés defdites Eglifes aucune fuite pour leurfdites dîmeries.

Il en doit être de même en notre Locale : fur quoi fe pren-
droit la dime, dès que celui qui a labouré n'a pas droit de recueillir?

(c) De Droit commun les dimes eccléfiaftiques ne font pas
fujettes au droit de fuite. Loifel, *liv.* 2, *tit.* 2, *reg.* 39. Mais
elles y fon fujettes en Berry, en Nivernois & en quelques autres
Coutumes.

1. Il y a plufieurs paroiffes en ce Bailliage où la dime de charnage a lieu & non celle de lainage. C'eft le feul ufage qu'il faut
confulter ; il fait la loi, s'il n'eft pas manifeftement injufte. Voyez
la preuve de l'exception, au *nombre* 4, *ci-après*.

2. Dans les paroiffes où la dime de lainage a lieu, le décimateur ne la peut prétendre qu'autant que les bêtes ont été
hivernées en fa dîmerie, & qu'elles y étoient lors des tondailles :
l'une des deux conditions manquant, la dime des laines ceffe
d'être due, toujours le cas de fraude excepté. Notre regle eft faveur due au commerce.

Quelques Curés fe font arrogés la dime de lainage des bêtes
non hivernées en leur paroiffe ; d'autres de partager cette dime
avec le Curé de la paroiffe où elles ont été hivernées, & ce,
comme droit de fuite en faveur de ce dernier : mais cette poffeffion n'eft qu'abus & ne peut faire titre.

3. Dans les lieux où la dime de lainage eft d'ufage, elle n'eft pas
due des vaffives & vaffiveaux, c'eft ainfi qu'on appelle les bêtes
à leur feconde année, *annatæ oves*. Il y en a plufieurs Arrêts. Un
du 21 Avril 1658, dans la Coutume de Berry, contre le Prieur
de Vouillon ; un autre du 9 Mars 1609, fur un appel d'Iffoudun ;
un troifieme du 23 Août 1657, contre les Chanoines de Saint
Ouftrille du Château de Bourges, & un quatrieme rendu dans
notre Coutume le   confirmatif de la Sentence du Bailli de
Blois, qui avoit infirmé celle de Vatan, en ce qu'elle avoit permis
au Seigneur de faire preuve de fa poffeffion immémoriale.

La raifon de cette Jurifprudence, fuivant La Thomaffiere,
eft que le décimateur n'a droit de prendre fur les agneaux de
l'année que la dime de charnage & non celle de lainage, dont
le maitre a droit de les dépouiller : mais que comme de les tondre, ce feroit leur faire tort, on fe contente fimplement de les
débourer, & ce qui en provient s'appelle agnelin, qui appar-

X

tient en entier au chetellier, fans que le maître y prenne rien:
qu'ainfi le décimateur, en prenant pour la dîme de charnage un
agneau avec fa laine, prend ce qui ne lui eft pas encore dû, &
conféquemment eft payé par anticipation; qu'il feroit donc injufte
qu'il prît encore la dîme des laines de ces mêmes bêtes à leur
feconde année; que de-là le proverbe *la peau acquitte la toifon*.

Mais fi au-lieu de débourer feulement les agneaux, il étoit
d'ufage dans le lieu de les tondre en entier, & que le décimateur ne levât fa dîme de charnage qu'après, l'ufage de dîmer les
laines des vaflives & vafliveaux n'auroit plus rien d'injufte. Je
l'ai ainfi confulté en 1742, pour les Feuillans de Celles, contre
des particuliers qui acquiefcerent.

4. Quand le nombre des agneaux fujets à dîme, ne monte pas
à la quotité requife, ou que ce nombre excede, on ne doit point
mettre ce rompu en compte pour l'année fuivante, parce que
*tot funt decimationes, quot funt anni, & quot funt decimationes, tot
funt numerationes :* mais en quelques endroits, on paie au décimateur quelque modique fomme par chaque agneau du nombre
rompu.

La Jurifprudence a beaucoup varié fur la queftion, fi quand
une terre décimale eft mife en fruits non fujets à dîme, comme
en bois, en prés, &c. le décimateur la peut prétendre par fubrogation?

Les derniers Arrêts l'ont fixée, & la dîme de fubrogation n'eft
due que quand la converfion eft confidérable, comme du tiers
des héritages décimables, ou qu'elle eft telle qu'elle diminue la
dîme au point qu'il ne refte point fuffifamment au Curé de quoi
vivre. Voyez Lacombe, *Jurifprudence canonique*, au mot *dîme*.
Ainfi jugé en ce Siege, au profit du Chapitre Saint André de
Châteaudun, contre le Curé de Saint Laurent-des-Bois, en
1751. L'opinion contraire tend à faire du droit de dîme une fervitude réelle fur les héritages, au-lieu qu'il eft de principe que
ce font les fruits qui doivent la dîme & non l'héritage.

6. La dîme des prés eft infolite dans notre Coutume, & par
fuite il en eft de même de ceux qu'on appelle artificiels, tels
que fainfoins, luzernes, bourgognes, treffles de Hollande. Il y a
double raifon d'exemption Ils n'exigent point de culture annuelle, & ne fervent qu'à la nourriture des bêtes qui labourent
les terres, fur les fruits defquelles la dîme eft payée, ou des bêtes fujettes à dîme de lainage & charnage. La queftion a été
jugée pour les fainfoins recueills en terre précédemment décimable, par Arrêt du 8 Avril 1622, rapporté par La Thomaffiere,

au lieu cité, *n.* 39, & par autre Arrêt rendu en cette Coutume, au profit du nommé Clairet, contre le sieur Petit, Curé de Nouan, le   1747, nonobstant une Sentence de ce Bailliage, qui avoit admis le sieur Petit à faire preuve que les héritages en question avoient été autrefois en nature décimable, & sans s'arrêter à l'enquête qu'il avoit faite en conséquence.

Denisard, au mot *dime*, en rapporte un autre semblable, rendu au Grand Conseil le 4 Décembre 1756, au profit de la dame de Vastan, dame de Thoiry, contre les Prêtres de l'Oratoire, Prieurs de Thoiry, nonobstant qu'elle eût elle-même precédemment payé cette dime, & que les décimateurs offrissent prouver que dans les paroisses circonvoisines, la dime se payoit sur les nouveaux prés, plantés sur des terres auparavant labourables.

La plupart des curés, partant du faux principe que la dime de subrogation est due, se font payer cette dime par les gens de campagne, qui aiment mieux céder, que de plaider leur Curé pour une botte de foin. Si l'on vient à contester, les Curés abandonnent bientôt le moyen de subrogation qui ne pourroit réussir, & vont jusqu'à soutenir telle dime solite, fondés sur leur possession.

Une telle possession mérite peu de considération, & si un Curé peut à ce moyen se faire garder & maintenir, ce ne doit être qu'autant qu'il est en état de prouver qu'elle est quarantenaire §, & qu'elle est générale dans sa paroisse. De même qu'un particulier ne peut acquérir l'exemption de dime par le seul défaut de prestation pendant 40 ans, de même le décimateur ne peut acquérir par la facilité de quelques-uns de ses habitans, j'ajouterai même du plus grand nombre, un droit de dime, qui nonobstant toute prestation, sera toujours insolite en cette province où la dime n'est point due des fruits qui viennent sans culture annuelle.

Lorsque la dime des prés artificiels est due, ce qui est coupé pour être mangé en vert en est exempt. *Idem* des vesces.

7. La dime des pois, des féves, des haricots & autres légumes n'est pas due, lorsqu'ils se recueillent dans les jardins & pourpris des maisons, soit en vert ou en sec, & ce nonobstant toute

§ Une Sentence de ce Siege au profit du nommé Garapin contre le sieur Chabaut, Curé de la Chauffée Saint Victor, qui avoit ordonné que le Curé feroit preuve d'une possession immémoriale, a été infirmée par Arrêt de la Chambre des Vacations du 17 Octobre 1766 : & la preuve quarantenaire admise. Il ne faut pas inférer de cet Arrêt que la dime de ces prés artificiels, ait été regardée comme favorable, il est fondé sans doute sur ce que la preuve centenaire ou immémoriale ne peut se faire par seuls témoins & exige des titres au moins énonciatifs ; ce qui feroit réduire la plupart des Curés à l'impossible.

poſſeſſion alléguée de la part du Curé, qui ne peut être regardée que comme uſurpation. Cette exemption eſt fondée ſur ce que le terrein qui joint l'habitation eſt cenſé faire partie de cette habitation, dans laquelle un Curé ne doit point avoir entrée contre le gré du maître, pour un intérêt auſſi modique.

8. Mais ſi ces ſortes de légumes ſe recueillent en pleine campagne, ils ſont ſujets à dîme.

De même ſi dans les jardins, quelque clos, il ſe recueille des bleds, ou autres grains ſujets à dîme ſolite, la dîme en eſt due.

9 Les groſſes dîmes ſolites dans notre province, ſont celles des raiſins, des bleds froment ou ſeigle, des orges & avoines, bleds ſarazins & millets.

Les groſſes dîmes inſolites ſont celles des prés naturels & artificiels; il en ſeroit de même des bois & étangs.

Les menues dîmes ſolites ſont celles de charnage, s'entend des bêtes à laine & des cochons.

Celle de tous autres animaux ſeroit inſolite.

Celle de lainage eſt de même inſolite dans tout ce qui eſt régi par la Coutume générale de Blois, mais il en eſt autrement dans beaucoup de Locales.

Les dîmes vertes ſolites ſont celles des chanvres, des lins, des pois, des féves, des haricots.

Celle des autres légumes eſt inſolite.

Les dîmes groſſes, menues ou vertes, quoiqu'inſolites, ſont dues, quand le décimateur eſt fondé en titre ou poſſeſſion quarantenaire contre le général des habitans.

10. Sur les terres incultes depuis plus de 40 ans, miſes en labour, voyez ſur l'Article 135 de la Générale la Note (*h*), *n.* 3.

11. La dîme qui eſt due en eſpece ne doit être payée en argent, quelque poſſeſſion qu'il y ait au contraire, s'il n'y a titre d'abonnement, compoſition ou tranſaction avec le général des habitans, exécuté depuis long-temps. *Voyez le Journal des Audiences tom.* 2, *liv.* 6, *chap.* 24 : & en conſéquence il a été jugé en ce Siege, au mois de Juillet 1739, au profit du ſieur Bourdoneau, Curé de la Madelaine-Villeſrouin que le nommé Fleury payeroit la dîme de ſes vignes en ladite paroiſſe, en eſpece de raiſin, nonobſtant la poſſeſſion immémoriale où étoient les habitans de ladite paroiſſe & quelques autres voiſines de ne payer que vingt ſols par arpent. Il fut dit que la dîme ſe payeroit ſur le même pied que dans la paroiſſe de la Chapelle-Saint-Martin, voiſine, où elle ſe paie à la 20e. hottée.

12. Il n'en eſt pas de même de l'uſage de payer en vin dans

les caves & celliers au lieu de raifins, fur-tout lorfque l'on paie en
vin à moindre quotité que dans les paroiffes où l'on paie en
raifin. Cet ufage, lorfqu'il eft général & immémorial, n'a rien
d'abufif, & doit être fuivi. Voyez les Arrêts des 26 Mars 1667,
& 7 Juillet 1632, au *Journal des Audiences.*

Denifard, tom. 1, pag. 455, prétend même que cette forme de
perception eft celle de droit commun, que celle en raifins eft in-
fenfée; mais c'eft erreur, du moins dans les vignobles de la Loire.

Lorfque la dîme fe leve dans les caves & celliers, la queftion
fi elle eft due de ce qui fe paie pour droit de preffurage par le
cultivateur qui n'a point de preffoir, a été jugée pour la négative par Arrêt du Parlement, du 2 Septembre 1735, & pour l'affirmative par Arrêt du Grand Confeil, du 19 Juillet 1739. Denifard, qui au lieu cité rapporte ces deux Arrêts, fe déclare pour
celui du Parlement, & les raifons qu'il en donne, qui lui paroiffent
fans réplique, font 1°. qu'il n'eft pas plus raifonnable de percevoir la dîme fur le produit du preffoir qu'il ne le feroit de la percevoir fur le payement des journées des vendangeurs. 2°. Que fi
le preffurage étoit payé en argent, il ne feroit pas fujet à la dîme.

Mais Denifard ne fait pas attention que quand la dîme du
vin eft due dans le cellier, elle eft due du vin tout façonné,
comme dans le cas contraire, où elle fe paie en raifins, elle eft
due des raifins tout vendangés. Dans l'un ni dans l'autre cas le décimateur ne doit ni frais de vendange, ni frais de preffurage, &
dans ce dernier, la condition du décimateur en vin n'eft pas
plus avantageufe que celle du décimateur en raifins, puifque la
dîme au cellier eft toujours à moindre quotité, que celle qui fe
paie en raifins dans les lieux voifins. Si le décimable, qui doit
la dîme au cellier, avoit payé en argent le droit de preffurage,
il auroit eu plus grande quantité de vin, & paieroit conféquemment plus de dîme; s'il a payé en vin, il faut donc que le décimateur prenne fa dîme fur ce vin donné en payement.

J'eftime qu'il en feroit de même dans le cas où il s'agiroit
de preffoir bannal, à moins que l'ufage contraire ne fût bien
conftant : on ne doit pas dire que le vin qui provient de ce preffurage, ne foit qu'un produit d'induftrie exempt de dîme.

Il y a actuellement (1764) conteftation entre les Chanoines
Réguliers de Bourg-moyen, pour leur dîme de la paroiffe de
Saint Honoré, contre quelques particuliers qui, au-lieu de huit
pintes par poinçon de vin, demandent à payer à la 20ᵉ hottée.
C'eft de la part de ces particuliers demander à payer plus qu'ils
ne paient fuivant l'ancien ufage.

13 Dans les lieux où l'ufage eft de payer une hottée par cinq jallaies, le décimateur ne peut, à moins de fraude dans la continence des jallaies, forcer le propriétaire à compter les hottées.

14. Dans les grands vignobles, on n'eft point obligé d'avertir le décimateur du jour où l'on vendangera, mais on doit l'appeller par trois fois à très-haute voix pour lever fa dîme, & s'il ne paroît pas, la laiffer fur le champ, & en prendre témoins.

15. C'eft humeur fans fondement, ou deffein de frauder de prétendre que le dîmeur ne doive point entrer dans la vigne. Il lui eft libre, pourvû qu'il n'incommode point, de s'y tenir pour voir faire les hottées, & les compter.

16. Il eft défendu de lier le bled en gerbes après le jour clos, & l'enlever. Sentence du Siege, du 16 Décembre 1742. mais s'il a été lié avant la nuit, & le dîmeur appellé au compte, il peut être enlevé, quoique le jour foit clos.

17. Quoiqu'il foit de principe que la dîme n'arrérage point, ce n'eft qu'autant qu'il n'y a point d'abonnement même verbal, auquel dernier cas le décimateur peut au moins demander l'affirmation de payement.

CHAPITRE III.

De Succeffions.

ARTICLE IV.

SUCCESSION de gens anoblis, touchant fiefs nobles, fe départent par tête entre les enfans fils ou filles : & n'y eft droit d'aîneffe pour la premiere fois. Et quand ladite fucceffion vient en feconde fouche (*a*), elle fe départ comme entre gens nobles (*b*).

(*a*) Voyez l'Article 15 de Saint-Aignan & fes Notes.

(*b*) Saint-Aignan ajoute : *& en prend l'aîné le maître hôtel & le vol d'un chapon, comme deffus eft dit.* On demande s'il en doit être de même à Valençay ?

Cette queftion dépend de celle, fi entre nobles l'aîné n'a que

le manoir & vol du chapon? s'il n'a qu'une aîneſſe en chacune
ſucceſſion de pere & de mere, comme à Saint-Aignan, Article
14?

Ces queſtions ſont traitées ſur l'Article 5 de Celles en Berry,
& ce qui me confirme dans l'opinion que j'ai embraſſée, & que
je vois ſuivre dans l'uſage, eſt que notre Article 4 de Valençay,
ſemblable au reſte à l'Article 15 de Saint-Aignan, s'eſt préciſément arrêté aux mots qui limitent le droit d'aîneſſe autrement
qu'il n'eſt à Blois.

1. J'eſtime donc qu'à Valençay comme à Celles, entre nobles,
l'aîné a les mêmes prérogatives qu'à Blois & qu'il prend ſon aîneſſe en ſucceſſion de pere & de mere.

2. Que le fils aîné de l'ennobli, lorſque le fief vient en ſeconde ſouche, prend les mêmes avantages que prend entre vrais
nobles l'aîné dans la Coutume de Blois.

3. Je tiens auſſi, quoique cette Locale n'en diſpoſe pas tex-
tuellement, comme fait Celles, Article 5, qu'entre roturiers les
choſes nobles ſe partagent également, l'aîné ne pouvant avoir
un avantage que notre Article n'accorde aux enfans de l'ennobli
qu'en certains cas.

4. Et enfin qu'entre roturiers les choſes nobles, quoique paſſées
en troiſieme ſouche, doivent ſe partager également.

5. *Quid* de la collatérale?

Point de doute, d'après ce qui précede, qu'entre nobles les
mâles n'excluent les fémelles, quant aux biens féodaux. Le doute
eſt quant aux roturiers, à raiſon de ce que par argument tiré de
notre Article 4, il n'y a point entr'eux de droit d'aîneſſe en
ligne directe; que cette diſpoſition eſt tirée des Articles 15 & 16
de Saint-Aignan, dont l'Article 18 établit entre nobles, comme
non nobles, le partage égal en collatérale.

Nonobſtant je n'eſtime pas qu'on doive argumenter du droit
d'aîneſſe à celui de maſculinité. Valençay a pu ſuivre SaintAignan
dans l'un, ſans le ſuivre dans l'autre; la raiſon d'égalité paroîtra
plus forte, comme elle l'eſt en effet en ligne directe qu'en collatérale.

Il eſt triſte que ſur toutes ces queſtions nos Anciens n'aient
laiſſé aucuns documens.

6 Quoique Saint-Aignan & Celles admettent la repréſentation
en collatérale, elle n'a pas lieu à Valençay. L'uſage ſur ce eſt
certain, & il en réſulte que ces Locales, quoiqu'elles ſoient
conformes en pluſieurs diſpoſitions ſingulieres ſur les ſucceſſions,
ne ſe ſuppléent point les unes aux autres, & ſont au contraire ra-

menées à la Générale , lorfqu'elles fe taifent fur certains points de la même matiere.

7. Nous avons dit ci-deffus, *n.* 2, que le fils aîné de l'ennobli, lorfque le fief vient en feconde fouche, prend dans tout le fief les mêmes avantages qu'en la Coutume de Blois. *Quid*, fi l'ennobli *de cujus* n'avoit eu, comme héritier de fon pere , que portion dans le fief, & étoit devenu propriétaire des autres portions par licitation avec fes cohéritiers ?

Il faut dire avec Palu, fur l'Article 297 de Tours *n.* 3, que le partage noble aura lieu pour tout le fief : la licitation n'étant qu'un mode de partage, & qui rend la chofe licitée propre pour le tout au cohéritier adjudicataire : mais il en feroit autrement fi le pere étoit devenu propriétaire des autres portions à tout autre titre.

ARTICLE V.

* Bâtards ne peuvent fuccéder à autrui, mais leurs enfans en loyal mariage leur peuvent fucceder ; & s'ils n'ont enfans , ledit Seigneur de Valençay a accoutumé de prendre & recueillir leurs fucceffions & des gens aubains qui meurent fans hoirs habiles à leur fucceder.

Idem Saint-Aignan, 20, & toutes les Locales qui tiennent d'elle. *Voyez fa Note & le Procès-verbal.*

ARTICLE VI. **

Ledit Seigneur de Valançay, comme Seigneur châtelain, a droit & lui eft permis par la Coutume avoir par retrait les héritages vendus qui font mouvans & tenus de lui à cens (*a*), en rembourfant l'acquéreur d'iceux du fort principal & loyaux coutemens : &

** Cet Article eft on ne peut plus déplacé dans ce Chapitre : fa place eft dans le premier qui traite des Cens.

(*a*) La Générale, *Article 18*, ne donne ce droit au Châtelain que pour les biens nobles.

feia

ſera tenu quarante jours après l'exibition (*b*) des contrats déclarer s'il veut avoir l'héritage acquèté ou non.

(*b*) La Générale accorde au Seigneur un an. Le délai ne doit être ici que de 40 jours pour les choſes nobles, comme pour celles tenues à cens.

1. Ce retrait doit-il également s'étendre ſur les choſes tenues à terrage ?

La raiſon de douter eſt qu'en notre Coutume le terrage n'eſt qu'une eſpece de cens qui conſiſte dans une portion de fruits.

Mais la negative me paroît préférable, notre Locale s'écartant de la Générale dans le retrait cenſuel qu'elle accorde, ſa diſpoſition doit être priſe ſtrictement.

CHAPITRE IV.

De Prinſe de Bêtes.

ARTICLE VII.

QUAND prinſe de bêtes eſt faite de nuit ès bleds & vignes en tout temps & ſaiſons, & ès prés en la ſaiſon depuis la Notre-Dame (*a*) chaſſe-Mars, juſques à la S. Michel, ſi plutôt ne ſont fauchés, en icelui cas les amendes ſont de ſoixante ſols tournois, ladite prinſe de nuit prouvée (*b*).

(*a*) En quoi differe de la Générale *Article* 224.

(*b*) Quoique ſans garde. Mais ſi à garde faite, même peine que de droit commun. Voyez la Note (*f*) ſur l'Article 123 de la Générale.

L'Article ne parle point de la priſe de jour à garde faite, il doit y avoir amende de ſept ſols ſix deniers, comme en la Générale.

Y

Article VIII.

Quand aucun a fait prinſe d'aucun gage ſur aucun,
il eſt tenu le mettre en juſtice dedans huit jours (*a*) : &
en défaut de ce faire leſdits huit jours paſſés, eſt (*b*)
le détenteur dudit gage amendable de ſoixante ſols (*c*)
pour le recellement d'icelui.

(*a*) En quoi diffère de la Générale, *Article* 221, qui dit le
jour ou le lendemain; mais la durée de l'action eſt de 30 jours,
comme en la Générale.

(*b*) C'eſt ainſi qu'il faut lire, & non pas &, comme dans la plupart des Editions précédentes.

(*c*) *Idem* Chabris : *ſecùs* dans la Générale. *Voyez la Note* (*b*) *ſur*
l'Article 218.

Article IX.

Quand aucun eſt déſaiſi de bêtes d'autrui, ou de
gage prins ou fait prendre en ſes héritages, ou empêché par recouſſe & voie de fait de les mener à juſtice, en ce cas ladite recouſſe prouvée, celui qui icelle
aura faite, eſt amendable de ſoixante ſols tournois à
appliquer à celui qui aura fait ladite prinſe (*a*). Et
ſi juſtice (*b*) s'y adjoint elle y aura le tiers ; & ſi
elle ne s'y adjoint, elle n'aura que cinq ſols, que
celui ſur qui aura été faite ladite recouſſe, ſera tenu
de payer à ladite juſtice ſur leſdits ſoixante ſols.

(*a*) Cette application eſt contraire au droit commun, ſuivant
lequel toute amende s'applique à Juſtice. Voyez Molins, *Article* 3.

(*b*) C'eſt-à-dire ſi la partie publique ſe joint à la pourſuite.

Article X.

Et au cas que celui ſur qui aura été faite ladite recouſſe ne veut icelle pourſuivre, juſtice le pourra faire,

& en ce cas aura toute ladite amende de foixante fols tournois, & fi ledit demandeur en ladite recouffe déchet de fa caufe, il eft amendable de pareille fomme de foixante fols tournois envers juftice (*a*).

(*a*) Pourvû qu'il foit demeuré partie civile pour la pourfuite : je ne penfe pas même que cette amende dût être aujourd'hui prononcée. Elle n'a d'autre fondement que l'ufage qui fe pratiquoit anciennement de prononcer une amende en toute caufe contre celui qui fuccomboit. Voyez Molins, *Article 3.*

Article XI.

Si aucun eft convaincu d'avoir pris & ôté, fait prendre ou ôter aucunes bêtes prifonnieres d'entre les mains de juftice faifie d'icelles, en icelui cas eft amendable d'amende arbitraire (*a*).

(*a*) Qui conféquemment peut & même doit excéder 60 fols, & eft en entier applicable à Juftice.

CHAPITRE V.

D'Empéchemens de Chemins.

Article XII.

QUAND aucune perfonne tient & occupe aucun chemin public & errant par fa coulpe empêché, il eft amendable de foixante fols tournois envers Juftice.

Voyez les Notes fur l'Article 7 de Saint-Aignan, fur lequel celui-ci a été pris.

Y ij

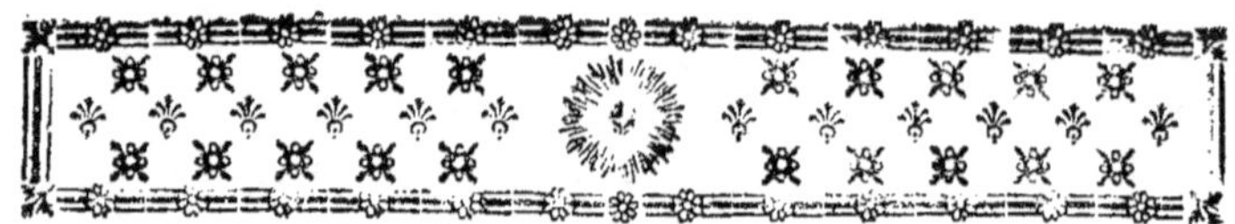

COUTUMES
LOCALES

DES TERRES ET CHATELLENIE DE VATAN, BUXEUIL, VILLENEUVE-SOUS-BARILLON ET LEPUY-SAINT-LAURIAN.

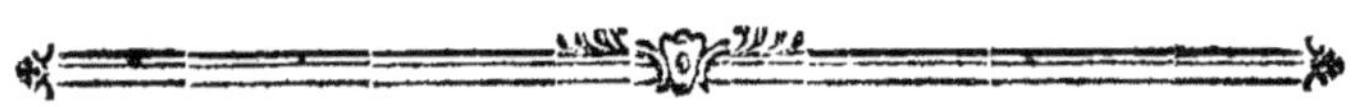

CHAPITRE PREMIER.

Des Cens & Profits d'iceux.

ARTICLE PREMIER.

Quand l'héritage tenu à droit de cens eſt vendu, l'acheteur doit au Seigneur de qui il eſt tenu vingt deniers tournois pour livre, & payer le double cens (*a*) de l'année ſeulement : mais ſi le Seigneur (*b*) veut avoir l'héritage (*c*) ainſi vendu par retenue, il le pourra avoir & retenir en rendant à l'acheteur le prix de l'a-

---

(*a*) Ce double cens n'eſt pas un relief qui n'eſt jamais dû avec les ventes, & qui eſt inconnu dans cette Locale.

(*b*) Châtelain ou autre.

(*c*) *A fortiori*, s'il eſt féodal.

Si à terrage ? Voyez la Note (*b*), *n.* 1, ſur l'Article 6 de Valençay.

chat & loyaux frais : sinon que ledit acheteur fût du lignage dudit vendeur du côté & ligne dont icelui héritage est venu : auquel cas ne seront dûs audit Seigneur que lesdites ventes & le double cens (*d*).

(*d*) Il eut été plus simple & plus clair de dire *auquel cas le retrait seigneurial n'a pas lieu.*

ARTICLE II.

Quand aucuns héritages tenus de l'Eglise à droit de cens sont vendus, lesdits Seigneurs d'église ont accoutumé d'avoir & prendre pour livre du prix de la vente, la somme de deux sols tournois pour les ventes d'icelui héritage, & avec le double cens ; mais lesdits Seigneurs d'Eglise n'ont point ledit héritage vendu par droit de retenue (*a*).

(*a*) C'est pour les en dédommager que la Coutume leur accorde deux sols pour livre au lieu de 20 deniers aux laïcs.

Quoique l'Edit de 1749 ait enlevé sans aucun dédommagement ce droit de retenue aux Gens d'Eglise dans les Coutumes qui le leur accordent, le dédommagement porté par notre Article ne subsiste pas moins dans cette Locale.

CHAPITRE II.

Du Terrage.

ARTICLE III.

Item, LESDITES terres & seigneuries, a (*a*) plusieurs terres labourables & non labourables (*b*) qui sont de

(*a*) & (*b*). Ces deux Notes sont à la page suivante.

telle condition , que par ladite Coutume le laboureur qui laboure & emblave lefdites terres n'en doit aucunes rentes ne cens au Seigneur de qui elles font tenues ; mais des bleds & grains crus en icelles font tenus en payer au Seigneur de qui elles font tenues, de douze gerbes l'une, ou grains crus & cueillis en icelles : & ce eft appellé terrage & ce non compris la dîme : lefquelles terres on peut vendre à ladite charge de terrage.

(*a*) Pour *il y a*.

(*b*) *Meliùs* non actuellement labourées.

Cet Article n'a rien que de conforme à la Générale.

Drapier , dans fon *Traité du Champart*, à la fuite de fon *Traité des Dîmes*, en deux volumes *in-12*, imprimé en 1741, dit au 2 *tom. pag. 454* : « Les Coutumes de Montargis & de Vatan vont » encore plus loin, elles divifent toutes les terres d'une Seigneu- » rie en labourables & non labourables. L'unique droit feigneurial » dont peuvent être tenues les terres labourables eft le terrage, » qui eft alorsle droit feigneurial emportant lods & ventes ».

Guyot , *tom. 4, du Champart, pag. 483*, s'éleve avec raifon con- tre cette interprétation, & fait voir qu'elle ne convient nulle- ment à la Coutume de Montargis.

Elle ne convient pas mieux à celle de Vatan. 1°. C'eft avoir mal pris le fens de ces mots, *labourables & non labourables*, que de dire qu'ils emportent divifion pour affujettir les premieres au droit de terrage, & en déclarer les autres exemptes.

2°. Autre erreur qu'en cette Locale toute terre labourable foit chargée de terrage, ces mots, *y a plufieurs terres*, prouvent bien que toutes ne le font pas.

Enfin troifieme erreur que ce droit de terrage emporte lods & ventes.

A R T I C L E   IV.

Lefquelles terres ainfi tenues audit devoir de terrage, font tenues en telle condition , que fi le laboureur qui les avoit tenues & labourées, ceffoit par trois ans & un

mois de Mai (*a*) confécutifs & continuels de labourer
& emblaver icelles terres, il eft permis au premier laboureur (*b*) qui voudroit icelles labourer & emblaver,
de prendre icelles & de les appliquer à fon profit (*c*)
audit devoir de terrage, & ne le pourroit par ladite
Coutume empêcher le laboureur qui les auroit ainfi dé-
laiffées à labourer & emblaver par ledit temps, comme
dit eft, quelque laps de temps qu'il les eût tenues.

(*a*) En quoi differe de la Générale 134, qui demande neuf ans.
(*b*) En quoi differe encore de la Générale, qui ne le permet
qu'au Seigneur.
(*c*) On ne peut pas dire que l'autorité de Juftice foit néceffaire. Ainfi cette Locale fert d'interprétation à la Générale.
Voyez l'Article 13 de Levroux, fa Note (*c*) & celle (d).

CHAPITRE III.

Des Juges & Jurifdictions.

ARTICLE V.

SELON la Coutume, ufance & commune obfervance
des Villes, Terres & Juftices deffus dites, le Juge &
garde (*a*) des Prévôtés & Jurifdictions d'icelles, font
Juges ordinaires pour y exercer Jurifdiction. Et le Bailli
defdites Terres & Châtellenies eft Juge fuzerain immé-
diat dudit Juge & Garde, pour connoître des caufes
d'appel à un chacun Siege defdits Lieux (*b*), & y avoir

(*a*) Il faut lire *les Juges & Gardes des Prévôtés* : c'eft une faute
de ftyle qui fe trouve dans l'original & dans toutes les Editions.
(b) Ces deux dégrés de Jurifdiction, quand la Juftice dépend

fur lui Jurifdiction Suferaine. Et aufli peut ledit Bailli par prévention exercer toute Jurifdiction & connoître en premiere inftance de toutes caufes comme Juge & Garde, foient criminelles ou autres : & en ce prévenir fon Juge.

de la même Seigneurie, font abrogés par l'Ordonnance de 1535. Voyez ce qui a été dit fur l'Article 15 de la Générale.

CHAPITRE IV.

Des Exécutions.

ARTICLE VI.

PAR la Coutume defdites Châtellenies, font exécutables ; les louages accenfes & arrentemens de maifons baillées à temps ou à toujours-mais fur les biens étans èfdites maifons pour caufe de ce qui eft dû des termes jà paffés, s'il appert fommairement & de plain (*a*) defdites accenfes ou arrentement. Et en cas d'oppofition, doit la main être garnie pour la fûreté du debt.

(*a*) *De planò*, fur le champ.

Cet Article n'a rien que de conforme à l'Article 246 de la Générale ; & nonobftant ce qui a été dit fur l'Article 91 de Dunois, je ne crois pas que le maître d'hôtel puiffe s'en prendre aux meubles du fous-locataire au-delà du loyer de la portion qu'il occupe.

ARTICLE VII.

Et aufli par ladite Coutume font exécutables les louages ou accenfes à temps ou à perpétuité des prés,

terres

terres, vignes ou autres héritages étant èfdites terres deffus
déclarées fur les fruits étans en iceux héritages. Et peut-
on procéder par éxécution, arrêt ou empêchement **en**
la maniere deffus déclarée (*a*).

(*a*) Comme il n'eft point ci-deffus parlé *d'arrêt ou empêchement*,
il eft clair qu'on a rayé quelques difpofitions à caufe de leur
conformité avec la Générale. Autant valoit-il fupprimer tout le
Chapitre , puifque fi l'Article précédent eft conforme au 246 ,
celui-ci fe rapporte entiérement au 249.

CHAPITRE V.

De Prefcription.

ARTICLE VIII.

TOUTES chofes & tous droits prefcriptibles , & la
feigneurie & propriété d'icelles, & droits d'icelles (*a*),
fe prefcrivent & acquierent par ufer par l'efpace de
trente ans (*b*) continuels & accomplis, pourvu que
l'on en jouiffe à jufte titre (*c*) & de bonne foi (*d*),

(*a*) C'eft ainfi qu'il faut lire, & qu'il eft écrit en l'original &
en l'Edition générale des Coutumes, quoique dans toutes les Editions *in-12*, il y ait *icelui*.

(*b*) Differe en ce qu'elle n'admet point la prefcription de 10
& 20 ans, comme fait l'Article 190 de la Générale. Voyez Dunois 85 , & la Rue-d'indre, qui font conformes en ce point.

(*c*) En quoi differe de la Générale & même de Dunois & de
la Rue-d'indre.

Mais pour la prefcription immémoriale ou centenaire, il n'eft
pas befoin de titre, *ipfa vim habet tituli.*

Ceffant cette prefcription centenaire, le détenteur doit juftifier

(*d*) **Cette Note fe trouve page fuivante.**

Z

& fe perdent par non ufer par le laps dudit temps (*e*) contre toutes perfonnes foient mineurs (*f*) ou autres, hors l'églife, contre laquelle on ne peut prefcrire que par quarante ans.

d'un titre & d'une poffeffion continuelle & de bonne foi pendant 30 ans, contre celui qui réclame avec titre.

(*d*) En quoi differe encore de la Générale, & eft femblable à Dunois, article ci-deffus cité fur lequel voyez la Note (*a*).

(*e*) Ceci doit-il avoir lieu dans le cas même du concours des deux actions perfonnelle & hypothéquaire : ou bien la prefcription ne s'acquiert-elle, comme en la Générale & en Dunois, que par 40 ans?

La raifon de douter eft que cette Locale n'admet qu'un feul genre de prefcription ; que les termest dont elle fe fert font génériques, & n'admettent aucune excepion qu'en faveur de l'Eglife.

L'opinion contraire me paroît préférable. Nous n'admettons dans la Générale, dans le cas du concours des deux actions, la prefcription que par 40 ans, quoique l'Article 192 n'en porte aucune difpofition. Nous avons puifé cette Jurifprudence dans le Droit romain & dans l'Article 85 de Dunois. Cependant cette derniere Locale ne connoît point non-plus la prefcription de 10 & 20 ans. Pourquoi donc fans abfolue néceffité faire différer Vatan & de Blois & de Dunois? Ne vaut-il pas mieux dans les points où elles fe réuniffent toutes deux, les faire également fervir à l'interprétation de notre Locale, dont les termes, quelques génériques qu'ils foient, ne rejettent pas précifément cette prefcription de 40 ans, & ne font gueres plus forts que ceux dont fe fert l'Article 192 de Blois.

Cependant la difficulté eft grande, d'autant que Vatan & la Rue-d'indre paroiffent s'être copiées pour la prefcription fur la Coutume de Berry, leur voifine, qui n'admet que la prefcription de 30 ans.

(*f*) En quoi differe de la Générale, & eft femblable à celle de Berry, *titre 12, Art. 1.*

Mais le mineur eft reftituable dans les 10 ans de fa majorité. Voyez **La Thomaffiere**, fur l'Article 2 du même Titre de **Berry**.

CHAPITRE VI.

De Retrait Lignager.

ARTICLE IX.

PAR ladite Coutume faculté de retrait lignager ne se peut ceder ne transporter, ne le retrayant ne le (*a*) peut retraire en faveur d'autrui.

(*a*) Ce pronom *le* doit être supprimé. Au reste notre Article ne fait point Coutume Locale, mais sert d'explication à la Générale.

ARTICLE X.

Que le parent & lignager du vendeur venant audit retrait, doit présenter & offrir à l'acheteur au jour assigné à l'introduction du procès (*a*), le prix de la vente réaument & de fait (*b*). Et à son refus de le prendre & recevoir, doit ledit retrayant consigner & mettre en

(*a*) Voyez Saint-Aignan 23 & Mennetou 15, qui sont semblables en cette partie.

(*b*) Pourvû que l'acquéreur fasse aparoir de son contrat d'acquêt, afin que le retrayant connoisse le prix. Autrement il suffit de consigner une piece de monnoie. Voyez la Rue-d'indre, *Article 3*, qui a disposition semblable, mais qui s'explique plus clairement.

La Rue-d'indre ajoute que le retrayant, pour qu'il puisse ne consigner qu'une piece d'or ou monnoie, doit affirmer qu'il ignore le prix que l'héritage a été vendu. Je ne crois pas qu'à Vatan, le retrayant soit tenu de faire semblable affirmation.

Bien plus : je ne crois pas qu'à Saint-Aignan & à Mennetou, le retrayant soit tenu à consigner autre chose que le grand blanc

main de juſtice le prix dudit achat (*c*), à ce préſent &
appellé ledit acheteur. Et auſſi doit ledit retrayant
offrir payer les loyaux frais & coutemens, & conſigner pour iceux frais une piece d'argent (*d*) en offrant
parfaire à payer leſdits frais & miſes à l'ordonnance
de juſtice.

dans le cas même où l'acquéreur déclareroit à la premiere Audience connoître le retrait, & exhiberoit ſes lettres d'acquêt.

(*c*) S'il eſt connu, offert, & que l'acquéreur refuſe de le recevoir, la Rue-d'indre, *Article 4*, à défaut de le conſigner, ne
fait perdre au retrayant que les fruits. Je crois que cette déciſion
doit être ici ſuivie plutôt que la déchéance du retrait.

(*d*) Ainſi dans le cas où l'acquéreur ne comparoît pas , ou
n'exhibe pas ſon contrat, la conſignation d'une ſeule piece ne
ſuffiroit pas, il en faut deux · l'une pour le ſort principal, ſauf à
parfaire , l'autre pour les loyaux frais & coûtemens, auſſi ſauf à
parfaire. Chacune de ces pieces de monnoie doit valoir au moins
dix deniers.

L'acquéreur qui n'a point comparu à la premiere Audience ,
ou qui n'a pas exhibé ſon contrat , ne peut plus contraindre le
retrayant à payer ou conſigner qu'après la Sentence de délais
& les lettres miſes en Cour.

Mais ſi le retrayant n'y ſatisfait pas , ſuivant qu'il eſt dit en
l'Article 194 de la Générale , il eſt déchu du retrait.

CHAPITRE VII.

Des Douaires.

ARTICLE XI.

EN cas de douaire fait à la femme (*a*) ſi elle ſurvit
ſon mari , par ladite Coutume elle n'a aucun douaire

(*a*) Noble ou roturiere.

coutumier, & n'aura aucun douaire que celui qui lui
eſt ordonné par les convenances (*b*) de ſon mariage
avec ſon droit de communauté de biens.

(*b*) Conventions, autrement le contrat devant Notaire.

A R T I C L E   XII.

Aucuns demourans, beuvans & mangeans enſemble
ne ſont pour ce réputés uns & communs en biens (*a*) :
car par ladite Coutume communauté ne s'acquiert par

(*a*) Berry, *titre 8* , *Article 10*, dit *freres ou ſœurs*, *ou autres demeurans
enſemble*, *vivans à mêmes dépens*, *ne ſont pour cela réputés avoir con-
traété entr'eux communauté. Toutesfois ſi avec ladite habitation*, *demeu-
rance & dépenſe commune*, *y avoit communication de gains*, *profits &
pertes par an & jour entre perſonnes capables à contraéter ſociété*, *par ce
ſeroit induite taiſible ſociété entr'eux quant à la communauté de meubles &
conquêts faits & acquis pendant ladite taiſible ſociété.*
Sur quoi La Thomaſſiere obſerve que, quoique Bourbonnois
231 & 267, Nivernois, *titre des Comm. Article 3*, & quelques autres Coutumes n'admettent cette ſociété taiſible qu'entre freres,
cependant en Berry elle a également lieu avec ſœurs ou autres
parens, même avec des étrangers.
L'Article de notre Locale rejette indiſtinétement toute ſociété
taiſible, s'il n'a été par exprès dit & accordé, ce qui s'entend
par écrit. *Dunois 59.* Et ceci a également lieu dans la Générale &
dans toutes les Locales, dont aucune, malgré le voiſinage du
Berry, n'admet cette ſociété taiſible, pas même entre freres.
La Thomſſiere remarque encore qu'en Berry les payſans font
très-ſouvent par contrat de mariage ou autres, des ſociétés de
tous biens, meubles & immeubles.
Ces ſociétés ſe font particuliérement entre les pere, mere &
enfans, ſur-tout à l'occaſion du mariage de ces derniers, ou lorſque le pere ou la mere convole.
Elles ſont également en uſage dans notre Berry-Bléſois, particuliérement du côté de Valençay, Vicq, & dans la haute - Sologne, du côté de Salbris.
J'ai vu un Contrat de mariage d'un homme & d'une femme,
ayant chacun trois enfans du premier lit , & de ces ſix enfans,

demourance que l'on face enfemble, s'il n'étoit par exprès dit & accordé entre lefdites parties, ou fi ce n'étoit entre hommes & femmes mariés enfemble (*b*).

Ce quadruple mariage fut célebré en même jour. Le contrat portoit communauté conjugale de mari à femme, & fociété entre tous pour chacun un huitieme.

La communauté conjugale, quand il y a enfans mineurs du mariage fe continue faute d'inventaire ; il n'en eft pas de même de la fociété , *morte folvitur focietas* , les enfans de l'affocié ceffent d'être en fociété.

Il eft libre auffi à chacun des affociés de fe retirer de la fociété par une déclaration par écrit , faite *tempore non intempeftivo*.

La fociété , dans l'un comme dans l'autre cas, fe continue entre les autres affociés.

La compofition faite avec l'un des affociés qui fe retire, eft également bonne fans inventaire préalable : fa qualité d'affocié le fuppofe fuffifamment inftruit des forces de la fociété.

Cette fociété peut être contractée en portions égales ou inégales ; les uns mettre plus , les autres moins. Celui qui met plus peut ftipuler la reprife ou prélevement de l'excédent , ou le laiffer à la maffe. En un mot cette fociété eft fufceptible de toutes les claufes & conventions qui, fuivant le Droit Romain, font permifes en ce genre contrat, c'eft-à-dire de toutes celles qui ne bleffent point l'équité. Sur quoi , *V*. le Traité qu'en a donné M. Pothier.

Elle eft compatible foit avec la communauté conjugale, foit avec la communauté continuée, & le profit ou la perte de l'affocié devient perte ou profit pour la communauté.

(*b*) Auquel cas elle a lieu du jour du mariage, encore que les conjoints ne demeuraffent pas enfemble.

CHAPITRE VIII.
De Prinfe de Bêtes.

ARTICLE XIII.

PAR ladite Coutume eft permis à un chacun de prendre toutes perfonnes ou bêtes (*a*) d'autrui qu'il treuve en son héritage, lui faisant dommage, ou de les faire prendre par le Sergent desdites Justices, ou ses Commis, pour les mener & accuser à justice, pour être payé de ses intérêts & dommages, ou icelles bêtes bailler aux parties (*b*). Et par ladite Coutume celui ou celle qui prend lesdites bêtes ou personnes, est cru par son serment de ladite prinse, & baillée aux parties : lequel serment il doit faire ès mains de justice présent la partie à qui sont lesdites bêtes, ou appellée. Et depuis (*c*) que celui à qui appartient ledit héritage, où aura été fait ledit dommage, a fait l'accusation desdites prinses, y aura amende de justice de sept sols six deniers tournois (*d*) : & jusqu'à ce que ladite amende soit connue (*e*), & icelle prinse rapportée, ne peut la partie intéressée appointer (*f*) de son dommage après l'ajournement ou accusation faite, au préjudice du Seigneur sur peine de l'amende arbitraire (*g*) : mais si ce-

(*a*) Cet Article confond les personnes & les bêtes quant au droit de les prendre & de les mener à Justice : au-lieu que la Générale, dans les Articles 217 & 219 établit sur ce une distinction fort sage, & que la Locale de la Rue-d'indre pousse encore plus loin.

Au reste le droit de prendre la personne & la mener à Justice, doit s'entendre sans violence, si ce n'est lorsqu'il s'agit de larcin de quelque importance.

(*b*) C'est-à-dire à ceux à qui elles appartiennent, qui dès-lors en deviennent gardiens comme de gage de Justice, & à faute du payement du dommage, pourroient être contraints par corps à les représenter.

(*c*) Si-tôt, incontinent.

(*d*) Quoique la prise ne soit point à garde faite, en quoi diffère de la Générale, *Article* 223.

(*e*) Jugée, prononcée.

(*f*) Composer.

(*g*) Toute cette phrase, d'une construction louche, doit être

lui ou ceux à qui font lefdites bêtes les gardoit ou
faifoit garder à garde faite, il (*h*) l'amendera à l'Ordonnance de juftice (*i*), felon ledit cas (k). Auquel
cas de garde faite, celui qui fait ladite prinfe n'eft cru
fans témoins (*l*) parce que l'amende excede lefdits fept
fols fix deniers (*m*).

ainfi rétablie : *& après l'ajournement ou accufation, la partie intéreffée
ne peut au préjudice du Seigneur, fur peine d'amende arbitraire, com-
pofer de fon dommage jufqu'a ce que la prife ait été portée à l'Audience,
& l'amende prononcée.* Difpofition qui s'écarte de la Coutume générale, & qui, je crois, doit fe borner à l'obligation de donner
avis aux Officiers du Seigneur de la compofition, pour qu'ils
puiffent pourfuivre l'amende. Quant au délai dans lequel ils doivent faire cette pourfuite, voyez la Locale d'Autroche, *Article 3*.

(*h*) Le Seigneur.

(*i*) C'eft-à-dire le Seigneur de Juftice le fera condamner par
fon Juge en l'amende.

(*k*) Plus ou moins griévement fuivant qu'il s'agit de prife à
garde faite de nuit, ou feulement de prife à garde faite de jour,
ou de nuit fans garde.

(l) A moins que pour fon dommage il ne veuille fe reftreindre aux cinq fols de prife coutumiere.

(*m*) En quoi differe de la Générale où l'amende en prife à
garde faite de jour, ou de nuit fans garde, n'eft que de fept fols
fix deniers.

Article XIV.

Que celui qui fait rapport defdites prinfes à Juftice,
eft tenu le faire dedans huit jours (*a*), à compter du
jour de ladite prinfe, autrement il n'eft plus à ce recevable.

(*a*) La déclaration faite à Juftice dans la huitaine proroge
l'action jufqu'à 30 jours. Voyez la Note (*g*) fur l'Article 217 de
la Générale : voyez auffi la Note (*b*) fur l'Article 3 d'Autroche.

ARTICLE

ARTICLE XV.

Par icelle Coutume les prés vulgairement appellés fécherons (*a*) font défenfables : & n'eft permis à aucun y mettre ne mener bêtes n'y aller depuis la Notre-Dame de Mars (*b*) jufqu'à la Notre-Dame demi-Août. Et les prés des rivieres font défenfables depuis la Sainte-Croix de Mai jufques à la Fête de Saint-Michel. Et qui fait le contraire, on peut faire prinfe comme dit eft : mais depuis lefdites Fêtes (*c*) n'y échet prinfe, excepté des pourceaux qui en tout temps font défendus d'aller èfdits prés.

(*a*) Autrement **Prés hauts**.
(*b*) En quoi differe de la Générale.
(*c*) Et même dès auparavant, fi les prés font fauchés.

ARTICLE XVI.

Si oyes font trouvées en prés ou vignes en quelque temps que ce foit, ou terres emblavées & femées, pour ce qu'elles y font grand dommage, elles y peuvent être prinfes & menées en juftice comme dit eft : ou fi bon femble à celui à qui elles font ledit dommage, lui eft permis par ladite Coutume en tuer une ou deux, & fur le champ les laiffer mortes.

Idem qu'en la Générale , *Article* 222.

ARTICLE XVII.

Et auffi par ladite Coutume, ès lieux incultivés qui font en chaume , en friche, bruyeres & buiffons, n'y

a & n'y peut-on faire prinſe de bêtes en quelque temps
que ce ſoit (*a*).

(*a*) Si leſdits héritages ne ſont clos.

ARTICLE XVIII.

En bois quelqu'il ſoit, n'y a ni n'échet prinſe de
bêtes en quelque temps que ce ſoit, s'il n'y a taillis,
fruits, peſſons ou garenne (*a*). Car où il y a taillis
durant trois ans accomplis & un mois de Mai, à compter du temps de la coupe, & auſſi où il y a fruit ou
peſſon, c'eſt à ſavoir depuis la mi-Août juſqu'à Pâques,
& où il y a garenne, échet prinſe de bêtes comme
dit eſt : fors ſeulement un bois appellé Pourry, où (*b*)
étant en la terre de Buxeuil, lequel en tout temps eſt
défendu & gardable.

(*a*) Ou s'il n'eſt clos.
(*b*) Cet *ou* s'eſt ici gliſſé mal-à-propos.

ARTICLE XIX.

Par ladite Coutume, n'eſt loiſible ni permis à aucun de faire ne de tenir & avoir garenne, fuye, coulombier mouvant de pied, n'élever bonde d'étang, n'édifier èſdites terres & ſeigneuries, outre ceux qui d'ancienneté ſont faits, ſans le vouloir & conſentement du Seigneur.

La conſtruction de cet Article eſt très-irréguliere, & doit être
ainſi rétablie : « Par ladite Coutume n'eſt permis ni loiſible à au-
» cun, ſans le vouloir & conſentement du Seigneur, de faire,
» ne de tenir & avoir garenne, n'édifier eſdites terres & ſeigneu-
» ries fuye, colombier mouvant de pied, n'élever bonde d'é-
» tang outre ceux qui d'ancienneté ſont faits ».

Cet Article est conforme au 239 de la Générale, sauf que notre Locale met de plus au nombre des droits seigneuriaux la faculté d'élever bonde d'étang, en quoi elle s'écarte du droit commun. *V. l'Article 9 de Tremblevif.*

Il étoit sage de restreindre la faculté de tenir garenne & colombier, & d'en faire un droit seigneurial, la trop grande quantité de lapins & de pigeons devient nuisible aux voisins, mais un étang, lorsqu'il ne couvre de son eau que les héritages de celui qui le fait élever, ne porte préjudice à personne.

La Ferté-Imbault, *Article 9*, a même disposition.

Idem Mennetou, *Article 14*, qui ajoute le sault de moulin.

ARTICLE XX.

Sont tenus ceux qui ont leurs héritages près & contigus les villages, pâtureaux & abbreuvoirs communs, tenir leursdits héritages bouchés : ou autrement si par échapée les bêtes y entroient ne seroient amendables (*a*) les personnes à qui seroient lesdites bêtes.

(*a*) Pas même tenus du dommage.

CHAPITRE IX.

Des Testamens & dernieres volontés.

ARTICLE XXI.

* Par la Coutume notoirement tenue gardée & observée èsdites terres, justices & seigneuries dessus dites, testament a lieu autant que le droit en veut & ordonne (*a*).

Pour le temps à venir réduite à la Coutume générale de Blois.
(*a*) Et en conséquence institution d'héritier étoit nécessaire,

& tout ce qui eſt requis en droit pour la forme du teſtament : & d'autre part le teſtateur pouvoit librement diſpoſer de tous biens propres, comme des acquêrs & meubles, ſauf la légitime, ſuivant cette regle tirée des 12 Tables : *Quiſquis uti rei ſuæ legaſſit, ità jus eſto.*

Telle eſt encore la diſpoſition de la Coutume de Berry, que cependant La Thomaſſiere dit avoir été introduite lors de la rédaction de cette Coutume, en 1539, ſeize ans après la nôtre, par le Préſident Lizet, grand amateur du Droit Romain.

Si toutes nos Coutumes euſſent été rédigées par les mêmes Commiſſaires, combien auroient-elles moins entr'elles de différences qui ont été & qui feront toujours la ſource d'une infinité de procès ?

Combien auſſi feroit-il à ſouhaiter, puiſque la beſogne étoit partagée, qu'on y eût procédé avec moins de précipitation ; qu'un ſtyle dont nous peſons aujourd'hui chacun des termes, eût été correct & châtié ; & que quand on introduiſoit un nouveau droit, on eut bien ſenti tout ce qui par ſuite devoit être également changé & réformé ?

CHAPITRE X.

Des Succeſſions.

ARTICLE XXII.

P AR ladite Coutume repréſentation en ligne directe & collatérale a lieu & s'étend ſelon la forme de droit écrit & non plus (*a*) : & a lieu ſeulement entre roturiers (*b*).

(*a*) Voyez Saint-Aignan 19, *Note* (*a*)

(*b*) Pour la collatérale s'entend, la repréſentation en directe ayant également lieu pour les Nobles, ſuivant la réformation portée en l'Article 139 de la Générale.

COUTUMES
LOCALES
DE LA BARONNIE DE LA RUE-D'INDRE,

Etant ès Fauxbourgs de la Ville de Châteauroux & des Châtellenies & Justices étant tenues en foi & hommage & ressorts d'icelle.

LOrs de la rédaction de notre Coutume, les Seigneuries de Châteauroux & de la Rue-d'Indre étoient possédées (& probablement par indivis) par deux différens Seigneurs, Dame Françoise de Maillé, & Messire Hardouin de la Tour, qui furent appellés, & comparurent.

Lorsqu'il fut question des dispositions locales de la Rue-d'Indre, le Sieur de la Tour s'opposa, & prétendit qu'en ladite Baronnie il n'y avoit aucunes Coutumes locales, mais qu'elle se gouvernoit selon la Coutume du Bailliage de Blois; & Me. Denis Dupont, pour la Dame de Maillé, prétendit au contraire qu'il y avoit esdits lieux Coutumes locales.

Le procès-verbal nous dit encore que comparurent, pour le Seigneur de Villegongis & son Juge, Etienne Billard, leur Procureur, qui ont déclaré que la Seigneurie de Chezelles appartient à la dame de Villegongis, & qu'ils n'ont autres Coutumes locales que celles de la Baronnie de la Rue-d'Indre, conformes aux Coutumes de la Baronnie de Châteauroux; & qu'au reste les Coutumes de ladite Baronnie de la Rue-d'Indre sont conformes aux Coutumes générales du Bailliage de Blois.

Mais lors de la rédaction & réformation des Coutumes de Berry, faite en 1539, c'est-à-dire seize ans après, l'Avocat & le Procureur du Roi au Bailliage de Blois, comparurent en personnes, & fut par eux remontré que les Baronnies, Châtellenies & Seigneuries de Levroux, la Rue-d'Indre, Saint-Gildas, Vineuil, Villegongis, Villers, Fief & Seigneurie de Chezelles & Treuillant étoient en & au-dedans du Bailliage & Comté de Blois, tenues en plein fief & arriere-fief d'icelui, tant en domaine, justice, ressort, que suzeraineté, & comme tels avoient les Seigneurs & habitans desdits lieux été appellés à la rédaction des Coutumes de Blois, selon lesquelles ils étoient régis & gouvernés, & qu'induement les Seigneurs & sujets demeurans esdits lieux, avoient été appellés à la rédaction & réformation des Coutumes de Berry, auquel dire par ledit de la Tour, l'un des Seigneurs & Barons de Châteauroux, fut adhéré, & davantage par lui allégué aucuns Arrêts de la Cour de Parlement, par lesquels lesdits lieux avoient été déclarés du ressort du Comté & Bailliage de Blois.

L'Avocat & le Procureur du Roi & de la Reine de Navarre, Duchesse de Berry, & Artus, Procureur desdits Seigneurs & Dame au Siege d'Issoudun, & d'Aumont, l'un desdits Barons de Châteauroux, (apparemment l'héritier ou ayant droit de la Dame de Maillé) dirent au contraire que lesdits lieux étoient au Duché-Bailliage & ressort de Berry; d'iceux ressortissoient les appellations pardevant le Bailli de Châteauroux, & dudit Bailli pardevant le Bailli de Berry au Siege royal d'Issoudun, de tel temps qu'il n'étoit mémoire du contraire; & quant à l'Arrêt allégué, qu'il n'étoit que provisionnel, & ladite Baronnie de Châteauroux étoit tenue à devoir, foi & hommage du Roi, à cause de son Duché de Berry; que si aucuns des habitans desdits lieux avoient comparu à la rédaction & réformation des Coutumes du Comté de Blois, la Reine de Navarre ni ses Officiers n'avoient été oüis ni appellés, & par cette raison étoient tenus lesdits Seigneurs & habitans desdits lieux de comparoir à la rédaction des Coutumes de Berry.

Sur quoi fut ordonné par les Commissaires que les parties mettroient par devers eux par un bref plumitif leur dires, causes & raisons, & ledit de la Tour les Arrêts par lui allégués, pour au Lundi prochain être ordonné ce que de raison, ou en être fait rapport en la Cour.

Et ledit jour Lundi suivant les Commissaires ne jugerent pas à propos de faire droit sur l'incident, mais dirent qu'ils en feroient leur rapport en la Cour, pour être par elle ordonné ce qu'il appartiendroit : & cependant sans préjudice des droits de ressort il seroit procédé à la rédaction des Coutumes génerales de Berry,

fans entendre y comprendre les terres & Seigneuries conten-
tieufes , & pourroient lefdites parties produire plus amplement,
fi bon leur femble, depuis le lendemain de la Saint-André.

Et depuis, par l'Arrêt d'homologation defdites Coutumes de
Berry, en date du 8 Juin 1540, les parties furent appointées à
écrire plus amplement, & à informer refpectivement de leurs faits
tant par lettres que par temoins.

Il ne paroît pas que ce procès ait jamais été jugé.

Par Lettres-Patentes données à Blois, au mois de Mai 1616,
le Marquifat de Châteauroux, les Baronnies, Juftices & reffort
de la Rue-d'Indre, les Baronnies & Villes de la Châtre & autres
Seigneuries ont été réunies & érigées en Duché-Pairie, fous le
nom de Châteauroux, en faveur de Henri de Bourbon , Prince
de Condé, fes hoirs & fucceffeurs du nom, famille & maifon de
Bourbon, pour les tenir à une foi & hommage de la Couronne,
fous le reffort du Parlement de Paris.

Les Officiers du Bailliage de Blois & ceux d'Iffoudun forme-
rent oppofition à l'enregiftrement de ces Lettres, & interjetterent
appel de la Sentence des Préfidiaux de Bourges, par laquelle, en
enregiftrant lefdites Lettres, ils avoient ordonné que les appellations qui feroient interjettées du Bailli de ladite Pairie, hors
les cas ordinaires, feroient relevées audit Siege Préfidial.

Cette inftance d'abord inftruite au Parlement de Paris, fut évo-
quée au Confeil, & renvoyée au Parlement de Dijon. Monfieur
le Prince avoit offert d'indemnifer les Officiers de Blois & d'Iffoudun ; ces Officiers difoient que leurs oppofitions n'étoient *à
fin de récompenfe* , mais pour empêcher la diftraction de reffort.
L'Arrêt du Parlement de Dijon, du 27 Juin 1626, les débouta
de leur oppofition, fauf leur indemnité : & fur l'appel de la Sentence des Préfidiaux de Bourges, joint la déclaration de Monfieur
le Prince qu'il n'entendoit la défendre, les parties furent mifes
hors de Cour.

Cette érection en Pairie , & cet Arrêt n'enlevoient point aux
Officiers d'Iffoudun ni à ceux de Blois les cas royaux, ni au Préfidial de Blois le premier ni le fecond chef de l'Edit, pour ce
qui étoit dans fon reffort.

Le Roi Louis XV, le 26 Décembre 1736, a fait l'acquifition
de ce Duché de M.   de Bourbon, Comte de Clermont.
En 1740, il a établi un Siege royal, reffortiffant nuement en Parlement, fauf le premier chef de l'Edit des Préfidiaux. En 1743
le 21 Octobre, il en fit don à Dame Marie-Anne de Mailly ,
veuve de M. le Marquis de la Tournelle , par le décès de laquelle

fans hoirs mâles, le 9 Décembre 1744, il eſt revenu à la Couronne.

Avant l'établiſſement d'un Siege royal à Châteauroux, les Châtellenies de Levroux & Bouges, ſous le reſſort de la Rue-d'Indre, venoient encore à Blois pour les cas royaux, mais dès auparavant la Rue-d'Indre avoit ceſſé d'y venir pour les mêmes cas & même pour l'appel au premier chef de l'Édit.

Bien plus : ſur quelques difficultés que je me ſuis faites en interprétation d'aucuns Articles de la Rue-d'Indre, le Procureur du Roi de Châteauroux, à qui je m'adreſſai pour ſavoir l'uſage, me fit cette réponſe en 1764.

« Depuis la rédaction de notre Coutume de Berry, & encore
» plus particulierement depuis l'érection de Châteauroux en Du-
» ché-Pairie, les anciennes Coutumes de la Rue-d'Indre, Villers,
» Villegongis, Chezelles & Vineuil ſont tombées en déſuétude.
» Ces paroiſſes ont été diſtraites du Comté de Blois, unies &
» incorporées au Duché-Pairie de Châteauroux, & ont été conf-
» tamment régies par la Coutume de Berry, & les appellations
» portées au Préſidial de Bourges. Il n'y a que Levroux, Bau-
» dre & Bouges qui ſoient reſtés ſous la Coutume de Blois, &
» dont les appellations reſſortiſſent au Préſidial de Blois ».

Cependant le ſieur Baffet, Notaire à Levroux, vient de m'aſſurer (1769) qu'il en eſt de même à Villegongis, que même on y ſuit la Locale de la Rue-d'Indre, & dans ſon ſilence la Coutume de Blois ; qu'il y a environ douze ans, le ſieur Gaiſnier des Portes eut un procès avec un de ſes colons de la paroiſſe de Vineuil, qui fut porté en premiere inſtance à Villegongis, par appel à Châteauroux, & de Châteauroux au Préſidial de Blois.

Cette Terre de Villegongis a été érigée en Marquiſat en 1767. La Juſtice s'étend dans les paroiſſes de Vineuil, Chezelle & de Villers. Dans celle de Vineuil eſt le fief de Treuillant.

Depuis la réponſe du Procureur du Roi de Châteauroux, j'ai prié le Procureur-Fiſcal de Levroux de vouloir bien faire de nouvelles informations ſur cette déſuétude de la Locale de la Rue-d'Indre. J'en ai reçu cette réponſe le 29 Juin 1768.

« Pluſieurs Procureurs de Châteauroux m'ont aſſuré que l'on
» ſuit toujours les diſpoſitions de la Locale de la Rue-d'Indre,
» & dans ſon ſilence la Générale de Blois ; d'avoir même vu in-
» firmer il y a dix à douze ans un teſtament, parce que les
» formalités preſcrites par la Générale de Blois n'avoient point
» été obſervées. Mais deux Avocats m'ont dit le contraire que
» la Locale de la Rue-d'Indre étoit tombée en déſuétude, qu'ils

» en

» en avoient plufieurs exemples, nommément en un exploit de
» retrait lignager, formé depuis peu contre M. de Chandaire,
» Confeiller à Châteauroux, dans lequel les termes textuels de
» la Coutume de Blois n'avoient point été employés, à raifon de
» quoi il le foutenoit nul, mais que depuis il avoit acquiefcé,
» parce que les formalités de la Coutume de Berry avoient été
» obfervées ».

Il eft certain que ces deux exemples prouvent peu : le premier
m'eft fufpect, la Coutume de Blois ne preferit aucunes formalités
pour les teftamens, on n'y connoit que celles de l'Ordonnance.
D'autre part : la nullité propofée par le fieur de Chandaire, contre l'exploit de retrait, pouvoit être frivole, & ne pas mériter
plus d'attention dans la Coutume de Blois que dans celle de Berry.

Cependant ce qui me fait croire la défuétude eft 1°. la conteftation formée pour le reffort & la coutume, lors de la réformation de celle de Berry. 2°. Que perfonne n'a mémoire, qu'a-
vant l'établiffement d'un Siege royal à Châteauroux, le Bailli de
Blois eût la connoiffance des cas royaux à la Rue-d'Indre. 3°.
Qu'avant ni depuis cet établiffement il ait été porté au Préfidial
de Blois aucun appel entre parties de la Rue-d'Indre.

J'ajouterai avoir été fréquemment confulté par des perfonnes
de Levroux, & ne l'avoir pas été une feule fois, dans l'efpace de
plus de 35 ans, par qui que ce foit de la Rue-d'Indre, foit fur
le fens de fa Locale, foit fur la difpofition de celle de Blois.

Nonobftant cette défuétude à la Rue-d'Indre tant de fes Locales que de la Générale de Blois, j'ai cru, ne fût-ce qu'à raifon
de Villegongis, devoir remarquer en quoi ces Locales & la Générale différoient.

On trouvera d'ailleurs dans ces Coutumes de la Rue - d'Indre
plufieurs difpofitions de notre ancien droit coutumier, qui dans
certains cas fuppléent encore au filence de la Générale, ou bien
aident à fon Interprétation, & fur lefquelles nous avons fait des
obfervations intéreffantes, qui ne pouvoient bien avoir place
que là.

Bb

CHAPITRE PREMIER.

De Retrait Lignager.

ARTICLE PREMIER.

PAR la Coutume celui qui retrait l'héritage vendu par son lignager est tenu de présenter à l'acheteur devant le Juge de la chose vendue (*a*) les deniers de ladite vente (*b*), & offrir de payer les loyaux impenses & frais à l'arbitre & taxation du Juge : *aliàs* ledit acheteur auroit congé & dépens contre lui.

(*a*) D'où il suit qu'en cette Locale le retrait est réel.
(*b*) Voyez l'Article 3 ci-après.

ARTICLE II.

Et avant qu'aucun soit recevable à retraire l'héritage vendu par son lignager, il convient que ce soit héritage qui soit tombé en succession (*a*), & advenu par succession (*b*) à son lignager vendeur ; qu'il soit parent de l'estoc (*c*) dont meut ledit héritage ; & qu'il

(*a*) Si ce n'est qu'il appartint au vendeur à titre d'échange d'un propre de la ligne du retrayant.
(*b*) Ces mots pourroient faire appliquer à cette Locale l'Arrêt du 19 Mars 1756, rendu en la Coutume d'Amiens. Voyez Article 193 la Note (*c*), *n.* 5.
(*c*) Ce mot ne signifie, comme en la Générale, *Article 193*, que la nécessité d'être parent de l'acquéreur & non d'en descendre ; & même notre Article, dont le sens est aisé à prendre, peut

y ait vente pure & abfolue (*d*), ou contrat équipol-
lant à icelle , car en matiere d'échange (*e*) & d'autres femblables retrait lignager n'a lieu.

avoir aidé à l'interprétation dudit Article 193, lors de l'Arrêt au
profit de Belon.

(*d*) Ce qui n'empêche pas que le retrait n'ait lieu en vente à
réméré , comme il eft porté en l'Article 206 de la Générale. Ces
mots, *vente pure & abfolue*, n'étant ici , comme le prouve la fin
de l'Article , que par oppofition aux donations, baux à rentes &
échanges où le retrait n'a pas lieu.

Cependant je doute que le retrait puiffe être exercé tant que
dure la grace.

(*e*) Ce qui doit s'entendre , comme en l'Article 203 de la Générale , du pur échange, & non de celui où la foulte excede
la moitié de la valeur de l'héritage.

Article III.

S'il advient que le contrat de vente foit inconnu au
retrayant, ou qu'il ignore le prix qu'a été vendu l'héritage par fon lignager, & l'affirme par ferment, il
fuffit qu'il offre à la premiere journée devant ledit
Juge une piece d'or ou monnoie, en offrant de parfaire
le prix à l'acheteur qu'il aura baillé pour ledit héritage vendu avec les frais & coûtemens, & vaudra ladite offre.

Voyez les Notes (*b*) & (*d*) fur l'Article 10 de Vatan : mais
je ne crois pas qu'à la Rue-d'Indre, il foit néceffaire de configner une feconde piece de monnoie pour les loyaux coûts.

Article IV.

Et fi l'acheteur refufe de prendre les deniers, l'on
doit configner la fomme ès mains du Juge (*a*), & en

(*a*) Cette Note fe trouve page fuivante.

ce faifant l'on gaigne les fruits qui écherront pendant
le procès. Et qui ne configne les deniers, ou fait offre
de les configner en jugement au cas contenu au précédent article, l'on perd les fruits.

(*a*) *Meliùs* ès mains de Juftice, & c'eft en celles du Greffier que
telle confignation fe doit faire, & non en celles du Receveur des
confignations ou fes prépofés, par la raifon qu'encore que celle
confignation fe faffe fur le refus de l'acquéreur de recevoir, à
la différence de celle qui fe fait fuivant l'Article 194 de la Générale, néanmoins elle doit fe faire *in inftanti*, pendant l'Audience.
Voyez fur cette confignation la Note (*b*), fur ledit Article
194.

CHAPITRE II.

Des Droits Féodaux.

ARTICLE V.

Tout Seigneur féodal (*a*) a droit de prendre la
chofe féodale vendue, permutée, échangée (*b*), ou autrement aliénée (*c*) par fon Vaffal en la Baronnie de
Châteauroux (*d*) & fes appartenances, pour les deniers
qu'elle aura été vendue ou aliénée, ou de prendre le

(*a*) Châtelain ou autre, en quoi differe de la Générale, *Article 18.*

(*b*) Ceci, quant au retrait, ne doit être entendu que de l'échange
mêlé de vente, & où la vente eft la partie prépondérante, ce qui
réfulte des termes ci-après, *pour les deniers qu'elle aura été vendue ou
aliénée*, qui ne peuvent s'appliquer au pur échange.

(*c*) Par acte équipolent à vente, & non à titre gratuit.

(*d*) *Meliùs* de la Rue-d'Indre de Châteauroux.

droit de rachat (*e*) qui eſt de la valeur des fruits d'une année que (*f*) vaut ladite choſe féodale vendue, au choix & élection (*g*) dudit Seigneur féodal.

(*e*) Ainſi le quint n'a pas lieu dans cette Locale, ni même le douzieme, mais, comme en Dunois, ſeulement le revenu d'une année.

(*f*) De ces mots, *de la valeur que vaut*, j'inférerois que le Seigneur eſt libre de ne point prendre ce rachat en nature, & qu'il doit lui être offert l'option des trois choſes portées en l'Article 3 de Dunois.

(*g*) Pour faire ce choix entre le rachat ou le retrait, le Seigneur a le même temps porté par l'Article 9 pour les choſes cenſuelles.

ARTICLE VI.

Et ſi ladite choſe féodale eſt vendue en main roturiere (*a*) & d'homme non noble, ledit Seigneur féodal peut contraindre l'acheteur à mettre hors de ſa main ladite choſe, & la mettre en main noble, ou la prendre pour les deniers. Et ſe fera ladite contrainte par caption de la choſe féodale, ſaiſie en la main dudit Seigneur féodal, qui en jouira juſqu'à ce que la choſe ſoit miſe hors de main roturiere.

(*a*) Les Edits de 1656 & de 1672, qui permettent aux roturiers de poſſéder fiefs, en payant la finance appellée *francs-fiefs*, dérogent à toutes Coutumes contraires.

Avant ces Edits, l'Article devoit être ſtrictement renfermé dans le cas de vente, & non lorſque le fief venoit au roturier par ſucceſſion ou donation.

ARTICLE VII.

Semblablement quand la choſe féodale vient par ſucceſſion ou autrement en hoir de quenouille (*a*), ledit

(*a*) On trouvera cette Note à la page ſuivante.

Seigneur féodal prend fur le fief & chofe féodale, le droit de rachat, qui eft des fruits dudit fief d'un an.

(*a*) Par fucceſſion directe ou collatérale, foit que la fille foit mariée ou non.

Idem par donation ou legs.

Mais fi le fief vient à un mâle, même par fucceſſion collatérale, il n'eft rien dû.

Idem de la donation faite *fucceſſuro*.

ARTICLE VIII.

Et y a trois cas èfquels le Vaſſal confifque fon fief par la Coutume. Le premier, s'il machine la mort, ou met la main en fon Seigneur féodal. Le fecond, s'il fait qu'aucun la machine, ou qu'il befogne contre fes vie & honneur, & ne lui fait favoir : & le tiers, s'il connoît charnellement fa femme ou fa fille.

Cet Article n'a rien que de conforme au droit commun.

CHAPITRE III.

Des chofes cenfuelles.

ARTICLE IX.

TOUT Seigneur cenfier (*a*) a droit de retenue, & peut prendre la chofe cenfuelle pour les deniers qu'elle aura été vendue, ou prendre le droit de rachat (*b*) qui

(*a*) En quoi differe de la Générale, qui ne le donne pas même au Châtelain.

(*b*) Cette expreſſion eft ici employée pour *les ventes*, ce qui eft particulier à cette Locale.

eſt de vingt deniers tournois pour livre au choix & élection dudit Seigneur cenſier : Et a ladite élection juſqu'à ce que le contrat de vente lui ſera notifié (*c*). Et après ladite notification a l'an & jour pour délibérer s'il prendra ladite choſe vendue pour les deniers, ou ſon droit de rachat qui eſt de vingt deniers tournois pour livre comme dit eſt.

(*c*) Et par cette raiſon il n'eſt point dû d'amende, faute de no‑ tification.

Article X.

Et peut ledit Seigneur cenſier contraindre par chacun an ledit détenteur de la choſe cenſuelle à lui payer les cens conſtitués ſur icelle. Et s'il eſt négligent par dix, vingt, trente ou quarante ans de lever (*a*) ledit droit de cens annuel, il ne le peut contraindre ſon tenancier à lui payer arrérages, fors de trois ans qui précéderont l'an qu'il intentera ſon action & pourſuite (*b*) : lequel droit & devoir de cens ne peut être preſcrit par les te‑ nanciers de la choſe cenſuelle par quelque temps qu'ils ſoient exempts de payer.

(*a*) Il ſembleroit ſuivre de ce mot que le cens eſt requérable en cette Locale, mais il faut dire le contraire, puiſqu'il arrérage juſqu'à trois ans.

Il differe donc du cens ordinaire en ce qu'il n'eſt pas payable à jour nommé, à peine d'amende : mais il differe du cens à queſte en ce qu'il arrérage, & en ce que le Seigneur, pour en avoir payement, peut intenter action *rectà vià*, ſans réquiſition préa‑ lable.

(*b*) Ce qui exclut la voie d'empêchement, autrement ſaiſie de l'héritage.

ARTICLE XI.

Et touchant les chofes féodales & cenfuelles étans
ès mains des gens d'Eglife, ils peuvent jouir des droits
de rachats ; & par la coutume n'ont aucun droit de
retenue des chofes féodales & cenfuelles (*a*) qui font
venues d'eux.

(*a*) Et cependant ne leur eft dû que 20 deniers pour livre, &
non pas vingt-quatre, comme à Vatan.

CHAPITRE IV.

De Succeſſions.

ARTICLE XII.

LE fils aîné pour fon droit d'aîneſſe prend (*a*) le
maître hôtel, fort ou place, s'il y en a pluſieurs : &
femblablement l'hôtel, s'il n'y en a qu'un, & le vol
d'un chapon tout au tour le maître fief (*b*), & le principal homme ferf (*c*) : & le furplus de l'hérédité fe
divife par égale portion (*d*) entre lui & fes autres cohéritiers.

(*a*) En chacune fucceſſion s'entend, *fecùs* en Dunois 10, à
Romorantin 4, à Saint-Aignan 14, à Tremblevif 2.
(*b*) *Meliùs* hôtel.
(*c*) Romorantin 2. *Idem.*
(*d*) En quoi diffère de la Générale, & eft femblable à Romorantin 2, Saint-Aignan 14, Levroux 4, &c.

ARTICLE

Article XIII.

* En fucceffion collatérale les fucceffions fe divifent *per capita* & égale portion, & n'y a aucun droit d'aîneffe : & y fuccede la femelle (*a*) comme le mâle.

Nonobftant ce qui eft dit au procès-verbal, l'Article a fon exécution.

(*a*) En quoi differe de la Générale, *Article 152*, & eft femblable à Saint-Aignan 18, Levroux 5,

Article XIV.

* Qu'entre homme & femme nobles, mariés enfemble, le furvivant gaigne les meubles (*a*), à la charge de payer les dettes : & fous icelle charge a l'adminiftration des enfans mineurs.

(*a*) Ce qui a été réformé pour l'avenir, comme en la Générale. *Voyez le procès-verbal.*

Article XV.

En mariage defdits nobles il y a par la Coutume douaire coutumier, qui eft de l'ufufruit de la moitié de la chevance (*a*) du mari : & douaire convention-

(*a*) Ce mot qui fignifie proprement *l'avoir* du mari, me paroît devoir être entendu conformément à la Coutume de Berry, qui porte, *titre 8*, *Article 11*, que fi par le contrat de mariage il n'y a douaire conftitué à la femme, elle doit avoir, fi elle furvit, l'ufufruit de la moitié de tous & chacun les héritages & biens-immeubles, appartenans à fon mari au temps de fon décès, exceptés les conquêts faits durant le mariage.

L'Article 338 de Tours, pour le douaire de la femme du roturier, eft femblable, & le douaire y diminue par l'aliénation que le mari fait de fes propres. Mais fi la femme renonce à la communauté, fon douaire s'étend fur les conquêts. *Voyez Palu.*

C c

nel, lequel à lieu s'il n'excede (*b*) ledit douaire coutumier.

(*b*) Au cas qu'il excede, il n'eſt que réduĉtible.

1. De cette prohibition de conſtituer douaire préfix plus fort que le coutumier, ſuit 1°. que don par contrat de mariage & douaire coutumier ne peuvent avoir lieu enſemble, mais bien don & douaire préfix, pourvû qu'enſemble ils n'excedent le douaire coutumier. 2°. Que le don eſt de même réduĉtible, lorſqu'il excede la valeur du douaire coutumier. Ainſi dans cette Locale fille noble qui ſe marie, jouit bien de toute la liberté que laiſſe l'Article 160 de la Générale de gratifier ſon futur époux, mais le futur ne peut pas de même faire à ſa future donation de tous biens.

2. Notre Article, en établiſſant un douaire coutumier pour les nobles, le refuſe tacitement à la femme du roturier : mais peut elle en avoir un préfix ?

La raiſon de douter ſe tire de ce que pour les nobles le préfix ne peut excéder le coutumier, d'où il ſemble ſuivte que n'y en ayant aucun coutumier pour les roturiers, on ne peut en établir un préfix, faute de thême pour le régler.

Mais le douaire eſt trop favorable, pour tirer par induĉtion des termes de la loi une prohibition qu'elle n'a point expreſſément prononcée.

Ainſi la femme du roturier ne pourra prétendre douaire coutumier, mais rien n'empêche qu'il ne lui en ſoit conſtitué un préfix, pourvû qu'il n'excede pas le douaire coutumier de la femme noble.

De cette condition ſuit que la femme du roturier ne peut auſſi, comme la noble, avoir don & douaire préfix, ſi enſemble ils excedent le douaire coutumier de la noble.

Article XVI.

Donations mutuelles (*a*) faites *inter virum & uxorem conſtante matrimonio, non exiſtentibus liberis* (*b*) valent (*c*) par la Coutume de ladite Baronnie.

(*a*) Des biens de la communauté ſeulement, comme en la Générale, *Articles 162 & 163*.

(*b*) & (*c*). Ces deux Notes ſe trouvent page ſuivante.

(*b*) Soit de leur mariage ou autre, comme Berry. Mais il ne fait rien qu'il y en eût de vivans au temps de la donation, s'ils n'exiftent plus à la diffolution du mariage. Voyez la Thomaffiere, fur l'Article 3 du titre 8 de Berry.

(*c*) Même en pleine propriété.

Cette donation ne porte point d'obftacle au douaire de la femme, nonobftant ce qui a été dit fur l'Article précédent : par la raifon que le don mutuel, comme dit Dumoulin, *propriè donatio non eft*, & que d'ailleurs il ne porte point fur les biens fujets au douaire.

Notre Locale differe de la Générale, *Articles 162 & 163*, au refpect des conjoints nobles, en ce qu'ils ne peuvent ici au cas d'enfans fe faire don ni pour la propriété, ni pour l'ufufruit : & au refpect des conjoints roturiers, en ce qu'ils ne peuvent au même cas d'enfans, foit du mariage ou autre, fe donner pour l'ufufruit.

ARTICLE XVII.

Donation faite par aucun entre-vifs *liberis non exiftentibus*, vaut en laiffant aucune chofe au droit héritier, & *potiſſimè* quand elle eft confirmée par teftament.

Il ne fuit pas de cet Article que ceux qui ont enfans ne puiffent faire donation entre-vifs de leurs biens, foit à aucuns d'eux, foit à étrangers, mais feulement qu'ils ne peuvent faire donation qui bleffe la légitime defdits enfans.

Mais *quid* de ceux qui n'ont point d'enfans ? peuvent-ils faire donation entre-vifs de tous biens fans diftinction de propres ou d'acquêts ? Eft-il néceffaire de la confirmer par teftament ? Que doit-on laiffer aux héritiers légitimes, & comment ?

Quant à la premiere queftion, on pourroit dire que les roturiers dans cette Locale font affujettis à la reftriction établie par l'Article 167 de la Générale ; que pour les y fouftraire, il eût fallu une oppofition de leur part, ou que le préfent Article portât faculté plus précife qu'il ne fait de difpofer indéfiniment de tous biens.

La réponfe eft que la liberté de difpofer entre-vifs de tous biens, pour ceux qui n'ont point d'enfans, eft de droit commun ; que fi notre Locale eût embraffé la reftriction de l'Article 167, il eût fallu supprimer le préſent Article, qui ne peut ſe concilier avec cette reſtriction.

Auſſi m'a-t-on aſſuré qu'à la Rue-d'Indre, les donations entre-vifs, entre roturiers comme entre nobles, ſont admiſes ſans aucune réſerve de propres, ce qui d'ailleurs eſt conforme à la Coutume de Berry.

Quant à la ſeconde queſtion : le mot *potiſſimè* n'a jamais établi néceſſité de la confirmation par teſtament. D'ailleurs ſuivant l'Ordonnance du mois de Février 1731, toute donation entre-vifs, à l'exception de celles par contrat de mariage, ne peut contenir que les biens préſens, & doit être accompagnée de tradition, le donateur ne doit nullement demeurer libre de donner aucune atteinte à ſa libéralité, & conſéquemment eſt également ſans droit pour la confirmer.

Quant à la troiſieme, je croirois, vu que l'Article dans ſa premiere partie n'a eu pour objet que la légitime des enfans, qu'il a ſeulement voulu établir dans la ſuite par ces mots, *en laiſſant aucune choſe au légitime héritier*, qu'il n'eſt pas dû de légitime aux collatéraux.

Cependant l'Article veut qu'il lui ſoit laiſſé quelque choſe : mais en quoi conſiſte ce qui doit lui être laiſſé, & en quelle forme le lui doit-on laiſſer ? Faut-il l'inſtituer héritier au moins pour cinq ſols ?

Inſtitution n'a point lieu dans la Coutume de Blois, elle n'a point lieu non-plus, ou du moins n'eſt point néceſſaire dans celle de Berry.

D'ailleurs ſi ce qui doit être laiſſé à l'héritier devoit l'être par inſtitution teſtamentaire, il ſuivroit que la validité de la donation entre-vifs dépendroit de cette inſtitution, ce que l'Article n'exige pas, & ce que l'Ordonnance a même abrogé, comme contraire à la nature de ces ſortes de donations.

J'eſtime donc que l'obligation de l'Article ſe trouve aujourd'hui ſuffiſamment remplie, à raiſon de ce que la donation ne peut porter que ſur les biens préſens; ou ſi elle eſt faite par contrat de mariage de tous biens préſens & à venir, qu'il ſuffit que le donataire ſoit chargé de payer une ſomme, quelque modique qu'elle ſoit, ne fût-ce que cinq ſols, au droit héritier du donateur.

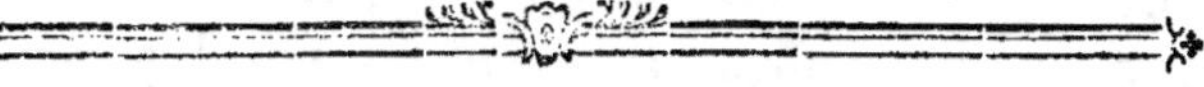

CHAPITRE V.

*De la forme de succeder entre personnes franches, bour-
geois, eximées & abonnées des lieux de servitude* (a),
*& qu'ils ont faculté de succeder les uns aux autres &
disposer de leurs biens & autrement.*

(*a*) Voyez la Note (*b*) sur l'Article 2 de Romorantin.

ARTICLE XVIII.

LESDITES personnes succedent les uns aux autres *per
capita* (*a*), tant en succession collatérale qu'autre (*b*),
& leur est permis de tester & disposer de leurs biens par
donation mutuelle, quand ils n'ont enfans (*c*) ou autrement (*d*) à qui bon leur semble : aussi peuvent faire
tous contrats, ventes & aliénations de leurs biens tant
meubles qu'immeubles.

(*a*) C'est-à-dire sans d'aînesse.
(*b*) Ces deux mots sont omis dans toutes les Editions *in-12*, &
même dans l'original, mais il ne faut pas moins les suppléer,
comme on a fait dans l'Edition générale des Coutumes.
(*c*) Comme il est dit sur l'Article 16.
(*d*) Même entre-vifs, comme en l'Article 17.

ARTICLE XIX.

Item, iceux main-mis ne peuvent succeder à leurs
lignagers qui sont serfs (*a*) à eux (*b*), mais est de né-

(*a*) Par la raison que la succession desdits serfs appartient au
Seigneur.
(*b*) Ces deux mots, qui se trouvent en l'original, ne me pré-

ceſſité qu'ils ſoient de condition franche comme eux, avant qu'ils puiſſent ſucceder les uns lignagers aux autres.

ſentent aucun ſens raiſonnable, à moins qu'ils ne ſignifient *comme eux ont été.*

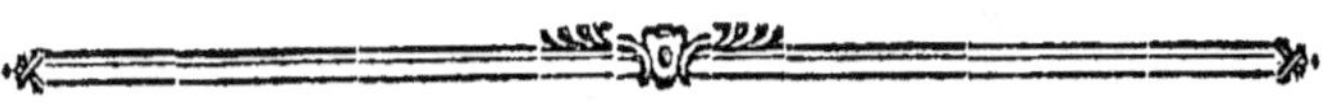

CHAPITRE VI.

De Prinſe de Bêtes.

ARTICLE XX.

TOUT homme de bonne renommée & d'honnête vie & converſation (*a*), en prinſe de bêtes (*b*), eſt cru de la prinſe, en affirmant par ſon ſerment qu'il a veu ou prins leſdites bêtes en ſon danger (*c*), lui fai-

(*a*) Toutes ces qualifications ſont accordées à quiconque n'a point été noté par jugement.

(*b*) Et non pour avoir vu & trouvé les perſonnes, en quoi diffère de la Générale, *Article* 219, mais en quoi me paroît plus conforme à la raiſon. Taxer une perſonne d'avoir fait dommage en un héritage, ſi c'eſt à deſſein, c'eſt ou l'accuſer de vol, ou du moins d'avoir fait le mal pour le mal.

Or une accuſation de cette eſpece, & ſi différente de celle en priſe de bêtes ſans garde faiſant dommage, ne ſembloit pas devoir être jugée ſur la ſimple affirmation de celui qui dit avoir ſouffert le dommage. Il eſt plus ſage, ſi la nature du fait ſuppoſe du deſſein, d'exiger témoins; & même, lorſqu'il ne s'agit pas d'un léger dommage, d'exclure l'action civile, & de n'admettre que l'extraordinaire, comme fait cette Locale, *Article* 22.

(*c*) Ce mot ne ſignifie proprement que dommage, & n'eſt ici qu'un pléonaſme.

fant dommage ; & par cette feule affirmation eft décidée ladite matiere par le Juge, pourveu que par le demandeur foit dit & propofé, qu'il a fait ladite prinfe puis quinze jours, eu regard à la dénonciaticn (*d*).

(*d*) Cette dénonciation n'eft qu'un rapport fait devant le Juge, avec affirmation, laquelle ne doit être faite que partie préfente ou appellée. *Vatan 13, la Ferté-Imbault 7.*

A R T I C L E   XXI.

Et convient après la condamnation (*a*) faite par le Juge, pourfuivre (*b*) les dommages & les prouver par témoins (*c*) : *aliás* iceux dommages ne feront payés.

(*a*) Ceci ne doit être entendu que de la dénonciation à Juftice, & affirmation.

(*b*) Par action que je crois devoir être formée dans les 30 jours de la prife & non de la dénonciation ou rapport à Juftice.

(*c*) Mais fans témoins, le demandeur ne doit pas moins en être cru jufqu'à cinq fols, autrement la difpofition de l'Article précédent feroit vaine.

A R T I C L E   XXII.

Et quant à autres dommages donnés (*a*) en biens ou à perfonnes, il les convient pourfuivre par fimple action, quand c'eft fimple dommage, & le prouver par témoins ou autres légitimes preuves (*b*) : excepté ès délits énormes où il y a grands excès, efquels éfcherroit grande punition (*c*), où il eft procédé par procédure extraordinaire felon l'exigenee des cas.

(*a*) Autrement que par les bêtes.

(*b*) Mais non par la fimple affirmation de celui qui fait la prife.

(*c*) Il fuffit que le cas requiere punition corporelle ou infamante, pour que le procès doive être inftruit à l'extraordinaire.

CHAPITRE VII
Defpenfe faite en Tavernes publiques.
ARTICLE XXIII.

TOUT Tavernier public peut de lui-même arrefter (*a*) ceux qui ont fait defpenfe en fon Hoftel, & ne veulent payer, & leur donner l'arreft en la peine de foixante fols ; & fi les arreftés s'en vont par deffus l'arreft, ils enfraignent & efchéent en la fomme, comme fi led. arreft étoit fait par un fergent.

(*a*) Cette Locale, comme on voit, ne borne pas le tavernier au droit de retenir gage, elle l'autorife de plus à mettre arrêt fur la perfonne même ; & fi au préjudice le débiteur s'évade fans payer, il encourt l'amende de 60 fols.

Ceci fondé fur ce que la taverne étant un lieu public, il n'a pas été libre de refufer celui qui a fait la dépenfe.

Mais quoi qu'on puiffe dire pour juftifier cette difpofition, il eft plus raifonnable de borner le droit du tavernier aux hardes de celui qui a fait la dépenfe.

Je penferois que ce droit de mettre arrêt fur la perfonne, n'auroit pour objet que de la contraindte à donner gage volontairement, & éviter l'indécence de la dépouiller forcément, & même ce droit d'exiger gages, ne doit avoir lieu que contre les paffans & étrangers : Pothier, fur l'*Article 134 de Bourlonnois.* Enfin le tavernier ne doit en ufer que de maniere qui ne bieffe point les devoirs de l'humanité. Voyez Buridan, fur l'*Article 195 de Rheims*, qui rapporte un Arrêt par lequel un cabaretier à Montoire fut aumôné, pour avoir pris le jufte-au-corps d'un paffant, qui fut trouvé le lendemain mort de froid.

ARTICLE XXIV.

Et font les Taverniers creus en leur ferment en l'action qu'ils feront à aucun pour defpenfe faite en leur
Hoftel

Hoftel jufques à cinq fols tournois & au-deffous, pourveu qu'il intente ladite action dans l'an & jour (*a*) ; à
compter du jour que la defpenfe fera faite, & que led.
Tavernier foit Tavernier public (*b*), c'eft-à-dire qu'il
vende continuellement pain & vin en détail, & qu'il
foit bien famé & d'honnête vie & converfation.

(*a*) En quoi differe de la Générale, *Article 143*, qui ne donne
que 40 jours.

(*b*) Il n'y en a plus d'autres depuis l'établiffement des Aides.

CHAPITRE VIII.

De la Jurisdiction (a) & Bas-Justiciers.

(*a*) Quoique ce titre fe trouve tel dans l'original & dans toutes
les Editions, il eft évident que ces mots, *du moyen*, ont été omis.

A R T I C L E   XXV.

MOYENNE Juftice & (*a*) Jurisdiction jufques à foixante fols & un denier, eu regard à la valeur & eftimation (*b*) de la chofe demandée, & jufques à icelle fomme (*c*), a le moyen Jufticier Jurisdiction & cognoif-

(*a*) Quoiqu'on life ainfi dans l'original, le fens demande qu'on
fubftitue *a*.
L'Edition Générale des Coutumes contient une autre correction qui revient à la nôtre, mais qui ne rend pas l'Article fi clair.

(*b*) Cette eftimation n'eft autre que l'option que le demandeur
laiffe au défendeur de lui payer cette fomme pour la valeur de la
chofe demandée.

(*c*) Differe de la Générale en ce que le moyen-Jufticier ici ne
connoît point des matieres réelles ni mixtes, & en ce qu'il ne
connoît des perfonnelles que jufqu'à la valeur de foixante fols &

D d

fance des caufes que par premiere inftance (*d*) font introduites par devant lui en action perfonnelle feulement (*e*).

un denier, & non pas jufqu'à foixante fols d'amende. Voyez les
Notes fur l'Article 21 de la Générale.

(*d*) Le moyen-Jufticier ne connoît point des caufes d'appel. Les
appellations des Sentences du bas-Jufticier fe portent immédiatement au haut-Jufticier, encore faut-il qu'il foit Châtelain. Voyez
la Note (*a*), *n*. 2, fur l'Article 12 de la Générale.

(*e*) D'où il fuit qu'en cette Locale il ne connoît point d'aucuns cas criminels, ni conféquemment ne peut donner affureté ou
fauve-garde, dont l'infraction emporte peine de mort. *Voyez le
Chapitre 13, ci-après.*

Article XXVI.

Et le Bas Jufticier a Jurifdiction jufques à fept fols
fix deniers tournois, eu regard à la valeur de la chofe
demandée (*a*) des caufes que par premiere inftance font
introduites par devant fon Juge, & n'ont lefdits moyen
& Bas Jufticier qu'un feul Juge, qui fe doit nommer
communément Juge Veher (*b*) en action perfonnelle
feulement.

(*a*) En quoi differe de la Générale, *Article* 27, qui lui donne
connoiffance jufqu'à fept fols fix deniers d'amende.

(*b*) Du mot latin *vehere*. La Générale, 26 & 27, dit *voyer*, qui
dérive du mot latin *via*, ou du même mot *vehere*, fondé fans doute
fur ce que les Juges moyens & bas-Jufticiers connoiffoient particuliérement des droits de péage & de *tranfit*, que s'étoient arrogés les Seigneurs.

Article XXVII.

Et ont iceux Jufticiers droit de renvoy, quand leurs
fubjets font convenus en la Jurisdiction fuperieure (*a*).

(*a*) On trouvera la Note à la page fuivante.

(*a*) Ainfi leurs fujets doivent y défendre jufqu'à cette revendication. *Secùs*, s'ils font convenus devant un autre Juge de Seigneurie , ils peuvent alors d'eux-mêmes décliner.

CHAPITRE IX.

Des Notaires.

ARTICLE XXVIII.

TOUS Notaires font tenus prendre commiffion du Seigneur & de faire ferment (*a*) de loyaument exercer ledit office de Notaire.

(*a*) C'eft-à-dire de fe faire recevoir devant le Juge : réception qui ne fe fait qu'après information de vie, mœurs & capacité. Le défaut de provifions & de réception rendroit les actes nuls, fi ce n'eft dans le concours des circonftances de la Loi *Barbarius Philippus*. Voyez les Notes fur l'Article 245 de la Générale.

ARTICLE XXIX.

Et font lefdits Notaires falariés felon l'efcriture & labeur qu'ils ont à la minutte & groffe du contrat qu'ils reçoivent au taux & arbitre du garde-fcel (*a*).

(*a*) Cette taxe appartient au premier Officier du Siege : mais quand le Notaire s'eft taxé lui-même, on fe pourvoit en reftitution par action dont les dépens, en cas de moindre excès, doivent être portés pat le Notaire.

Si c'eft le Notaire qui agit pour être payé, qu'il demande plus & qu'il lui foit offert moins qu'il ne lui eft dû, je n'eftime pas que l'infuffifance des offres doive en ce cas faire tomber les dépens fur le défendeur : un Officier eft toujours repréhenfible de demander trop.

D d ij

CHAPITRE X.

Des Émancipations.

ARTICLE XXX.

LE pere peut émanciper fon fils devant le Juge, & ledit Juge recevoir émancipation (*a*) : & auffi par ladite Coutume tous fils de famille mariés, incontinent qu'ils le font, ils font réputés majeurs & émancipés, fuppofé (*b*) qu'ils demeurent avec leur pere, & peuvent efter en jugement & agir & deffendre en toutes caufes fans authorité de leurdit pere, *eftò* qu'ils fuffent mineurs de vingt-cinq ans.

(*a*) Nonobftant ces mots, la puiffance paternelle n'a pas lien dans cette Locale autrement qu'en la Générale, fur les Articles 1 & 2, de laquelle voyez les Notes.

(*b*) Lifez *nonobftant* ; ce mot *fuppofé* fe prend aujourd'hui dans une acception toute oppofée, & eft fynonyme à *pourvû*.

ARTICLE XXXI.

Et peut ledit Juge émanciper (*a*) les femmes mariées en cas où émancipation efchet, comme quand lefdits maris font prodigues, volontaires & de mauvais gouvernement.

(*a*) Eft dit ici pour *féparer* foit de biens feulement, foit d'habitation & de biens, fuivant les différentes caufes : féparation ou émancipation, qui met la femme dans le cas de jouir par elle-mêmes de fes biens & revenus.

L'une & l'autre féparation ne peut être ordonnée qu'en connoiffance de caufe, mais la femme qui rapporte des preuves par écrit de la diffipation de fon mari & dérangement de fes affaires, tel feroit le dépôt par lui fait d'un bilan, doit être difpenfée de faire enquête.

CHAPITRE XI.

Des Baftards.

ARTICLE XXXII.

* LE Seigneur Baron de la Rue-d'Indre fuccede aux Baftards en tous les biens defquels ils font faifis & veftus à l'heure de leurs trefpas (*a*), quand ils n'ont enfans defcendans de leurs corps foient nobles ou roturiers.

(*a*) Ceci doit être entendu fuivant le droit commun, tel qu'il eft expliqué aux Notes fur l'Article 146 de la Générale.

CHAPITRE XII.

Des Prefcriptions.

ARTICLE XXXIII.

TOUTES chofes fe prefcrivent entre toutes perfonnes layes, foient nobles ou roturiers, par l'ufer de trente ans (*a*) continuels : & fe perdent par ledit laps de tems par non ufer.

(*a*) Differe de la Générale qui admet la prefcription de 10 & de 20 ans.

Voyez les Notes fur l'Article 85 de Dunois, & fur le 8 de Vatan.

ARTICLE XXXIV.

Et entre les gens d'églife toutes chofes s'acquierent par l'ufer de quarante ans (*a*), & fe perdent par ledit laps de temps par non ufer.

(*a*) Mais d'Eglife contre laïc par 30 ans.

CHAPITRE XIII.

Des Crimes & Délits.

ARTICLE XXXV.

LE Juge quand il y a partie formée (*a*) contre aucun à caufe de crime, eft tenu foy informer fur l'accufation & partie formée faite contre le criminel & l'information veue (*b*), il le doit faire conftituer prifonnier (*c*), fi appréhendé (*d*) peut être : finon faire faifir fes

(*a*) C'eft-à-dire *plainte*, foit à la requête de la partie civile, foit à celle de la partie publique.

Le miniftere public ne rend point plainte à raifon des querelles particulieres, quoique fuivies de voies de fait, à moins qu'il ne s'en foit fuivi homicide, ou que les parties foient prévenues de duel. Mais fi l'une des parties rend plainte, & fait informer, le procès ne peut être inftruit & jugé qu'avec le miniftere public.

(*b*) Et préalablement communiquée à la partie publique, qui feule a droit de fuivre la punition du crime, la partie civile n'étant écoutée qu'à raifon de fes intérêts particuliers.

(*c*) Non pas indiftinctement : mais le décréter de foit oui, d'ajournement perfonnel ou de prife-de-corps, fuivant la nature du titre d'accufation, la qualité de l'accufé, & même fuivant qu'il eft plus ou moins chargé par les informations. *Voyez le titre des Décrets de l'Ordonnance de 1670.*

(*d*) Vieux mot, pur latinifme qui fignifie *pris*, & qui eft encore de ftyle dans les décrets.

biens & mettre par inventaire & adjourner ou faire adjourner led. criminel à jour certain & compétent à comparoir en perfonne (e) pardevant luy , fur peine d'être atteint & convaincu des cas à lui impofés (f) & à certaines grandes peines (g).

(e) Voyez le titre 17 de l'Ordonnance de 1670.

(f) La contumace n'emporte plus aujourd'hui peine de conviction contre l'accufé, mais auffi ne doit point lui profiter , & en conféquence les témoins qui décedent après avoir été récolés font charge comme s'ils lui avoient été confrontés. *Article 8 du titre 15 de ladite Ordonnance.*

(g) Telles que le crime les requiert, cependant en haine de la contumace, on les appefantit tant foit peu.

Article XXXVI.

Ou fi le cas étoit périlleux & requerroit célérité , ledit Juge au moyen de ladite partie formée, doit faire conftituer prifonnier l'accufé du crime (a) ou accufément (b) , lequel fera élargi à bonne caution pour faire fa preuve (c).

(a) Ce cas périlleux & de célérité, où le Juge peut fans information ni décret faire conftituer l'accufé prifonnier, doit être entendu du flagrant délit, & de la clameur publique, fuivant l'Article 4 du titre 2 de l'Ordonnance de 1670.

(b) Ce mot qui a paru fufpect à Raguau, fuivant une Note qui fe trouve en marge de l'Article, en l'Edition générale des Coutumes, fe trouve cependant en l'original.

(c) L'accufé ne peut être admis à la preuve de fes faits juftificatifs qu'en procédant au jugement du procès. *Article 1 du titre 28 de ladite Ordonnance :* & pour faire cette preuve, il faut que les faits foient choifis par les Juges, inférés dans le jugement qui en ordonne la preuve. *Articles 2 & 3.*

Mais un accufé conftitué prifonnier, même fur information, peut, après avoir fubi interrogatoire, être renvoyé en état d'ajournement perfonnel, aux charges de fe préfenter à toutes affignations.

J'ai vu, par le cruel effet de l'opinion qu'un accufé ne peut être élargi que par le jugement définitif du procès & fa confirmation, lorfqu'il eft fujet à l'appel, périr de chagrin dans les prifons un homme que de premieres informations avoient fait foupçonner coupable d'homicide, & dont de plus amples firent connoître le véritable auteur, qui fut auffi décrété, & qui dès fon premier interrogatoire confeffa.

En pareil cas, retenir plus long-temps le premier dans les prifons, c'eft oublier que la forme n'a pour objet que l'intérêt des accufés, & c'eft en tourner totalement l'effet contr'eux.

L'interprétation que nous venons de donner, fuppofe avec Raguau les deux mots, *ou accufément*, comme adultérins. Je vais rifquer une autre interprétation : le mot *accufément* pourroit bien s'être gliffé au lieu de celui *accufeur* ou *accufateur* : & comme le mot *ou* s'employoit anciennement pour celui *avec*, le fens feroit que le Juge, dans le cas de célérité & de flagrant délit, devoit faire conftituer prifonnier & l'accufé & l'accufateur, & que ce dernier en donnant caution de fe repréfenter, étoit élargi pour faire fa preuve.

ARTICLE XXXVII.

Et n'eft le procureur de la Cour recevable à convenir aucun pardevant le Juge, s'il n'affirme par ferment ou montre par efcrit qu'il eft duement informé, qu'il a caufe de demander & pourfuivre la chofe prétendue & demandée (*a*).

(*a*) Le Procureur de Cour royale ne peut au civil pourfuivre en fon nom que les affaires qui intéreffent le Roi ou le public : & celui de Cour feigneuriale que celles qui font de police, ou qui ont pour objet la reconnoiffance ou le payement des droits dûs à la Seigneurie : Article 38 de la Générale. S'il s'agit des droits des mineurs ou de l'Eglife, il ne doit que fe joindre à leurs tuteurs & prototuteurs, fauf à les en faire pourvoir, s'il n'y en a pas de nommés, même en certains cas provoquer l'affemblée des parens contre un tuteur qui diffipe ou qui dégrade.

Au criminel, pour fe juftifier d'une accufation téméraire & calomnieufe, il ne lui fuffiroit pas d'affirmer qu'il a été informé, il doit, à moins que le corps de délit ne foit conftant, avoir pardevers lui une dénonciation en forme, & portée fur un regiftre,

fuivant

fuivant qu'il eft dit, *Article 6 du titre 3 de l'Ordonnance de 1670.*
Il doit de plus déclarer le dénonciateur, lorfqu'il en eft requis
par l'accufé, qui a obtenu fon jugement d'abfolution, & à faute
il eft tenu en fon privé-nom des dépens, dommages - intérêts.
*Arrét du Parlement de Mets, du 13 Août 1672, au Journal du
Palais.*

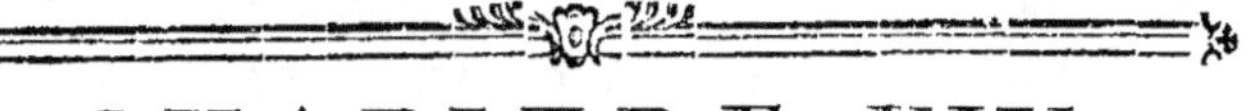

CHAPITRE XIV.

Des Affeuretés & Sauvegardes, & Peines indites aux Infracteurs.

ARTICLE XXXVIII.

LE Juge donne affeureté (*a*) à celui qui la demande
& fait promettre au convenu affeureté (*b*) de la tenir, &
leur enjoint de le faire fur peine de la hart qui eft d'être
pendu & étranglé au gibet patibulaire.

(*a*) *Aliàs* affeurement. Voyez Vigier, fur Angoumois, *titre
1ʳ, Article 9.*

(*b*) C'eft-à-dire celui contre lequel la demande aux fins d'affeureté eft formée : c'eft pourquoi j'eftime qu'il faut lire *au convenu en affeureté.*

Sur cette demande le Juge prend à l'Audience le ferment de
celui qui demande affeureté, & fur fon affirmation qu'il a fujet
de craindre les effets des menaces qui lui ont été faites par le convenu, fans qu'il foit befoin d'information, fauf contre le Seigneur, (fens 175) ou autre fupérieur, le Juge lui en donne
acte, & le prend en affeureté. Un tel Jugement fe peut rendre
quoique la partie affignée ne comparoiffe pas.

Soit qu'il ne comparoiffe pas, ou qu'il refufe de donner affeureté, c'eft-à-dire une déclaration formelle qu'il ne veut point nuire
à fa partie, il donne également lieu de foupçonner qu'il a mauvaife intention. C'eft pourquoi fi dans la fuite le demandeur eft
maltraité ou injurié, le défendeur eft préfumé l'auteur, & comme
tel condamné, à moins qu'il ne prouve fon innocence, foit par
l'alibi ou autrement.

E e

Article XXXIX.

Et fi telle affeureté eft enfreinte , ledit infracteur doit être par ladite Coutume pendu & puni du dernier fupplice de mort , & pour le moins de punition publique & corporelle (*a*), quant à l'infraction faite en corps, & quant à l'infraction de biens par amendes arbitraires (*b*).

(*a*) Et cela particulierement à raifon de l'attentat à l'autorité de la Juftice.

Mais pour donner lieu à cette peine il faut qu'il foit prouvé que le mauvais traitement provient de celui qui a donné l'affurement.

(*b*) C'eft par la fuite du même principe qu'il y a amendes prononcées par les Ordonnances contre ceux qui troublent les Commiffaires établis aux chofes faifies ou féqueftres, & généralement contre ceux qui fe font juftice à eux-mêmes, ou qui empêchent qu'elle foit faite aux autres.

Article XL.

Et touchant les fauves-gardes (*a*), le Juge prend le requérrant en la fauve-garde du Seigneur , & fait ou fait faire inhibition à ceux qu'il lui requiert qu'il ne

(*a*) Ferriere, *Dictionnaire de Pratique*, dit que la fauve-garde eft à peu-près la même chofe que l'affurement ; que cependant on pourroit diftinguer l'affurement de la fauve-garde, & dire avec Gouffet, fur l'Article 100 de la Coutume de Chaumont en Baffigny, qu'il n'appartient qu'au feul Juge royal de donner fauvegarde, quoique dans plufieurs de nos Coutumes on ne faffe aucune différence entre affurement & fauve-garde, & que chaque Juge dans fon territoire puiffe donner affurement & fauve-garde.

Notre Locale paroît évidemment vouloir établir quelque différence entre affureté & fauve-garde, mais ce n'eft certainement pas celle de Gouffet. Le Juge du Seigneur peut prendre en fauvegarde, comme donner affureté.

La différence me paroît uniquement confifter en ce que l'affureté ne fe donne que contradictoirement, ou du moins partie ap-

lui mefface (*b*) en corps ne en biens à la peine de cinq
cent livres ou autre grande fomme de deniers.

pellée, & la fauve-garde, au contraire, par ordonnance fur fimple requête, laquelle ordonnance on fait fignifier à partie.

Il paroît auffi que la peine de la fauve-garde enfreinte n'eft que
pécuniaire & jamais corporelle. C'eft ce qui réfulte de notre Article & du fuivant : mais il ne faut pas confondre la peine due à
l'infraction, confidérée *abftractivè*, avec la peine due au délit qui
emporte l'infraction. Cette derniere peut être corporelle & même
capitale.

(*b*) Quoiqu'il foit ainfi écrit en l'original, il faut lire *qu'ils ne
lui méfaffent.*

Article XLI.

Et fi ladite fauve-garde eft enfrainte, l'infracteur eft
puni de ladite peine à lui indicte, ou d'autre peine par
amende arbitraire telle que le Juge advifera felon la
qualité & quantité de l'infraction (*a*).

(*a*) Ainfi le Juge peut augmenter ou diminuer la peine, fuivant les circonftances.

La voie de l'affurement, dit Ferriere, *ibidem*, d'après Bacquet,
des Droits de Juftice, chap. 7, *n.* 32, étoit autrefois fort en uflage
dans les temps malheureux où les Gentilshommes s'étoient érigés
en petits Rois, & avoient la licence de fe faire la guerre. Ce qui
a donné lieu aux cartels & aux duels. Mais à préfent que ces li-
cences effrénées ont été profcrites & condamnées par les Edits
des mois de Mars 1613, Décembre 1626, Juin 1643, Septembre
1651 & de 1679, il n'y a plus d'affurement.

Il ne refte donc plus que la voie de fe mettre fous la protection & fauve-garde du Roi & de la Juftice, lorfque l'on craint
quelques voies de fait, menaces & injures de la part de quelqu'un
avec lequel on eft en conteftation.

On obtient à cet effet des Lettres de fauve-garde en Chancellerie, ou bien on préfente une requête au Juge royal (ajoutons
ou autre, qui ordonne qu'elle fera fignifiée, & cependant fait défenfes de méfaire à l'expofant, fous les peines portées par les Ordonnances.

Ajoutons encore à ce qu'ont dit Bacquet & Ferriere, que ces Lettres de Chancellerie ou cette requête au Juge & les défenses qui en font la f ite, à parler proprement ne different point de notre Locale.

Mais aujourd'hui, ni l'action aux fins d'affureté, ni la requête pour être pris en fauve-garde de Juftice, ni les Lettres de Chancellerie pour être mis fous celle du Roi, ne font plus d'ufage.

Tous les fujets du Roi font fous fa garde & protection & fous celle de la Juftice. Il faut avouer cependant que la préfomption, qui avoit lieu contre *le convenu aux fins d'affureté*, qu'il étoit coupable du méfait, s'il ne prouvoit fon innocence, étoit un frein bien puiffant contre fa mauvaife volonté, & que l'ancien ufage pouvoit être utile en bien des cas.

C'eft par une tradition de cet ancien ufage que j'ai vu nombre de perfonnes me porter, comme Procureur du Roi de Police, plaintes des menaces qui leur étoient faites, & me demander des défenfes contre celui qui les leur faifoit.

A R T I C L E   X L I I.

Et eft à noter qu'en toute la Baronnie & Seigneurie de la Rue-d'Indre & refforts d'icelle il y a trois manieres d'amendes. La premiere eft de fept fols fix deniers tournois. La Seconde eft de foixante fols tournois, la tierce eft arbitraire.

Voyez fur ces amendes ce qui a été dit fur l'Article 27 de la Générale.

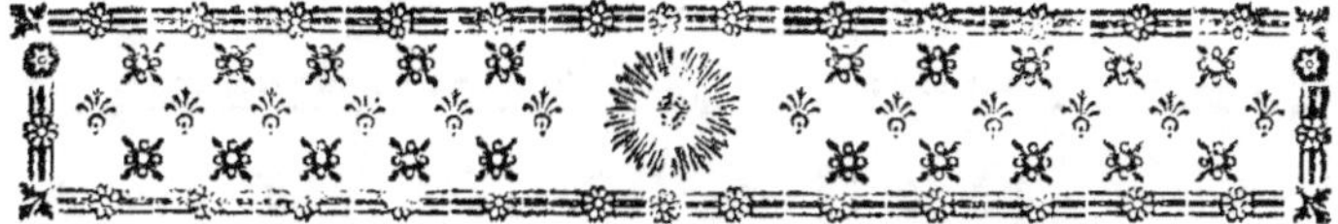

COUTUMES
LOCALES
DE LA BARONNIE DE LA FERTÉ-IMBAULT, SOUS LAQUELLE EST SALLEBRIS.

CHAPITRE PREMIER.
Des Fiefs.

ARTICLE PREMIER.

TOUTES fois & quantes que le vassal fait offre à son Seigneur de lui faire la foi & hommage des héritages qu'il tient de lui & dont est deu profit de rachapt, il doit faire à sondit Seigneur de fief trois offres (*a*), l'une est qu'il prenne le revenu de l'année de l'héritage qu'il tient de lui pour le profit & rachapt, ou une somme de deniers, ou le dit de deux prud'hommes, lequel Seigneur de fief prendra & eslira lequel que bon lui semblera.

(*a*) En quoi diffère de la Générale, & se rapproche du Droit commun.

CHAPITRE II.
Des Cens & Profits Censuels.

ARTICLE II.

EN ladite Baronie de la Ferté , le vendeur (*a*) doit les ventes & non l'acheteur ; & en défaut de payer ou déprier lesdites ventes dedans huit jours après la vente , ledit vendeur est amendable de soixante sols (*b*) tournois , à appliquer moitié à justice (*c*) & l'autre moitié au seigneur dudit cens, pourveu qu'il soit adjourné (*d*).

(*a*) En quoi differe de la Générale, *Article 118*, & du Droit commun.

Quid, s'il est autrement convenu ?

Comme il est évident que sans cette convention le prix eut été plus fort d'un douzieme, j'estime que le Seigneur peut prendre le douzieme de ce douzieme, autrement un douzieme en-sus de la somme à lui revenant pour ses profits : de même qu'en fief il y a lieu au requint , quand la vente est faite francs deniers au vendeur.

(*b*) En quoi differe de la Générale Article 118 , où l'amende, faute d'exhibition dans la huitaine, n'est que de cinq sols.

(*c*) En quoi differe encore de la Générale , même Article 118.

(*d*) Cette condition n'est requise que relativement au Seigneur de Justice , cessant laquelle , l'amende n'est pas moins encourue , mais appartient en entier au Seigneur de fief.

ARTICLE III.

En permutation ou eschange ne sont deues ventes, soit que l'héritage soit en divers censifs ou non (*a*).

(*a*) En quoi differe de la Générale , *Article 119* , & conséquemment sont aujourd'hui indistinctement dues au Roi ou à l'aliénataire des droits d'échange. *Voyez la Note sur ledit Article 119.*

Mais s'il y a foulte, telle qu'elle foit, le profit en eft dû au Seigneur. *Voyez l'Article 120 de la Générale.*

ARTICLE IV.

Item, en ladite Seigneurie n'y a aucun reliefs.

CHAPITRE III.

Des Terrages.

ARTICLE V.

⋆ CELUI qui enfraint le terrage eft amendable de
foixante fols tournois, à appliquer moitié à juftice (*a*),
& l'autre moitié au Seigneur dudit terrage.

(*a*) En quoi differe de la Générale, Article 133.

CHAPITRE IV.

Des Matieres poſſeſſoires.

ARTICLE VI.

PASSER & repaſſer, ou paître & champayer, en héritage d'autrui, n'acquiert point de poſſeſſion par quelque laps de tems que ce foit, pourveu qu'il n'y ait contradiction, & font tous héritages deffenfables en toutes
faifons, foit qu'ils foient enfruités ou non (*a*).

(*a*) En quoi differe de la Générale, *Article 123* : mais font
femblables Romorantin 11, la Ferté-Avrain 3, Tremblevif 5,
& Autroche 2.

CHAPITRE V.

De Prinse de Bêtes.

ARTICLE VII.

IL eſt loiſible à tout homme de prendre & dégager
(*a*) toutes manieres de gens & bêtes qu'il treuve en ſes
héritages lui faiſant & portant dommage, & faut ame-
ner les bêtes priſonnieres à juſtice, ou les bailler au
pâtre gardant icelles dedans ving-quatre heures après
qu'elles auront été (*b*) faites, ou les mener en la maiſon
de celui à qui elles appartiennent (*c*) ou prendre gage
dudit paſtre qui garde icelles (*d*) : & s'il prend gage,
il ſuffit de le bailler à juſtice dedans huit jours (*e*),
après que ladite prinſe aura été faite, & de ladite prinſe
dénonciation & accuſation d'icelle eſt (*f*) le preneur
creu par ſerment : lequel il doit faire en juſtice, le Seigneur deſdites bêtes préſent ou appellé, & en ce faiſant
celui qui eſt prins, ou le maître des bêtes qui ſont prinſes (*g*), eſt amendable de cinq ſols tournois, dont en

(*a*) Sans violence : Article 229 de la Générale.
(*b*) Liſez *priſés* ou bien *après que leſdites priſes auront été faites*.
(*c*) Voyez la Note (*b*) ſur l'Article 13 de Vatan.
(*d*) Auſſi ſans violence : raiſon pour laquelle Menetou, *Article 9*, dit *prendre bon gage ou refus*.
(*e*) En quoi differe de la Générale, *Article 21*, mais le gage
baillé à Juſtice dans ce délai, l'action eſt de même prorogée juſqu'à 30 jours, à compter de la priſe. *Voyez la Note* (*g*) *ſur l'Article 117 de la Générale*.
(*f*) C'eſt ainſi qu'il faut lire & non pas *&*, comme en pluſieurs
Editions.
(*g*) Quoique ſans garde.

appartient

appartient les deux tiers au preneur, & l'autre tiers
à justice (*h*) : toutes fois s'il ne veut se restreindre à la
prinse coutumiere, il pourra demander son intérêt en le
vérifiant.

(*h*) En quoi differe de la Générale.

ARTICLE VIII.

Qui chasse en garenne ou pesche en estang, est puni
comme de larrecin.

ARTICLE IX.

Nul ne peut asséoir bonde d'estang sans le congé du
Seigneur.

Differe de la Générale. Voyez l'Article 19 de Vatan & sa Note.

ARTICLE X.

Aussi nul ne peut asseoir moulin sans le congé dudit
Seigneur.

Cette disposition doit encore être regardée comme contraire à
la Coutume générale, si ce n'est dans les lieux où il y a ban-
nalité. *Voyez la Note sur l'Article 237 de la Générale.*

Ff

COUTUMES
LOCALES
DE LA TERRE ET SEIGNEURIE
DE SOESME.

CHAPITRE PREMIER.
Des Champarts & Terrages.

ARTICLE PREMIER.

TOUTES les terres eſtant en champart nommé terrage en icelle terre de Soeſme eſtant emblavées, celui
qui a fait le bled (*a*) dedans leſdites terres, peut ceuillir
& enlever ſon bled par lui enſemencé ſans évocquer le
Seigneur dudit terrage ne procureur pour lui en laiſſant
ledit terrage tout debout & prendre (*b*) de vingt-quatre
rayes les deux, & auſſi ledit Seigneur dudit terrage ou
procureur pour lui peut ceuillir ſondit droit de terrage
devant celui qui aura enſemencé ladite terre, auſſi en
terrage (*c*), de vingt-quatre rayes les deux, comme

(*a*) Ou autres grains.
(*b*) Ces mots, *& prendre*, ſont ici déplacés, & doivent être rapportés après le mot *terrage*, à la Note (*c*)
(*c*) Ajoutez *& prendre*, mots déplacés à la Note (*b*).

dit eft, fansautre chofe y demander, n'eft retenu à autre
fubjection n'évocation de perfonne; & ainfi en ufe l'on
en ladite terre de Soefme.

ARTICLE II.**

Que efdites terres qui font en terrage (*a*), pource
que ladite terre de Soefme eft en maigre pays, &
qu'elle abonde affez en beftial à laine, les premiers
chaumes qui auront été fumés (*b*) efdites terres de terrage font feulement de garde, & y peut celui qui les
aura fumez & emblavez ou fon commis faire prinfe dedans, fans toutes fois (*c*) les autres bontez (*d*) & an-

** Cet Article devoit être renvoyé au Chapitre des prifes de
bêtes. Il fuit de tout fon contexte qu'à raifon de ce que Soefme
eft maigre pays, & tire fon principal produit des bêtes à laines, on
a eu pour objet d'étendre, au-lieu de limiter la liberté du pâcage.

Quelqu'un dès-lors pourroit croire à raifon de ce que de Droit
commun & par la Coutume générale, non-feulement les chaumes des menus grains ne font point en défenfes, mais même
ceux des bleds froment & feigle, que notre Article fe feroit écarté
de fon objet. Mais non : il faut faire attention que Soefme eft
environné de pays où la vaine pâture n'a pas lieu, c'eft donc en
faifant exception aux Locales voifines que Soefme ne met en défenfes que les chaumes des gros bleds.

(*a*) Il eft affez difficile de concevoir d'où dérive cette diftinction, & par quelle raifon le cultivateur des autres terres ne jouit
pas du même avantage : mais en fuivant la limitation littérale,
on rentre d'autant plus dans l'efprit de la Loi.

(*b*) Ceci ne fignifie autre chofe que les chaumes des gros bleds,
froment & feigle, qui ne fe fement qu'après avoir préalablement
fumé les terres, au-lieu qu'on ne les fume point pour les avoines,
millets & autres menus grains.

(*c*) Aliàs *mais non.*

(*d*) Je crois que ce mot eft ici employé pour *enfemencement* ou
emblavure, & qu'au-lieu de *& années*, il faut lire *ès années.*

nées enſuivans, eſquelles autres années les chaumes mil-
lerins & aveneriz ne ſont aucunement de garde, ſinon
que le fruit eſt dedans leſdites terres, car autrement en
ladite terre de Soeſme l'on ne pourroit nourrir beſtial,
qui ſeroit la deſtruction de ladite terre & pays.

CHAPITRE II.
Des Cens.

ARTICLE III.

QUE les Cens deus en ladite terre de Soeſme de
terres & héritages eſtant dedans icelles ſont appellés cens truans : c'eſt à ſçavoir qu'en ladite terre les
héritages tenus en cens n'y a ne lots ne ventes quand ils
ſont vendus : mais ſeulement qui auroit acheté (*a*) un
héritage tenu en cenſive, eſt tenu de payer au Seigneur
cenſier le double cens pour la premiere année ſeulement
au jour que le cens eſchet qui eſt de deux deniers tournois quatre deniers tournois, & de plus plus, & de moins
moins ſans autre choſe en payer (*b*), nonobſtant les autres terres & ſeigneuries circonvoiſines, & ainſi en uſe
l'on en ladite terre de Soeſme.

(*a*) Et non dans le cas du relief.
(*b*) Conſéquemment point d'exhibition due du contrat de vente.
Quant au nombre d'années de cens dont le Seigneur puiſſe
faire demande, ainſi que des amendes faute de payement, il en eſt
de même qu'en la Générale.
Les droits d'échange établis par le Roi n'étant que les mêmes
qui ſont dûs en cas de vente, il ſuit qu'il n'eſt dû en cette Locale que le double cens; & j'eſtime que ce double cens eſt dû au
Seigneur, l'échange ici à ſon reſpect ne différant en rien de la
vente.

CHAPITRE III.
De Prinſe de Bétes.
ARTICLE IV.

QUANT aux prinſes de bêtes & deſgagement de corps, celui qui fera la prinſe ou deſgagement en quelque lieu que ce ſoit en ladite terre ſera tenu de faire apparoir de la bête prinſe ou gage à tout le moins par un témoin (*a*) digne de foi à juſtice, ou autrement la prinſe & deſgagement ſera nulle & de nulle valeur ; & ſont en ladite terre de Soeſme les prinſes & deſgagemens de dix ſols tournois, cinq ſols à la partie (*b*) & cinq ſols à juſtice : jaçoit que par cy devant le preneur eſtoit creu par ſerment avoir fait ladite prinſe & offroit veue du lieu.

(*a*) En quoi differe de la Générale, *Article 217*, & eſt, quant à ce ſemblable à Dunois, 52.

(*b*) Sauf, s'il prétend plus grand dommage à en faire preuve.

Voyez auſſi l'Article 2 qui eſt déplacé, & devoit être mis en ce Chapitre.

CHAPITRE IV.
De Retrait Lignager.
ARTICLE V.

ET quant au retrait lignager en ladite terre de Soeſme celui qui veut évoquer un autre à retrait, il faut qu'il ſoit du lignage & eſtoc dont meut ledit héritage qu'il veut retraire ; & celui qui premier fait ſes diligences par adjournement eſt préféré à tous autres , & fut-il plus bas en dégré de proximité (*a*), pourveu que l'héritage ſoit deſcendu de ſon eſtoc (*b*), & que ce ſoit ſans fraude.

(*a*) En quoi differe de la Générale , qui préfere le plus prochain , *Article* 209.

(*b*) Ce qui eſt bien différent que ſi l'Article diſoit : *Pourvû que le retrayant ſoit deſcendu de l'eſtoc de celui qui premier a mis l'héritage dans la famille.* Ainſi notre Article ne differe point du 193 de la Générale. *Voyez la Note 2 de la Rue-d'Indre & ſa Note (c)*.

ARTICLE VI.

Et convient en ladite terre de Soeſme avoir commiſſion du Bailly ou ſon lieutenant (*a*) pour faire adjournement en matiere de retrait pardevant ledit Bailly ou ſon Lieutenant , pardevant lequel ledit retrayant , au jour aſſigné (*b*), eſt tenu faire offres d'or & d'argent à deſcouvert , une piece ou pluſieurs , offrant à parfaire le total dedans le temps ordonné qui eſt de huit jours après le retrait délaiſſé , avec les loyaux frais & miſes ; & en défaut de payement dedans ledit temps , l'héritage demeure au premier acheteur , & ainſi en uſe l'on.

(*a*) Ou autre expédient du Siege , en cas de déport ou abſence. Cette formalité particuliere à cette Locale pourroit être regardée comme abrogée par l'*Article 10 du titre des Ajournemens de l'Ordonnance de 1667* : mais comme les formalités preſcites par les Coutumes ſur-tout en matiere de retrait , ſe ſont conſervées nonobſtant la dérogation de l'Ordonnance , je ne conſeillerois pas de négliger la commiſſion ordonnée par notre Article.

Il en réſulte qu'en cette Locale l'action de retrait doit être porté devant le Juge de l'aſſiette de la choſe. On ne peut en vertu de la commiſſion d'un Juge, aſſigner devant autre que lui , & d'ailleurs l'Article s'en explique, *devant ledit Bailli ou ſon Lieutenant.*

(*b*) On trouvera cette Note à la Page ſuivante.

Quid , fi un domicilié dans cette Locale eft affigné en retrait devant fon Juge, pour héritage fitué dans une Coutume qui n'e-xige pas pareille commiffion ?

On peut dire que tout ce qui eft relatif aux formes doit fe ré-gler par la Coutume du lieu où l'acte fe fait.

Nonobftant j'eftime que c'eft le cas d'oppofer l'abrogation por-tée par l'Ordonnance : abrogation dont l'effet ne peut être con-tefté à Soefme, que pour héritages qu'elle régit : *clauditur terri-torio.*

(*b*) Comme à Saint-Aignan 23. *Voyez les Notes.*

COUTUMES
LOCALES
DES TERRES ET CHASTELLENIES
DE LEPVROUX ET BOUGE. **

** QUoique ces Châtellenies foient fous le reffort de la Rue-d'Indre de Châteauroux, cependant lorfque la Locale fe tait, on fuit la Coutume de Blois, & non la Locale de la Rue-d'indre : *fecùs* à Chabris & Molins en Berry, fous le reffort de Saint-Aignan.

CHAPITRE PREMIER.
De Prinfe de Bêtes.

ARTICLE PREMIER.

EN prinfe de bêtes en fon dommage, le preneur eft creu de fa prinfe, en icelle affirmant par ferment, & des dommages & intérêts, jufques à la fomme de cinq fols tournois : & fi par le deffendeur la reddition defdites bêtes lui eft deniée (*a*), eft tenu le demandeur de le prouver.

(*a*) Cette difpofition fembleroit choquer la regle de Droit, *onus probandi incumbit ei qui dicit :* cependant elle n'en eft qu'une jufte application : c'eft bien à celui qui dit qu'on lui a pris fa bête à le prouver, fi on le nie : mais fi l'on convient l'avoir
prife,

prise, il faut prouver, en cas de déni, l'avoir rendue. Convenir l'avoir prise, & ne l'avoir pas menée à Justice, n'est plus matiere civile où la déclaration ne se divise pas.

C'est de cette derniere hypothese que la seconde disposition de notre Article doit être entendue.

CHAPITRE II.

Article II.

QUE confiscation n'a lieu, sinon en cas de crime de leze-majesté divine ou humaine (*a*).

(*a*) Cette disposition differe de la Coutume générale, suivant laquelle confiscation a lieu suivant le Droit commun, c'est-à-dire dans tous les cas suivis de condamnation à mort naturelle ou civile.

CHAPITRE III.

Article III.

QU'AUCUN (*a*) ayant terres à terrage, cesse par trois ans & un mois (*b*) labourer & enfruiter lesdit. terres terrageaux, il est permis au premier laboureur (*c*) de les labourer, & n'est du aucun profit au Seigneur (*d*), sinon qu'il a douze gerbes (*e*) de bled (*f*) creu en icelles.

(*a*) Quoiqu'il soit ainsi en l'original, lisez *que si aucun*, comme en l'Edition générale des Coutumes.

(*b*) Ajoutez *de Mai*, Vatan. *Article 4*, ce qui fait proprement quatre ans, en quoi differe de la Générale, qui en veut neuf.

Les Notes (*c, d, e & f*) sont à la Page suivante.

G g

(*c*) En quoi differe encore de la Générale , qui ne donne ce droit qu'au Seigneur, mais lui fert d'explication , comme Vatan 4 , & prouve que la commife eft acquife de plein droit, fans qu'il foit befoin de la faire prononcer en Juftice.

Dans l'Edition de 1629, on trouve fur ces mêmes mots cette Note attribuée à Ragueau, *c'eſt-à-dire au premier laboureur qui s'offrira.*

Cette Note, fi l'on prenoit ce mot *s'offrira* dans fon étroite acception actuelle, ne feroit point exacte. Il n'eft pas befoin de convention avec le Seigneur, ni de fon agrément : l'un & l'autre font renfermés dans la difpofition de l'Article ; l'unique intérêt du Seigneur eft que l'héritage foit cultivé & enfemencé pour avoir fon douzieme des fruits : le vrai fens eft donc *le premier qui le fait*, & non *le premier qui s'offre*. L'Article 4 de Vatan ne laiffe fur ce aucun doute.

(*d*) Dans le cas même où, fuivant les titres du Seigneur d'héritage tenu à terrage , les lods feroient dûs en cas de vente. La raifon eft que la mutation dont il s'agit fe fait fans aucun prix.

Mais cette précaution que prend notre Article d'exprimer qu'il n'eft dû aucun profit au Seigneur pour ce genre de mutation, prouve bien que l'ancien propriétaire eft, par le feul fait de la culture faite par autre , privé fans retour de tout droit de propriété.

(*e*) Quoiqu'il foit ainfi en l'original, il faut lire, comme en l'Article 3 de Vatan, *de douze gerbes l'une.*

(*f*) Et autres grains.

CHAPITRE IV.

De Succeſſions.

ARTICLE IV.

PAR la couftume dudit lieu le fils aîné ne prend que le principal manoir (*a*) & vol d'un chapon. ou un arpent de terre à l'entour dudit manoir , pourveu qu'au

(*a*) Mais le prend en chacune fucceffion, comme il a été dit fur l'Article 12 de la Rue-d'Indre.

dedans d'icelui, il n'y ait four à ban, moulin, chauffée, & le refte fe divife par efgale portion.

ARTICLE V.

★ En fucceffion en ligne collatérale, foit en fief (*a*)
ou roture, les mafles & les femelles fuccedent par efgale portion, & n'y a aucun droit d'aineffe (*b*) pourveu
qu'ils foient en pareil dégré.

(*a*) En quoi differe de la Générale 152, mais eft femblable
à la Rue-d'Indre 3, Saint-Aignan 19, &c.

(*b*) Les mots qui fuivent font déplacés, & doivent fuivre immédiatement ceux *par égales portions.*

ARTICLE VI.

Par ladite couftume on n'ufe point de rappel, & a repréfentation lieu (*a*).

(*a*) Suivant le droit s'entend : en quoi differe de la Générale,
Article 139, & eft femblable à plufieurs des Locales.

C'eft fur notre Article que Dumoulin a fait cette fameufe Note
fi fouvent citée : « *Quid fi quis* rappelle *pronepotes ex forore cum*
» *nepotibus ex aliâ forore?* Refp. *quod ifti vocati veniunt non ut here-*
» *des, fed dumtaxat jure legati, quatenùs legari poteft, nec funt fai-*
» *fiti :* mais feront faifis par les mains de l'héritier, fuivant la dif-
» pofition de la Coutume générale dudit Comté de Blois, *Arti-*
» *cle 176* ».

Le rappel des petits-neveux n'eft donc pas nul, quoiqu'ils foient
hors les termes ou dégrés dans lefquels la repréfentation a lieu
fuivant le droit, mais ce rappel ne vaut que ce que pourroit valoir un legs : & en conféquence dans l'efpece propofée par Dumoulin, celui qui n'a que des biens propres ne peut pas établir
un partage égal entre les enfans de fa fœur & les petits-enfans
d'une autre fœur. Ces derniers, en vertu du rappel, ne prendront
que le quart des propres en cenfive & le quint de ceux en fief.

Mais auffi les neveux font aftreints en ce cas à fe tenir aux réferves, & abandonner aux petits-neveux la portion difponible
des propres, les acquêts & tout le mobiliaire.

G g ij

Il en est de même quand ce font tous enfans d'une même sœur ou d'un frere, que l'un des enfans est prédécédé laiffant poſtérité, le rappel qui est fait ne vaut que comme legs.

ARTICLE VII.

★ Par ladite couſtume entre nobles le ſurvivant gaigne les meubles, ſoit qu'il y ait enfans ou non.

Idem la Ruc-d'Indre 14, mais l'une & l'autre réformées pour l'avenir par le procès verbal.

COUTUMES
DE LA CHASTELLENIE
DE LA
FERTÉ-AURAYN.

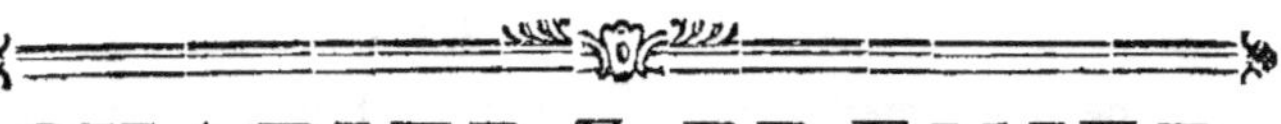

CHAPITRE PREMIER.
De Prinſe de Bêtes.

ARTICLE PREMIER.

QUE tous preneurs de bêtes, ou deſgageurs de gens ſont tenus de mener les bêtes à juſtice ſi faire le peuvent; & s'ils ne le peuvent faire, ils ſont tenus (*a*) requerir gage au maiſtre & paſteur des bêtes & denoncer ladite prinſe à juſtice au-dedans de vingt-quatre heures (*b*), & ce fait ledit preneur pourra pourſuivre ladite prinſe ou dégagement & dommage juſqu'à trente jours après (*c*) la dénonciation.

(*a*) Voyez la Note (*c*) ſur l'Article 217 de la Générale.

(*b*) Il y a ici une omiſſion. L'Article ayant expliqué ce que doit faire celui qui prend bêtes, devoit également expliquer ce que doit faire le dégageur de gens: mais cette omiſſion ſe ſupplée aiſément. Il eſt tenu de porter le gage à Juſtice dans le même délai.

(*c*) En quoi differe de la Générale.

A R T I C L E II.

Duquel dommage ledit preneur de bêtes ou defgageur de gens, en fera creu jufqu'à cinq fols & au-deffous en le jurant par ferment; & s'il ne veut jurer fon
dommage, il n'aura que quatre deniers (*a*) feulement
pour ladite prinfe; & s'il vouloit jurer fon dommage
au-deffus de cinq fols, il fera tenu de prouver l'outre-
plus de fon interrêt.

(*a*) Ceffant un dommage fenfible, il n'étoit pas moins jufte de
punir la négligence du maître ou celle du pâtre.

A R T I C L E III.

On ne peut mener champayer les bêtes en quelque
faifon que ce foit (*a*) en l'héritage d'autrui, fans le
vouloir & confentement du Seigneur à qui appartient
l'héritage.

En quoi differe de la Générale, *Article* 223, mais font femblables Romorantin, *Article* 11, la Ferté-Imbault 6, Tremblevif 5, & Autroche 2.
C'eft fans doute à raifon de ce que tous héritages font défenfables, & qu'il eft aifé qu'une bête entre fur un héritage en friche fans y faire dommage, que l'Article précédent établit une
peine pour la fimple prife fans dommage.

A R T I C L E I V. **

Et fi aucun fait prinfe de bêtes ou defgagement fans
que dommage lui foit fait, mais à caufe de ce que le
preneur ou defgageur voudroit dire qu'on voudroit entreprendre poffeffion fur fon héritage, en ce cas fi le
preneur ou defgageur veut jurer dommmage lui avoir

** Cet Article dans tout fon contexte eft très-mal rédigé.

été fait (*a*), ou semblablement qu'il a faites lesdites prinses ou desgagement pour l'entreprinse qu'on pourroit faire sur son héritage, le Seigneur des bêtes ou le desgagé (*b*) sera condamné en l'amende (*c*), & ès dépens, pourvu que celui ou ceux qui ainsi seront desgagés, ou à qui appartiendront lesd. bestes, ne prétendent droit ou possession en l'héritage, & qu'ils consentent (*d*) & accordent que le preneur ou desgageur soit maintenu & gardé en possession & saisine dudit héritage.

(*a*) Ce serment ne vient point à ce que porte l'Article au commencement, *sans que dommage lui soit fait.*

Je crois donc qu'il faut lire : *en ce cas soit que le preneur ou dégageur veuille jurer dommage lui avoir été fait, ou seulement jurer qu'il a fait lesdites prises & dégagemens pour l'entreprise qu'on pourroit faire sur son héritage.....*

(*b*) Par ce mot *dégagé*, la Coutume n'entend point le pâtre qui a donné gage, mais quelqu'un qui faisant personnellement dommage a été dégagé.

(*c*) L'Article ne dit point quelle, ni à qui applicable, & c'est la seule fois de tout ce Chapitre où il soit question d'amende. Romorantin, dans le voisinage duquel est la Ferté-Aurain, & dont les dispositions sont les mêmes sur les prises de bêtes ou dégagemens de personnes, ne parle point du tout d'amende. Je crois donc que l'amende, dont parle notre Article, doit être de quatre deniers seulement pour la prise, applicable au preneur, comme il a été porté en l'Article précédent. Voyez aussi les Notes sur les Articles 7 & 10 de Mennetou.

(*d*) Ces mots, *& qu'ils consentent*, à la suite de ceux *ne prétendent* font un louche dans la phrase, dont le sens est que l'amende cesse ainsi que la condamnation aux dépens, lorsque ceux sur qui la prise a été faite, prétendent droit ou possession en l'héritage, à moins cependant qu'ils ne consentent que le preneur & dégageur soit maintenu & gardé en possession de l'héritage, auquel cas l'instance se termine par les quatre deniers d'amende & les dépens, s'il y a dommage.

ARTICLE V.

Item, Qu'aller paſſer & faire paſturer les bêtes en héritage d'autrui, ſoit qu'il ſoit clos défenſable ou non n'acquiert point de droit de poſſeſſion par quelque tems que ce ſoit contre le Seigneur dud. héritage, ſi de ce pouvoir faire celuy ou ceux qui ainſi feront aller & paſſer, ou auroient mené ou fait mener & fait paſſer & champayer leurſdites bêtes n'auroient & faiſoient apparoir de juſte titre & valable (*a*).

(*a*) Voyez la Note (*d*) ſur l'Article 11 de Romorantin.

CHAPITRE II.

De Cens.

ARTICLE VI.

QUAND aucun va de vie à treſpas ayant héritage tenu à droit de cens, & (*a*) relief & ventes, & il delaiſſe ſes héritiers ſoit en directe ligne (*b*), ou en ligne collatérale, & en aſcendant ou en deſcendant, les héritiers dudit décédé ſont tenus de payer les reliefs :

(*a*) Au lieu de &, qui pourtant ſe trouve en l'original & dans toutes les Editions, il faut lire *à* : c'eſt ainſi qu'en l'Article 109 de la Générale il eſt dit *en ventes & reliefs.*

(*b*) Cette diſpoſition ſert d'explication à la Générale, & prouve ce que nous avons dit ſur l'Article 44, Note (*g*), n. 1, que le relief eſt un profit dû à toute mutation telle qu'elle ſoit, autre que celle où les ventes ſont dues.

audit

audit Seigneur cenſuel, qui ſont tels cens tels reliefs (*c*),
c'eſt-à-ſçavoir que au jour (*d*) que ſe payent leſdits
cens , leſdits héritiers ſeigneurs deſdits héritages ſont
tenus de payer double cens, qui eſt pour un denier
deux , & ainſi à l'équipolent.

(*c*) Ainſi cette Locale ne connoît point le cher-prix en relief:
mais auſſi pour le relief ſimple ou double cens, le Seigneur n'a
pas beſoin d'autre titre que de la Coutume.

(*d*) Ainſi le relief à double cens ne doit pas ſe payer incontinent la mutation qui y donne ouverture. Je crois qu'il en eſt
de même de celui au ſol pour denier , mais non pour le relief à
cher-prix, que je crois pouvoir être exigé par le Seigneur, 40
jours après la mutation qui y donne lieu. Argument tiré de l'Article 53.

Article VII.

L'autre droit (*a*) de cens eſt tel : c'eſt-à-ſçavoir
qu'on paye audit ſeigneur reliefs par mort & ſucceſſion
(*b*), avec ledit cens au jour nommé, & les profits des
deffaux & ventes quand le cas y eſchet , ainſi qu'il eſt
déclaré par le couſtumier de Blois.

(*a*) Il ne s'agit pas d'une autre eſpece de cens, mais d'autres
profits que produit le même cens, ſelon qu'il eſt dit en la fin de
l'Article.

(*b*) Répétition ſuperflue, qui cependant fait la preuve de la
Note précédente.

L'Article auroit dû être ainſi rédigé : « les autres profits de
» cens ſont tels, ſavoir , que qui défaut de le payer au jour
» nommé, il y a amende ; & ventes, quand l'héritage eſt vendu,
» ainſi qu'il eſt déclaré par le Coutumier de Blois ».

Hh

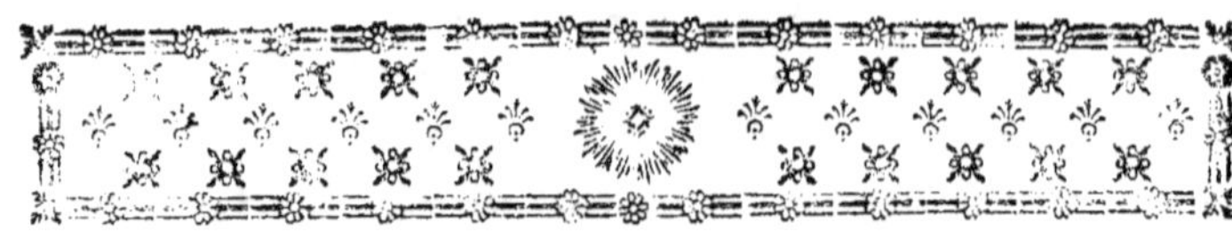

COUTUMES LOCALES
DE TREMBLEVY ET VILLEBROSSE.

CHAPITRE PREMIER.
Des Successions.

ARTICLE PREMIER.

SI pere ou mere roturiers & non nobles, ayans héritages tenus en fief, vont de vie à trespas, & ils délaissent deux enfans ou plus, dont l'un ou plusieurs sont masles, l'aisné fils prendra seulement (*a*) pour son droit d'ainesse & avant partage le principal lieu & manoir à son choix & eslection avec le vol d'un chapon, estimé à un arpent de terre outre ledit manoir à le prendre au plus prochain dudit manoir, pourveu qu'audit vol dud. chapon n'y ait four bannier, moulin, chaussée d'étang séparés des autres maisons: & au surplus succederont lesdits enfans tant l.d. fils aisné que lesd. autres enfans, soient masles ou femelles par esgalle portion en tous les

____

(*a*) En quoi differe de la Générale, *Article* 143, quant à l'aîné roturier, mais non quant à l'aîné noble : & on ne doit point ici faire, comme à Saint-Aignan & à Valençay, différence entre le fils du noble d'extraction & le fils de l'ennobli.

autres héritages tant féodaux que roturiers, ſans autre prerogative d'aineſſe.

Article II.

Et ne peut le fils aiſné avoir ne prendre qu'une aiſ-neſſe en la ſucceſſion de ſon pere ou de ſa mere, lequel que bon lui ſemblera (*a*).

(*a*) En quoi differe de la Générale, & eſt ſemblable à Dunois 10, Romorantin 4, ſur leſquels voyez les Notes.

On peut douter ſi cette diſpoſition regarde le fils aîné noble, comme le non noble, & ce fondé ſur ce que l'Article ne répete pas la diſtinction portée dans l'Article précédent & dans le ſuivant : mais il paroît plus raiſonnable de ſous-entendre cette même diſtinction, & de dire que cette Locale, dans tout ce Chapitre, n'a pour objet que de régler la ſucceſſion des fiefs quant aux non nobles, s'en référant en entier pour les nobles à la Générale.

Article III.

En ligne collatérale ſuccéderont eſgalement les maſles & femelles tant ès héritages féodaux que roturiers, & ce a lieu entre gens roturiers & non nobles (*a*).

(*a*) Differe de la générale ſeulement en ce qu'entre roturiers, les mâles n'excluent pas les femelles quant aux biens féodaux.

Article IV.

Qu'en ladite Châtellenie de Tremblevy & Ville-broſſe n'y a aucuns reliefs (*a*).

(*a*) Cet Article, étant à la fin d'un Chapitre qui ne traite que du partage des fiefs, pourroit induire en erreur, comme le 14 de Romorantin : le relief, dont il eſt ici parlé, ne regarde de même que les héritages tenus à cens.

CHAPITRE II.

De Prinſe de Bêtes.

ARTICLE V.

TOUS héritages contenus au Bailliage & Châtellenie de Tremblevy ſont deffenſables (*a*).

En quoi diffère de la Générale, *Articl:* 223, mais ſont ſemblables Romorantin *11*, la Ferté-Imbault *6*, la Ferté-Aurain *3*,
& Autroche *2*.

ARTICLE VI.

Qu'on ne peut ne doit on aller ou paſſer & faire
champayer ne paſturer bêtes en héritage d'autruy en
quelque ſaiſon que ce ſoit, ſans le gré & conſentement
du ſeigneur dudit héritage, ſoient iceux héritages clos
& deffenſables ou non (*a*).

(*a*) Tout cet Article ne dit rien de plus que le précédent.

ARTICLE VII.

Et loiſt à toute perſonne prendre ou faire prendre
beſtes & deſgager gens en ſon héritage lui portant &
faiſant dommage, iceux accuſer à juſtice, faire payer
l'amende dommages & dépens, ainſi qu'il eſt amplement déclaré eſdites Coutumes de la Chaſtellenie de
Blois ; & ſera creu le preneur de ſon dommage juſques à
cinq ſols tournois ſeulement & au-deſſous en l'affirmant
par ſerment. Et ſi plus il en demande, il en ſera tenu
d'informer ſuffiſamment. Et ſi le preneur ne demande

rien de son dommage, il aura quatre deniers tournois
pour venir jurer & affirmer ladite prinse (*a*).

(*a*) En quoi seulement l'Article differe de la Générale Voyez
l'Article 2 de la Ferté-Aurain, qui est semblable, & sa Note.

Article VIII.

Estangs & garennes sont deffendus, & pareillement
fosses & fossés, & qui y pesche ou chasse sera puny comme de larcin.

Article IX.

Il est loisible à chacun de son authorité privée faire
en son héritage estang & asseoir bondes & grilles d'estang, pourveu qu'il n'entreprenne sur les chemins, droits
& héritages d'autruy.

Cet Article contient une exacte expression du droit commun, dont Mennetou, *Article 14*, Vatan, *Article 19*, & la
Ferté-Imbault, *Article 9*, s'écartent.

Article X.

Par la coustume de la Chastellenie de Tremblevy
(*a*), qui a douve, il a fossé, qui est à entendre que celuy qui a la douve du fossé du costé de son héritage,
pareillement le fossé lui appartient (*b*).

(*a*) Ainsi que par le droit général.

(*b*) L'argument est démonstratif : Si ce qui est sorti du fossé
est à moi, le fossé est conséquemment à moi. On dit aussi in-
versément *qui a fossé, a douve* : mais cette derniere maxime a bien
moins d'étenue que la premiere.

L'application qui leur est commune, est que la propriété connue de l'un emporte la propriété de l'autre.

Ainfi lorfque la conteftation ne roule que fur la propriété de la douve , encore qu'elle foit de mon côté , fi je confeffe , ou s'il eft évident que le foffé eft à mon voifin , la douve doit être jugée lui apparrenir également.

Mais fi la conteftation tombe en même temps fur le foffé & fur la douve , celui qui a la douve du côté de fon héritage , eft cenfé le propriétaire du foffé comme de la douve : en quoi la maxime, *qui a douve a foffé* , eft plus étendue , & plus généralement vraie que l'inverfe *qui a foffé a douve.*

Si le jet eft des deux côtés , le foffé eft commun.

Si la douve ne fe reconnoît plus , dans le doute le foffé eft préfumé fait pour clore l'héritage le plus précieux & le plus dommageable : entre une vigne & un pré , il eft cenfé pour la vigne : entre un bois & une terre , il eft cenfé fait pour le bois , &c.

Toutes chofes égales , le foffé eft réputé commun.

On doit appliquer aux haies les mêmes regles.

CHAPITRE III.

De Jurifdiction.

ARTICLE XI.

SI aucun forain ou eftranger fait quelque contract, promeffe , paction ou marchandife en la jurifdiction dudit Tremblevy , & que pour raifon de ce , il foit dedans les vingt-quatre heures convenu & appellé , il fera tenu de répondre par-devant le juge dudit lieu.

Cette difpofition eft comme celle de l'Article précédent de droit commun.

CHAPITRE IV.
De Donations.

ARTICLE XII.

EN traité de mariage entre gens roturiers, auquel n'y a convention de douaire, & le mari n'a aucuns propres (*a*) héritages, la femme aura pour ſon douaire le quart des conquêſts de la portion des héritiers du treſpaſſé en uſufruit en payant les charges. Et s'il n'y a conquêſts, aura la quarte partie des meubles de la portion (*b*) des héritiers du treſpaſſé à perpétuité, les dettes déduites.

(*a*) Ou acquêts antérieurs au mariage.

(*b*) Ainſi tant comme commune que comme douairiere, elle prend cinq huitiemes.

Quid, ſi elle renonce à la communauté? En ce cas, les dettes payées, elle prend le quart de ce qui reſte.

L'Article differe de la Générale, en ce que pour le douaire, à défaut de propres, les acquêts ſont ici ſubrogés, & à défaut d'acquêts les meubles.

Les propres échûs au mari pendant le mariage, par voie de ſucceſſion collatérale, n'étant point ſujets au douaire coutumier, ne ſont point obſtacle à la ſubrogation portée par notre Article.

COUTUMES LOCALES

De la Chastellenie, Terre, Justice et Seigneurie

DE CHABRIS.

Soit vu le Procès-Verbal de ladite Couftume.

CEtte Locale & celle de Molins font fous le reffort de Saint-Aignan, qui devient leur première Générale, qui leur fert conféquemment d'interprétation, & qui fait leur Loi lorfqu'elles ne difpofent point, enforte qu'elles n'ont recours à celle de Blois que quand Saint-Aignan fe tait.

La Locale de Chabris n'eft même dans la plupart de fes difpofitions qu'une copie littérale de Saint-Aignan, & par cette raifon il falloit n'inférer que celles qui différoient.

Les Commiffaires difent bien à la fin du procès-verbal que pour éviter prolixité, ils ont rayé plufieurs Articles des Locales qui en fubftance étoient femblables à la Générale : mais il s'en faut bien qu'ils l'aient fait auffi fouvent qu'ils l'auroient dû ; & lorfqu'ils l'ont fait, ils n'ont pas même toujours eu foin de faire dans le ftyle les corrections qui en devenoient une fuite : de là fouvent un Article annonce des difpofitions précédentes qui ne fe trouvent pas. Voyez la preuve, Note (*c*), fur l'Article 21, ci-après.

CHAPITRE PREMIER.

De Prinfe de Bêtes.

ARTICLE PREMIER.

IL eft permis par la Couftume du pays à un chacun Seigneur, poffeffeur & détenteur d'aucuns héritages,

prendre

prendre ou faire prendre par autruy en son adveu , les bestes & les mener en justice : auquel cas celui à qui sont lesdites bêtes est amendable de l'amende coustumiere de cinq sols tournois à appliquer les deux parts à justice & le tiers à la partie (*a*) qui fait ladite prinse.

(*a*) Cet Article & le suivant renferment les dispositions de l'Article premier de Saint-Aignan : celui-ci en differe en ce que S. Aignan applique les deux parts à la partie, & le tiers à la Justice.

Article II.

Et de laquelle prinse de bestes, celuy qui l'aura faite en sera creu jusqu'à la somme de cinq sols (*a*) , pourveu que desdites bêtes il ait saisi justice , ou qu'il ait gage (*b*) , partie (*c*) ou plege (*d*).

(*a*) Ces cinq sols sont-ils autres que ceux de l'amende coutumiere mentionnée en l'Article précédent , & doit-on inférer du présent Article que celui qui fait la prise en soit cru de son dommage jusqu'à cinq sols & au-dessous , mais qu'indépendemment il y a cinq sols d'amende , dont revient le tiers à celui qui fait la prise?

Si l'on préfere l'affirmative , comme je penserois , cette Locale différera encore en ce point de celle de Saint-Aignan , mais à tort feroit-on violence aux termes pour empêcher ces différences , & ramener Chabris à Saint-Aignan , puisque Chabris a prétendu en différer.

La moindre portion donnée à la partie dans l'amende est encore une raison pour en conclure qu'elle a en outre son dommage dont elle est crue jusqu'à cinq sols.

(*b*) Voyez la Note (*c*) sur l'Article 217 de la Générale, & la Note (*e*) sur l'Article premier de Saint-Aignan.

(*c*) C'est-à-dire quelqu'un qui ait reconnu les bêtes pour siennes.

(*d*) Ce mot n'est quelquefois que synonime avec celui *gage*, mais il doit être pris ici dans son sens propre , & signifie un tiers qui a promis , non de payer le dommage , mais de faire ester à droit le maître des bêtes , autrement les avouer siennes.

I i

Article III.

Et si le preneur desdites bestes prétend luy avoir esté fait plus grand dommage par iceluy, excedant ladite somme de cinq sols, faire le pourra, & aura ses dommages tels que montrer les pourra.

Article IV.

Et si le preneur desdites bestes les detient ou recelle outre les vingt-quatre heures, il est amendable envers justice de l'amende de soixante sols tournois.

Cet Article & le précédent ne font qu'une répétition de l'Article 2 de Saint-Aignan.
Voyez la Note (*a*) sur l'Article 218 de la Générale.

Article V.

Et font les héritages esquels lesdites bestes ainsi trouvées font prinses, réputés deffensables, esquels lesdites bestes peuvent faire & porter dommage : c'est à sçavoir prez secherons depuis la Notre-Dame de chasse-Mars (*a*) jusques à la Saint Jean (*b*). Et les grands prez (*c*) depuis la Sainte Croix de May jusques à la Saint Michel, si plutost ne font fauchez.

(*a*) En quoi differe de Blois.

(*b*) Ce terme est trop court dans les années froides & pluvieuses, & le Juge en ce cas peut proroger la défense.

(*c*) C'est-à-dire les prés de riviere autrement appellés prés-bas, prés à grosse herbe.

On ne suit point cette distinction à Blois, la défense y commence en même temps pour tous les prés, & se proroge jusqu'à ce qu'ils soient fauchés, & même pour ceux à deux herbes jusqu'à la Toussaint.

ARTICLE VI.

Que tous prez gagneaux & paſtureaux que l'on voudra dire & tenir deffenſables outre les ſaiſons deſſus dites, faut qu'ils ſoient foſſoyez & bouchez ſuffiſamment (*a*).

(*a*) Cet Article eſt littéralement conforme à l'Article 3 de Saint-Aignan. Voyez ſur l'Article 223 de Blois la Note (*a*), *n. 1.*

ARTICLE VII.

Et néanmoins il eſt permis à un chacun de prendre ou faire prendre en ſes prez les pourceaux en tout tems & ſaiſons.

CHAPITRE II.

Des Cens, Ventes & reliefs.

ARTICLE VIII.

TOUTES perſonnes qui doivent cens en la terre & Chaſtellenie dudit lieu de Chabris ſont tenus payer aux jours & lieux accouſtumés, & qui deffaut à payer leſd. cens par diverſes années, ils ne doivent que l'amende d'un deffaut, qui eſt de cinq ſols tournois, quelque tems qu'ils ayent defailly, juſques à ce que demande lui ſoit faite dudit deffaut de droit de cens : mais doit le cens de toutes les années (*a*).

(*a*) Ce qui doit être limité à neuf, ſuivant l'Article 112 de Blois, à quoi Saint-Aignan n'a rien de contraire.

L'Article peu correct dans ſon ſtyle, qui d'abord eſt au plurier, & enſuite au ſingulier, a été pris ſur l'Article 8 de Saint-Aignan, & n'en differe en rien.

I i ij

ARTICLE IX.

Tous cens en ladite terre de Chabris font à ventes (*a*) & y a vingt deniers tournois pour livre en vendition de l'héritage au feigneur ou feigneurs defquels ils font tenus.

(*a*) L'Article n'ajoute pas *& relief*, comme fait l'Article 9 de Saint-Aignan & le premier de Molins : doit-on en inférer que cette Locale rejette ce droit de relief?

Pour la négative, on peut dire que la preuve qu'elle ne le rejette pas fe tire de ce que l'Article eft intitulé , *des cens*, *ventes & reliefs* : nonobftant l'affirmative me paroît préférable, à moins que le Seigneur ne foit fondé en titre. L'Article, en définiffant la nature des cens, ayant parlé des ventes & non des reliefs, c'eft le cas de dire *expreffio unius*, *exclufio alterius*.

ARTICLE X.

Tous acquéreurs d'héritage fujets à cens font tenus de payer les ventes au dedans de l'an & jour de l'acquêt par eux fait , & qui ne le paye ils font amendables de l'amende couftumiere de foixante fols tournois comme de ventes recellées & furannées.

L'Article differe du 118 de Blois, & conféquemment de Saint-Aignan, qui n'a fur ce aucune difpofition, 1°. en ce qu'il n'exige poinr la notification de l'acquêt dans la huitaine, à peine d'amende. 2°. En ce que l'amende de 60 fols n'eft encourue qu'après l'an & jour, au-lieu que Blois dit dans l'an.

CHAPITRE III.
ARTICLE XI.

QUAND homme & femme font conjoints par mariage entre roturiers (*a*), fi le mary meurt le premier, la femme prend fur la partie des biens meubles de fon mary par douaire couftumier audit lieu la fomme de foixante fols tournois (*b*) & non autre chofe (*c*), fi par le contract de mariage n'a efté parlé autrement du douaire.

(*a*) Ainfi entre nobles, le douaire eft le même qu'à Saint-Aignan, fa Générale.

(*b*) Une fois payée, mais fans retour.

(*c*) Encore que le mari laiffe des héritages propres.

1. *Quid*, s'il en laiffe qui foient régis par Saint-Aignan, fa première Générale, ou par Blois, fa feconde, ou par des Locales qui les affujettiffent au douaire?

La veuve aura le douaire de 60 fols, tel qu'il eft réglé par la Coutume de fon domicile, & n'aura pas moins fon douaire fur les biens régis par les Coutumes qui les y affujettiffent.

2. *Quid*, fi le domicile du mari n'eft pas à Chabris, & qu'il y poffede des biens patrimoniaux, la veuve, vers laquelle ils ne font point fujets à aucun douaire, pourra-t-elle a défaut exiger des héritiers les 60 fols du douaire établi par notre Article?

Je ne le penfe pas. Ce douaire de foixante fols n'eft pas dû par les héritages, mais par les meubles que le mari laiffe : il ne peut donc avoir lieu, fi la loi du domicile ne le donne.

3. Quoique nous ayons dit ci-deffus que la veuve, dont le mari avoit fon domicile à Chabris, peut avoir le douaire de 60 fols établi par l'Article, & encore prendre fon douaire *coutumier* fur les héritages régis par autres Coutumes, il ne fuit pas qu'on puiffe prendre le douaire *préfix* dans le lieu du domicile, & le *coutumier* fur les héritages, fuivant que les Coutumes de leur affiette les y affujettiffent. Le douaire de 60 fols de notre Article, celui

de même ſomme de l'Article 69 de Dunois, celui de Mennetou, *Article 20*, & de Tremblevif, *Article 12*, ne ſont point des douaires préfix, mais coutumiers fixés par la Loi, & ne tenant rien de la diſpoſition de l'homme, ils ſont donc compatibles avec le douaire ſur les héritages, mais le préfix & le Coutumier ne peuvent avoir lieu en même temps, quoique ſur biens régis par différentes Coutumes.

CHAPITRE IV.

Des Succeſſions.

ARTICLE XII.

ENTRE nobles, l'aiſné prend le maiſtre hoſtel & le vol d'un chapon auquel vol n'eſt compris moulin, four (*a*), eſtangs, s'aucuns en y a audit vol, qui eſt eſtimé l'eſtendue d'une ſexterée de terre à l'entour dudit maiſtre hoſtel : & le ſurplus de lad. ſucceſſion ſe deſpart par teſtes entre leſdits maſles ou femelles.

(*a*) *Banal*, comme en l'Article 12 de Saint-Aignan, dont la premiere partie eſt ici répétée, & le ſurplus en l'Article ſuivant.

ARTICLE XIII.

Et eſt à notter que ſi en ſucceſſion d'homme & de femme nobles, n'y a que choſes roturieres, elles ſe departent par teſte, & n'y a aucun droit d'aiſneſſe (*a*) en ſucceſſion de pere & de mere en ladite Chaſtellenie de Chabris.

(*a*) Saint-Aignan, *Article 14*, après le mot *teſte*, ne met qu'une virgule, au-lieu d'un point, qui pour notre Article de Chabris ſe trouve dans toutes les Editions *in-12*, & d'un point & virgule dans le Coutumier général ; & après le mot *aîneſſe* S. Aignan met deux points, & ajoute : *& auſſi entre gens nobles n'y* *a qu'une aînesse.* J'estime qu'après le mot *teste*, on peut ici mettre indifféremment un point, ou bien une simple virgule, mais qu'après le mot *aînesse*, on ne doit point mettre deux points qui ne conviennent qu'au style de l'Article de Saint-Aignan. J'estime encore que ces mots de l'Article de Saint-Aignan, *& aussi entre gens nobles*, doivent ici se suppléer, & sont échapés au scribe en l'original; & enfin qu'aulieu de ceux de notre Article, *n'y a aucun droit d'aînesse*, il faut lire, comme à Saint-Aignan, *n'y a qu'une aînesse.*

On ne peut pas dire que notre Article, tel qu'il est écrit, signifie qu'en la Châtellenie de Chabris, il n'y a indistinctement en succession de pere & de mere aucun droit d'aînesse. Le contraire est évident pour les nobles par la disposition de l'Article précédent : pour les ennoblis, par les Articles 14 & 15, ci-après, & pour les roturiers, par l'Article 16.

Il reste donc à dire que ces mots, *& n'y a aucun droit d'aînesse en succession de pere & de mere en ladite Châtellenie de Chabris*, se référent à l'espece qui précede immédiatement; savoir, que quand il n'y a que choses roturieres, elles se départent par *tete*, & qu'ainsi rien ne prouve qu'en cette sous-Locale, l'aîné noble ne doive pas prendre une aînesse en chaque succession de pere & de mere.

Mais si ces premiers mots, *& n'y a aucun droit d'aînesse*, se rapportent bien à ce qui précede, ce n'est qu'autant qu'ils seroient employés, comme à Saint-Aignan, pour terminer la phrase : aulieu que ces mêmes mots, suivis de ceux *en succession de pere & de mere en ladite Châtellenie de Chabris*, forment ensemble une proposition, dont la généralité ne peut plus s'accommoder avec la simple relation à l'espece qui précede.

Si cependant quelqu'un insistoit à rejetter notre correction qui rend la disposition si claire, & même explicative de Saint-Aignan, où ces mots, *en succession de pere & de mere*, ont été mal-à-propos omis, il n'en résulteroit toujours aucune différence entre cette Locale & Saint-Aignan. Ces mots, *& n'y a aucun droit d'aînesse*, &c. référés au cas où il ne se trouve que choses roturieres, ne diroient rien que de superflu d'après ce qui précede, & qui n'ait également lieu à Saint-Aignan. Il se trouvera seulement que Chabris n'aura pas dit, comme Saint-Aignan, qu'il n'y a qu'une aînesse : mais ce silence ne suffiroit pas pour faire différer en ce point Chabris de Saint-Aignan sa Générale qu'elle doit suivre en tout, à moins de disposition contraire.

ARTICLE XIV.

En ſucceſſion de gens anoblis , les choſes & fiefs nobles ſe deſpartent par teſte entre les enfans fils & filles & n'y a point de droit d'aiſneſſe pour la premiere fois , mais quand ladite ſucceſſion des choſes nobles vient en ſeconde ſouche , elle ſe départ comme entre gens nobles.

ARTICLE XV.

C'eſt à ſçavoir l'aiſné le maiſtre hoſtel tenu noble- ment , & le vol d'un chapon tel que deſſus eſt dit.

Ces deux Articles ne different en rien de l'Article 15 de Saint-Aignan, dont ils ne ſont qu'une copie preſque littérale. *Recours aux Notes.*

ARTICLE XVI.

Les fiefs nobles eſchus à roturiers par ſucceſſion , ſe deſpartent par teſte juſqu'àce qu'ils viennent à la tierce fois (*a*).

(*a*) Ce mot eſt ici écrit comme il doit l'être, & non pas tierce foy, comme en l'Article 16 de Saint-Aignan, ſur lequel voyez la Note (*b*).

ARTICLE XVII.

Et ſi en ſucceſſion de nobles n'y a que fille, elles ſuc- cedent également.

Copié ſur le 17 de Saint-Aignan.

ARTICLE XVIII.

En ſucceſſion collatérale ſoit entre maſles ou femelles n'y a aucun droit d'aiſneſſe ſoient nobles ou non nobles.

Copié ſur le 18 de Saint-Aignan.

ARTICLE

ARTICLE XIX.

En ladite terre, Seigneurie & chaftellenie de Chabris par la couftume du pays, & ainfi que le droit le
permet, y a droit de repréfentation en fucceffion (*a*).

(*a*) Tant directe que collatérale, comme ajoute le 19 de Saint-
Aignan.

CHAPITRE V.
De Donations.

ARTICLE XX.

HOMME & femme (*a*) conjoints par mariage peuvent faire donation mutuelle l'un à l'autre de leurs biens
meubles & conquefts. C'eft à fçavoir des biens meubles
à perpétuité, & des conquefts immeubles pour en jouir
par maniere d'ufufruit fa vie durant : pourveu qu'il n'y
ait aucuns enfans d'eux deux en leurdit mariage. Et s'ils

(*a*) L'Article, ne diftinguant point entre les nobles & les
roturiers, fembleroit les comprendre également : mais l'Article 22
de Saint-Aignan ne diftingue point non plus, & cependant ne regarde que les roturiers, par la raifon qu'entre nobles le furvivant
gagne les meubles & l'ufufruit des conquêts, *Article 1*. Or doit-
on dire que notre Article ne regarde auffi que les roturiers, &
qu'entre nobles le furvivant ait de droit les mêmes avantages qu'à
Saint-Aignan ?

J'incline beaucoup pour cette opinion. 1°. Le filence de Chabris n'eft point une raifon pour y rejetter les difpofitions de S.
Aignan, fa premiere Générale. 2°. Comment fonder une différence entre nos deux Coutumes, fondé fur ce que Chabris ne fait
aucune diftinction, lorfque Saint-Aignan, fur la même matiere,
ne diftingue point non-plus.

K k

ont enfans , & qu'ils ayent patrimoine (*b*) tous deux ,
ladite donation aura lieu , & demourera ledit patrimoine aux enfans du décédé (*c*). Et s'il n'y a aucun patrimoine le furvivant n'aura (*d*) que ladite moitié (*e*) defdits conquefts & (*f*) ufufruit feulement , avec la moitié qui lui appartient defdits conquefts. Et fera la moitié de l'autre moitié , qui eft la quarte partie defdites
chofes immeubles reputée pour patrimoine (*g*) aux enfans defdits conjoints. Et fera tenu le furvivant acceptant ladite donation en ce faifant payer les dettes, funérailles & obféques & entretenir les édifices & héritages.

(*b*) Condition que n'exige point Saint-Aignan : mais il n'importe en quelle quantité, ni où fitué , ni qu'il provienne de fucceffion collatérale, ni qu'il y en ait au temps de la donation ,
pourvû qu'il s'en trouve lors du décès du premier mourant : mais
les deniers ftipulés propres ne fuffiffent pas.

Quid de l'action de remploi de propres aliénés?
Je l'eftime fuffifante.
Quid des acquêts propres de communauté?
Je les eftime auffi *à fortiori* fuffifans.

(*c*) Malgré le louche de cet Article, on ne doit entendre que
le patrimoine du décédé, autrement c'eut été attacher une condition trop dure au don mutuel entre conjoints admis dans pref-
que toutes les Coutumes , & que parmi nous la feule Locale de
Romorantin rejette.

(*d*) Avec les meubles : ce qui réfulte de l'obligation de payer
les dettes & funérailles.

(*e*) Le fens demande qu'au - lieu de ces mots, *ladite moitié*, on
life *moitié de la moitié*.

C'eft à raifon de cette limitation qu'il ne fuffit pas que le décédé
ait patrimoine, puifque l'égalité requife au don mutuel feroit bleffée.

(*f*) C'eft ainfi qu'il fe lit en toutes les Editions, & qu'il eft
écrit en l'original, mais le fens demande évidemment qu'au-lieu
d'&, on fubftitue *en*.

(*g*) Ces mots font la preuve de ce qui a été dit Note (*c*).

Si cet Article forme un ftatut purement réel ou mixte? Voyez
la Note (*b*) fur l'Article 163.

CHAPITRE VI.
De Retraits.

ARTICLE XXI.

PAR la coutume dudit Chabris en matiere de retrait en chofes acquifes & depuis revendues par l'acquereur d'icelles, n'y a aucun retrait lignager, finon que ledit acqueft ait été fait par l'acquereur de fon propre parent duquel les chofes vendues luy (*a*) eftoient advenues par fucceffion (*b*) de lignage, fourchage on branchage dont meuvent lefdites chofes vendues : auquel cas fi ledit acquereur les vendoit en ligne eftrange, le prochain parent dudit fourchage & branchage dont meuvent lefdits heritages, l'aura par retrait au-dedans de l'an & jour en payant comme deffus (*c*) le fort principal & loyaux coufts.

(*a*) Quoiqu'il foit ainfi écrit en l'original, le fens demande qu'on life : *auquel les chofes vendues étoient advenues.* Dans l'Edition générale des Coutumes, on a bien réformé *auquel*, au-lieu *duquel*, mais on a laiffé mal-à-propos le mot *lui.*

(*b*) Tout ce qui fuit jufqu'au mot *vendues* inclufivement eft de trop, & fait tort au fens.

(*c*) Cet Article & tous ceux du Chapitre n'ont aucune difpofition qui n'ait également lieu à Saint-Aignan, mais Saint-Aignan, *Article* 23, en contient une fur l'obligation de l'offre & confignation du grand-blanc à la premiere Audience, qui me paroît devoir être fuivie dans cette fous-Locale. Rien ne prouve que celle-ci ait prétendu différer en ce point de fa premiere Générale. Il eft même vraifemblable que notre Article étoit dans le cahier préfenté, précédé de quelques autres, & particulierement d'un femblable au 23 de Saint-Aignan, comme le 23 de Saint-Aignan l'étoit d'un ... ... au 19; ... e Blois ; & que ces Articles n'ont été rejettés, ... cès-verbal en fa fin, que pour éviter répétition. La ... ... ve de ... ... te fuppreffion fe tire de ces mots de notre Articl... , *en payant comme d'ffus*, qui fuppofent une difpofition précédente, & de l'Article 23 de Saint-Aignan qui, quoique le premier de la matiere de retrait, fe fert plufieurs fois du mot *dit*, avant d'avoir encore parlé des chofes auxquelles il s'applique.

ARTICLE XXII.

Les fruits de l'heritage fubjet à retrait font acquis au retrayant du jour de l'adjournement & offres duëment faites. (*a*)

(*a*) Ces mots viennent à l'appui de ce que nous avons dit fur l'Article précédent, *Note (c)*, concernant l'obligation d'offrir & de configner le grand-blanc.

Mais n'en réfulte-t-il pas en même temps que les fruits ne font acquis au retrayant qu'à compter du jour auquel tombe l'ajournement, & fe fait l'offre du grand blanc, & non pas à compter du jour de l'exploit d'ajournement ?

J'eftime qu'à Chabris & Saint-Aignan, comme à Blois 198, les fruits font acquis au retrayant du jour de l'exploit. Si les mots *& offres duement faites* font naître quelque doute, ce qui précede eft trop précis pour ne le pas diffiper ; à joindre ce qui a été remarqué plufieurs fois, qu'il faut toujours fe rapprocher de la Générale, quand le texte ne réfifte pas abfolument.

ARTICLE XXIII.

Les heritages efchangés fortiffent nature d'heritage baillé en recompenfe par ladite efchange.

Blois, 203.

ARTICLE XXIV.

Propre heritage ou rente venduc fous faculté de reméré peut eftre retrair par le lignager du vendeur durant ledit reméré & dedans l'an & jour après iceluy reméré finy, foit que ledit reméré foit accordé hors (*a*) ou dedans les lettres du contract.

Blois, 206.

(*a*) Pour que la grace du réméré empêche l'ouverture des pro-fits, il faut qu'elle foit portée par le contrat, ou par acte authen-tique fait incontinent : mais pour proroger l'action de retrait, il fuffit que la grace foit portée par acte fait dans l'an, & qui ait date certaine.

Le temps de la premiere grace au-deffous de neuf ans fini, & prorogé jufqu'à neuf ans aulfi par acte de date certaine empêche le profit, & proroge de même le retrait pendant l'an & jour de l'expiration de la derniere grace.

Article XXV.

On ne peut retirer portion d'héritage vendu par un même contract (*a*), mais il faut retraire le tout: autrement on n'eft recevable.

(*a*) Pas même lorfque ce font propres & acquêts, ou propres de deux lignes différentes.

Mais l'acquéreur eft libre de retenir l'acquêt & les propres de la ligne étrangere au retrayant. Voyez la Note (*a*) fur l'Article 193 de Blois.

CHAPITRE VII.
De Baftards.
Article XXVI.

LES Seigneurs de Chabris en leurdite chaftel-lenie & terre de Chabris, ont la fucceffion des Baf-tards, aubains & efclaves (*a*) qui meurent fans hoirs

(*a*) Ce mot, dont la vraie fignification a été donné fur l'Ar-ticle 26 de Blois, eft ici très-déplacé. On voit qu'il s'eft glilfé, habilles à eux ſucceder, & auſſi les confiſcations des criminels.

au-lieu de ces mots de l'Article 20 de Saint-Aignan, *enſemble les ſucceſſions vacantes*, & c'eſt ainſi qu'il faut l'interpréter.

Voyez au ſurplus le procès-verbal, & ce qui a été dit ſur cet Article 20 de Saint-Aignan.

COUTUMES LOCALES

DE LA CHASTELLENIE DE MOLINS EN BERRY,

Tenue de la Chaſtellenie de Saint Aignan.

CHAPITRE PREMIER.

Des Cens.

ARTICLE PREMIER.

LES Cens de ladite ſeigneurie de Molins ſont à
ventes & reliefs, c'eſt à ſçavoir pour leſdites ventes
vingt deniers tournois pour livre, & pour le relief
douze deniers tournois pour denier de cens, à mutation de Seigneur deſdits heritages cenſuels avec le
double cens. (*a*) & ſont tenus les acheteurs deſdits heritages cenſuels payer les lots & ventes deſdites choſes

(*a*) En quoi cette ſous-Locale differe de Saint-Aignan, & eſt
ſinguliere & déraiſonnable, puiſqu'elle établit en même temps &
pour même mutation un double profit de relief, celui du ſol pour
denier & encore celui du double cens.

Je n'eſtime pas que ce double cens ſoit dû par un acquéreur
en même temps que les ventes : la diſpoſition doit être renfermée
dans le ſeul cas du relief, c'eſt-à-dire en toute autre mutation
que celle produiſant ventes.

vendues dedans l'an & jour (*b*) dudit acqueſt à peine de ſoixante ſols tournois d'amende applicable audit ſeigneur.

(*b*) Cette derniere partie de l'Article differe encore de Saint-Aignan & Blois, & eſt conforme à Chabris, *Article 10*, ſur lequel voyez ce qui a été obſervé.

CHAPITRE II.
Des Bois de haute Futaye & Taillis.

ARTICLE II.

QUE les taillis dudit Molins ſont deffenſables en tout tems (*a*), & ſont les amendes des prinſes de beſtes & autres délits qui y ſont commis au deſſous de la coupe de quatre ans (*b*) de ſoixante ſols tournois (*c*) & pour les prinſes qui y ſont faites en autre tems il y a cinq ſols (*d*) d'amende, le tout applicable audit ſeigneur.

(*a*) En quoi differe de Saint Aignan, *Article 4*, & même de l'uſage obſervé en la Générale contre le texte de l'Article 225.

(*b*) Trois ans & un mai.

(*c*) Aujourd'hui ſuivant qu'il eſt réglé par l'Ordonnance des Eaux & Forêts de 1669.

(*d*) Comme la priſe de bêtes en taillis au-deſſus de trois ans & un mai eſt contre le droit commun, cette amende ne doit point augmenter nonobſtant l'Ordonnance de 1669.

CHAPITRE

CHAPITRE III.
De Recouſſe de Bêtes.
ARTICLE III.

EN recouſſe de beſtes deument prouvée (*a*) y a ſoixante ſols tournois d'amende contre celuy qui a fait ladite recouſſe , & eſt appliquable à juſtice. Et ſi le demandeur dechet de ladite recouſſe , il n'eſt amendable que de cinq ſols tournois (*b*) : & ſont toutes amendes de prinſes de beſtes & deſgagemens appliquables à juſtice (*c*).

(*a*) Par témoins s'entend ; celuy qui a fait la priſe n'en étant pas ſur la recouſſe cru à ſon ſerment.

(*b*) Vers Juſtice , par la raiſon qu'anciennement en toute cauſe, celui qui ſuccomboit étoit condamné en l'amende. Voyez ſur cette amende la Note (*a*) ſur l'Article 10 de Valençay.

(*c*) Ces amendes ſont les mêmes qu'à Saint-Aignan & à Chabris , mais l'application en eſt différente. A Saint-Aignan , Juſtice n'y a que le tiers, & les deux autres tiers appartiennent à la partie pour ſon dommage affirmé & non prouvé. A Chabris , la partie y prend ſeulement le tiers , mais en outre cinq ſols pour ſon dommage. Ici, la partie ne prend rien dans l'amende, mais elle a cinq ſols pour ſon dommage en l'affirmant , ou l'a tel qu'elle peut le prouver.

ARTICLE IV.

Et de l'outre plus des couſtumes de ladite chaſtellenie de Molins (*a*), elle ſe regle ſelon les couſtumes de la baronnie de Saint Aignan ; & en deffaut que leſdites couſtumes de Saint Aignan n'y ſatisferoient , ladite chaſtellenie de Molins ſe regle ſelon les couſtumes générales dudit Comté de Blois.

(*a*) *Idem* de Chabris, quoiqu'il ne s'y trouve point d'Article ſemblable à celui-ci.

L l

COUTUMES LOCALES
DE LA SEIGNEURIE ET BAILLIAGE
D'AUTROCHE.

CHAPITRE PREMIER.
Des Cens.

ARTICLE PREMIER.

QUE par ladite couſtume en ladite ſeigneurie d'Autroche y a deux manieres de cenſifs, dont l'une
eſt à tels cens tels reliefs, & l'autre eſt à pur cens ſeulement ſans aucuns reliefs (*a*), eſquelles cenſives y a
droit de ventes, deſſaut & amendes quand le cas y eſchet
ſuivant la couſtume de Blois.

(*a*) Ainſi dans cette Locale, point de cens à relief ſans titres :
ſi elle ſert à cet égard d'explication à la Générale, ou lui fait
exception? Voyez l'Article 109 & ſa Note (*c*).

CHAPITRE II.
De Champéage.
ARTICLE II.

QU'ON ne peut & ne doit-on mener paiftre ne champayer aucunes beftes en quelque tems & faifon que ce foit en héritage d'autruy, foient deffenfables (*a*) ou non (*b*), fans le confentement de celui à qui appartient l'héritage.

(*a*) Clos ou enfruités.

(*b*) En quoi differe de la Générale, & eft conforme aux autres Locales de Sologne, Romorantin 11, la Ferté-Imbault 6, la Ferté-Aurain 3, & Tremblevif 5.

CHAPITRE III.
De Prinfe de Beftes.
ARTICLE III.

IL eft loifible & permis à chacun de prendre (*a*) en fon héritage gens & beftes lui faifant dommage, foit qu'il foit clos ou non & requérir & demander gage. Et eft tenu celui qui fera ladite prinfe l'accufer (*b*) au prevoft (*c*) ou fermier (*d*) ou au fergent de la juftice au dedans de

(*a*) Le mot *prendre* ne doit être ici pris littéralement que relativement aux bêtes & non aux gens, fauf l'exception marquée en la Note (*a*) fur l'Article 13 de Vatan.

Les Notes (*b*, *c* & *d*) font à la Page fuivante.

L l ij

la huitaine. Et après ladite huitaine ledit preneur peut faire adjourner celuy qui lui a fait ledit dommage dedans trente jours après (*e*) pour avoir réparation de son dommage duquel il est creu par son serment jusques à cinq sols & au dessous. Et pour l'amende de justice en appartient seulement la somme de cinq sols (*f*), laquelle amende ledit seigneur ou son fermier est tenu la poursuivre dedans quarante jours après ladite prinse faite, autrement n'en peut faire poursuite après lesdits quarante jours contre celuy qui ainsi auroit prins (*g*), ne contre celuy qui auroit fait ledit dommage (*h*).

(*b*) Cette obligation de faire déclaration à Justice ne tombe pas simplement sur le gage, comme en la Générale, *Article 221*, & la Ferté-Imbault, *Article 7*, mais même sur la prise, quoiqu'il n'y ait point eu de bête emmenée, ni de gage donné. *Idem* Vatan, *Article 14*, & ce, pour l'intérêt du Seigneur de la Justice, au profit duquel l'amende est encourue, quoique la prise ne soit point à garde faite, & que la partie composât de son dommage.

(*c*) Ce Prévôt n'étoit dans l'origine que le préposé du Seigneur pour la perception de ses droits utiles, ce qu'on appelloit ailleurs *Maire*.

(*d*) L'Article 19 de l'Arrêt de Réglement du 10 Décembre 1665, défend à tous Seigneurs Hauts-Justiciers de nommer pour Juges, Officiers, Procureurs-Fiscaux ou Greffiers, leurs Fermiers ou Receveurs, leurs cautions ou intéressés, ou de donner leurs fermes ou recette auxdits Officiers, à peine de privation de leur Justice & de 2000 livres d'amende.

Etre Fermier d'une Terre & en même temps Juge ou Procureur-Fiscal, c'est être Juge & partie dans toutes les causes qui intéressent les droits & revenus de la Seigneurie : l'intérêt du Receveur, quoique moins vif, l'est toujours assez pour opérer une vraie incompatibilité de cette qualité avec celle de Juge. Les raisons d'incompatibilité entre Receveur & Procureur-Fiscal ou Greffier s'affoiblissent, mais ne sont pas nulles : cependant rien de plus commun, nonobstant l'Arrêt de 1665, que de voir les

Les Notes (*e*, *f*, *g* & *h*) sont à la Page suivante.

fonctions de Procureur-Fiscal ou de Greffier réunies à celle de Receveur. Je ne doute point, s'il étoit prouvé que tel Receveur, au-lieu d'être à appointemens, est à la remise, qu'il ne résultât nullité de toutes les procédures concernant le Seigneur, dans lesquelles le Receveur auroit fait fonction de Procureur-Fiscal ou de Greffier.

(*e*) En quoi differe de la Générale. Voyez la Note (*g*) sur l'Article 217.

(*f*) Exceptez toujours la prise de nuit à garde faite, où l'amende doit être plus forte.

(*g*) Et qui, après avoir fait déclaration à Justice, auroit composé de son dommage, sans en informer les Officiers du Seigneur. Voyez la Note (*f*) sur l'Article 13 de Vatan.

(*h*) Pour raison de l'amende par lui encourue.

Article IV.

Que celuy qui aura fait aucune prinse de gens & bestes, est tenu icelles affirmer (*a*). Et si après qu'il l'aura affirmée, il se déporte de sondit dommage, il aura pour sadite affirmation vingt deniers (*b*) tournois sans autres despens (*c*).

(*a*) Partie présente, ou duement appellée. Vatan, *Article 13*; la Ferté-Imbault 7.

(*b*) Voyez les Articles 2 & 3 de la Ferté-Aurain & les Notes.

(*c*) Mais bien les frais d'instance.

Article V.

Que toutes amendes ordinaires, sont de cinq sols tournois (*a*) seulement, & les autres selon les cas dont elles procedent,

(*a*) En quoi differe de la Générale, où elles sont de sept sols six deniers.

COUTUMES LOCALES
DE LA CHASTELLENIE DE VILLEFRANCHE
SUR CHER.

CHAPITRE PREMIER.
De Prinſe de Beſtes.

ARTICLE PREMIER.

EN matiere de prinſe de gens & beſtes, au preneur eſt adjugé trois ſols, & au prévoſt dudit lieu deux ſols pour l'amende de chacune prinſe. Et néanmoins le preneur eſt reçu à demander ſes dommages & interſêts juſques à telle ſomme qu'il les pourra prouver & montrer, s'ils excedent ladite ſomme de trois ſols tournois (*a*).

(*a*) Auquel cas, le Prévôt ou Juſtice a toujours deux ſols pour l'amende, quoiqu'en priſe faite ſans garde.

PROCÈS-VERBAL

DES

COUSTUMES GÉNÉRALES

DU PAYS ET COMTÉ DE BLOIS,

Ensemble les Couſtumes Locales des Baronies & Chaſtellenies ſubjectes du Reſſort dudit Bailliage.

Et après la Lecture deſdites Couſtumes tant Générales que Locales, avons procédé à la Publication d'icelles en la forme & maniere qui s'enſuit.

Nous Roger Barme, Préſident, & Jean Prévoſt, Conſeiller du Roi notre Sire en ſa Cour de Parlement, Commiſſaires commis de par le Roi, notre Souverain Seigneur en cette partie : Déclarons les Coutumes qui ont été lues par Jacques de Mailly, Huiſſier en ladite Cour de Parlement, en vos préſences, de vous gens des trois Etats, ſelon les modifications & limitations de vos conſentemens & en vos préſences faites & accordées, miſes & couchées en notre Procès-verbal, être les vraies Coutumes du Bailliage de Blois. Et ſelon icelles jouxte le pouvoir à nous donné, Nous commandons à vous Gouverneur & Bailli de Blois, à votre Lieutenant & à tous autres Juges, qu'ils aient à juger, décider & déterminer de tous les procès meus & à mouvoir. En défendant par exprès à tous Avocats qu'ils n'aient dorénavant à alléguer, poſer ou articuler aucunes Coutumes contraires ou dérogeantes à icelles. Et à tous Juges dudit pays & Comté que pour la preuve des Coutumes & Articles deſſuſdits ils n'aient à recevoir aucuns témoins en tourbe, ains pour la vérification d'icelles, ils aient à prendre extraits par le

Greffier dudit Bailliage, ou par le Greffier de la Cour de Parlement, fans préjudice des oppofitions particulieres des oppofans, dont eft faite mention en notre Procès-verbal. Pour lefquelles décider, avons renvoyé les parties en ladite Cour de Parlement à fix femaines. Et cependant pourront mettre & produire par-devers Nous tout ce que bon leur femblera, pour en faire notre rapport à la Cour. Et néanmoins avons réfervé aux Seigneurs Jufticiers & autres qui prétendent droit particulier fur leurs fujets plus ample que par ces préfentes Coutumes, d'ufer de leur droits fe bon leur femble, & à leurs fujets leurs défenfes au contraire. Et auffi avons réfervé aux fujets d'ufer des privileges, libertés & franchifes qu'ils prétendent leur compéter & appartenir, comme de raifon, & aux Seigneurs leurs défenfes au contraire. Et pour ce qu'entre lefdites Coutumes y en a aucunes non accordées, mais difcordées, & remifes à la Cour, Nous avons délaiffé & délaiffons les parties en tous tels droits & poffeffions efquelles ils font, ou étoient auparavant l'acte de cette préfente publication. Fait le dix-huitieme jour d'Avril l'an mil cinq cent vingt-trois, après Pâques. *Ainfi figné* LE VISTE; PREVOST; D'ESTAMPES; MUSSET; PAPIN.

L'An de grace mil cinq cent vingt-trois, l'onzieme jour d'Avril, après Pâques, Nous Roger Barme, Confeiller du Roi notre Sire & Préfident, & Jean Prevoft, auffi Confeiller dudit Seigneur en fa Cour de Parlement à Paris, arrivames en la Ville de Blois pour y faire publier & arrefter les Coutumes dudit Bailliage, felon & en fuivant les Lettres-Patentes & miffives dudit Seigneur, defquelles la teneur s'enfuit.

FRANÇOIS, par la grace de Dieu, Roi de France : A nos amés & féaux Maître Roger Barme, Préfident, & Jean Prevoft, Confeillers en notre Cour de Parlement à Paris : Salut & Dilection. Comme en enfuivant le vouloir & ordonnance de nos prédéceffeurs Rois de France, pour le foulagement de la chofe publique, feu notre très-cher Seigneur & Beau-Pere le Roi Louis dernier décédé, que Dieu abfolve, eût ordonné toutes les Coutumes de notre Royaume être accordées en l'affemblée des trois Etats de chacun Bailliage & Sénéchauffée de notre Royaume rédigées & mifes par écrit : & ce fait, rapportées pardevers les Commiffaires fur ce par lui députés pour icelles Coutumes voir, & les faire publier, afin d'être dorénavant regardées pour loi, fans ce qu'il fût métier faire preuve defdites Coutumes autrement que par l'extrait du regiftre d'icelles, lefquelles feroient enregiftrées en nos Cours de

Parlement

Parlement & en chacun de nos Bailliages, Sénéchauffées & Provinces régis & gouvernés par droit écrit, & foit ainfi que les Coutumes de notre Bailliage & Châtellenie de Blois, refforts & limites d'iceux, aient été pieça par Ordonnance de notredit feu Seigneur & Beau-Pere en affemblée due & compétente faite en la Maifon de notredite Ville de Blois, rapportées, accordées & écrites, & ne refte qu'à les publier & homologuer par notredite Cour de parlement.

¶ Savoir faifons que Nous défirans lefdites Coutumes pour le bien & foulagement de nos fujets être publiées & enregiftrées, pour être gardées inviolablement comme loi & décret : Vous mandons & expreffément enjoignons par ces préfentes que vous vous tranfportiez au principal Siege dudit Bailliage & Châtellenie où lefd. Coutumes ont été faites, & illec faites affembler tous & chacuns les Châtelains & Seigneurs Hauts-Jufticiers, Prélats, Abbés, Chapitres, nos Officiers auxdits lieux, Licenciés, Avocats, Praticiens, Bourgeois, Marchands & autres bons & notables perfonnages dudit Bailliage en leurs perfonnes, fans recevoir aucun par Procureur, finon qu'il y eût legitime excufation : & en leur préfence faites de rechef lire & accorder lefdites Coutumes. Et fi en faifant ladite publication fur aucun des Articles defdites Coutumes, y furvenoit contradiction ou oppofition par la plus grande & faine partie des Gens d'Eglife ou des Nobles, ou de ceux du tiers-Etat, & ladite difficulté ne pût être vuidée en ladite affemblée, faites mettre & rédiger par écrit les différends d'une part & d'autre, pour icelles rapporter pardevers les Gens de notredite Cour de Parlement, afin d'en ordonner comme de raifon. Et quant aux autres Articles defdites Coutumes qui feroient en ladite affemblée, en vos préfences accordés & arrêtés, faites icelles publier & enregiftrer ès regiftres dudit Bailliage, & ces préfentes inférez en vos procès-verbaux, pour être dorénavant obfervées comme loi & Edit perpétuel & irrévocable & néanmoins vous mandons que vous contraignez toutes & chacunes les perfonnes de qualité deffufdites à eux trouver en ladite affemblée. ¶ C'eft à fcavoir les Gens d'Eglife par la prife & faifie de leur temporel, & les Laïcs par la prife & faifie de leurs biens-meubles & immeubles & ajournemens perfonnels en notredite Cour de Parlement. Et nonobftant oppofitions ou appellations quelconques & fans préjudice d'icelles. Et pour ce que aucuns Prélats, Barons, Seigneurs, Chapitres & autres prétendent par privilege être exempts dudit Bailliage de Blois, combien qu'ils & leurs terres foient dedans les fins & metes d'icelui : Nous voulons & vous mandons

M m

dons que sans préjudicier à leurs privileges & exemptions pour
cette fois, vous les contraigniez à eux trouver en ladite assemblée, laquelle faite ès lieux où besoin sera, Nous voulons & or-
donnons toutes les Coutumes générales & locales être accordées
& arrêtées, en déclarant tous les sujets dudit Bailliage être sujets
ès Coutumes arrêtées pour la généralité dudit Bailliage, selon ce
qu'elles sont accordées esdites assemblées. De ce faire vous avons
donné & donnons pouvoir, autorité & mandement spécial. Mandons & commandons à tous nos Justiciers, Officiers & sujets
qu'à vous en ce faisant, obéissent & entendent diligemment.
Donné à Saint-Germain-en-Laye, le vingt-sixieme jour de Février, l'an de grace 1512, & de notre regne le neuvieme. *Ainsi
signé*, par le Roi, Dorne. Et scellé du grand sceau du Roi, en
simple queue de cire jaune. De par le Roi. Nos amés & féaux,
Nous vous avons par nos Lettres-Patentes commis, élus & députés pour le fait & publication des Coutumes tant générales que
locales de notre Bailliage & Châtellenie de Blois, ressorts & limites d'iceux, qu'entendons appellés les Gens d'Eglise, Nobles
& autres du tiers Etat être par vous faite pour le bien & sou-
lagement de nos sujets. Et pource que desirons y être de bref
& sommairement par vous procédé, nous vous prions & néanmoins mandons très-expressément que le plutôt que faire se pourra,
que vous vous transportiez en notredite Ville de Blois, qui est
la Ville principale de nosdits Bailliage & Châtellenie, pour illec
procéder à la publication desdites Coutumes, en y gardant les
solemnités en tel cas requises & nécessaires, le tout selon & en
suivant la teneur de nosdites Lettres-Patentes que nous vous en-
voyons à cette fin. Et pour ce que nous desirons cette affaire
être vuidée comme ès autres Bailliages de notredit Royaume a
été fait, Nous vous mandons qu'à ce veuillez vacquer & y faire
diligence, & vous nous ferez service très-agréable. Donné à Saint-
Germain-en-Laye, le vingtsixieme jour de Février. *Ainsi signé*,
François, & au-dessous, Dorne. Et dessus lesdites Lettres est
écrit : A nos amés & féaux Maître Roger Barme, Président, &
Jean Prevost, Conseiller en notre Cour de Parlement à Paris.

Et le treizieme jour dudit mois, qui étoit le jour de l'assignation
baillée aux Gens d'Eglise, Nobles, Praticiens & autres du tiers
Etat, pour être présens & assister à ladite publication, nous
transportames au Couvent des Jacobins dudit lieu de Blois,
au lieu dit le Réfectoire dudit Couvent ordonné pour procéder
à ladite publication. Auquel lieu, après la lecture desdites Lettres de Commission, ensemble des Lettres missives du Roi, par

lui envoyées au Bailli, Lieuténant Général, Avocat, Procureur du Roi audit Bailliage, fîmes appeller par Jacques de Mailly, Huiſ-fier en ladite Cour, les Prélats, Colleges, Chapitres & autres Gens d'Eglise, les Nobles, Praticiens, & autres Gens du tiers Etat, qui par notre Commiſſion avoient été ajournés, pour être & aſſiſter à la publication deſſuſdites. Les noms deſquels furent baillés par rôle audit de Mailly par Etienne Billart & Jean Papin, Greffiers dudit Bailliage : & comparurent en la maniere qui s'en-ſuit. C'eſt à ſçavoir, pour Révérend Pere en Dieu Monſeigneur l'Evêque d'Autun, Abbé de Saint-Lomer de Blois, compa-rurent Maître Pierre Boucher, ſon Bailli, & Zacharie Boivin, ſon Procureur. Et pour les Religieux & Couvent dudit lieu, Me. Claude Chevalier, leur Procureur : pour les Religieux & Couvent de Bourg-moyen, Frere Pierre Royllard, Prieur de S. Honoré dud. Blois, Jean Lecour, Prieur dud. Couvent, George Barreau, Grenetier, Philippes Rouſſeau, Chambrier, tous Religieux de ladite Abbaye, Jean Barreau, leur Procureur : pour les Doyen, Chanoi-nes & Chapitre de Saint Sauveur de Blois, M. Guillaume Habert, Chantre & Chanoine d'icelle Eglise, & Pierre Munet, leur Pro-cureur : pour les Religieux, Abbé & Couvent de Pontlevoy, Me. Jean Grenaſier, leur Bailli, & Jacques Peſnin leur Procureur : pour les Religieux, Abbé & Couvent de la Madelaine de Chà-teaudun, Frere Jean Penſſaut, Religieux de ladite Abbaye, leur Procureur : pour les Religieux, Abbé & Couvent de Notre-Dame de l'Aumône, de l'Ordre de Citeaux, Me. Noël Le Jai, leur Procureur : pour les Religieux, Abbé & Couvent de Celles en Berry, Me. Denis Dupont, leur Procureur : pour les Reli-gieux, Abbé & Couvent de Mairemoutier, à cauſe des Juſtices qu'ils tiennent, tant en leur chef que Prieurés, membres dépen-dans dudit monaſtere, Me. Pierre Boucher & Jean Perrault leurs Baillis en aucunes de leurs Terres & Seigneuries : pour les Reli-gieux, Abbé & Couvent de la Sainte-Trinité de Vendôme, à à cauſe de leur Seigneurie du Cheſne quarré, led Me. Pierre Bou-cher : pour les Religieux, Abbé & Couvent de Thiron, à cauſe des Seigneuries de Bouchedaigre & Yron, ledit Boucher leur Bailli · l'Abbé de Bonneval, en perſonne pour les Terres étant audit Bailliage : & pour les Religieuſes, Abbeſſe & Couvent de la Guiſche, Me. Jean Moreau, leur Procureur : pour les Reli-gieuſes, Abbeſſe & Couvent de Saint Avy, lès Châteaudun, Me. Richard des Champs, & Zacharie Boivin, leur Procureur : pour les Religieuſes, Abbeſſe & Couvent du lieu Notre-Dame, lès Romorantin, Sylvain Gode, leur Procureur : pour la Prieure

& Couvent de Mennetou-fur-Cher, ledit Gode, leur Procureur:
pour l'Archidiacre de Blois en l'Eglife de Chartres, Me. Pierre
Sceveau, fon Vicaire & Official audit Blois: pour les Doyen &
Chapitre de Saint André de Châteaudun, Me. Noël Le Jai, leur
Procureur: pour les Prieur, Chanoines & Chapitre de S. Aignan
en Berry, Me. Denis Dupont, leur Procureur: pour les Prieur
& Chapitre de S. Sylvain de Levroux, Jean Mefnart, leur Pro-
cureur: pour les Prieur & Chapitre de Saint Laurian de Vatan,
Me. Etienne Couriau, Chanoine de ladite Eglife, leur Procureur:
pour les Chanoines de la Ferté-Imbault, Zacharie Boivin, leur
Procureur: pour les Chanoines de la Ferté-Aurain, ledit Gode,
leur Procureur: pour les Prieur & Couvent de S. Ladre de Blois,
Frere Regnault Perault, Prieur dudit lieu, & ledit Boyvin, leur
Procureur: pour les Prieur & Couvent de l'Aumône de Blois,
Frere Jean Vallée Prieur dudit lieu, & ledit Boivin leur Procureur: pour le Prieur de S. Martin de Chemars, ès Fauxbourgs
de Châteaudun, ledit Le Jay, fon Procureur: pour les Chantres
& Chapitre de Jargeau, Seigneurs temporels de Villean, Eu-
trope Margat, leur Procureur. Pour le Prieur du S. Sépulchre,
ès Fauxbours de Châteaudun, ledit Le Jay, fon Procureur: pour
le Commandeur de Rougeou, Me. Jean Sénefchal le jeune, fon
Bailli, & Pierre Gombanlt, fon Procureur.: pour Madame Mere
du Roi, Ducheffe d'Angoumois & d'Anjou, à caufe de fa Châtellenie de Romorantin, Millançay, Billy, Villefranche & Ville-
broffe, comparut Me. Jean Bazin, Procureur fuffifamment fondé
fous les proteftations par lui faites, ci-après inférées. & pour Monfeigneur le Duc de Longueville, à caufe de fon Comté de Dunois, Seigneuries de Marchenoir, Fréteval, les Méez & Château-
Renaud, Me. Guillaume Rouffelet, Avocat, & François du
Chaftel, Procureur audit Comté de Dunois, fous les proteftations
dont ci-après fera fait mention: pour le Comte de Tonnerre, à
caufe de fa Baronnie de Saint-Aignan & Celles en Berry, Me. Jean
Gallus, Bailli dudit Saint-Aignan, Denis Dupont, Avocat d'icelui
Seigneur, Jean Huguet, Lieutenant, & Pierre Le Saige, Procureur audit Saint-Aignan, & Francois Pafteau, Procureur d'i-
celui, Seigneur audit lieu de Celles, fous les proteftations par eux
faites, inférées dans ce préfent Procès-verbal: pour Meffire Flo-
rimond Robertet, Chevalier, Seigneur de Bury, Confeiller du
Roi & Tréforier de France, à caufe de fa Châtellenie de Bury,
Zacharie Boyvin, fon Procureur: Meffire Louis d'Eftampes,
Chevalier, Seigneur de Valençay, Gouverneur & Bailli de Blois,
comparut en perfonne, Meffire Raoul Hurault, Chevalier, Sei-

gneur de Chiverny & de Court-sur-Loire, Général des Finances de la Reine, & Président de ses Comptes à Blois, en personne: pour le Seigneur de Chaumont-sur-Loire & des Rochettes, Jean Perseval le jeune, son Procureur : pour Messire Jean Cotereau, Chevalier, Trésorier de France, à cause de sa Seigneurie de Vauperreux, Me. Jean Perrault, son Bailli, & Jean Mesnard, son Procureur : Messire Robert Leloup, Chevalier, Seigneur de Mennetou-sur-Cher, en personne : Messire Pierre du Puy, Chevalier, Seigneur dudit lieu & de Vatan, de Laurian de Buxueil & Villeneuve-sur-Barillon, en personne, & par Jacques Pesnin, son Procureur: pour la Dame de Lepvroux, Pierre Driet & Jérôme Emery, Procureur de ladite Seigneurie : pour le Comte de la Rochefoucault, à cause de ses Seigneuries d'Onzain, d'Asnieres, du grand Vauliar & Laverdin, Zacharie Boyvin, & Guillaume du Vivier, ses Procureurs: Messire Jean d'Estampes, Chevalier, Seigneur de la Ferté-Imbault, en personne : pour le Seigneur de Beau-Villier & de la Ferté-Hubert, Jean du Haire, son Procureur : pour le Seigneur de la Rue-d'Indre, comparut ledit Sylvain Gode, Procureur de Dame Françoise de Maillé, Dame de Châteauroux : & pour Messire Hardouin de la Tour, Seigneur de Châteauroux, Me. Guy Bonnyn, son Procureur : le Seigneur de Tremblevif, nommé le Comte de Vulnophgand, en personne : Messire Jean de Villebresme, Chevalier, Seigneur de Fougere, en personne : pour Charles du Plessis, Chevalier, Seigneur de Savonieres & d'Ouchamps, ledit Zacharie Boyvin, son Procureur : pour Monseigneur Louis, Seigneur de la Trimoille, Pierre Potier, Substitut de Jean Agenes, son Procureur : pour Jean de Meung, Ecuyer, Seigneur de la Ferté-Aurain, Hervé le Maire, son Procureur: pour le Seigneur de la Ferté Vilmeil, Me. Pierre Boucher, son Bailli, Etienne le Breton, & Jean Barreau, ses Procureurs: pour les Seigneurs de Villefranche, Me. Jean Bazin, leur Procureur : pour le Commandeur de Villefranche, ledit Gode, son Procureur: pour le Seigneur de Viillegongis & son Juge, Etienne Billard, leur Procureur: pour le Seigneur de Cherelles, lesdits Billard & Gode, ses Procureurs qui ont déclaré que ladite Seigneurie de Chérelles compete & appartient à la Dame de Villegongis, & qu'ils n'ont autres Coutumes locales que celles de la Baronnie de la Rue-d'Indre, conformes aux Coutumes de la Baronnie de Châteauroux, & qu'au reste les Coutumes de lad. Baronnie de la Rue d'Indre sont conformes aux Coutumes générales du Bailliage de Blois. Le Seigneur de Lorges comparut en personne, & déclara n'avoir aucunes Coutumes locales : pour le

Seigneur d'Autroche comparut Etienne Billard, Bailli dudit lieu: pour le Seigneur de Vienne-lès-Blois, ledit Boyvin, fon Procureur : pour Meffire Jacques de Renty, Chevalier, Seigneur de Montigny le Ganelon en Dunois, ledit Le Jay, fon Bailli & Procureur.: pour le Seigneur d'Avangourt, Chevalier, Seigneur de Courtalin, M^e. Jacques Triboil, fon Procureur : pour le Seigneur de Molitare, ledit Le Jay, fon Procureur : pour le Seigneur de Rabeftan, M^e. Pierre Rouffelet, ou nom & comme curateur ordonné par Juftice aux biens vacans de feu M^e. Jacques de Souche, en fon vivant Seigneur dudit Rabeftan. Charles Lucas, en perfonne, tant pour lui que pour François Lucas fon frere, Seigneur de Vielzuy : pour le Seigneur de Barenton, Seigneur de la Theure, ledit Le Jay, fon Bailli & Procureur : pour le Seigneur de Luçay-le-Mal, M^e. Antoine Rouffeau, & Julien Bernardeau, fes Procureurs : pour les Seigneurs de Villentras, M^e. Pierre du Four, Bailli dudit lieu. Denis Hurault, Ecuyer, Seigneur de S. Denis, Capitaine dudit Blois, en perfonne : pour Meffire Imbert de Baternay, Chevalier de l'Ordre, Seigneur de Molins en Berry, Zacharie Boyvin, Jean du Four & Gilles Chefne, fes Officiers & Procureurs : pour le Seigneur de Varennes, François Pafteau, fon Procureur : pour la Dame d'Auge, M^e. Pierre Le Sage Procureur de la Seigneurie de Saint-Aignan, comme étant ladite terre d'Auge, faifie par défaut d'homme : pour Meffire Antoine des Effars, Chevalier, Seigneur de Lye en Berry, M^e. Antoine Rouffeau, & Julien Bernardeau fes Procureurs : Pour les Seigneurs de Vaudebronge, Pierre Driet, leur Procureur : pour les Seigneurs de Vie-fur-Nahon, M^e. Jean du Four, leur Procureur : pour le Seigneur de Soefme, Blaife Lucas, Procureur fuffifamment fondé : & pour Charles d'Illiers & fa femme, Seigneur de la quarte partie dudit Soefme, Jean Landas, leur Procureur : & encore ledit Landas comme Procureur de Damoifelle Romaine de Sainctré, veuve de Louis d'Illiers, Dame de la quarte partie dudit Soefme : les Seigneurs de la Mothe, lès Mer, en perfonne, lefquels ont déclaré n'avoir aucunes Coutumes locales : le Seigneur de Sallebris en perfonne : M^e. René le Fufelier, Seigneur de Cormeray, en perfonne : Jean de Caignon, Ecuyer, Seigneur de S. Bouhaire, en perfonne : pour le Seigneur du Pont aux Thioins, Jean Benoift, fon Procureur : pour la Seigneurie des Rochettes, Jean Parceval & Jean Mefnart, Procureurs duement fondés : pour le Seigneur du Pleffis-Defchelles, Jacques Nezoment, fon Procureur : pour le Seigneur de Villexancton, Sylvain Gode, fon Procureur : pour

l'Archevêque de Bourges, Seigneur en partie de Chabris, Me.
Jean de Varenne, son Procureur : Gabriel Rabeau & Ambroise
Joslin, Seigneurs en partie dudit Chabris, en leurs personnes :
pour Mesire François Herpin, aussi Seigneur dudit Chabris, Jacques Pesnin, son Procureur, qui a protesté que les comparutions
faites par les dessusdits Rabeau & Joslin ne lui puissent préjudicier pour les causes qu'il dira en temps & lieu prétendant être
Seigneur avec l'Archevêque de Bourges d'icelle Seigneurie de
Chabris : & lesdits Rabeau & Joslin ont protesté au contraire :
pour le Seigneur de Bouge, Pierre Driet son Procureur.

Comparurent aussi Me. Denis Musset, Conseiller du Roi &
Lieutenant Général au Bailliage de Blois, en personne ; Jean Le
Roy, Lieutenant Particulier, en personne ; Jean Sénéchal le jeune,
Avocat, & Guillaume Poisson, Procureur du Roi audit Comté ;
Jean Grenesie, Maître des Comptes du Roi & de la Reine à
Blois ; Guillaume Boucher Enquêteur audit Bailliage, en leurs
personnes.

Aussi comparurent en personnes, Me. Jean Boudet, Notaire
& Secrétaire du Roi, Receveur de Chartres ; Jacques Allart ;
Etienne Viau, & Frere Olivier Dorval, Religieux de S. Lomer
de Blois, Echevins & Elus au gouvernement des négoces &
affaires de ladite Ville de Blois : & pour les manans & habitans
de ladite Ville de Blois comparurent Pierre Munet, Procureur,
& Me. Denis Dupont, pour conseil d'icelle Ville.

Comparurent pareillement Me. Pierre Boucher, Jean Perrault,
Philippes Joslin, Gilbert Guinart, Etienne Louet, Antoine
Rousseau, Jean Joslin, Etienne Breserolles, Jean Moreau, tous
Licenciés & Avocats audit lieu de Blois, en personne : Etienne
Billard & Jean Papin, Greffier dudit lieu ; Zacharie Boyvin, Jean
Barreau, François Chardon, Viatre Papin, Nicolas Samedy,
Sylvain Gode, Jacques Pesnin, Pierre Driet, Jean Mesnar,
Pierre Forget, & Jean Farineau, tous Procureurs & Praticiens
en Cour laye audit Blois, en personne : Robert Sauffaye, Sei-
gneur de la Borde, Jean Boismartin, Robert du Four, Jean
Huguet, Méry Symonet, Michelet Guerin, Alexandre de Cousty,
Guillaume Marefchal, Jaquet Meslé, Jean le Bret, Maulry Des-
montis, Michel Tricot, Mathurin Hennequin, Pierre Bouillon,
Jean Terrier, Seigneur de Boisvert, & plusieurs autres en grand
nombre, manans & habitans de ladite Ville de Blois : pour les
manans & habitans de Châteaudun, Me. Jacques de Villexis,
Charles de Robetot, & Jacques Triboll, Echevins de ladite
Ville : Pour la Seigneurie de Fréteval, Jean Huart, Lieutenant

dudit lieu : pour la Seigneurie de Marchefnoir , ledit Huart &
M^e. Laurent Grenoilleu , Lieutenant dudit Marchefnoir : pour
les manans & habitans de Vatan , Jean du Ruau , leur Procureur :
pour les manans & habitans de Romorantin , M^{es}. Jacques Go-
dart & Jacques de le Mothe , leurs Procureurs : pour les manans
& habitans de Saint-Aignan , M^e. Jacques Roger & Gilles Ra-
bouyn , leurs procureurs : pour les manans & habitans de Celles ,
Jean Allart , leur Procureur : pour les manans & habitans de Contres , Syvain Gode , leur Procureur : pour les manans & habitans de Lievroux , Jean Joflin , leur Procureur : pour les manans
& habitans de Celles , Saint Denis , Terre & Juftice de la Ferté-
Imbault , ledit Gode , leur Procureur. : pour les manans & habitans de ja Rue-d'Indre , icelui Gode , leur Procureur : pour les
manans & habitans de Tremblevif , icelui Gode , leur Procureur :
pour les manans & habitans de Senely , Pierre Potier & Gentian
Guyon , leurs procureurs : pour les manans & habitans de la Ferté-
Aurain , ledit Gode : pour les manans & habitans de Rougeou ,
Iean Bailly , Jean Barré , Jean Huet , & Sylvain le Tort , leurs
Procureurs : pour les manans & habitans de Sallebris , ledit Gode :
pour les manans & habitans d'Autroche , icelui Gode. Et après
ordonnames que les deffufdits Procureurs mettroient au Greffe dud.
Bailliage dedans le lendemain enfuivant les procurations en vertu
defquelles ils ont comparu & comparent. Furent auffi convoqués
& appellés le Duc Vendômois , à caufe des fiefs qui jadis furent
Bléfois , & à préfent font Vendômois , & fe régiffent par les Coutumes du Bailliage de Blois ; Frere Guillaume de Hombelliers ,
Commandeur de Sones en Chartrain , pour fa Châtellenie d'Ouar-
ville : le Seigneur de Raye , Bremende , Menas : le Prévôt de
Mézangé , le Seigneur de Villouet , le Seigneur de Buneil , le
Prieur & Couvent Saint Jean-en-Greve , lès Blois , les Chanoines de Romorantin , les Prévôt & Chapitre de la Sainte-Cha-
pelle de Châteaudun , les Seigneurs & Officiers de Château-Re-
naud , étant de l'ancien reffort dudit Bailliage , lefquels ne comparurent , ni perfonne pour eux : & à l'encontre d'iceux non
comparans , le Procureur du Roi requit défaut , portant tel profit
que de raifon. Après lefquelles comparutions & convocations des
perfonnes deffufdites , ledit Procureur du Roi , pour la confer-
fervation de fes droits , ledit Bazin , pour Madame Mere du Roi ,
ledit Rouffelet , pour ledit Duc de Longueville : ledit Gallus ,
pour le Comte de Tonnerre , Baron de Saint-Aignan , firent verbalement & publiquement plufieurs remontrances & proteftations
pour la confervation de leurs droits , autorités , prééminences &

privileges,

privileges, requérans en faire mention en notre procès-verbal, ce que leur accordâmes & ordonnâmes qu'à cette fin les mettroient par écrit par-devers Nous, pour y être inférés : & déclarâmes que par ce préfent acte & ordre que les deffufdits ont été convoqués & appellés, n'entendions aucunement préjudicier à leurs droits, prérogatives de fiefs, n'autres quelconques : & depuis iceux Bazin, Rouffelet & Gallus, & Procureur du Roi ont produit par-devers Nous leurfdites proteftations, dont la teneur s'enfuit.

Pardevant Vous, Noffeigneurs le Préfident & Confeiller de la Cour, Commiffaires ordonnés par le Roi fur la réduction & louable réformation des Coutumes du Bailliage de Blois, dit le Procureur de Madame Mere du Roi en fes Seigneuries & Châtellenies de Romorantin & Millançay, que madite Dame, à caufe d'icelles Seigneuries & Châtellenies & Jurifdictions, a plufieurs droits : entr'autres, que madite Dame & les fujets defdites deux Châtellenies, *& finguli eorum de minimo ufque ad fummum habent ex privilegio, vel aliàs* qu'ils ne font fujets *in primâ inftantiâ*, ou par appel, prévention, des cas de faifine & nouvelleté, n'autrement *quovifmodo* à la fubjection, contrainte ne jurifdiction de la Cour royale de Blois au Siege même dudit Bailliage, mais efdits Romorantin & Millançay y a & toujours a eu, *ab omni ævo & tempore immemoriali*, jurifdictions ordinaires avec perfonnes à ce requifes pour les exercer, Châtelain pour lefdites deux Juftices, Procureur & gros Sieges, & caufes qui ont été pertractées & expédiées jufqu'à fentences définitives inclufivement, & dont a été appellé, & les appeaux relevés, tant ès actions civiles que criminelles. Lefquelles caufes par appel dévolues ont été vuidées & déterminées par affifes qui ont été tenues auxdits Romorantin & Millançay, pardevant Monfeigneur le Bailli de Blois, auxdits Sieges de Romorantin & Millançay, refpectivement, ou par le Lieutenant commis de par le Roi efdits lieux, *nec eft memoria in contrarium*, qu'autremént il en eut été fait & ordonné. Et à cette caufe ne fut jamais madite Dame ne fes prédéceffeurs, Officiers & fujets tenus comparoir en jugement au Perron de Blois, à raifon des caufes procédans du contenu defdites jurifdictions, foit en premiere inftance ou par appel. Ce néanmoins ils & chacun d'eux ont été appellés pardevant Vous pour ladite réformation defdites Coutumes dudit Bailliage de Blois, efquels ils n'ont point d'intérêt, en ce qu'il touche ledit Bailliage de Blois, pour le Siege du Perron & reffort : mais au regard dudit Bailliage de Blois au Siege defdits Romorantin & Millançay, madite Dame ne fe

N n

veut pas exempter que mondit Seigneur le Bailly, ou son Lieutenant, soit de par le Roi, ou de par mondit Seigneur le Bailli n'en
ait connoissance ou Jurisdiction par appel, en toutes causes, questions & débats, soient civiles ou criminelles : & proteste ledit Procureur de ne prendre autrement Cour ne jurisdiction pardevant
Vous sur ladit fin : & que les Coutumes qui seront réduites & réformées en tout le Baillage ne lui pourront nuire ne préjudicier:
& que les Sieges desdites Châtellenies desdits Romorantin & Mil-
lançai n'y soient comprises, liées, *in omnibus & singulis titulis*
desdites Coutumes : sinon que lesdites Jurisdictions & Sieges
desdites Châtellenies tant dudit Bailli de Blois esdits lieux soient
conservés & gardés, & les droits de madite dame & de ses sujets
sans être contraints comparoir audit Siege du Perron de Blois,
ne autres lieux qu'esdites Châtellenies : auquel cas, *& quia bonum
& utile est*, il offre que ladite réformation, réduction & homologation desdites Coutumes soient par vous & la Cour de Parlement faites, comme verrez être à faire par raison.

Ledit Procureur du Roi protestant au contraire, disant que le
contenu en ladite requête du Procureur de Romorantin ne contenoit, sous correction, vérité. Et que les Chatellenies de Romorantin & Millancay étoient deux Châtellenies tenues en foi &
hommage du Châtel & Comté de Blois, ressortissans nuement
par appel pardevant leur Bailli de Blois, & sujets à lui en tous
cas de supériorité que le Comte de Blois a sur les autres vassaux
Châtelains dudit Comté. Et lesquelles Châtellenies se régissoient
& avoient accoutumé être gouvernées, & les procès & différends
touchant les personnes, héritages & biens étant esdites Châtellenies décidés par les Coutumes générales dudit Comté, sinon qu'ils
eussent Coutumes locales & où il n'y auroit eu Coutume particuliere, avoient eu leur recours à la Générale, comme les autres sujets dudit Bailliage : & combien que par certaines préten-
dues pactions faites entre les Comtes de Blois & les Seigneurs desdits Châtellenies, le Bailli de Blois voise tenir ses assises esdites
Châtellenies, & là décider des causes d'appel interjectées des Juges
d'icelles Châtellenies. Toutesfois *istud non arguit exemptionem* quant
auxdites Châtellenies, *sed potiùs* subjection & supériotité sur elles,
quant audit Bailli de Blois : par quoi ne sont les déclarations &
protestations dudit Procureur de Romorantin vraies ne perti-
nentes.

S'ensuit la protestation du Procureur dudit Duc de Longueville.

A l'évocation faite pardevant Vous, Nosseigneurs les Président
& Conseiller, Commissaires ordonnés de par le Roi notre Sire,

pour l'homologation des Coutumes du Bailliage de Blois & reffort d'icelui, M^e. François du Châtel, Procureur général de Monfeigneur le Duc de Longueville en fon Comté de Dunois, a dit
& déclaré, dit & déclare que Romorantin eft une fimple Châtellenie, pour raifon dequoi ledit lieu de Romorantin ne devoit
& ne doit être mis en premier lieu, au moins devant le Comté
de Dunois, ains au contraire que ledit Comté de Dunois, qui
eft trop plus excellent que ladite Chatellenie, devoit, & doit
être mis & préféré audit ordre de priorité : & là où ledit lieu de
Romorantin feroit évoqué le premier, & préféré audit ordre de
priorité, & devant ledit Comté de Dunois, vous a requis & requiert ledit du Châtel, Procureur fufdit, qu'il foit par vous dit
que ladite évocation faite en premier lieu du lieu de Romorantin, a été & eft pour l'excellence de la perfonne de Madame
Mere du Roi, Dame dudit Romorantin, & non pour raifon dud.
lieu, vous priant & fuppliant inférer en votre procès-verbal ladite
proteftation, pour leur fervir & valoir, ce que de raifon : & auffi
à ce que le temps advenir ledit acte ne puiffe nuire ne préjudicier à mondit Seigneur de Longueville, en tant que touche
ladite priorité.

A fait auffi proteftation le Procureur dudit Comté de Tonnerre
en la maniere qui s'enfuit.

En enfuivant les adjournemens & injonctions faites à la requête du Procureur du Roi en fon Comté de Blois, fuivant
la commiffion à lui baillée & octroyée, par le Bailli & Gouverneur de Blois, ou fon Lieutenant, touchant la réformation
des Coutumes du Bailliage d'icelui, & des Coutumes locales des
refforts reffortiffans par appel, s'eft comparu & préfenté Haut
& Puiffant Seigneur, Claude, Comte de Tonnerre, Baron &
Seigneur de Saint-Aignan & de Celles en Berry, par M^e. Jean Huguet, Pierre le Sage & Julien Bernardeau, fes Lieutenans Procureur & Officiers audit Saint-Aignan : lefquels à l'évocation faite
des Seigneurs, refforts & Juftices fubalternes dudit Comté, nous
ont requis que voulfiffions recevoir ledit Comte de Tonnerre,
Baron de Saint-Aignan, comme prémier évoqué, au rôle de
l'appel des Seigneurs & refforts du Comté, & lui garder la prérogative & privilege qu'il a fur lefdits Seigneurs vaffaux & Juftices
fubalternes dudit Comté, en pofant & difant qu'il eft le premier
des Vaffaux dudit Comté, qui a juftice & prérogative, tant au
moyen qu'il eft iffu de la maifon dudit Comté par le moyen
de l'appanage & partage fait & baillé de ladite Baronnie par
un Comte de Blois, à celui qui a été le commencement de

ladite Baronnie de Saint - Aignan , duquel ledit Comte de
de Tonnerre eſt héritier & en a le droit & cauſe en cet égard.
Qu'auſſi que moyennant ledit partage fût accordé qu'entre ledit
Comte de Blois qui étoit pour lors , & ledit premier Baron de
Saint-Aignan , que pour l'advenir il ne ſe feroit & n'y auroit
prévention par ledit Comte & ſes ſucceſſeurs , ſur ladite Baronnie de Saint-Aignan , n'aucune entreprinſe ne ſurprinſe ſur icelle ,
en retenant ſeulement par ledit Comte de Blois les foi & hommage , & la ſouveraineté des appellations : & de ce en auroit
par ci-devant ledit Comte de Tonnerre , à cauſe de ſadite Baronnie de Saint-Aignan , joui & uſé de tout temps immémorial ,
joint les poſſeſſions de ſes prédéceſſeurs : & mêmement quand il
a été queſtion par ledit Comte de Blois de tenir ſes Etats , ledit
Comte de Tonnerre , comme premier Baron , a été premier appellé. Offre néanmoins ledit Comte de Tonnerre nous informer
de ſes droits & jouiſſance par titres & témoins bons & loyaux ,
requérant à ce y être reçu , en implorant votre office : & où aucun voudroit maintenir le contraire , proteſte s'oppoſer & vérifier
plus à plein ſes droits & prérogatives comme deſſus : & où ne
le voudrions faire , proteſte d'en appeller. Auſſi proteſte que le
lieu qui eſt prins par audace par les Officiers de Madame , Dame
de Romorantin & du Comte de Dunois , ſans ordonnance ne
commandement , ne puiſſe préjudicier audit Baron de S. Aignan ,
n'a ſes privileges & prérogatives , mais ce qui en a été fait par eux ,
ſoit ſeulement comme étant Officiers de Madame Mere du Roi ,
& du Comte de Dunois , comme Duc & non autrement : & a fait
toutes autres proteſtations aux cas pertinens.

Et après que contre les défaillans non exoniés avons donné défaut
au Procureur du Roi , portant tel profit que de raiſon , Nous aux
deſſuſdits Prélats , Prieurs & autres de l'Etat Eccléſiaſtique , avons
fait mettre la main au pis , & à eux & aux Nobles , & Gens du
tiers Etat , avons fait faire le ſerment de bien & loyaument dépoſer
du fait deſdites Coutumes , & de nous advertir des choſes qu'ils ver-
ront & connoîtront être utiles & profitables , ou dommageables
au bien & utilité du pays. Ce qu'ils ont promis & juré de faire.
Et en procédant à ladite publication , feiſmes faire lecture par
ledit Mailly des Coutumes dudit Bailliage , ſelon le cayer à nous
baillé par le Bailly , Lieutenant-Général , Avocat , Procureur du
Roi , & autres Officiers & Praticiens dudit Bailliage : & pour ce
qu'audit cayer avoit pluſieurs Articles de nouvel ajoutés , combien
que par les trois Etats il ſoient accordés pour en avoir la connoiſſance , ordonnames que ſur chacun des Articles ajoutés ſeroit

mis en tête, *Nova* : & ce fait par ledit Etat Ecclésiastique & Clergé,
fut dit & remontré que par l'assistance qu'ils faisoient à rédiger par
écrit & réformer les Coutumes du pays, ils n'entendoient que si en
aucuns des Articles desdites Coutumes y avoit choses contraires ou
préjudiciables aux droits & libertés de l'Eglise y consentir sinon pour
autant que par disposition de droit commun, ils y seroient adstraints
& sujets requérans avoir acte de ce qui leur a été accordé.

   * Et en lisant le premier Article qui est au Chapitre *de l'Etat
des personnes*, contenant : *Enfans sont faits à leurs droits & réputés émancipés, quand ils sont parvenus à l'âge de vingt-cinq ans,
ou qu'ils sont mariés.* Après les remontrances par nous faites
des inconvéniens qui pouvoient advenir à cause de ces mots :
*& sont réputés émancipés quand ils sont parvenus à l'âge de vingt-cinq
ans*, apposés audit Article. A été du consentement des trois Etats
réformé ledit Article en la forme qui s'ensuit : *enfans sont faits à
leurs droits quand ils sont mariés.*

   * Sur le deuxieme Article qui est audit Chapitre *de l'Etat des personnes*, contenant : *enfans mineurs par mariage sont réputés majeurs,
& dès lors peuvent ester en jugement, contracter & eux obliger, & faire
tous actes légitimes que peuvent faire majeurs :* Après que leur avons
fait plusieurs remontrances & demandé s'ils entendoient que lesdits mineurs réputés majeurs par mariage pussent aliéner leurs immeubles, sans interposition de décret : & leur avoir aussi donné
à entendre les inconvéniens & procès qui en pourroient advenir
au moyen de ces mots : *que lesdits réputés majeurs peuvent faire tous
actes légitimes que peuvent faire majeurs :* avons ordonné du consentement desdit trois Etats, que dudit Article seront corrigés
ces mots : *& faire tous actes légitimes que peuvent faire majeurs :* & demourera ledit Article écrit en la maniere qui s'ensuit : *enfans mineurs par mariage sont réputés majeurs, & dès lors peuvent ester en
jugement, contracter & eux obliger, & sont capables de faire tous actes
légitimes que pourroient faire majeurs.*

   * Sur le troisieme Article qui est audit Chapitre *de l'Etat des
personnes*, contenant : *femme mariée est en la puissance de son mari,
sans l'autorité duquel ne peut ester en jugement, contracter ne soi obliger ou quitter, si n'est que sondit mari fût absent de longue absence,
ou qu'elle fût marchande publique, & sur le fait de la marchandise seulement, ou que lesdits conjoints fussent séparés de biens, laquelle longue
absence sera arbitrée par le Juge, selon l'exigence du cas. Toutesfois si
durant l'absence, ladite femme mariée fait quelque contrat ou chose qui
concerne l'utilité & profit de la maison & ménage, en ce cas vaudra ce
qui a été fait par elle.* Après qu'avons remontré aux gens desdits trois

Etats que ledit Article étoit trop obscure mêmement en tant que touche ces mots, *si n'est que sondit mari fût absent de longue ab-sence*, & à cause de ce pourroient mouvoir plusieurs procès. Pour à ce obvier, a été ledit Article de leur consentement réformé en la forme qui s'ensuit : *femme mariée est en la puissance de son mari, sans l'autorité duquel ne peut ester en jugement, contracter ne soi obliger, sinon qu'elle fût marchande publique, & sur le fait de marchandise seulement ; ou que lesdits conjoints fussent séparés de biens, & que la séparation soit publiée au prône de la paroisse où ils sont demeurans dedans le second Dimanche du jour qu'elle est faite, excepté en matiere d'excès & injures.*

* Sur le cinquieme Article qui est au Chapitre *des gardiens-baillistres*, contenant : *en garde de mineurs nobles, les gardiens sont leurs tous les meubles de leursdits mineurs, & fruits de leurs héritages, tant que dure ladite garde, dont ils seront tenus user comme bons peres de famille, & à la charge de payer les obseques & funérailles des pere & mere desdits mineurs & autres leurs parens auxquels ils succéderont, de nourrir & entretenir lesdits mineurs, de tenir leurs édifices & hérita-ges en bonne & suffisante réparation, faire les foi & hommage aux Sei-gneurs de fief, pour raison de leurs héritages, payer les féodaux profits si aucuns en sont dûs : & d'acquitter lesdits mineurs de toutes dettes : & à la fin, si lesdits mineurs sont mâles, de les monter de chevaux, & s'ils sont filles, les vêtir, le tout selon leur état & condition.* Avons dit & remontré à ceux desdits états, qu'au moyen que ledit baillistre fait siens tous & chacuns les meubles & fruits des héritages desdits mineurs, se sont ensuivis le temps passé plu-sieurs inconvéniens aux mineurs chus en bail ; lesquels venus en âge, se sont trouvés dénués de tous meubles, & leur étoit donné occasion de vendre, charger & hypothéquer leurs pro-pres héritages ou partie d'iceux, & étoit chose contraire à toute raison & équité que lesdits pauvres mineurs fussent double-ment affligés de la perte de leur pere ou mere & de leurs biens, & advenoit souvent que le survivant qui avoit accepté le bail, se remarioit, & les enfans du premier mariage étoient frustrés des-dits meubles, dont étoient nourris & enrichis les enfans du se-cond mariage : & davantage, quand celui qui se remarie en se-condes noces va de vie à trépas, les meubles demeurent au survi-vant qui ne les auroit acquis ne gagnés : & ne servoit de rien dire que le baillistre étoit chargé de payer les dettes que devoient lesdits mineurs, de les nourrir, alimenter & enttetenir leurs héri-tages, payer les charges qu'ils doivent, & en la fin dudit bail ren-dre iceux héritages en bon état : car nul n'est contraint de pren-

dre le bail ſe bon ne lui ſemble : & eſt vraiſemblable que ceux auxquels il doit appartenir ne l'accepteront ſinon quand ils connoîtront qu'il leur eſt utile & profitable : & ſuppoſé que les pere ou mere ayant ledit bail, ſoient tenus entretenir & réparer les héritages, toutefois eſt advenu & advient ſouvent que leſdits héritages d'iceux mineurs étoient délaiſſés en ruine, & convenoit auxdits mineurs venus en âge avoir procès contre leur bailliſtre, ou ils conſomment leurs temps & argent, & en procedent pluſieurs inimitiés. A ces Cauſes, avons demandé aux Gens d'Egliſe, Nobles, Praticiens, & du tiers Etat leur avis ſur ce. Leſquels Gens d'Egliſe & du tiers Etat ont été concordablement d'opinion que ledit Article devoit être corrigé, & qu'il devoit ſuffire au bailliſtre de faire ſiens les fruits deſdits héritages, aux charges deſſus déclarées. Et par les Nobles fut remontré au contraire que dudit bail, ſelon ladit Coutume, ils avoient uſé de tout temps & d'ancienneté, dont eux & leurs prédéceſſeurs s'étoient très-bien trouvés, & eſtimoient que ladite Coutume faiſoit plus à l'avantage & conſervation des maiſons, qu'à la diminution & deſtruction d'icelles : & après demandames auxdits Praticiens ſi ladite Coutume étoit véritable & ancienne ? Leſquels ont dit & affirmé qu'ès anciens Coutumiers ils avoient vu ladite Coutume telle que deſſus écrite, mêmement en certains Livres coutumiers, datés de l'an mil cccc. iiij. xx. xviij. & de l'an mil cinq cent ſept; & dès ledit temps iiij. xx. xviij. les Praticiens & autres qui furent aſſemblés pour rédiger leſdites Coûumes, furent d'opinion que ladite Coutume dont eſt queſtion, étoit pernicieuſe, & qu'elle devoit être corrigée; & depuis ledit an, ont vu que pluſieurs Nobles l'ont allégué, prétendans, au moyen du bail par eux accepté, faire leurs les meubles & fruits des héritages deſdits mineurs. Toutesfois n'ont pu prouver en tourbe ladite Coutume. Et finalement du conſentement, avis & opinion deſdits Gens d'Egliſe, Avocats, Praticiens & autres du tiers Etats, & d'aucuns deſdits Nobles : c'eſt à ſçavoir, du Seigneur de Menetou, & du Seigneur de Marmeignes, a été par Nous ordonné que ledit Article ſeroit réformé en la maniere qui s'enſuit, & ſur icelui ſeroit mis ce mot, *Nova*, dont leſdits Nobles, exceptés les deſſuſdits de Menetou, & de Marmeignes, ſe ſont portés pour Appellans. *En garde de mineurs nobles, les gardiens, foit pere ou mere, ayeul ou ayeule, font leurs les fruits des héritages deſdits mineurs, tant comme dure ladite garde, dont ils ſeront tenus uſer comme bons peres de famille, & à la charge de payer les obſéques & funérailles des pere & mere deſdits mineurs ou autres leurs parens auxquels ils ſuccéderont, & de nourrir &*

entretenir lefdits mineurs, de tenir leurs édifices & héritages en bonne &
fuffifante réparation, de faire la foi & hommage aux Seigneurs de fief
pour raifon defdis héritages, payer les féodaux profits, fi aucuns en font
dûs, & d'acquitter lefdits mineurs de toutes dettes : & à la fin fi lefdits
mineurs font mâles, les monter de chevaux, & s'ils font filles, les vétir
tout felon leur état & condition : & au regard des meubles, dorénavant
en fera fait inventaire folemnel, & en appartiendra la moitié au furvi-
vant pere ou mere, & l'autre moitié aux enfans : & n'auront aucune chofe
èfdits meubles lefdits gardiens, au moyen de la garde defdits mineurs.

   * Sur le feptieme Article dudit Chapitre *de gardiens baillifires,*
contenant: *en défaut d'afcendant, lefdits gouvernement & adminiftra-*
tion de la perfonne & biens defdits mineurs, quand ils font collatéraux
eft dévolus aux plus prochains parens collatéraux defdits mineurs, de dé-
gré en dégré, laquelle adminiftration s'appelle bail, lefquels baillifires
toutesfois ne feront leurs meubles & fruits des héritages des mineurs, mais
feront comptables & fujets à faire inventaire. Après les remontrances
faites à ladite affemblée que ledit Article n'étoit en bonne forme,
mais fort dommageable à la chofe publique, a été du confentement que deffus ordonné que dorénavant par nouvelle Coutume
ledit Article demourera en la forme qui s'enfuit · *en défaut d'afcen-*
cendant, n'y aura aucun gardien, ains fera pourvu auxdits mineurs de
tuteurs & curateurs par autorité de Juftice, appellé les parens du côté pa-
ternel & maternel, & en tête dudit Article fera mis ce mot *Nova.*

   * Sur l'onzieme Article qui eft au Chapitre *de la Jurifdiction*
des Juges du Comté de Blois, contenant : *ledit Seigneur comme Comte*
de Blois a reffort & fuzeraineté fur fes vaffaux & fujets étant audit
Comté. C'eft à fçavoir fur le Comte de Dunois & far les Barons Châ-
telains, hauts, moyens & bas-Jufticiers étant audit Comté de Blois,
tant en cas d'appel qu'autrement : & a ledit Seigneur prévention en tout
fondit Comté & reffort d'icelui en cas de nouvelleté. Audit Article les Nobles & hauts-Jufticiers fe font oppofés, prétendans intérêts éfdites
préventions : parce qu'ils perdroieut leurs Jurifdictions & la reconnoiffance de leurs fujets, qui eft directement contre l'intention du
Roi, qui veut & entend en toute chofe relever le peuple, fes fujets &
vaffaux d'opreffion & violence. A quoi par les Procureur & Avocat
du Roi a été répondu que ladite Coutume étoit toute notoire, &
qu'onques ne fut que le Comte de Blois n'eut droit de prévention
au reffort dudit Comté en toutes actions, & ainfi ont joui de tout
temps & ancienneté. Sur ce oüi les Avocats & Praticiens, avons
ordonné que ledit Article, en tant que touche ces mots, *qu'au-*
trement & la prévention demeureroit en difcord & non accordé, &
produiront les parties ce que bon leur femblera dans fix femaines

                                            pour

pour en faire notre rapport à la Cour, & cependant & jufques à ce qu'autrement en foit ordonné, les avons laiffés en leur poffeffion & jouiffance telle qu'ils ont accoutumé de jouir & uſer.

* Sur le dix-huitieme Article qui eſt audit Chapitre, *de Jurifdiction des Juges du Comté de Blois*, contenant : *Item ledit Seigneur Châtelain a droit de retenue par puiffance de fief des chofes tenues de lui en foi & hommage, & vendues à perfonnes étranges, du lignage dudit vendeur au-dedans de l'an de l'exhibition des lettres d'acquêt, en rembourfant l'acquéreur de fon fort principal & loyaux coûts & mifes, pourvû qu'il n'ait reçu l'acquéreur en foi & hommage : toutesfois s'il y avoit concurrence audit retrait entre ledit Seigneur & le lignager du vendeur qui feroit venu dedans l'an, le lignager fera préféré audit Seigneur.* Du confentement defdits trois Etats, après ces mots : *qu'il n'ait reçu l'acquéreur en foi & hommage*, ont été ajoutés ces mots : *ou baillé fouffrance* : le refidu de l'Article demeurant ainſi qu'il eſt écrit audit Coutumier.

* Sur le dix-neuvieme Article qui eſt audit Chapitre, *de Jurifdiction de Juges*, contenant : *le Haut-Juſticier non ayant droit de Châtellenie, a un feul Juge qui s'appelle Bailli, lequel a connoiffance de toutes actions réelles, perfonnelles & mixtes, & peut punir & corriger tous crimes & délits qui font commis & perpétrés en fon Bailliage, tant civilement que criminellement, finon qu'il y ait réfervation expreffe au contraire.* Les Religieux, Abbé & Convent de Saint Lomer de Blois, enfemble le Seigneur de Lorges & de la Mothe, ſe ſont oppofés en tant que ledit Article contient *que le Haut-Juſticier, non ayant droit de Châtellenie, a un feul Juge qui s'appelle Bailli*, prétendans lefdits Oppofans avoir deux Juges, c'eſt à ſçavoir, Prévôt & Bailli : & aprés avoir oui l'opinion defdits Etats, avons ordonné que ledit Article, ainſi qu'il eſt couché, demeurera, par maniere de provifion, nonobſtant ladite oppofition & ſans préjudice d'icelle, & jufques à ce qu'autrement en foit ordonné.

* Sur le vingtieme Article qui eſt audit Chapitre, *de Jurifdiction des Juges*, contenant : *Item ledit Haut-Juſticier, pour exécuter les Sentences de fondit Bailli, peut avoir fourches patibulaires à deux pilliers feulement, liées par dedans, & patées par en bas, pilliers & carcan affichés : mais il n'a point de fcel à contrats ne droit de tabellionnage, finon qu'il eût lefdits droits par conceffion & octroi de fes Supérieurs, ou qu'il en eût joui par temps immémorial : mais peut bien donner commiffion en matiere de faifine & de nouvelleté, de criées & fubhaftations, créer tuteurs & curateurs à mineurs, faire & ordonner inventaire de biens : & auffi a droit de prendre & appliquer à lui les terres, dont les Seig-*

P p

neurs meurent sans laisser aucuns lignagers, & qu'il y a éteinte de ligne ,
& les successions des batards qui meurent sans enfans naturels & légitimes.

Ledit Article a été contredit & empêché par le Procureur
du Roi, en tant que touche la succession des batards & les biens
vacans qu'ils appellent éteinte de ligne, disant le Haut-Justicier
n'avoir le droit d'avoir & appliquer à lui lesdits biens vacans,
ne succession des batards : mais devoir appartenir au Comte de
Blois. Les Officiers de Romorantin, Dunois, Saint - Aignan, &
autres dessusdits, ayant Haute - Justice, prétendans le contraire :
& sur ce ont été interrogés les Praticiens, lesquels ouïs, avons
ordonné que ledit Article demeureroit pour coutume, fors &
excepté quant à la succession des batards. Sur quoi le Procureur
du Roi est reçu à opposition, & en jouiront les parties comme
ils ont accoutumé, dont ledit Procureur du Roi s'est porté pour
appellant : nonobstant lequel appel avons ordonné que sans préjudice d'icelui, ledit Article demeureroit ainsi qu'il est audit Coutumier.

* Sur le vingt-unieme Article dudit Chapitre, *de Jurisdiction des
Juges,* contenant : *le Moyen-Justicier, que l'on appelle vulgairement le
Gros-Voyer, a connoissance de toutes actions personnelles, réelles & mixtes, des matieres dont les amendes n'excedent soixante sols tournois ;
sauf des cas de nouvelleté, dont il n'a connoissance.* Par l'avis & opinion des Praticiens a été par nous ordonné que ledit Article demeurera pour Coutume, excepté en ces mots : *quand ès cas de
nouvelleté, dont il n'a la connoissance,* lesquels mots demeurent en
discord.

* Sur le vingt-troisieme Article qui est audit Chapitre , *de Jurisdiction des Juges,* contenant : *Item que le Juge dudit Gros-Voyer a
connoissance seulement des cas criminels qui s'ensuivent, c'est à sçavoir,
de larcin quel qu'il soit, soit qu'il soit fait de nuit ou de jour, d'homicide faite en chaude mêlée, & non quand il est fait de guet-à-pens &
propos délibéré, & de tous autres cas criminels moindres que les dessusdits.* Du consentement desdits trois Etats, en lieu de ces mots : *de
larcin quel qu'il soit,* ont été mis ces mots, *de furt simple :* & demeurera ledit Article au résidu, ainsi qu'il est écrit audit Coutumier.

* Sur le vingt-septieme Article qui est audit Chapitre, *de Jurisdiction des Juges,* contenant : *le bas-Justicier, qu'on appelle simple
Voyer, a connoissance sur ses sujets & étrangers, de toutes actions personnelles civiles, dont les amendes n'excedent la somme de sept sols six
deniers tournois.* Ledit Article a été contredit par ledit Perrault,
pour le Seigneur de Vauperreux : par ledit Boucher, pour les Re-

ligieux, Abbé & Convent de Mairemouſtier, prétendans que
le Bas - Juſticier a connoiſſance de toutes matieres perſonnelles
& réelles, dont les amendes n'excedent la ſomme de ſept ſols ſix
deniers tournois, les Gens du Roi diſans le contraire : & ſur
ce ouïe l'opinion des aſſiſtans, avons ordonné que leſdits Bas-
Juſticiers connoîtront des actions perſonnelles civiles : & demeurera ledit Article en la forme qu'il eſt couché audit Coutumier,
par maniere de proviſion & juſques à ce qu'autrement en ſoit
ordonné, dont Jean Meſnart pour ledit Seigneur de Vauperreux,
& ledit Boucher pour leſdits Religieux de Mairemouſtier, ſe
ſont portés pour appellans : Nonobſtant lequel appel, & ſans
préjudice d'icelui, avons ordonné que ledit Art. demeureroit ainſi
qu'il eſt écrit aud. cayer. Depuis nous a ledit Boucher allégué qu'il
prétend avoir à conceſſion de Prince pour connoître de toutes
matieres perſonnelles & réelles : auquel avons déclaré que nous
n'entendons le débouter de ſadite conceſſion, s'aucune en a.

Et audit Chapitre, *de Juriſdiction des Juges*, y avoit un Article, contenant : *aucun ne peut être dit Baron, s'il n'a deux ou trois
Châtellenies tenues de lui en foi & hommage, & reſſortiſſans ſans moyen
pardevant ſon Bailli ; Abbaye, College de Chanoines, ou Prieuré con-
ventuel ; & ſi ledit Baron a forêts ou riviere, il a droit d'avoir un Maître des Eaux, lequel Maître a connoiſſance des forfaitures qui ſe font
èſdites forêts & rivieres, & des contrats faits pour raiſon deſdites Eaux
& Forêts ; & reſſortit la Juriſdiction dudit Maître par appel pardevant le
Bailli dudit Baron : mais les Seigneurs Châtelains n'ont point ce droit,
ſauf Romorantin, Vallançay, Celles, Marchenoir, Château-Renauld &
Fréteval, qui en ont joui d'ancienneté, pour ce que leſdites Châtellenies
ont été démembrées dudit Comté de Blois :* lequel Article, du conſentement des trois Etats, à été rayé du Livre coutumier, &
en ſera fait & uſé, comme d'ancienneté l'on a accoutumé de
faire & uſer.

* Sur le trente-troiſieme Article qui eſt au Chapitre, *des droits
ſeigneuriaux*, contenant : *au Comté & Bailliage de Blois, & reſſort d'i-
celui, il y a trois droits ſeigneuriaux recognitifs de Seigneurie : c'eſt à
ſçavoir, fief, cens & terrage, leſquels s'appellent ſeigneuriaux, parce
qu'aucun ne peut tenir héritage èſdits Comtés, Bailliage & reſſort, ſinon
qu'il reconnoiſſe tenir d'aucun Seigneur à l'un deſdits droits.* Ledit
Article a été contredit & empêché par les Religieux, Abbé &
Couvent de Saint Lomer, de Bourgmoyen, par les Chanoines
& Chapitre de Saint Sauveur, diſant qu'en la fin dudit Article
l'on devoit ajouter : *ou que l'on en eût joui par temps immémorial ;* &
par les Doyen & Chapire de Saint Andry, par les Religieux,

Abbé & Couvent de la Madelaine, par les Religieuses, Abbesse &
Couvent de Saint Avi, & par les Échevins de Châteaudun, en
tant qu'audit Article font couchés ces mots : *èfdits Comtés , Bailliage & reffort.* Sur ce ont été par nous interrogés les Praticiens,
s'il y avoit Coutume locale au contraire, lesquels nous ont rapporté que non. Partant avons ordonné que ledit Article demeureroit pour Coutume, & en déclarant par nous que par lefdits
mots, *& reffort*, n'entendons préjudicier aux Coutumes locales des
Seigneurs & Chapitres parculiers. Et par l'avis defdits trois Etats
avons ordonné qu'en la fin dudit Article feroient ajoutés ces
mots : *fi lefdits héritages n'étoient bien & duement amortis , & que les
Seigneurs y prétendant cenfives, terrage ou féodalité, euffent été payés
de leur indemnité*, dont les deffufdits ont appellé ; nonobftant lequel appel appointames que ledit Article, tel que deffus, demeureroit audit cayer.

   * Sur le trente-cinquieme Article qui eft audit Chapitre, *des
droits feigneuriaux*, contenant : *Item que lefdits trois droits feigneuriaux
font imprefcriptibles , & ne fe peuvent prefcrire par le fujet à l'encontre du
Seigneur par quelque laps de temps que ledit fujet ait tenu lefdits héritages fujets auxdits droits ou l'un d'iceux fans les payer ou reconnoître :
bien fe peuvent prefcrire les profits qui en dépendent par le laps de trente
ans.* Ledit le Jai, pour lefdits de Saint André de Châteaudun, s'eft
opposé , nonobftant laquelle oppofition & fans préjudice d'icelle,
avons ordonné que ledit Article demeurera pour coutume.

   * Sur le trente-fepcieme Article qui eft audit Chapitre, *des
droits feigneuriaux*, contenant : *Item ledit Seigneur féodal ne peut prefcrire l'héritage tenu de lui en fief, par quelque laps de temps qu'il le
tienne en fes mains par faute de foi non faite. Et tellement que toutes
& quantes fois que le vaffal offrira audit Seigneur faire la foi & payer
les profits qui en feront dûs, ledit Seigneur fera tenu rendre audit vaffal
fondit héritage.* Par l'avis & opinion des affiftans, avons ordonné
qu'après ces mots, *par faute de foi non faite*, feront ajoutés ces
mots : *droits non pavés, & dénombrement non baillé.*

   * Sur le trente-huitieme Article , qui 'eft audit Chapitre, *des
droits feigneuriaux*, contenant : *Item lefdits Seigneurs qui ont droit de
fief, cens ou terrage , ou leur Procureur peuvent fans commiffion & autorité de Juftice , prendre , faifir, & mettre en leurs mains l'héritage
tenu d'eux à l'un defdits droits, & y mettre & appofer brandon par faute
de reconnoiffance & pavemens defdits droits & profits d'iceux , & fignifier lefdits faififfemens & brandon aux Seigneurs ou détenteurs defdits
héritages, & leur faire défendre tous exploits. Et s'il y a infraction de
brandon , l'infracteur enchet en l'amende de cinq fols tournois enyers*

ledit Seigneur , dont il pourra faire pourfuite en Juftice. Après qu'a-
vons remontré les inconvéniens & abus qui à caufe de ce pouvoient advenir, & mêmement qu'il y avoit d'aucuns Seigneurs qui
n'avoient Juftice , ont lefdits trois Etats accordé que ledit Article
fût corrigé en la forme & maniere qui s'enfuit.

*Item lefdits Seigneurs qui ont droit de fief , cens ou terrage, ou leurs
Procureurs peuvent par la commiffion du Seigneur, s'il a Juftice, finon
par fon Supérieur ayant Juftice, prendre, faifir & mettre en leurs mains ,
fé bon leur femble l'héritage tenu d'eux a l'un defdits droits par faute
de reconnoiffance & payemens defdits droits & profits d'iceux , & fignifier lefdits faififfemens aux Seigneurs ou détenteurs defdits héritages , &
leur faire défendre tous exploits.*

* Les Gens d'Eglife , Nobles , Praticiens & autres du tiers état
nous ont requis que l'Article quarante-cinq étant audit titre , *des
droits feigneuriaux* , comme très-utile & profitable à la chofe publique , fût écrit audit Livre coutumier, comme Coutume nouvelle ; ce que leur avons accordé , & contient ledit Article ce
qui s'enfuit : *Quand un Seigneur féodal ou cenfuel , ou leur Receveur
& Procureur à ce commis a reçu les profits de ventes des héritages d'aucunes perfonnes qui font réputés main-morte , ou qui leur ont été donnés ,
lefdits Seigneurs ne peuvent plus contraindre telles perfonnes à mettre
hors de leurs mains lefdits héritages , bien les pourront contraindre à
bailler vicariat ;* & fur ledit Article fera mis ce mot, *Nova.*

Audit Chapitre , *de droits feigneuriaux* , y avoit un Article contenant : *Item un Seigneur féodal , cenfuel ou terrager , peut appliquer à
lui toutes terres étant tenues de lui en & au-dedans de fon fief , cenfive ou
terrage, quand elles font vacantes & non avouées par aucun.* Après la
lecture duquel , & que leur avons remontré l'iniquité , & qu'à
caufe d'icelui fe pourroient engendrer plufieurs procès ; pour
auxquels obvier, ont lefdits Gens des Etats confenti ledit Article
être rayé & mis hors dudit Coutumier.

* Sur le cinquante-quatrieme Article qui eft au Chapitre *des
Fiefs* , contenant : *Item le vaffal, pour faire duement la foi & hommage à fon Seigneur de fief, fé doit tranfporter en perfonne ou par
Procureur , ès cas ci-après déclarés , au lieu dont l'héritage eft tenu
en fief, au-dedans de quarante jours que ledit héritage lui eft échu ou
avenu ; & s'il trouve audit lieu fon Seigneur de fief, il lui doit faire ou
offrir faire ladite foi & hommage, en lui préfentant la bouche & les
mains.* Après qu'avons remontré en ladite affemblée que ledit
Article étoit trop général & obfcur, & ne pourvoyoit à plufieurs
inconvéniens qui pouvoient advenir, ont accordé ledit Article
être corrigé & couché en la maniere qui s'enfuit : *que le vaffal,*

pour faire duement la foi & hommage à son Seigneur de fief, se doit transporter en personne ou par Procureur, ès cas ci-après déclarés, au lieu dont l'héritage est tenu en fief, au-dedans de 40 jours que ledit héritage lui est échu & advenu par succession. Et si ledit héritage lui est advenu par acquêt, dedans vingt jours ; & s'il trouve audit lieu son Seigneur de fief, il lui doit faire ou offrir faire ladite foi & hommage en lui présentant la bouche & les mains, quand ledit héritage est advenu par succession : & s'il lui est parvenu par acquêt, en lui payant ou offrant payer les droits & devoirs : & si ledit Seigneur de fief étoit absent, se doivent faire lesdits offres à la porte de l'Hôtel seigneurial, si aucun en y a, sinon au lieu dont l'héritage est tenu en fief, pardevant un Notaire & témoins, ou pardevant deux Notaires, & telle offre vaut pour foi faite.

   * Sur le cinquante-sixieme Article qui est au Chapitre, *des fiefs*, contenant : *Item quelqu'offre qu'ait fait ledit vassal en l'absence du Seigneur, ledit Seigneur néanmoins pourra faire poursuite des profits, s'aucuns lui en sont dûs, par action ou saisie, par laquelle saisie ne sera toutesfois les fruits siens.* Du consentement & avis desdits Gens des Etats, ont en la fin dudit Article été ajoutés ces mots : *sinon que l'offre ne fût duement faite.*

   * Sur le cinquante-septieme Article, qni est audit Chapitre *des fiefs*, contenant : *Item si le vassal est viel, valétudinaire ou absent pour la chose publique, au moyen de quoi ne puisse convenablement aller devers sondit Seigneur lui faire ladite foi & hommage, èsdits cas, pourra constituer Procureur spécial pour faire ladite foi & hommage, ou offres telles que dessus, qui vaudront tout ainsi que si le vassal étoit en personne.* Par l'avis & consentement desdits trois Etats, ont en la fin dudit Article été ajoutés ces mots : *ou sera tenu lui bailler souffrance, si par Procureur ne le veut recevoir.*

   * Sur le soixante-seizieme Article qui est aud. Chapitre, *des profits féodaux*, contenant : *si le Seigneur féodal trouve son fief vuide, & ouvert, & qu'il n'y ait point d'homme qui lui ait fait la foi & hommage, ne les offres en la maniere dessusdite, il peut exploiter sondit fief en pure perte pour le vassal sans autorité de Justice, & fera siens tous les fruits, profits revenus & émolumens qu'il prendra & aura pris ou fait prendre audit fief, jusques à qu'il ait homme, & qu'il soit payé de ses profits féodaux, s'aucuns sont dûs.* Après les remontrances par nous faites en ladite assemblée des abus & inconvéniens qui en pouvoient advenir, mêmement qu'il y a plusieurs Seigneurs qui n'ont Justice, a été ledit Artiele, du consentement desdits trois Etats, corrigé en la forme & maniere qui s'ensuit.

   Si le Seigneur féodal trouve son fief vuide & ouvert, & qu'il n'y ait point d'homme qui lui ait fait la foi & hommage, ne les offres en la maniere deſſuſdite, il peut faire exploiter ſondit fief en pure perte pour le vaſſal, par la commiſſion de ſon Juge, s'il a Juſtice, ſinon par ſon Supérieur ayant Juſtice, après le temps ci-deſſus déclaré, & fera ſiens tous les fruits, profits, revenus & émolumens qu'il aura pris ou fait prendre audit fief juſques à qu'il ait homme, & qu'il ſoit payé de ſes profits féodaux, s'aucuns ſont dûs.

   * Sur le quatre-vingt-troiſieme Article qui eſt audit Chapitre, *des profits féodaux*, contenant : *Item ſi ledit réméré eſt par ledit contrat de vente accordé à moindre temps que de neuf ans, & durant icelui temps il eſt prolongé à une fois ou pluſieurs, durant icelui n'eſt dû aucuns profits pour raiſon de ladite prolongation, pourvû qu'elle n'excede neuf ans, à compter du jour dudit contrat de vente : & faut que ladite prolongation ſoit paſſée par perſonne publique, pour éviter la fraude.* Leur avons remontré que ledit Article étoit obſcur, & qu'en le laiſſant ainſi couché, s'en pourroient engendrer pluſieurs procès, avons ordonné du conſentement des trois Etats, qu'audit Article ſeroient adjoutés ces mots : *pourvû que leſdites graces & prolongation n'excedent enſemble neuf ans ;* & demeure pour Coutume ancienne.

   * Sur le quatre-vingt-huitieme Article qui eſt audit Chapitre, *de profits féodaux* contenant : *Item par partage & diviſion faits entre cohéritiers n'eſt dû aucun profit au Seigneur féodal, poſé ores qu'en faiſant ledit partage, y ait retour de bourſe.* Avons ordonné que, pour obvier aux fraudes qui s'y pourront commettre, & du conſentement deſdits Etats, qu'en la fin dudit Article ſeront adjoutés ces mots : *pourvû que le retour de bourſe n'excede la moitié de la valeur du fief.*

   * Sur le cent unieme Article qui eſt audit Chapitre, *des profits féodaux*, contenant : *Quand aucun Seigneur féodal vient exploiter ſon fief qui a pluſieurs appartenances par appoſition de ſon brandon, ou par main miſe du Juge à qui la connoiſſance en appartient, il ſuffit de mettre & appoſer ledit brandon ſur le principal lieu dudit fief ; & s'il n'y a manoir, ſur une des pieces d'icelui pour toutes autres, pourvû que ledit exploit ſoit ſignifié au vaſſal ou détenteur dudit fief. Et après lad. appoſition de brandon, & ſignification, ledit Seigneur peut prendre & lever par ſa main les fruits dudit fief, s'il n'y a oppoſition. Laquelle mainlevée s'appelle vulgairement ravoir, mais s'il y a oppoſition, leſdits fruits ſont levés ſous main de Juſtice, ſinon que le Seigneur de l'héritage déſavoudt en Juſtice purement & ſimplement être vaſſal dudit Seigneur, auquel cas il jouira pendant le procès.* Après qu'avons remontré auxdits trois Etats les cauſes & moyens pour leſquels ledit Article

étoit déraisonnable , & à cause de ce se pourroient ensuivre plusieurs procès, ont accordé ledit Article être corrigé en la forme
qui s'ensuit : *Quand aucun Seigneur féodal vient exploiter son fief*
ayant plusieurs appartenances, par saisie & main-mise de Juge , comme
dessus est dit, il suffit de mettre & apposer ladite saisie sur le principal
lieu ; & s'il n'y a manoir, sur l'une des parties d'icelui pour toutes au-
tres, pourvû que ledit exploit soit signifié au vassal ou détenteur dudit
fief. Et après ladite saisie & signification, ledit Seigneur peut prendre &
lever par sa main les fruits dudit fief, s'il n'y a opposition ; mais s'il
y a opposition , lesdits fruit sont levés sous la main de Justice par le Com-
missaire commis par le Sergent exécuteur de ladite saisie ; sinon que le
Seigneur de l'héritage desavouât en Justice purement & simplement être
vassal dudit Seigneur, auquel cas il jouiroit pendant le procès. Et si led.
Seigneur prouve ledit héritage être tenu de lui en foi, ledit vassal perdra
l'héritage , & sera adjugé audit Seigneur féodal : car qui fief denie, fief
perd.

Et audit Chapitre, *de profits féodaux*, avoit un Article contenant :
Item mais si ledit vassal a fait la foi & hommage à son Seigneur de fief qui
l'a reçu, & lui a solu & payé les droits & profits féodaux, ou lui a offert faire
ladite foi & hommage & lui payer lesdits droits & profits féodaux : Et
que néanmoins ledit Seigneur de fief par voie de fait, exploite ledit fief,
En ce cas ledit vassal se peut bien complaindre en matiere de saisine &
de nouvelleté contre ledit Seigneur : mais s'il exploitoit par voie de Jus-
tice, se doit ledit vassal pourvoir par opposition, ou autrement par voie
de Justice & non par complainte. Après qu'avons remontré en ladite assemblée les causes & moyens pour lesquels ledit Article
étoit déraisonnable & dommageable à la chose publique, ont accordé ledit Article être rayé & mis hors dudit Coutumier.

* Sur le cent cinquieme Article qui est au Chapitre, *des aveux*
& dénombremens, contenant : *Item, que par défaut d'aveu non baillé*
dedans lesdits quarante jours , ledit Seigueur féodal peut faire saisir par
autorité de Justice tous les fruits de l'héritage tenu de lui en foi & hom-
mage , lesquels il ne fait pas pourtant siens , mais est tenu les restituer à
son vassal, en lui rendant sondit aveu, en payant l'amende qui est de
quinze sols tournois, & les frais sur ce faits. Ledit Article a été contredit & empêché par les Nobles. Et après les remontrances par
nous faites à lad. assemblée , des abus & inconvéniens que pour
raison du contenu audit Article sont advenus, & de jour en jour
peuvent advenir, avons interrogé les Praticiens du fait de ladite
Coutume, qui nous ont dit & affermé que de tout temps & ancienneté elle a été gardée & observée. Partant avons ordonné,
attendu ladite déposition que par provision ledit Article demeu-

rera

rera pour Coutume, sans préjudice des oppositions des Nobles, dont ils se sont portés pour appellans, nonobstant lequel appel, avons ordonné qu'elle demeurera pour coutume.

* Pareillement a été contredit par les Nobles le cent septieme Article qui est au dit Chapitre, *Des aveux & dénombremens* contenant: *Item & si le Seigneur féodal à la fin desdits quarante jours veut contredire & débattre ledit aveu, ledit vassal aura main-levée & délivrance de sondit fief saisi, ensemble des fruits d'icelui. Et demeureront les parties en cause sur le contredit audit aveu en la Cour du Juge où ledit héritage est situé & assis, & auquel la connoissance en appartient.* Requérant que dudit débat en vouluissions faire mention en notre Procès-verbal que leur avons accordé.

[Ceci a été depuis cassé par Arrêt du 13 Juin 1735, comme j'ai dit ci-devant sur le Texte, en l'Article 109, C. M.]

* Sur le cent huitieme Article qui est au Chapitre, *De Cens & des Profits censuels*, contenant : *Toutes censives doivent être inféodées & avouées être tenues en foi & hommage d'aucun Seigneur, sinon qu'elles fussent amorties.* Ledit Article a été contredit & empêché par les Gens d'Eglise, requérans que l'on ajoutât ces mots : *sinon qu'ils en eussent joui par temps immémorial*, disant telle possession servir & équipoler à titre, & qu'autrement on leur feroit tort & injustice, parce que plusieurs de leurs lettres, titres & fondations ont été perdues & brûlées. Et y a six cent ans & plus qu'ils jouissent des censives, dont ils ne sçauroient montrer les inféodations ne concessions, & *per indirectum* feroit les détruire & faire perdre leurs droits : le Procureur du Roi disant au contraire que contre ladite coutume on ne peut alléguer prescription. Et sur ce avons remontré que quand par statut ou coutume toute prescription est ôtée, toutesfois demeure la difficulté de droit si la prescription centenaire & immémoriale est abolie. Et finalement sans préjudice de ladite opposition appointames que ledit Article demeureroit comme il est écrit, & qu'en la fin d'icelui feroient ajoutés ces mots : *ou donnés par le Prince ou autre Seigneur auxquels ladite censive a appartenue* dont lesdits Gens d'Eglise ont appellé.

* Sur le cent neuvieme Article qui est audit Chapitre, *Des Cens & Profits censuels*, contenant : *Au Bailliage de Blois il y a deux manieres de censifs, dont les uns se payent à jour nommé, & les autres sont à quese : Et en y a aucuns qui sont à cher prix en ventes & reliefs. Et les autres sont à tels cens tels reliefs, ainsi que déclaré sera ci-après.*

Les Gens du tiers Etat se sont opposés, prétendant n'y avoir aucune coutume ne cens à cher prix ; & si l'on en avoit joui, ce auroit été

Q q

par exaction, & est un droit odieux & inique. Et sur ce, ouïs les Praticiens, ont déclaré l'effet & conséquence dudit Article, qui est tel, qu'à chacune mutation, soit en succession de pere a fils, ou autre mutation, le Seigneur censuel s'efforce faire estimer les maisons & hérirages tenus de lui à cens, à cher prix, & veut prendre le douzieme denier de l'estimation, comme de cent livres douze livres, & de douze cens livres, cent livres, qui étoit grosse charge & servitude. Avons remontré aux Gens d'Eglise, Nobles & autres prétendans avoir ledit droit de censif à cher prix, que bon seroit & profitable à la chose publique en prendre récompense, mêmement en ce que concerne les maisons étant en la Ville de Blois, lesquelles demeurent en ruine & décadence, & plusieurs délaissent à les bâtir & mettre en nature, au moyen que le temps advenir elles seront estimées à plus haut prix, dont leurs enfans & successeurs paient le douzieme denier. Et après que les Praticiens, sur ce interrogés, nous ont dit & déposé la Coutume être telle que contenu est audit Article, avons ordonné qu'elle demeureroit pour coutume par maniere de provision, sans préjudice de l'opposition des Gens dudit tiers État, & que néanmoins des remontrances faites aux Gens d'Eglise, de prendre récompense pour le droit de cens à cher prix qu'ils pourroient avoir dedans la Ville seulement, pour la décoration & liberté de ladite Ville, en ferions mention en notre Procès-verbal, & rapport à ladite Cour, dont lesdits Gens du tiers Etat ont appellé. Si avons ordonné que nonobstant ledit appel, & sans préjudice d'icelui, ladite coutume demeurera.

* Sur le cent quinzieme Article qui est audit Chapitre, *De Cens & Profits censuels*, contenant : *Item & si l'héritage tenu à droit de cens, soit à jour nommé, ou à quesse, ou soit à cher prix, ou à tels cens tels reliefs, est vendu ou rente sur icelui, profit de ventes est dû par l'acquéreur audit Seigneur censuel, à la raison du douzieme denier du prix convenu entre le vendeur & l'acheteur, pourvû que le contrat soit à perpétuité. C'est à sçavoir de douze francs un franc, & de xij xx livres, vingt livres, & ainsi à l'équipollent.* Les Gens d'Eglise ont remontré que ledit Article étoit ajouté à cautelle audit cayer des Coutumes à nous présenté pour les frustrer des droits & profits censuels à eux appartenans de tout temps & ancienneté. A la perception & jouissance desquels ils étoient fondés en coutume ancienne en prescription & possession immémoriale, & en infinis Jugemens & Sentences, dont ils offroient faire promptement apparoir. Et mêmement des baux par eux faits à vies & à temps, & qu'autrement seroit les frustrer de leur censif, parce qu'il est tout notoire que Gens

d'Eglife ne font baux ne contrats à perpétuité. Les Gens du tiers Etat foutenant le contraire, difans que c'étoit vraie coutume & ancienne, & conforme à toute raifon & équité, & confervant le bien, profit, foulagement & liberté des fujets de la chofe publique. Sur quoi avons ordonné, qu'attendu la contradiction defufdite, que ledit Article en tant que touche la claufe, *pourvû que le contrat foit à perpétuité*, ne demeureroit pour coutume, & l'avons remis à la Cour & appointé que fi les Gens d'Eglife & ceux du tiers Etat vouloient aucune chofe produire pour l'entretenement, abolition ou correction dudit Article, qu'ils le mettroient par devers nous dedans fix femaines prochaines venans, pour en faire notre rapport à ladite Cour, pour en être par elle ordonné, comme de raifon.

 * Sur le cent vingt-unieme Article qui eft audit Chapitre, *De Cens & Profits cenfuels*, contenant : *Item fi l'héritage qui eft tenu à droit & devoir de cens eft donné fans charge en pure & meure libéralité à quelque perfonne que ce foit, aucun profit de ventes n'en eft dû au Seigneur cenfuel. Mais fi ladite donnaifon eft faite à charge ou pour récompenfe, il en eft dû profit de ventes à la raifon que deffus, pourvû que ladite donnaifon foit faite à perpétuité.* Avons ordonné que ledit Article paffera pour coutume, excepté quant à ces mots : *pourvû que ladite donnaifon foit faite à perpétuité*, lefquels demeureront en difcord, & feront remis à la Cour.

 * Sur le cent vingt-troifieme Article qui eft audit Chapitre, *De Cens & Profits cenfuels*, contenant : *Item par contrat de bail à rente fait à temps, à vies ou à toujours-mais, n'eft dû aucun profit de ventes, s'il n'y a bourfe déliée.* Ledit Article a été contredit par les Gens d'Eglife. Ce nonobftant avons ordonné que ledit Article demeurera pour Coutume, excepré quant à ces mots : *à temps & à vies*, pour lefquels demeure non accordé & remis à la Cour, comme les Articles précédens. Et néanmoins du confentement des Gens defdits trois Etats, avons ordonné qu'en la fin dudit Article feront ajoutés ces mots : *& fe payeront ventes pour autant que fe monteroit l'argent qui aura été débourfé.*

 * Sur le cent vingt-fixieme Article, commençant : *Quand héritage cenfuel, baillé à rente, foit à vie ou à toujours-mais, eft vendu, il eft dû profit de ventes, foit que le fonds ou la rente foient vendus.* Ledit Article qui eft audit Chapitre, *De Cens & Profits cenfuels*, a été débattu pat les Gens d'Eglife pour ces mots : *foit à vie*, par les moyens par eux deffus allégués. Si avons ordonné que ledit Article demeurera pour coutume, excepté quant èfdits mots, *foit à vie*, qui demeure non accordé comme les précédens „

faifant mention de contrats faits à vie ou à temps.

* Et audit Chapitre , *De Cens & Profits cenfuels* y avoit autres Articles , contenant : *Item que ledit Seigneur cenfuel ne peut empêcher que le Seigneur dudit héritage ne le vende ou aliene, ou conflitue rente fur icelui , foit par pure & fimple vente , par échange , par don ou par tel autre contrat que bon lui femble , foit que ledit héritage foit tenu à cens à jour nommé ou à quefte. Toutesfoie fi ledit héritage étoit tenu à droit de cens de bailleur, & le bail eft fait à vies ou à temps feulement, il ne fera du profit de ventes à icelui bailleur, quand le Seigneur utile vendra fa Seigneurie utile. Item fi aucun héritage étoit indemné ou amorti à l'Eglife ou autre main-morte, ladite Eglife ou main-morte ne pourront faire baillée dudit héritage à retenue envers eux d'aucun droit feigneurial;* lefquels Articles ont été difcordés par ladite affemblée. Au moyen de quoi de leur confentement avons ordonné qu'ils feront rayés & mis hors dudit Coutumier.

Et outre de l'accord & confentement des Gens defdits trois Etats, ont été mis les Articles qui s'enfuivent.

Item nul ne pourra bailler à nouvelle cenfive aucun héritage qu'il tiendra en cenfive d'autre Seigneur.

Item les Gens d'Eglife & autres ayant héritages duement amortis, les pourront bailler à cens ou rente , ainfi que bon leur femblera , pourvû qu'il foit en leur cenfif.

Item que cens fe peut divifer & départir ; lefquels font les cxxvij, cxxviij, & cxxix écrits audit Chapitre, *De Cens & profits cenfuels.*

Sur le cent trente-deuxieme Article qui eft audit Chapitre , *De droit de Terrage* , contenant : *Item & quand lefdites gerbes & vendanges font ainfi comptés , ledit Seigneur dudit héritage ne peut, ne doit enlever les fruits, ne les appliquer à fon profit jufques à ce qu'il ait mené, conduit ou charroyé , ou fait mener , conduire ou charroyer à fes dépens ledit terrage en la grange ou preffoir terrageaux.* Avons ordonné, du confentement des trois Etats, qu'audit Article, après ces mots : *& quand lefdites gerbes & vendanges ,* feroient ajoutés ces mots : *& autres fruits fujets à terrage.*

* Sur le cent trente-cinquieme Article qui eft audit Chapitre, *De droit de Terrage,* contenanr : *Pour héritage tenu à droit de terrage n'eft dû aucun profit de vente ni de reliefs.* Avons ordonné, pour obvier à procès, qu'en la fin dudit Article feroient ajoutés ces mots : *s'il n'y a convention au contraire.*

* Sur le cent trente-neuvieme Article qui eft au Chapitre, *Des fucceffions ,* contenant : *Sçavoir eft repréfentation aura lieu dorénavant en ligne directe, foit qu'elle foit accordée ou non , mais en ligne collatérale n'aura lieu , fi elle n'a été accordée par celui ou ceux de la fuc:*

ceſſion deſquels eſt queſtion, ce qu'ils pourront faire ſans y appeller aucuns de leurs héritiers préſomptifs. Avons ordonné que ladite Coutume demeurera pour nouvelle, & que ſur icelle ſera mis, *Nova.*

* Sur le cent quaranrieme Article qui eſt audit Chapitre, *Des ſucceſſions ;* contenant : *Item que repréſentation accordée en ladite ligne collatérale à un parent, profite à tous les autres en pareil dégré.* Avons, du conſentement que deſſus ordonné que ladite Coutume ſeroit corrigée pour le temps advenir, & écrite comme nouvelle en la forme qui s'enſuit.

Item que dorénavant repréſentation accordée en ligne collatérale à un parent, profite à celui auquel elle a été accordée ſeulement, & non aux autres qui ſont en pareil dégré.

* Sur le cent quarante-unieme Article qui eſt audit Chapitre, *Des ſucceſſions,* contenant : *les neveux & nieces en ligne directe, comme repréſentans leurs pere & mere ſuccéderont à leur ayeul ou ayeule, tant ès héritages féodaux que cenſuels, en tel droit & prérogatives qu'euſſent fait ou pût faire leurs pere & mere, s'ils euſſent ſurvécu leſdits ayeul ou ayeule.* Après que leur avons remontré que ladite Coutume pouvoit être cauſe de perdition de maiſons mémement entre Nobles, & à cauſe d'icelle ſe pourroient ſuſciter infinis procès. Par l'avis & délibération deſdits trois Etats, a été accordé, pour la conſervation, profit & utilité des agnations & Maiſons que ladite coutume ſeroit écrite & couchée comme nouvelle en la forme & maniere qui s'enſuit : le tout, ſans préjudice des procès intentés.

Item dorénavant niece en ligne directe repréſentera ſon pere à la ſucceſſion de l'ayeul ou l'ayeule en toute prérogative ou prééminence de droit de primogéniture, quand ledit ayeul ou ayeule n'aura point d'hoir mâle, mais ſi ledit ayeul ou ayeule avoient hoirs mâles, en ce cas ladite niece ne repréſentera ſon pere audit droit de primogéniture, mais viendra par repréſentation en la ſucceſſion de l'ayeul comme un puîné ſeulement, & appartiendra ledit droit d'aîneſſe au mâle, s'il n'y en a qu'un, ou à l'aîné, s'il y en a pluſieurs.

* Sur le cent quarante-ſeptieme Article qui eſt audit Titre, *Des ſucceſſions,* contenant : *Quand aucun entre en religion ſans avoir diſpoſé de ſes biens meubles & héritages, ſes plus prochains parens lui ſuccedent par la ſeule entrée de religion, & tant lui que le monaſtere ſeront exclus de toutes ſucceſſions advenir :* ledit Article empêché par les Gens d'Egliſe. Et après pluſieurs altercations a été réformé comme s'enſuit : *Les Religieux profès de profeſſion expreſſe ou tacite, ne ſuccéderont aucunement à leurs pere, mere, ne autres en ligne collatérale ou tranſverſale ; ne le monaſtere pour eux.* Et de rechef icelui Article

ainfi réformé a été débattu & empêché par les Gens d'Eglife,
difans que lefdits mots, *tacite ou expreffe*, n'y doivent être mis ; &
que de droit commun les Religieux profés étoient capables de
toutes fucceffions, & n'étoit raifonnable de reftreindre ci-avant lefdites fucceffions. Et fe font oppofés que ladite coutume eût lieu,
quant aux profés tacitement. Lefdits Nobles & Gens du tiers Etat fou-
tenans au contraire, difans que lefdits Religieux profés expreffément ou tacitement ne devoient fuccéder, & qu'autrement lefd.
Religieux commettroient infinies fraudes & abus, & différeroient
à faire les profeffions de leurs novices jufques après la mort des
peres, meres, & autres proches parens pour avoir leurs fucceffions.
Et après plufieurs remontrances faites auxdits Religieux, mêmement qu'en termes de droit la profeffion tacite eft de tel effet &
vertu que la profeffion expreffe, excepté quant à obtenir bénéfices réguliers. Avons ordonné par l'avis des Nobles, Praticiens
& autres Gens du tiers Etat que, fans préjudice de ladite oppofition, lad. coutume demeurera en la forme que deffus.

Audit Chapitre, *Des fucceffions*, de l'avis & confentement defdits trois Etats, avons ordonné que l'Article qui s'enfuit feroit
ajouté audit Coutumier, & eft le cent quarante-huitieme Article.

*Les parens & lignagers des Evêques & autres Gens d'Eglife féculiers
leur fuccedent.*

* Sur le cent foixantieme Article qui eft au Chapitre, D*es donations faites tant entre-vifs comme par teftament & récompenfés*, contenant : *Par la Coutume ancienne du Bailliàge de Blois, étoit loifible
& permis à futurs époux, auparavant leur mariage confommé, faire
donnaifon l'un à l'autre de tous leurs biens, tant meubles, conquêts, que
patrimoniaux*, laquelle Coutume a femblé être déraifonnable, &
au moyen d'icelle plufieurs bonnes maifons en avoir été détruites.
A cette caufe lefdits affiftans ont été d'avis que ladite Coutume
fe devoit réformer comme il s'enfuit. Et c'eft le cent foixante-
unieme Article.

† *Hommes & femmes roturiers, qui fe veulent & peuvent marier enfemble, en faveur de mariage, avant icelui confommé, peuvent donner l'un à
l'autre tous & chacuns leurs biens meubles & conquêts immeubles, & la
moitié de leurs héritages patrimoniaux à vie ou toujours-mais, & vaut &
tient tel don, pourvû que ledit mariage fe confomme & paracheve ; &
fera le furvivant faifi. Toutesfois fi après le décès du trépaffé il n'y avoit
enfans dudit mariage iffus d'eux deux, ou les enfans décedent fans enfans, en ce cas l'héritage ainfi donné retournera au donateur ou à fes
plus prochains héritiers, du côté dont procédoit ledit héritage.* Er eft lad.
Coutume pour nouvelle.

* Sur le cent soixante-septieme Article dud. Chapitre, *Des Donations, &c.* contenant : *C'est à sçavoir qu'homme & femme de bon sens & entendement ayant enfans ou non , peuvent donner par donation faite entre-vifs à toutes personnes capables de recevoir don , soit à leurs enfans ou étrangers , la moitié de leurs propres patrimoines seulement, & tous leurs meubles & conquets seulement. Toutesfois si lesdits donataires venoient à la succession dudit donateur, ils seroient tenus conférer & rapporter à partage ledit don , parce que les pere ou mere, ou autres ne peuvent avantager l'un de leurs enfans ou héritiers plus que l'autre en sa succession , mais se pourra tenir ledit donataire à son don en renonçant à la succession dudit donateur.* Par le consentement desdits trois Etats a été accordé pour nouvelle quant aux roturiers seulement, & au regard des nobles, ils se gouverneront selon leur ancienne Coutume.

* Sur le cent soixante-dix-septieme Article qui est audit titre , *De Donations* , contenant : *Exécuteurs de testament sont saisis des biens meubles du défunt jusques à la concurrence des choses données & léguées ad pias causas seulement , mais toutesfois seront tenus en faire inventaire par autorité de Justice , présens ou appellés les héritiers du testateur, s'ils sont au pays.* Après que leur avons remontré que ledit Article n'étoit raisonnable, & que plusieurs testamens, selon ladite Coutume, pourroient demeurer inexécutés, avons, du consentement desdits trois Etats , ordonné que ledit Article seroit corrigé, & demeureroit pour Coutume nouvelle en la maniere qui s'ensuit : *Les exécuteurs des testamens, après inventaire duement fait , sont saisis dedans l'an & jour des meubles jusques à la concurence du testament, s'ils sont suffisans. Et s'ils ne suffisent, sont saisis des immeubles jusques à ladite concurrence.*

* Sur le cent soixante-dix-neuvieme Article qui est au Chapitre , *De Mariage,* contenant : *Le mari, durant ledit mariage , a le gouvernement & administration des héritages propres de sa femme , de quelque côté qu'ils lui soient advenus , soit par succession ou autrement', & fait siens les fruits d'iceux tant que ledit mariage dure : toutesfois n'en pourra dorénavant faire bail à ferme ou moison outre le temps de leur mariage, sans le consentement de sadite femme.* A été ledit Article accordé par lesdits Etats depuis le commencement, *le mari, &c.* jusques à ces mots : *tant que ledit mariage dure.* Et depuis ces mots, *toutesfois n'en pourra dorénavant faire le bail à ferme ou moison outre le temps de leur mariage , sans le consentement de sadite femme.* Accordé pour Coutume nouvelle.

* Sur le cent quatre-vingt-deuxieme Article qui est audit Chapitre *de mariage* , contenant : *par le trépas de l'un de deux conjoints,*

*t*ous les meubles que lesdits conjoints auront lors du trépas du premier décédé d'eux deux, & tous les conquêts immeubles faits & acquis par eux ou l'un d'eux confiant leur mariage, ensemble tous leurs dettes & crédites se divisent en deux. C'est à sçavoir la moitié au survivant, & l'autre moitié aux héritiers du trépassé.* Les Nobles se sont opposés, disans la Coutume ancienne être au contraire, & qu'entre les Nobles tous les meubles & conquêts appartiennent au survivant, & ainsi en avoir été usé mêmement ès maisons de Chaumont, Onzain, Saint-Aignan & autres infinis : leur avons remontré le préjudice & dommage qui en adviendroit aux mineurs, & à la chose publique. Et sur ce avons interrogé les Praticiens qui ont déposé & affermé avoir écrite en leur ancien Coutumier ladite Coutume telle que les Nobles le prétendent, mais que néanmoins les assistans qui furent lors assemblés, furent tous d'opinion que ladite Coutume devoit être réformée. Finablement par l'avis & consentement des Gens d'Eglise, Avocats & Praticiens, & autres du tiers Etat, Avons ordonné que ladite Coutume demeurera ainsi qu'elle est couchée audit cayer, comme nouvelle, dont les Nobles se sont portés pour appellans.

* Sur le cent quatre-vingt-troisieme Article qui est audit Chapitre, *de mariage,* contenant : *Item, & dorénavant si lors du trépas du premier décédé d'eux, il y a enfans mineurs, & le survivant prend & applique à lui tous lesdits meubles & conquêts immeubles sans en faire inventaire par autorité de Justice, il est au choix & élection d'iceux mineurs de requérir contre ledit survivant partage desdits meubles & conquêts immeubles. Et seront crus* in juramento in litem, *si ledit survivant est encore en vie, de la valeur & quantité desdits meubles & conquêts immeubles, joint la commune estimation : ou se pourront lesdits mineurs porter communs en tous biens meubles qu'aura ledit survivant, lorsqu'iceux mineurs demanderont lad. communauté, & en tous les acquêts immeubles qu'aura fait ledit survivant depuis le trépas du premier décédé.* Ledit Article a été contredit par les Nobles, disans qu'entre le survivant & les enfans n'y avoit communauté de biens, & que par l'ancienne Coutume, la communauté de biens n'avoit point lieu. Et sur ce ouïs les Praticiens, avons ordonné que dorénavavant ladite Coutume, comme nouvelle, sera observée & gardée comme contenu est audit Article.

Les Gens d'Eglise, Nobles, Praticiens & autres Gens du tiers Etat, nous ont d'un commun accord requis que le cent quatre-vingt-douzieme Article qui est au titre *de prescription,* fût mis en écrit au Livre coutumier. Attendu lequel consentement & accord unanime, avons ordonné que ledit Article seroit couché audit

Coutumier

Coutumier, selon la forme & maniere qui s'enfuit : *Item*, *que per-sonne qui aura joui & usé d'aucun héritage & droit incorporel par dix ans entre présens, par vingt ans entre absens, à juste titre & de bonne foi, & par trente ans sans titre contre gens laiz, & quarante ans contre l'Eglise, il en est fait vrai Seigneur & propriétaire, en telle maniere qu'il ne peut plus être inquiété pour raison dudit héritage ou droit incorporel.*

   * Sur le cent quatre-vingt-treizieme Article, qui est au Chapitre, *Des Retraits lignagers*, contenant : *Quand aucun vend son héritage patrimonial ou rente sur icelui, à lui échu de ses parens & lignagers, à personne étange de son lignage, il est loisible à son parent & lignager du côté, estoc & fourchage, dont meut ledit héritage, demander & avoir icelui héritage par cause de retrait lignager pardevant Juge compétent dedans l'an & jour de l'achat qu'en a fait ledit acquéreur, à compter du jour d'icelui, en remboursant ledit acquéreur de son sort principal & de ses loyaux coûts, chaptels & mises,* leur a été remontré que ladite Coutume étoit répugnante audit droit de retrait lignager, introduit pour la conservation des agnations de maisons, & afin que les héritages demeurent en l'estoc & ligne dont ils procedent, & par ladite Coutume, le lignager en fera frustré, au moyen que les contrats de ventes se peuvent faire secrettemenr, sans ce que les lignagers en puissent être avertis, & par le dol & fraude des acheteurs taisans & recélans leurs acquisitions, les lignagers seront frustrés & privés dudit droit de retrait ; & qu'à cette cause bon seroit ordonner que dorénavant l'an dudit retrait ne commençât à courir, quand l'héritage vendu est féodal, sinon après la foi & hommage faits, & en héritage censuel après la saisine, & en heritage tenu à droit de terrage, après la jouissance & possession prise, & qu'en ce faisant, nul ne pouvoit avoir ne prétendre aucun préjudice ou dommage : car lesdits droits appartenans au Seigneur féodal, censuel ou terrager, se doivent payer, & sont dûs par la Coutume. Nonobstant lesquelles remontrances, les Gens du tiers Etat ont requis que ladite Courume demeurât telle que contenu est audit Coutumier, sans aucunement la corriger ne réformer, disans qu'elle étoit utile à la chose publique, & qu'il est favorable qu'un chacun puisse vendre ce qu'il lui appartient, à telle personne que bon lui semble : & après avois oui les Avocats & Praticiens, lesquels ont affermé ladite Coutume être toute notoire & manifeste, & que jamais ne la virent révoquer en doute, avons ordonné que ledit Article demeurera pour Coutume ancienne en la forme qu'il est, & que neanmoins desdites remontrances ferions mention en notre Procès-verbal, & notre rapport

R r

à la Cour, pour en être par elle ordonné, comme de raison.

* Sur le cent quatre-vingt-seizieme Article, qui eſt aud. Chapitre, *De Retraits lignagers*, contenant : *Item & ſi ledit demandeur en retrait défaut & ne ſe comparoit au jour à lui aſſigné, ne autre pour lui. Et celui jour l'acquéreur délaiſſe ledit heritage audit retrayant & le connoiſſe audit retrait, en mettant ſes lettres d'acquét en Cour dedans vingt-quatre heures, icelui retrayant ſera tenu conſigner & mettre en juſtice les deniers contenus & déclarés èſdites lettres au-dedans de ladite huitaine. Et s'il défaut de mettre & conſigner leſdits deniers, il eſt privé, forclos & débouté dudit retrait, ſans ce qu'il puiſſe jamais venir à demander ledit héritage par retrait, & ſans ce que beſoin ſoit audit acquéreur faire appeller ledit défaillant, pour avoir forcluſion dudit retrait, mais en eſt débouté par ledit défaut ſeulement, & par faute d'avoir conſigné leſd. deniers dedans ledit temps, & ſera condamné ès dépens dudit acquéreur qui ainſi aura été travaillé.* Après qu'avons remontré à ladite aſſemblée les cauſes & moyens pour leſquels ledit Article n'étoit en bonne forme, du conſentement deſdits trois Etats, ledit Article a été corrigé en la forme & maniere qui s'enſuit.

L'acquéreur adjourné en matiere de retrait lignager, ſera tenu de mettre ſes lettres d'acquét à Cour, dedans l'heure des plaids, deux jours après le délais, & le retrayant huit jours après ledit délais, ſera tenu conſigner le prix contenu èſdites Lettres dedans l'heure de plaids, & en défaut de ce faire, ſera privé, forclos & débouté dudit retrait, ſans ce qu'il puiſſe jamais demander ledit héritage par retrait, & ſans ce que beſoin ſoit audit acquéreur faire appeller ledit défaillant pour avoir forcluſion dudit retrait, mais en eſt débouté par ledit défaut ſeulement : Et ſera condamné ès dépens dudit acquéreur qui aura été travaillé : Et au cas que ledit acquéreur ne mette à Cour ſeſdites lettres d'acquét dedans leſdits deux jours après ledits délais par lui fait, le temps & délai de conſigner ne courera audit retrayant, mais commencera à courir après l'exhibition deſd. lettres. Et ſera ledit acquéreur adjourné par faute d'avoir mis à Cour icelles lettres d'acquét, & condamné ès dépens dudit retrayant ja échus, & qui échéront pendant le procés par faute de ce.

* Sur le deux-cent-unieme Article, qui eſt audit Chapitre, *De Retraits lignagers*, contenant : *item ſi pluſieurs d'un même degré demandent avoir par cauſe de retrait lignager l'héritage vendu par leur parent lignager, à chacun d'eux, & pour leurs portions, doit être adjugé icelui héritage par retrait, en rembourſant par eux ledit acquéreur.* Après que leur avons remontré que ledit Article pourroit être cauſe de mouvoir pluſieurs procès, mêmement entre parens, ont leſdits gens des Etats accordé la correction dudit Article, pour Coutume nouvelle en la maniere qui s'enſuit. *Si pluſieurs d'un même*

dégré demandent avoir par retrait lignager l'héritage vendu, par leur parent & lignager, fera préféré le plus diligent, & celui qui aura fait le premier adjournement. Et s'il fe trouve deux lignagers concurrens audit adjournement, fera l'héritage divifé aux deux retrayans, en rembourfant par eux ledit acquéreur, comme dit eft.

* Sur le deux-cent dix-neuvieme Article, qui eft au Chapitre, *De prinfe de bétes,* contenant : *Item, fi aucun voit ou trouve autrui en fon héritage, ou duquel les fruits lui appartiennent, lui faifant dommage, & lui demande gage, & le fait adjourner au-dedans de trente jours après la vue & trouvée, pour avoir réparation dudit dommage, celui qui a fait ladit vue & trouvée doit être cru par ferment dudit dommage à lui fait lors de ladite vue & trouvée, & dudit gage démandé, & félon fon ferment lui doit être adjugé ledit dommage.* Du confentement defdits trois Etats, avons ordonné qu'en la fin dudit Article feront adjoutés ces mots : *Toutesfois le Juge, de fon office, pourra faire information fommaire dudit dommage, fi befoin eft, pour en être par lui ordonné comme de raifon.*

* Sur le deux-cent vingt-deuxieme Article, qui eft audit Chapitre, *De prinfe de bétes,* contenant : *Qui trouvera les oyes, poullailles & autre volatile d'autrui en fon heritage, lui faifant dommage, lui fera loifible & permis icelles tuer, pourvû qu'il les laiffe mortes fur le champ, & emportent leur amende quant & elles. Et où il ne voudroit ou pourroit tuer lefd. oyes, il pourra demander en juftice réparation dudit dommage qu'elles lui pourroient avoir fait, qui lui fera adjugé fans amende à Juftice.* Si leur avons remontré que ledit Article eft trop rigoureux, & caufe de faire dommage à autrui. A cette caufe, de leur confentement avons ordonné que ledit Article, comme Coutume nouvelle, fera corrigé en la forme & maniere qui s'enfuit. *Qui trouvera les oyes d'autrui en fes prés, vignes, bleds ou gaignages lui faifant dommage, lui fera loifible & permis en tuer une ou deux pour le plus, quand lefdites oyes font par troupes. Et s'il n'y en trouve qu'une, eft permis icelle tuer, & la doit laiffer fur le champ. Et où il ne voudroit & pourroit tuer lefdites oyes, il pourra demander à Juftice réparation du dommage qu'elles lui pourroient avoir fait, qui lui fera adjugé, fans amende à Juftice.*

Sur le deux-cent vingt-troifieme Article, qui eft audit Chapitre, *De prinfe de bétes,* contenant : *Item en prinfe de bétes faite en l'héritage d'autrui de jour avec garde faite, ou de nuit fans garde y faifant dommage, il y aura 60 fols tournois d'amende pour la premiere fois, à appliquer moitié au Seigneur de la Juftice, fe Juftice a, jufques à ladite fomme où ledit héritage eft affis, & l'autre moitié à la partie endommagée. Ou fi fon dommage étoit plus grand, le pourra demander*

en *Jufice*, & renoncer à ladite moitié d'amende. Et *fi* pour la *feconde fois*
y *font* trouvées, ladite amende doublera à appliquer comme *déffus*. Et
pour la tierce fois feront confifquées, moitié à celui à qui les trouvera,
& l'autre moitié au Roi, ou au Seigneur en la *Juflice* duquel *eft affis*
icelui héritage, *fi* tant a de *Juflice*, en prouvant par lui, par un ou deux
témoins que ledit dommage lui a été fait pour la tierce fois, pourvû
qu'il y ait un ou deux témoins à voir faire *ladice* feconde & derniere
prinfe. Leur avons remontré que ladite Coutume eft trop rigou-
reufe, dont de leur confentement a été accordé comme nouvelle en
la maniere qui s'enfuit.

Item que dorénavant en *prinfe* de *bétes* faite en héritage d'autrui, dé-
fenfable ou *enfruité*, de jour avec garde faite, ou de nuit *fans* garde, y
faifant dommage, il y aura *fept fols fix* deniers *tournois* d'amende pour
la premiere fois, à appliquer à la *Jufice* où ledit héritage *eft affis*, s'il a
Juflice, *jufques* à ladite *fomme*. Et pourra ladite partie demander *fon*
dommage en *Juflice*. Et pour la *feconde* fois que *lefdites bétes* auront été
trouvées audit héritage, de jour avec garde faite, de nuit *fans* garde,
y aura peine *excédant lefdits fept fols fix* deniers tournois à l'arbitrage
du Juge. Et pour la *troifieme fois*, feront punis corporellement ceux qui
auront *lefdites bétes èfdits* héritages, pourvû qu'il y eût deux témoins à
voir faire *lefdites deuxieme* & derniere *prinfe*.

Sur le deux-cent vingt-quatrieme Article, qui eft audit Chapitre, *De prinfe de bétes*, contenant : *Item les prés non clos font défenfables depuis la mi-Mars, jufques à ce qu'ils foient fauchés & l'herbe
emmenée, fauf ceux qui fe fauchent à deux herbes.*

Audit Article, du confentement que deffus, en la fin d'icelui ont été ajoutés ces mots : *Lefquels font défenfables jufques à ce
que l'herbe foit levée, au moins jufques à la Touffaint.*

Sur le deux-cent vingt-cinquieme Article, qui eft audit Chapitre, *De prinfe de bétes*, contenant : *Item en quelque temps que ce foit,
nul ne pourra mener ne faire mener bétes ès vignes de lui ne d'autres, ne
en taillis au-deffous de quatre ans, fur les peines & amendes que deffus.*
Par l'accord & confentement defdits Etats, a été corrigé lédit
Article, & demeurera pour Coutume nouvelle, en la maniere
qui s'enfuit.

*Item en quelque temps que ce foit, nul ne pourra mener ne faire me-
ner bétes en fes vignes environnées d'autres vignes circonvoifines apparte-
nantes à autrui. Mais s'il a vignes féparées d'autres vignes, il y pourra
mettre & mener ce que bon lui femblera. Et en taillis où y a ufage,
n'eft loifible à viagers y mettre bétes, jufques à quatre ans après la coupe.
Et là où il n'y a ufage, il eft défendu en quelque temps que ce foit.
Toutefois celui auquel appartiennent bois-taillis, féparés d'autres taillis*

appartenans à autrui , y pourra mettre & mener tout ce que bon lui sem-
blera.

Et nous ont requis lesdits Gens d'Eglise, Nobles, Praticiens
& autres du tiers Etat, mettre & coucher audit Chapitre, *De*
prinse de bêtes, les deux Articles contenans nouvelles Coutumes,
qui sont les deux-cent vingt-sixieme, & deux cent vingt-huitieme
Articles, comme profitables au bien du pays & de la chose publique. Attendu lequel consentement, leur avons accordé, dont
la teneur s'ensuit. *En nul temps on ne peut mener les porcs ès prairies*
ne ès vignes. Item que de chacune chevre prinse en héritage d'autrui, est dû
pour amende douze deniers tournois.

Semblablement, par l'accord & délibération desdits trois Etats,
ce requérans, a été ajouté audit Coutumier le deux-cent-quarante-
unieme Article qui est au Chapitre, *De servitudes réelles,* comme
Coutume nouvelle, tel qu'il s'ensuit.

Item que dorénavant sera tenu le Seigneur ou son meûnier tenir moulin
à point rond & bien clos, sur peine d'amende arbitraire. Et seront tous
ceux qui ont moulins carrés, soient banniers ou autres, de les faire ronds
dedans trois mois, sur peine de dix livres, & de démolitions desd. moulins,
s'ils sont trouvés carrés, ledit temps passé.

* Sur le deux-cent cinquante-cinquieme Article, qui est au Chapitre, *Des dettes personnelles & exécutions faites par vertu de lettres obli-*
gatoires de rentes & louages de maisons, contenant : *Lettres obliga-*
toires faites & passées sous scel royal, ou scel authentique, sont exécu-
toires, & par vertu d'icelles on peut prendre par exécution les biens de
l'obligé, tout ainsi que s'il étoit condamné par Sentence sans commission
de Juge. Leur avons remontré que ladite Coutume en ces mots :
Tout ainsi que s'il étoit condamné par Sentence sans commission de
Juge, étoit déraisonnable, & qu'à cause d'iceux en pouvoient
advenir plusieurs inconvéniens. Au moyen de quoi, ont accordé
lesdits mots être rayés & ôtés dudit Article.

* Sur le deux-cent cinquante-septieme Article, qui est audit
Chapitre, *Des dettes personnelles,* contenant : *Un Sergent ne pourra*
exécuter pour son salaire. Mais en exécutant pour le principal, pourra
exécuter pour sesdits salaires & non autrement. Et si le débiteur paie sans
exécution faire, & le Sergent veuille dire avoir fait quelques courses ou
voyages, il ne pourra pour iceux faire exécution, mais sera tenu les de-
mander & poursuivre par action si bon lui semble. Après qu'avons remontré en ladite assemblée que ledit Article, depuis ces mots,
mais en exécutant pour le principal, &c. jusques à la fin, contenoit
iniquité toute notoire, & que plusieurs grands abus, à cause d'i-
celle, se pourroient commettre, ont accordé lesdits mots, *mais*

en exécutant, &c. jufques à la fin être rayés & ôtés dudit Article.

* Sur le deux-cent cinquante-huitieme Article, qui eft audit Chapitre, *Des dettes perfonnelles*, contenant : *Un Seigneur d'hôtel pourra faire exécuter le louager de fa maifon, foit qu'il foit prétre ou laïc, fans obligation ou condamnation, les jours & vigiles des Fétes de Noël, Saint Jean-Baptifte, & le lendemain, pour les termes échus auxd. Fetes des louages de fadite maifon. Par le privilege des manans & habitans de la Ville & Banlieue de Blois, duquel ils ont joui de toute ancienneté, & tiendra la main de Juflice.*

Ledit Article a été contredit & débattu par le Gens d'Eglife en ces mots : *foit qu'il foit prétre*, requérans qu'ils fuffent rayés, le Procureur du Roi foutenant le contraire. Après qu'avons oui l'avis des Avocats & Praticiens, avons ordonné que ledit Article demeurera ainfi qu'il eft couché, avec les modifications qui feront ajoutées en la fin dudit Article qui s'enfuivent. *Toutes fois les prétres & clercs pour le louage de la maifon pourront être exécutés en leurs biens meubles étant en ladite maifon feulement. Sans ce que pour raifon dudit louage leurs biens meubles, dettes & fruits de bénéfices étant hors de ladite maifon puiffent être prins, n'arrétés.*

* Sur le deux-cent foixante-feptieme Article, qui eft audit Chapitre, *Des dettes perfonnelles*, contenant : *Item voituriers par eau & par terre pourront, pour leurs falaires & voitures, retenir de la marchandife qu'ils ont menée & voiturée pour leurs charrois & voitures, jufques à ce qu'ils foient payés, jufques à la valeur de leurs falaires du prix convenu entr'eux. Et s'ils l'ont baillée fans retenue, ils n'en pourront faire pourfuite outre les quarante jours. Et s'ils en font pourfuite outre lefdits quarante jours, lefdits marchands en feront crus par ferment.* Par l'avis defdits Etats, en la fin dudit Article ont été ajoutés ces mots : *finon qu'il y ait reconnoiffance par écrit au contraire.*

* Sur le deux-cent foixante-neuvieme Article, qui eft audit Chapitre, *Des dettes perfonnelles*, contenant : *l'action ad exhibendum, compenfation, reconvention & exception de pécune non nombrée, n'ont point de lieu par ladite Coutume.* Après qu'avons remontré auxdits Etats que ladite Coutume étoit deraifonnable, ont accordé l'Article être corrigé, & mife comme nouvelle, en la forme & maniere qui s'enfuit. *L'action ad exhibendum & compenfation auront déformais lieu par ladite Coutume, mais par icelle Coutume reconvention & exception de pécune non nombrée n'ont lieu.*

Audit Chapitre, *De dettes perfonnelles*, y avoit trois Articles : Le premier contenant : *Item que l'on peut intenter action hypothécaire contre le détenteur de l'héritage, fuppofé qu'il foit fimple colon ou louager, & fans avoir fait pourfuite contre le principal obligé. Et fera tenu le détenteur quesver & abandonner ledit héritage, pour être mis en criées & subhastations ou représenter son auteur pour garant. Le second: Clercs, pretres & laïcs convenus pardevant Juge laïc, pour connoître ou nier cédules faites sous leur scel, ou seing manuel, sont tenus icelles connoître ou nier pardevant le Juge laïc, & y répondre quant à ladite connoissance, & è converso. Le tiers Article contient: Ceux qui ont fait métives & cueillettes de grains, bleds, ou vendanges, peuvent, pour leurs salaires dedans huit jours, faire arreter & empecher les bleds, grains, vendanges, ou vin venu d'icelles, chevaux, marchandises & biens de leurs débiteurs, a la requête desquels ils ont besogné, & tiendront tels arrets & empéchemens jusques à plein pavement. Et s'il y a opposition, le créancier en cas de deni, informera de son debt dedans un brief délai qui lui sera préfix par le Juge, & n'auront les gens qui auront fait aucunes bésognes ou œuvres, aucune action, sinon contre ceux qui les auront mis en besogne. Lesquels Articles, après que leur avons dit & déclaré l'iniquité & injustice, notoire contenue en iceux, de leur consentement avons ordonné qu'ils seront rayés & mis hors dudit Coutumier.*

Les gens du tiers Etat nous ont requis, que pour le bien & utilité de la chose publique, & conservation des maisons, fût introduit que toutes rentes volans, constituées à prix d'argent, depuis trente ans, fussent déclarées rachetables, en remboursant le sort principal. Et sur ce oui les Gens d'Eglise, Nobles & Praticiens, a été ordonné que déformais & pour le temps advenir auroit lieu & seroit ajouté l'Article qui s'ensuit, qui est le deux cent soixante-dixieme. *Toutes rentes volans & constituées, &c.*

FUrent aussi lues les Coutumes locales du Comté & Bailliage de Dunois, Seigneuries de Marchesnoir & Fréteval, membres dépendans dudit Comté, & autres Châtellenies, ressorts & fiefs enclavés en iceui. Et en icelles lisant, ont déclaré les Officiers de Dunois qu'ils entendent que les appellations de Dunois, Marchesnoir & Fréteval, ressortissent par appel pardevant le Bailli de Blois. Les Officiers de Fréteval ont dit avoir Coutumes particulieres, & qu'au résidu se doivent gouverner selon la Coutume de Blois, lesdits Officiers de Dunois maintenans le contraire. Les Officiers de Marchesnoir on dit que leurs Coutumes sont plus accordans aux Coutumes de Dunois qu'aux Coutume de Blois. Et ont vu faire preuve tant à Blois qu'à Dunois. Si ont accordé dorenavant vivre selon les les Coutumes de Dunois, sans préjudice des procès pendans & indécis. M^e. Pierre Habert pour les Doyen & Chapitre de Chartres, pour la terre de Charre, a dit & remontré, que combien que ladite terre de Charre soit enclavée ès terre de Dunois, que toutesfois ne se régit selon les Coutumes de Dunois, parce qu'elle est du ressort du Bailliage de Chartres. Sur ce avons ordonné qu'en l'intitulation dudit Coutumier de Dunois sera écrit : *Coutumes locales du Comté & Bailliage de Dunois, Seigneuries de Marchesnoir & Fréteval, membres dépendans dudit Comté, & autres terres enclavées qui sont sous les Coutumes, étant régies & gouvernées par la Coutume de Dunois.*

Sur le deuxieme Article, qui est au Chapitre, *Des fiefs,* contenant : *Le vassal quand la foi faut de son côté, est tenu d'aller devers son Seigneur de fief faire la foi & hommage de son fief, s'il est à dix lieues près de sondit fief, à cause duquel le vassal est tenu de lui faire la foi, si tel Seigneur de fief a domicile au-dedans desdites dix lieues, & s'il est outre lesdites dix lieues, il suffit aller audit lieu, à cause duquel ledit vassal est tenu faire la foi & hommage, & offrir payer les profits de fief, s'aucuns en doit, tels qu'il feroit à la personne de son Seigneur de fief. Après lesquelles offres ledit vassal peut jouir de son fief sans offense, autrement tel vassal ne fait son devoir, & pourra ledit Seigneur de fief jouir & user de son droit. Mais si ledit Seigneur de fief ignorant lesdites offres faites par ledit vassal en son absence, saisit ou resaisit led. fief & le vassal ne va dedans quarante jours après le second saisissement faire ses offres, comme dessus, & payer ses devoirs de fief, ledit Seigneur de fief pourra exploiter ledit fief.*

Après que leur avons remontré qu'il y a aucuns Seigneurs qui n'ont Justice, & à cette cause se peuvent commettre plusieurs abus, & en advient gros inconvéniens, avons ordonné du consentement de trois Etats, qu'en la fin dudit Article seront ajoutés ces mots : *Par la commission de son Juge s'il a Justice, sinon par son Supérieur ayant Justice.*

* Sur le neuvieme Article, qui est audit Titre, *Des fiefs,* contenant : *Et s'il n'y a que deux enfans, le fils aîné prendra le manoir & vassaux, ainsi que dit est, & les deux tiers du résidu, & l'autre, soit fils ou fille, aura l'autre tierce partie des choses féodales.* A été accordé qu'en la fin dudit Article sera ajouté : *Fors & excepté Marchenoir, qui se régit & gouverne en ce cas selon la Coutume générale.*

* Sur le douzieme Article, qui est audit Titre, *Des fiefs,* contenant : *Un fils aîné, noble ou non noble, âgé de vingt ans & un jour, peut porter la foi hommage pour ses freres & sœurs mariés, & garder une fois en sa vie sesdits freres & sœurs de payer profit, soit qu'il y ait partage ou non. Et la fille à quatorze ans & un jour, non mariée, peut porter la foi & hommage de ses héritages féodaux, sans payer aucun profit.* S'est opposé Me. Noël Jay, pour lesdits Seigneurs de Montigny,

tigny, Molitard & de Barenton, difant que lefdits Seigneurs en ont joüi au contraire, & qu'ils en ont privilege particulier. Nonobftant laquelle oppofition, après avoir oüi l'opinion defdits trois Etats, avons ordonné que ladite Coutume demeureroit comme ancienne, & que de ladite oppofition ferions mention en notre Procès-verbal.

* Le feizieme Article, au Chapitre, *Des fiefs*, contenant : *Nul ne peut avoir droit d'aubenage, s'il n'eft Châtelain. Et quant à la confifcation, elle appartient au Haut-Jufticier où feront affifés & fituées les chofes confifquées.* A été, en tant que touche le droit d'aubenage, contredit & empêché, & de fait s'eft oppofé led. Procureur du Roi, difant qu'au Roi feul appartient ledit droit d'aubenage, & en ce l'avons reçu à oppofition.

* Sur le dix-feptieme Article dudit Chapitre, *Des fiefs*, contenant : *Quant à un Châtelain ou Haut-Jufticier, appartient par confifcation un fief qui n'eft point tenu de lui, ou un arriere-fief qui eft tenu de lui, il en doit dedans l'an qu'il fera requis, vuider fes mains pour raifon de l'indemnité du Seigneur de fief ou arriere fief, ou faire la foi & hommage au Seigneur féodal, & lui payer les droits & profits de fief. Autrement le Seigneur de fief en jouira, & exploitera par faifie faite par la commiffion de fon Juge, s'il a juftice, finon par fon Supérieur ayant Juftice.* En la fin d'idelui, du confentement que deffus, ont été ajoutés ces mots: *Par la commiffion de fon Juge, s'il y a Juftice, finon par fon Supérieur ayant Juftice.*

Et audit Chapitre, *Des fiefs*, y avoit quatre Articles. Le premier contenant : *Le Seigneur de fief, s'il eft Châtelain, peut avoir le fief tenu en fief de lui, fi bon lui femble pour le prix qu'il a été vendu, dedans quarante jours après les offres à lui faites par l'acheteur. En faifant lefquelles offres l'acheteur eft tenu montrer audit Seigneur Châtelain fon contrat en forme.* Le fecond contenant : *En fucceffion de Nobles, aux enfans du premier mariage compétent tous les propres héritages de pere & de mere, qui leur font advenus par fucceffion.* Le troifieme contenant : *Et aux enfans du fecond, tiers, & autres mariages fubféquens, competent & appartiennent tous les meubles & conquéts, en quelque forte qu'ils foient faits, foit devant le mariage, en viduité, ou autrement. Et à ce moyen font tenus acquitter toutes les dettes.* Le quatrieme Article contenant : *Les Eglifes & autres réputés main-morte ne peuvent acquérir & tenir héritages en leurs mains, au préjudice du Seigneur de fief ou cenfuel d'iceux héritages, ainçois font tenus d'en vuider leurs mains, & les mettre entre les mains des perfonnes qui aient puiffance de les vendre, aliéner & en difpofer en telle maniere que les droits féodaux & cenfuels n'en foient détériorés ne diminués. Et après que la fomma-*

tion ou commandement sera faite auxdits Gens d'Eglise & autres qui ont la main-morte, de vuider leurs mains desd. héritages, ils auront délai d'un an ce faire. Et si ledit Seigneur féodal les a une fois reçus par vic-caire, il sera tenu à toutes mutations les recevoir par ledit vicaire. Et s'entend ce présent Article en tant que touche les héritages qui sont ac-quis, légués ou donnés depuis quarante ans, ou s'il n'y a titre ou privilege au contraire, & s'il ne concerne l'intérêt de Ville.

Après qu'avons remontré en ladite assemblée aux Gens desdits trois Etats l'iniquité du deuxieme Article, par lequel il y avoit inéqualité en la forme de succéder entre les enfans du premier & second mariage, & que c'étoit contre disposition de tout droit & raison, & fort dommageable à la chose publique. Et que quant aux trois Articles être suffisamment pourvu par la Coutume générale du Bailliage de Blois, à laquelle peuvent ceux de Dunois avoir leur recours : Avons de leur consentement & accord ordonné que les-dits quarre Articles seront rayés & mis hors dudit cayer. Et que quant au contenu d'iceux les habitans dudit Comté & Bailliage de Dunois se régiront sous la Coutume générale dudit Bail-liage de Blois, & auront leur recours à icelle.

* Sur le trentieme Article qui est au Chapitre, *De l'estimation commune d'un rachat qu'on dit le dit de deux prud'hommes est telle,* contenant : *Un vassal ayant & tenant bois en foi & hommage, de quel-que nature que soit ledit bois, ne le pourra dorénavant appliquer à au-tre chose qu'à bois.* Audit Article s'est opposé M^e. Pierre Habert, pour le Doyen & Chapitre de Chartres. Et après plusieurs raisons par lui alléguées, & oüis sur ce les Praticiens, avons ordonné qu'en la fin dudit Article seront ajoutés ces mots : *Sinon que le bois fût sec. Auquel cas par ordonnance de Juge le pourra faire couper.* Et est ladite Coutume nouvelle.

* Sur le trente-quatrieme Article, qui est au Chapitre, *De Matiere censuelle,* contenant : *Aucun non ayant droit de cens, ne peut de nouvel créer censif, ne bailler héritage audit droit de censif portant gants, ventes, saisines & amendes, s'il n'est Seigneur Châtelain, ou à tout le moins qu'il ait haute-Justice, moyenne & basse. Et si ne se peut créer de nouvel autre censif sur les choses tenues à censif, mais se peut bien augmenter par tous autres qui ont ledit droit de cens.* Après que leur avons remontré que ledit Article étoit dommageable à la chose publique, & oüis lesdits trois Etats, de leur consentement & accord ont été ajoutés en la la fin dudit Article les mots qui s'enfuivent : *Mais si ledit Seigneur de cens retire aucune piece, il la pourra rebailler à titre de cens, ou autre piece audit titre de cens.*

Après avoir lu le Chapitre *de terrage & champart,* les Religieux,

Abbé & Couvent de Bonneval nous ont dit & remontré qn'ils ont droit de Champart fur plufieurs terres affifes au Comté & Jurifdiction de Dunois, lefquelles font fructueufes en bon labeur & grand rapport, fans intervalle que d'un an en trois. Et comme Seigneurs directs dudit droit de terrage ont accoutumé de tout temps contraindre les redevables audit droit de champart feigneurial & imprefcriptible, défaillans á faire le labourage accoutumé, de payer les profits dudit droit felon l'eftimation de la valeur du revenu & profits dudit terrage, comme s'ils euffent été labourées au prix & felon la nature dudit champart, & felon la coutume des lieux. Nous requérans que l'Article dernier dudit Chapitre de terrage & champart defdites Coutumes de Dunois, de ce faifant mention, foit tenu & mis en coutume audit Dunois, ou leur foit réfervé jouir de leur droit, fans avoir égard à la Coutume générale du Bailliage de Blois, felon laquelle ils n'ont accoutumé eux régler, auquel lieu de Blois les terres ne font de tel & fi fructueux rapport qu'audit Comté de Dunois, & qui enfuivroit ladite Coutume générale dudit Blois le Seigneur de terrage direct feroit grandement intéreffé de n'avoir fon droit accoutumé que dedans le terme de neuf ans. Et fi la Coutume dudit Dunois eft tenue, elle fera caufe que les Seigneurs utiles de terres tenues audit droit de Champart, les feront labourer & exploiter felon les bonnes faifons, fur ce audit Comté accoutumées. Et qu'à cette caufe empêchent & s'oppofent qu'autrement foit procédé à l'homologation d'icelles, requérans de ce acte, & qu'en fiffions mention en notre Procès-verbal, que leur avons accordé.

Et au Chapitre, *Des Pâturages*, y avoit deux Articles, l'un contenant : *Qui trouve oies en fes dangers, lui faifans ou portans dommage. S'il y en a plus de fix, il en peut tuer deux, l'une pour fon dommage, & l'autre pour l'amende du Prévôt. Et s'ils font au-deffous de fix, il en pourra tuer une feulement pour fon dommage.*

L'autre Article contenant : *Il n'eft permis nourrir chevres, boucs ou dains, fi ce n'eft en fon danger. Et s'ils font trouvé au danger d'autrui, ou broutant, ou rongeant les haies & clôtures, ils feront confifqués, moitié au Seigneur de l'héritage, & l'autre moitié à Juftice. Et fera cru par ferment celui qui les trouvera, fauf qu'on les pourra mener par la corde par les chemins, fans faire dommage à autrui, pourvû que l'accufateur foit perfonne légale comme deffus : fauf en la Châtellenie d'Arville, où ladite Coûtume n'a lieu.* Lefquels Articles deffufdits avons remontré être rigoureux & donnans occafion de faire mal à autrui. A cette caufe du confentement defdits trois Etats, ont été rayés & ôtés dud. Coutumier, & permis en jouir & ufer felon que contenu eſt èſdites Coutumes générales de Blois.

Et au Chapitre, *Des droits de ſucceſſions*, y avoit un Article contenant : *Tous Gens d'Egliſe ayant Couvent ou Chapitre, peuvent & leur eſt loiſible faire baillée à vies, à temps ou à toujours-mais, des héritages de leurs Egliſes ſous leurs ſceaux, ou en main de Notaire de Cour laye, & valent tels baux, ſans qu'il ſoit beſoin les faire décréter, ou autoriſer par le Supérieur.* Après qu'avons remontré en ladite aſſemblée ledit Article être très-inique & déraiſonnable, & contraire à tout droit, avons ordonné qu'il ſera rayé & mis hors dudit Coutumier, & du tout remis à droit commun, dont les Officiers dudit Comté de Dunois ſe ſont portés pour appellans, & depuis ſe ſont déſiſtés dudit appel.

Au Chapitre, *Des exécutions de louages de maiſons & métairies*, y avoit deux Articles, l'un contenant : *Tous acheteurs de bétail & poiſſons doivent être contraints à payer le prix de l'achat par priſon fermée, quand ils ſont ajournés à la requéte du vendeur creancier dedans la huitaine de l'achat, ſans pour ce pouvoir jouir d'annium, quinquinnium, ou ceſſion.* L'autre Article contenant : *Vendeurs de betail ſeront tenus reprendre ce qu'ils ont vendus, & rendre le prix à l'acheteur, ſi tel bétail vendu ne vit neuf jours, pourvû qu'il n'y ait coulpe de l'acheteur.* Leſquels deux Articles avons remontré à ladite aſſemblée être trop rigoureux. A cette cauſe, du conſentement deſdits trois Etats, ont été rayés & mis hors dudit Coutumier.

Semblablement, au Chapitre, *Des exécutions faites par vertu de lettres obligatoires*, y avoit trois Articles. Le premier contenant, *Porteurs de lettres obligatoires peuvent faire exécution ſur le débiteur obligé, ſi à ce eſt obligé, comme feroit le créancier principal, & eſt recevable pourvû qu'il ait Procuration pour conduire & ſoutenir le procès qui en pourroit enſuivre. Et ſeront tenus les Forains élire domicile, en faiſant ladite exécution en la Juriſdiction. Autrement ladite exécution eſt nulle.* Le ſecond Article contenant : *Lettres de Sentence en déclaration d'hypotheque, données contre un détenteur, ſont exécutoires contre le condamné, tant qu'il eſt détenteur dudit héritage redevable de la rente. Nonobſtant que l'an & jour d'icelui ſoit paſſé.* Le tiers Article contenant : *Saiſine & déſaiſine faite par contrat de Notaire de Cour laye, vaut & équipolle à tradition de fait au profit d'un acquéreur, ſans avoir appréhenſion de fait.* Leſquels Articles du conſentement deſdits trois Etats, ont été rayés & ôtés dudit Coutumier.

ONt pareillement été lues, publiées & acordées les Coutumes Locales de Romorantin, Millançay, Villebroſſe & Billy. En la fin deſquelles ont, à la requête des rrois Etats deſdits lieux, été ajoutés deux Articles. C'est à sçavoir le douzieme Article, qui est au Chapitre, *De Prinfe & Dégagement*, contenant : *Item terre en issue de Ville, si elle n'est bouchée, n'est defensable.* Et le quatorzieme Article, qui est au Chapitre intitulé : *En matiere féodale*, contenant : *Item en ladite Châtellenie n'y a aucuns reliefs.*

AUssi ont été luées & publiées les Coutumes locales de la Baronnie de Saint-Aignan. Et en lisant les cinquieme & septieme Articles qui sont au Chapirre, *De Prinfe de bétes*, contenant le cinquieme : *Quand aucun trouve autrui en ses héritages, lui faisant & portant dommage, il peut dégager, ou faire dégager. Et est ledit dégagé amendable de cinq fols, à appliquer pour les deux parts à celui qui fait ledit dégagement, & le tiers à Justice. Et si ledit dégagé empéche que Justice ne soit saisie dudit gage, & qu'il l'ôte & recouvre, il enchet en l'amende de soixante fols à appliquer comme deffus.*

Le septieme Article contenant : *Toute personne qui empéche chemins publics & errans par sa faute & coulpe, enchet en soixante fols d'amende.* Les habitans de Contres ont dit avoir privilege au contraire, au moyen de quoi ont été accordé lesdits deux Articles, fans préjudice des privileges & libertés des habitans de Contres, & autres ayant privilege. Et avons ordonné qu'en la fin desdits Articles feront mis ces mots : *S'il n'y a privilege ou conceffion au contraire.*

  * Sur le vingtieme Article, qui est au Chapitre, *De fucceffions*, contenant : *Par ladite Coutume, fucceffions de batards décédés fans hoirs légitimes appartiennent à mondit Seigneur : & auffi la fucceffion des aubains, enfemble les fucceffions vacantes.* A été ledit Article contredit par le Procureur du Roi, & s'y est opposé. A quoi a été reçu en tant que concerne la fucceffion des batards. Et fera mis en tête : *Non accordé quant à la fucceffion des batards. Et en jouiront les parties, comme ils ont accoutumé.*

PAreillement ont été lues & accordées les Coutumes de la Châtellenie de Menetou-fur-Cher, & en la fin du Chapitre, *Des Cens & droits cenfuels*, à la requête des trois Etats dudit Menetou, a été ajouté le troifieme Article, contenant : *En la Châtellenie de Menetou n'y a aucuns reliefs.* Auffi à la requête desd. trois Etars, a été ajouté le cinquieme Article qui est u Chapitre, *Des Terrages*, contenant : *Que les habitans de la Châtellenie de Menetou ne pourront déformais mettre en prés ne pâtis les terres qu'ils tiennent à droit de terrage. Auffi ne feront contraints mettre en labeur les*

terres que de préfent tiennent en prés & pâtis. Excepté les terres qui de-
puis neuf ans en-çà ont été prinfes du Seigneur de Menetou, à la charge
expreffe d'icelles cultiver & labourer.

LEs Coutumes locales de Celles en Berry, étant du reffort
dudit Comté de Blois, ont auffi été publiées. Le troifieme
Article, qui eft au Chapitre, *De Droits & dévoirs de cens*, contenant : *Cens inféodés font fujets à ventes & relief en telle maniere que*
quand les chofes tenues à droit & devoir de cens font vendues, il eft dû
au Seigneur cenfier au fur de vingt deniers pour livre, & pour relief,
douze deniers pour un denier. A été contredit & empêché par les
Gens du tiers Etat de Celles, difans en avoir joui autrement. Sur
ce avons ordonné que ledit Article demeureroit par maniere de
provifion, jufques à ce qu'autrement en foit ordonné, & que
dudit débat & empêchement en ferions mention en notre Procès - verbal

Sur le fixieme Article, qui eft au Titre, *De fucceffions*, contenant : *Le Seigneur dudit lieu de Celles a la fucceffion des batards & au-*
bains qui meurent fans hoirs habiles à leur fuccéder, & auffi les fuccef-
fions vacantes. Le Procureur du Roi s'eft oppofé, difant qu'au Roi
feul compete & appartient ledit droit de fuccéder aux batards. Si
l'avons reçu à oppofition, comme ès autres Articles précédens,
de ce faifant mention.

Sur la requête faite par les Gens des trois Etats dudit Celles,
qui nous ont préfenté un Article, contenant : *Quand homme &*
femme font conjoints par mariage, fi le mari meurt le premier, fa
femme qui le furvit, jouit fa vie durant de la tierce partie des héritages
patrimoniaux de fondit mari : fi par contrat de mariage n'eft autre-
ment parlé dudit douaire, en entretenant ladite tierce partie d'héritages,
& payant les charges qui y font : difans que ledit Article a été obmis par inadvertence ou autrement, requérans ledit Article être
mis, couché & écrit audit Coutumier, & qu'ainfi ils ont joui
& ufé. Sur quoi avons interrogé les Praticiens dudit lieu, qui
nous ont dit ladite Coutume être telle. Si avons ordonné, attendu leur confentement & opinion, que ledit Article feroit mis
& écrit audit Coutumier, pour en jouit comme des autres Coutumes anciennes. Et eft le cinquieme Article qui eft au Chapitre,
De Douaires.

Les Gens du tiers Etat de Celles nous ont préfenté une requête, difans qu'audit Coutumier de Celles, ne eft fait mention
du droit de terrage, & qu'il a été obmis par dol, afin de le prendre & d'en ufer fous la Coutume générale, qui viendroit au grand

préjudice des sujets de ladite Terre, parce qu'ils n'ont accoutumé mener & conduire le droit de terrage en la grange du Seigneur, Terrager; mais a accoutumé ledit Seigneur ou son fermier l'aller querir au champ, parquoi requéroient qu'ils demeurassent en leur possession & jouissance. Les Religieux, Abbé & Couvent dudit Celles, soutenans le contraire. Sur ce avons ordonné que lesdits Religieux, Abbé, Couvent & habitans dudit lieu de Celles ne seront, quant audit Article, comprins ne sujets à la Coutume générale de Blois, mais qu'ils en jouiront tout ainsi & par la forme & maniere qu'ils ont accoutumé.

LEs Coutumes locales de la Châtellenie de Vallançai ont aussi en ladite assemblée été publiées & accordées, fors & excepté le cinquieme Article, qui est au Titre, *De successions*, contenant : *Batards ne peuvent succéder à autrui, mais leurs enfans en loyal mariage leur peuvent succéder. Et s'ils n'ont enfans, le Seigneur de Vallançay a acoutumé prendre & recueillir leurs successions, & de gens aubains qui meurent sans hoirs*, lequel, pour l'opposition faite par le Procureur du Roi, quant aux successions des batards seulement, avons remis à Cour. Et cependant jouiront les parties comme ils ont accoutumé.

SEmblablement ont été en ladite assemblée lues & publiées les Coutumes locales des Terres & Châtelenies de Vatan, Buxueil, Villeneuve-sous-Barislon, & le Puy-Saint-Laurien, & accordées selon le contenu audit Coutumier, fors & excepté le vingt-deuxieme Article, qui est au Chapitre, *Des Testamens & dernieres volontés*, contenant : *Par la Coutume notoirement tenue, gardée & observée èsdites Terres, Justices & Seigneuries, testament a lieu autant que le droit en veut & ordonne.* Laquelle Coutume pour le temps advenir sera réduite à la Coutume générale de Blois, du consentement & accord desdits trois Etats.

A La lecture & publication des Coutumes locales de la Baronnie de la Rue-d'Indre, étant ès fauxbourgs de la Ville de Châteauroux, Me. Guy Bonnyn, au nom & comme Procureur de Noble Homme Messire Hardouyn, Seigneur de la Tour, aussi Seigneur & Baron de Châteauroux, s'est opposé, disant qu'en la Baronnie de la Rue-d'Indre n'y avoit aucunes Coutumes locales, mais se gouvernoient selon la Coutume du Bailliage de Blois. Me. Denis Dupont, disant au contraire qu'il y avoit èsdits lieux Coutumes locales Après avoir oüi l'avis des

Gens des trois Etats, étant en ladite affemblée, qni nous ont
dir y avoir èfdits lieux Coutumes locales autres que les générales
deffufdites, avons ordonné qu'elles feront lues & publiées, dont
Bonnyn s'eft porté pour appellant, perfiftant qu'il n'y en avoit
aucunes.

* Et fur le douzieme Article, qui eft audit Chapitre, *Des fuc-*
ceffions, contenant : *En fucceffion collatérale, les fucceffions fe divi-*
fént per capita & égale portion, & n'y a aucun droit d'aîneffe, & y
fuccede la femelle comme le mâle. Ledit Bonnyn nous a remontré
que pour raifon du contenu audit Article, procès eft pendant
en la Cour de Parlement, & qu'en icelui enquêtes ont été faites,
& que le contenu audit Article eft la décifon du procès. Parquoi
attendu ce que dit eft, avons remis ledit Article à la Cour, pour
y être décidé, comme de raifon.

* Le quatorzieme Article dudit Chapitre, contenant : *Qu'entre*
homme & femme nobles, mariés enfemble, le furvivant gagne les meu-
bles, à la charge de payer les detes. Et fur icelle charge u l'adminifra-
tion des enfans mineurs. Du confenrement des trois Etats, remis à
la Coutume générale pour le temps advenir.

* Sur le trente-deuxieme Article, qui eft au Chapitre intitulé : *Touchant les batards*, contenant : *Le Seigneur Baron de Châ-*
teauroux fuccede aux batards en tous biens, defquels ils font faifis &
vétus à l'heure de leur trépas, quand il n'ont enfans defcendans de leurs
corps foient nobles ou roturiers. Le Procureur du Roi s'eft oppofé,
difant qu'au Roi feul compete & appartient ce dtoit. Si l'avons
reçu à oppofition, comme aux précédens Articles, Mᵉ. Jérôme
Emery, pour le Seigneur de Saint-Gildaft, a employé lefdites
Coutumes, & en confent & accorde l'homologation d'icelles.

ONt été auffi lues les Coutumes de la Baronnie de la Ferté-
Imbault. Et au Chapitre, *De Cens & Profits cenfuels*, à la
requête des Gens defdits trois Etats dudit lieu, ont été ajoutés deux Articles. C'eft à fçavoir les troifieme & quatrieme.
Le troifieme contenant : *En permutation ou échange, ne font dûes*
ventes, foit que l'héritage foit en divers cenfifs ou non. Le quatrieme
contenant : *Item en ladite Seigneurie n'y a aucuns reliefs.*

Sur le cinquieme Article, qui eft au Chapitre, *Des Terrages*,
contenant : *Celui qui enfreint le terrage, eft amendable de foixante fols*
tournois, à appliquer moitié à Juftice, & l'autre moitié au Seigneur du
terrage. Les habitans dudit lieu ont dit & remonrré qu'ils ne
font tenus mener le grain en la grange terragereffe. Si leur avons
permis en jouir & ufer comme ils ont accoutumé d'ancienneté.

Efdites

Efdites Coutumes à nous préfentées , y avoit un Article contenant : *En criées & fubhaftations, il convient que les héritages foient
criés vendables par trois huitaines , trois quinzaines , trois quarantaines
& par an & jour , avant que l'on puiffe procéder au décret & adjudication
des héritages ainfi criés. Et ne faut qu'il y ait interruption efdites criées.
Car qui faudroit d'un feul jour, ce qui en auroit été fait , feroit de nul effet ,
& ne peut-on faire lefdites criées fans commiffion de Juge.* Après que
leur avons remontré que le temps contenu audit Article étoit
trop long , nous ont requis ledit Article être réduit à la Coutume
générale de Blois, que leur avons permis & accordé pour en ufer
felon icelle pour le temps advenir.

AUffi ont été lues , publiées & accordées les Coutumes de
la Seigneurie de Soefme, fans contredit.

SEmblablement ont été lues & publiées les Coutumes de Lepvroux & Bouge. Et au cinquieme Article , qui eft au Chapitre, *Des fucceffions*, contenant : *En fucceffion en ligne collatérale ,
foit en fief ou en roture, les mâles & femelles fuccedent par égale portion. Et n'y a aucun droit d'aîneffe , pourvû qu'ils foient en pareil dégré.* Me. Guy Bonnyn , comme Procureur du Seigneur de Châteauroux, s'eft oppofé audit Article , difant que procès en eft
pendant & indécis en la Cour de Parlement. Si avons ordonné
que fur ledit Article feroit mis , *difcordé & remis à la Cour.*

　* Sur le feptieme Article , qui eft audit Titre , *Des fucceffions,*
contenant : *Par ladite Coutume, entre Nobles , le furvivant gagne les
meubles foit qu'il ait enfans ou non.* Par l'avis & accord des trois Etats
dudit Lepvroux & Bouge , a été ladite Coutume remife à la Générale pour le temps advenir.

ONt été lues les Coutumes de la Châtellenie de la Ferté-
Aurayn , & accordées fans aucune contradiction.

PAreillement ont été lues en ladite affemblée les Coutumes de
Tremblevy & Vilebroffe.

　Le douzieme Article , qui eft au Chapitre , *Des Douaires*, contenant : *En traité de mariage entre gens roturiers , auquel n'y a convention de douaire , & le mari n'a aucuns propres héritages , la femme
aura pour fon douaire le quart des conquéts de la pottion des héritiers du
trépaffé en ufufruit, en payant les charges. Et s'il n'y a conquéts , aura
la quarte partie des meubles de la portion des héritiers du trépaffé , à
perpétuité déduites les dettes.* A été accordé, du confentement defd.
trois Etats , pour Coutume nouvelle.

T t

APrès ont été lues les Coutumes locales de la Châtellenie, Terre, Justice & Seigneurie de Chabris. Et ont fait les prétendans droit en ladite Seigneurie leurs protestations, telles que contenues sont en la comparution par eux faite au commencement de notre Procès-verbal. Les Officiers de la Baronnie de Saint-Aignan ont voulu empêcher la publication desdites Coutumes, disans que ladite Châtellenie de Chabris est dépendante de la Baronnie de Saint-Aignan : Et sur ce, oüis les Gens des trois Etats, & par leur avis & opinion ont été lues & accordées lesdites Coutumes.

* Le vingt-sixieme Article, qui est au Chapitre, *De Batards*, contenant : *Les Seigneurs de Chabris, en leurdite Châtellenie & Terre de Chabris, ont la succession des batards, épaves, & aubains qui meurent sans hoirs habiles à eux succéder, & aussi la confiscation des criminels.* A été contredit & empêché par le Procureur du Roi, comme ès autres Articles pareils & semblables.

LEs Coutumes locales de la Châtellenie de Molins en Berry, tenue de la Baronnie de Saint-Aignan, ont été lues & publiées en ladite assemblée, sans préjudice aux Seigneurs des droits par eux prétendus, desquels les avons laissés en telle possession qu'ils sont de présent, & aux sujets avons réservé leurs défenses au contraire.

ONt été aussi lues & accordées les Coutumes locales, tant de la Seigneurie & Bailliage d'Autroche, que de la Châtellenie de Villefranche-sur-Cher, sans aucune contradiction.

Et pour ce que nous ont été présentées plusieurs autres Coutumes locales par les Seigneurs & habitans des lieux ; Et aussi qu'ès cayers des Coutumes locales y avoit plusieurs Articles pareils & semblables en substance à la Coutume générale. Pour obvier à prolixité, les avons rayés & ôtés desdits cayers de Coutumes locales, & ordonné qu'en ce qui défaudra èsdites Coutumes locales, les habitans des lieux dessusdits auront recours aux Coutumes générales d'icelui Comté & Bailliage de Blois, lesquelles en ce cas auront lieu.

Et tout ce certifions être vrai, & ainsi par nous avoir été fait les an & jour que dessus. En témoins desquelles choses, nous avons signé & fait signer lesdites Coutumes par Messire Louis d'Estampes, Chevalier, Seigneur de Vallançay, Gouverneur & Bailli de Blois : Me. Denis Musset, Lieutenant-Général, & Jean Papin, Greffier dudit Bailliage.

NOTES DE DUMOULIN
SUR
LA COUTUME DE BLOIS.

CHAPITRE PREMIER.

De l'État des Personnes.

ARTICLE PREMIER. *à leurs droits.* Id est ut emancipati, nisi nupserint in familiâ, id est manentes in domo & priori administratione patris.

ART. II. *faire majeurs.* Non tamen alienare immobilia sine decreto. *L. 2a, Cod. de his qui væniam ætat. impet.* Adhuc non tollitur restitutio. *Paul. Consf. 163.*

ART. III. *En jugement.* Nec in civili, nec in ecclesiastico foro; tamen sufficit interponi semel vel ab initio, vel in litis contestatione. Sed liberè testari potest.

CHAPITRE II.

Des Gardiens & Baillistres.

ART. IV. *Garde & gouvernement.* Hoc est custodia, quasi tutela. Undè horum bona tacitè hypothecantur, quia sunt protutores. Et istæ tutelæ instàr legitimarum sunt. Undè idem quòd de tutelis juris communis, nisi quatenùs apparet diversum.

CHAPITRE III.

De la Jurisdiction des Juges du Comté de Blois.

ART. XVIII. *Etrangers du lignage.* Id est indistinctè. Hoc tantùm excepto, si emptor habeat jus retractûs proximitatis si alii venditum fuisset.

V v ij

CHAPITRE IV.

Des Droits Seigneuriaux.

ART. XXXIII. *De leurs indemnités.* Aliàs non prodeffet allegare tempus centum annorum, vel immemoriabile, quia talis prætenfa præfcriptio non folùm effet contrà jus privatum, fed etiàm contrà jus publicum hujus confuetudinis, ut de facto confului pro Domino *de Luce*, anno 1538.

ART. XXXVII. *Dénombrement non baillé.* Secùs fi conftaret quòd non cæpit poffidere jure feudi, fed pro fuo domanio, ut dixi *in conf. Parif.* §. 7, [*hodiè* 12].

ART. XXXVIII. *Par la commiffion.* Latè dixi *in Confuet Parif.* §. 52, [*hodiè* 74]. & in his quamvis fit claufula, *en cas d'oppofition*, *jour.* Tamen additur *la main tenante.*

ART. XXXIX. *Et s'il y a oppofition.* Idem dico fi *appellation*, quamvis vulgò contrarium putent & malè : quia ifta manûs injectio non eft actus juris-dictionalis, fed domanialis, & commiffio Judicis de fe non eft neceffaria, fed ut de fcripto & teftato conftet. Ur dixi *in Confuet Parif.* §. 1, *Glof. 4.*

ART. XLI. *Leurs mains.* Sed an currant minoribus ? Latè dixi *in Consuet. Parif.* §. 41, [*hodiè* 2, *].

* Dumoulin n'y traite point la queftion, fi la prefcription court contre les mineurs ; mais fi le mineur de 15 ans, âgé de plus de 20, peut recevoir indemnité, & décide pour la négative, *No* 80.

CHAPITRE V.

Des Fiefs.

ART. XLVII. *Du vaffal.* Sed non per omnia æquiparantur. *Ut infrà*, §. 52.

ART. LII. *Empéchement.* Scilicet per manûs injectionem, quæ manet impenfis Domini, refpectu antiqui vaffalli.

ART. LIV. *Préfentant la bouche.* Id eft ofculum. Vidua vaffalla præfens obtulerat fidem & hommagium, pofteà Dominus cavillabatur quod non obtulerat, seu speciatim præsentaverat *la bouche & les mains*. RESP. Oblationem validam. Et ità judicatum fuit & benè : quia hæc verba non debent ad captionem trahi.

LXI. *Devoir annuel.* Super parte infrà trientem alienata. Quid si trientem permutat cum reditu redimibili, & beffem cum prædio, ut nuper vidi? *Resp.* Pro rata trientis debentur laudimia : pro residuo verò relevium : & immunitas hujus §. intelligitur quandò trientem tantùm alienat residuo retento : secùs si totum alienat.

ART. LXVI. *Ledit Acquêt*, scilicet tacitè. Nisi aliud sit expressum : item inter scientes ; aliàs cum ignoranti datur prædium, serviens, potest conqueri *.

* Cette Note est totalement défigurée dans l'Edit de Dumoulin de 1681.
Elle signifie que si par partage fait entre les héritiers de celui qui avoit réuni le fief dominant & le servant, l'un des héritiers a le fief dominant, l'autre le servant, les choses retournent à leur ancien état, nonobstant l'extinction qui sembloit s'être faite par la consolidation ; & que ce retour se fait tacitement & de plein droit s'il n'y a convention contraire : ce qui néanmoins ne doit s'entendre qu'entre co-partageans qui avoient connoissance de la qualité des fiefs partagés ; qu'autrement celui à qui on a donné le fief servant peut revenir contre le partage.

CHAPITRE VII.

Des Profits Féodaux.

ART. LXXVI. *Par la commission.* Itaque defectu commissionis non lucrabitur fructus : sed non debet sumptus nec damna, nec interesse, si ex justâ causâ manum minùs solemnitèr injecit.

ART. LXXVII. *Arrieres-vassaux.* Idem respectu *des baux à cens & rentes.*

ART. LXXVIII. *Ou moissonnier.* secùs *du preneur à cens, fief ou rente.* Suprà, §. 61, 62.

ART. LXXXII, *Tenu en fief.* Idem dico in terminis census cari prætii. Infrà, §. 16.

ART. LXXXV. *Le mari.* Id est contrà L. unic. Cod. de imponend. lucra descript. & iniquum per ea quæ dixi in Consuet. Parif. §. 25. [*hodè 36 & suivans*].

ART. LXXXVIII. *De la valeur du fief.* Hic Articulus novus eſt, ergò cùm loquatur tantùm in feudo, remanet in cenſu vetus conſuetudo, & regula communis *.

* Cette Note que j'ai vu citer comme de Dumoulin, ne ſe trouve en aucune édition que je connoiſſe : elle n'eſt pas non plus tirée de Dupont : mais comme elle n'eſt pas moins exacte, j'ai cru la devoir inférer ici.

ART. LXXXIX. *Par ſucceſſion.* Scilicèt collaterali.

ART. XC. *Ou autrement.* Etiàm in locis ubi jura ſunt uniformia, ut in Comitatu Dunenſi & Carnoti.
N'en ſera dû qu'un. Dixi *in Conſuet. Pariſ.* §. 22, [*hodiè* 33] *quæſt.* 38, *n.* 13.

CHAPITRE IX.

Des Cens & Profits cenſuels.

ART. CVIII. *D'aucun Seigneur.* Iſta conſuetudo non eſt prohibitiva nec negativa. Ideò non excludit jus agentis ad cenſum, ſi non oſtendat imputationem Superioris : ſed poteſt à Superiore cogi, ut fidelitatem ſubeat. *Le Chapitre de Levroux avoit pris amortiſſement des francs-fiefs & nouveaux acquéts moyennant vingt livres.* RESP. Quod hoc non poteſt adaptari ad hanc conſuetudinem, quæ loquitur de domino immediatè, non autem de emendicato & procurato ab officialibus quæſtuariis Regis.

ART. CIX. *Qui ſont à cher prix.* Appel par les Gens du tiers Etat, comme s'enſuit au Procès-verbal. J'ecrivis pour la Ville & le tiers Etat, & obtins par Arrèt, douze ans après, prononcé le 13 Juin 1535. « L'appellation & ce dont a été appellé au néant: » l'oppoſition reçue ; ſur quoi les parties réglées, le tout ſans pré-» judice du droit de cens à cher prix, prétendu par les Gens d'E-» gliſe & Nobles & autres Intimés, & de la pourſuite, preuve » & vérification d'icelui droit par tous autres moyens que par » ladite rédaction de Coutume, à laquelle y a eu oppoſition, » tout ainſi & par la forme & maniere qu'ils euſſent fait ou penſé » faire auparavant ladite rédaction ». *Id eſt privato probando, & non jure conſuetudinis, nec fundatæ intentionis, de quo plenè ſcripſi in conſ. Pariſ.* §. 53, [*hodiè* 76.] *n.* 12.

ART. CXV. *Empéché.* Et malè : quia ſi vendo ad tempus,

vel ſi vendo reditum decem annorum tantùm , potiùs cenſetur alienatio fructuum.

Art. CXXVIII. *En leur cenſif.* Id eſt dummodò non moveantur ab alio Domino directo , ſed ſint in eorum domanio.

CHAPITRE XI.

Des Succeſſions.

Art. CXXXIX. *Héritiers préſomptifs.* Iſta eſt ſimplex declaratio , quæ fieri poteſt coràm duobus teſtibus , vel aliàs dummodò conſtet , etiàm ſine præſentiâ, ſcientiâ vel acceptatione partis quæ vocatur , & etiàm hæc declaratio ſemper ambulatoria eſt uſque ad mortem.

Art. CXL. *Pareil dégré.* Id eſt , ſive ſint in eâdem cellulâ , vel diverſis : Id eſt , ſive omnes nepotes ſint ex eodem fratre , vel ex eâdem ſorore , vel ex diverſis. Iſta eſt mirabilis poteſtas uni ſoli ex ſuâ cellulâ , vel uni ex pluribus cellulis gratificandi : ſed etiàm actus eſt revocabilis vel communicabilis aliis pro liberâ voluntate ejus de cujus ſucceſſione agitur , ad uſque ejus obitum.

Art. CXLI. *Point d'hoirs mâles.* Sive primi gradus , ſive nepotes ex maſculo.

Art. CXLIII. *Tel qu'il lui plaîra.* Pourvû qu'il ſoit deſtiné à demeure & habitation de pere de famille : car le toit du meûnier à eau ou à vent, n'eſt pas un manoir, ni pareillement une grange , ni un preſſoir , encore qu'il fût couvert, & ne ſe peut choiſir pour manoir , quand ores il n'y en auroit d'autres. Dixi *in conſuet. Pariſ.* 5. 8 , [*hodiè* 13].

Art. CXLVII. *Tacite.* Hæc valuit ſub regno Monachorum ; ſed ætate noſtrâ conſenuit. Et contrà tacitam ſufficit allegare diſſenſum , contrà expreſſam , probandus eſt cum aliquibus minis , & ſic exeunt & ſuccedunt.

Art. CL. *Leſdits héritages.* Etiàm ſi non deſcendant à ſtipite , vel primo acquirente. Ut *in conſuet. Pariſ.* §. 112 , [*hodiè* 230].

Art. CLII. *D'hoir mâle.* Intelligitur de maſculo deſcendente ex mafculo, quod eft clarum in hac confuetudine per §. *141 , fuprà ;* quamvis non fit tàm clarum in Confuetudine Parifienfi.

ART. CLV. *Ex uno latere.* Intellige quandò funt in eodem gradu , ut per Sententiam Baillivi Dunenfis judicatum fuit , confirmatum per Baillivum Blefenfem : deindè in caufâ de Villebrames judicatum per Arreftum , quòd non attenditur duplicitas vinculi ultrà filios fratrum : fed tantùm ftirps lateris undè prædia defcendunt : reftringendo hunc §. *ad limites Novellæ in Authent. de fucceff. ab inteftat.*

ART. CLVII. *Comme meubles.* Idem Confuet Andegavenfis , §. 290, & omnes ferè Confuetudines Gallicæ, ut dixi *in confuet. Parif. §. 57 , [hodiè 94].*

CHAPITRE XII.

Des Donations faites tant entre vifs comme par Teftament.

ART. CLXI. *Et conquéts immeubles.* Etiàm fi minores fint viginti quinque annis : non enim folent fœminæ expectare vigefimum quintum annum , antequàm fub hac Confuetudine nubant : & fic limitatur. *L. præd.a C. de præd. minor.*

ART. CLXIV. *Soient premiers.* Id eft fuper mafsâ communi : non autem fuper portione hæredum tantùm : & dico quòd confenfus ifte fieri poteft ex intervallo , etiàm in teftamento : quia eft recognitio bonæ fidei : & ità per Arreftum judicatum fuit , etiàm fub Confuetudine Parifienfi.

ART. CLXVII. *Enfans ou héritiers.* Etiàm *étrangers & collatéraux ,* etiàm inter vivos.

ART. CLXVIII. Héritiers immédiats. *L. nihil intereft ff. de bon. libert.* Quid fi filius donatarius præmoritur reiictis duobus liberis , alter eft hæres patris , & abftinet ab hæreditate avi , alter non eft hæres patris, fed vult fuccedere avo ? *Refp.* Quòd debet integrè conferre , aliàs effet fraus & collufio : faciunt quæ dixi *in Annotat. ad Alex confil. 24, lib. 1.*

ART.

Art. CLXIX. *ne vaut.* Nifi in mutuâ, quæ propriè donatio non eft, ut dixi *in confuet. Parif.* §. *160*, [*hodiè 263.*]

Ne vaut rien. Nec ut legatum quidem, nifi fiat in formâ teftamenti, vel teftamento aut codicillo * confirmetur : quia tunc valet ad limites legati; quod autem nullo modo valet quandò eft in formâ contractûs , juftè inftitutum eft odio fuggeftionum. Ergò multò minùs valebit legatum teftamento inclufum, fed ad interrogationem legatarii factum, quia non procedit ex mero arbitrio teftantis. Vidi valdè controverfam quæftionem de donatione inclusâ teftamento : *Et par ce teftament faifant je donne à tel le quint & le quart de mes propres & mes conquêts, le Notaire ftipulant :* & de eâdem infirmitate obiit. Dicebat hæres effe donationem causâ mortis nullam : tamen judicatum fuit validam effe, quia faltem teftamento confirmatur.

Item intellige de infirmitate de quâ timetur mors præfens vel vicina, aliàs, ut in febre quartanâ fecüs. *L. quæritur ff. de re juc. adde Philipp. Corn. Confil. 68 , litt. m.*

* C'eft ainfi qu'il faut lire, & non pas *teftamentum aut codicillum*, comme on voit dans toutes les éditions.

Art. CLXXI. *Donation faite... eft réputée le propre.* Scilicèt contrà conjugem, quia non cadit in communionem, ut plenè dixi *in confuet. Parif.* §. *56*, *n. 38 ; & §. 55*, [*hodiè 78*], *gloff. 1, n. 102 & 103,* ubi quod fi hæredium detur conjuncto * , remanet antiquum ex latere illius.

* Sic legendum videtur, & non *à conjuncto* ut in variis édit.

Art. CLXXVI. *Bailler caution.* Scilicet de donatione mobilium : prædia enim femper extant & fufficiunt. *L. fciendum in princip. ff. qui fatisd. cogant.*

Art. CLXXVII. *Les exécuteurs font faifis des immeubles.* Fortiùs Confuetudo Aurelianenfis, §. 227, *hodiè* 290. Quid fi legata domus ? *Refp.* Executores non poffunt tradere nifi vocatis hæredibus, quibus vocatis, fi vitium aut exceptio prompta non appareat, poffunt tradere, & poffeffionem transferre per hunc textum. *L. ult. Cod de edict. divi Adr. Toll.*

CHAPITRE XIII.

De Mariage.

Art. CLXXXIII. *Par l'autorité de Juftice.* Hoc importat dandum curatorem filiis, fed non requiritur æftimatio fivè appretia-

V v

tio : fatis eft conftare defcriptionem bonâ fide factam, ut confilio meo fæpè judicatum fuit.

Art. CLXXXVIII. *Acquêt.* Interim tamen *le furvivant eft faifi de la moitié, & fait les fruits fiens.*

CHAPITRE XIV.

De Douaire.

Art. CLXXXIX. Non dicit, *qu'il foit propre aux enfans, & partant il eft perfonnel; & fi le mari n'eft faifi lors de fon décès, il faut qu'elle vienne par le pétitoire.*

Art. CXC. *Rien porté avec fon mari* Nifi dotem promiferit & fefellerit. *Auth. fed quæ nihil. Cod. de pact. conv.*

CHAPITRE XVI.

Des Retraits Lignagers.

Art. CXCIII. *Du jour d'icelui.* Intellige fimùl à die notîtiæ in loco *juxtà Clement. unic in fin. de conceff. preb.* & ità tenendum, **ex** quo hîc non eft verbum. *De la faifine.*

Art. CXCVIII. *Point configné.* Et ità regularitèr fervatur in Galliâ.

Art. CCI. *Sera l'héritage divifé.* Quid *de la vente de la coupe de bois de haute futaie : car ils tiennent qu'il y a retrait lignager ?* Refp. *celui des deux retrayans qui veut le bois être confervé à fon parent vendeur, & qu'il ne foit coupé, doit être préféré.* Quia certat de confervando *à la ligne :* quamvis aliter judicatum fit *par le Bailli de Saint-Aignan, & mal confirmé par le Baili de Blois, qui ont ordonné la coupe & divifion par provifion, qui eft encore une autre erreur : car jamais n'échet provifion de chofe irréparable.*

Art. CCX. *Venir & repréfenter.* Certum eft quòd citatio facta primo emptori interrumpit : fed fi non fit fufpicio fraudis vel collufionis fufficit nominare novum proprietarium & poffefforem, fi non eft difficilioris nec longioris conventionis. *Per not in L. 2, Cod. ubi in rem actio.*

CHAPITRE XVII.

Des Emphitéofes.

ART. CCXI. *Gens d'Eglife ou Lais.* Ad hoc fortiùs quæ tradit Alexand. *conf 14, n. 8, Lib. 2,* tetigi ad Philipp Decium. *Auth. qui rem, n. 1, Cod. de facrof. Ecclef. & conf. 176.*

CHAPITRE XIX.

Des Prifes de Bêtes.

ART. CCXVII. *Ou par ferment.* De modico, *ut infrà,* §. 223, & Judex poteft fummam taxare.

CHAPITRE XXI.

Des Servitudes réelles.

ART. CCXXX. *Egoûts.* Intellige de fimplici ftilicidio in areà, id eft non quiefcente in fundo vicini, five pendeat fuprà fundum vicini, five non pendeat, fed in illud ftillat : fecùs de incorporato & inædificato vifibiliter, vel quiefcente fuper fundo vicini. *Per L. in vendendo, ff de contrah. empt. & vend.* ut dixi *in confuetud. Parif.* §. 80, [*hodiè 186.*].

ART. CCXXXIX. *Et fuie à pied.* Intelligitur fecundùm modum loquendi regionis. L. *Si fervus plurium in fin. ff. de Leg. 1.* Ideò non habet locum in elevato tribus vel quatuor pedibus fuper arcam : *& ainfi a été jugé à Blois, contre le Prieur de Champigny, pour un fien vaffal.*

CHAPITRE XXII.

Des Dettes perfonnelles & Exécutions faites par vertu de Lettres obligatoires.

ART. CCXLVIII. *Détenteur.* Non intelligitur de fimplici colono vel inquilino, fed de eo qui nomine & auctoritate Domini eft, ut tutor, maritus, fructuarius.

Art. CCXLIX. *Penſion* Intellige de ſimili, videlicèt *de bail d'héritage*, ſecùs de reditu impoſito & ità judicari vidi.

Art. CCLVIII. *En lad. Maiſon.* Iſtud ab antiquiſſimo tempore ſervatur in Galliâ ; dicunt ex privilegio regio , ſed non ità, quia Conſuetndo eſt antiquior quàm, poſteà Rex approbavit.

CCLXIII. *A lui cédé.* Iſte Articulus eſt valdè ineptus : contrarium ubique obſervatur, & etiàm actor non nomine proprio, ſed nomine cedentis, tanquàm mandatis actionibus experitur. Jus enim exequendi non mutatur nec amittitur ex parte creditoris, ſed ex parte debitoris : quo mortuo, vocantur hæredes, ut inſtrumentum declaretur executorium. *Panor. & alii in c. quia v. extrà de judiciis.*

Rentes volantes. Quarum appellatione non veniunt reditus ad rationem trientalis uſuræ, vel uniûs in triginta empti. Ut dixi *in Tract. redit. & uſur.* Tamen in hac ſpeciali diſpoſitione *faite en faveur des maiſons de la Ville de Blois, comme il appert par le Procès-verbal, toutes rentes conſtituées à prix d'argent y ſont compriſes.*

CHAPITRE XXIII.

Des Criées & Subhaſtations.

Rachetables. Id eſt *l'héritage n'eſt pas vendu à la charge, mais la rente ſe prendra ſur le prix, en tant qu'il le peut porter.*

NOTES DE DUMOULIN
SUR LES LOCALES
DE LA COUTUME DE BLOIS.

DUNOIS.

CHAPITRE PREMIER.
Des Fiefs.

ARTICLE XV. *Qu'un fief.* Et confequenter hæres vaffalli debet rellevium totius, tanquàm de domanio, non tanquàm de fubfeudo dependenti ; item * nifi vaffallus vel ejus hæres velit fubfeudum quæfitum extrà manum fuam ponere, ad quod, etiàm, fuperiori Patrono invito, habebit dilationem faltem anni poft interpellationem : & fic fubfeudum ipfo jure unitur, ut etiàm dixi *in confuet. Parif.* §. *13,* [*hodiè* 20], *gloff. 1, quæft. 13., n. 88.*

* La premiere partie de la Note fe référe à la premiere partie de l'Article : le cas où le vaffal qui a acquis le fous-fief vient à décéder. La feconde partie de la Note depuis ce mot *item* fe référe à la feconde partie de l'Article : le cas où depuis l'acquifition faite par le vaffal du fous-fief, le Seigneur dominant vient à décéder.

CHAPITRE II.
Des Donations faites entre vifs.

ART. LXIV. *Ne peut avantager.* Scilicèt de fuo. Quòd fi cautiùs cavendo aut prævidendo meliùs geffit negotium, non eft trahendum ad invidiam.

CHAPITRE XV.
En matiere de Retrait.

ART. LXXXIV. *Fait faire prife.* Id eft fi conduxit, vel locari fecit tertio in fraudem retrahentis, ut fæpè folent facere; contrà quam fraudem hæc Confuetudo optimè providet, & generaliter obfervanda effet.

ROMORANTIN.

CHAPITRE II.

De Succeffion de Fiefs.

ARTICLE IV. *Que bon lui femblera.* Scilicèt refpectu feudorum fitorum intr à hoc territorium. Quid fi pater & mater acquifiverunt fundum feudalem in hoc territorio in quo manfionem conftruxerunt? An integram habeat primogenitus hæres utriufque parentis? Non enim eft electio inter has partes æquales ejufdem manfionis : & fic cùm verba hujus Localis confuetudinis non congruant, videtur recurrendum ad Confuetudinem generalem , fed æqualitas filiorum favorabilis eft. *L. illam ubi Phil. Dec. Cod. de Collat.*

CHAPITRE VIII.

De matiere féodale.

ART. XIV. *Aucuns reliefs.* Sed non excluduntur laudimia in cafum venditionis, de quâ ad Confuetudinem generalem.

SAINT-AIGNAN.

CHAPITRE IV.

De Douaires.

ARTICLE XIII. *Sa vie durant.* Partant il eft perfonel, comme auffi en la Coutume générale, & auffi en celle d'Orléans.

CHAPITRE V.

De Succeffio.n

ART. XX. *Empêché. Mal empêché :* car cela eft général pour toutes les Coutumes de Gaule, même fous le Comté Flandres &

d'Artois, *quòd peregrinorum succeſſio* appartient au Haut-Juſticier, *quamvis novi Fiſcales Quæſtuarii controverſum fecerint.*

LA FERTÉ-IMBAULT.

Iᴍʙᴀᴜʟᴛ, ſous laquelle eſt le Bailliage de Salbris qui uſe de la même Coutume, comme j'ai vu.

LEVROUX ET BOUGE.

CHAPITRE IV.

Des Succeſſions.

Aʀᴛɪᴄʟᴇ VI. *A repréſentation lieu.* Scilicet intrà terminos juris. Quid, ſi quis *rappelle* pronepotes ex ſorore cum nepotibus ex aliâ ſorore ? *Reſp.* Quòd iſti vocati veniunt jure legati tantùm ; non veniunt ut hæredes, nec ſunt ſaiſiti, quia conſuetudo prohibet, ſed non impedit quin valeat jure legati, quantenùs legari poteſt.

TABLE
DES MATIERES,

Par Ordre Alphabétique.

A

ABSENT. De quel jour préfumé mort quant à l'envoi en poffeffion de fes biens. 280

S'il faut prouver qu'il eft vivant pour fuccéder de fon chef ? 281

Si la fouffrance pour porter la foi peut être demandée pour lui fans pouvoir fpécial ? 136

S'il n'a chargé perfonne de fa procuration, doit-on pour inventaire & partage lui nommer un curateur ? 59

V. auffi les mots *prefcription & vicaire.*

ACTION *ad exhibendum.* Ce qu'on doit entendre par cette action. 561

ACTION DE RÉCONVENTION. 563

Dans quel efprit étoit rejettée par l'article 299. *ibid.*

AFFIRMATION. A qui déférée du demandeur ou du défendeur ? 518

Entre maître & domeftique ? 519

AINESSE (DROIT D') fe prend en chacune fucceffion de pere, mere & ayeux, & même autant de fois que de coutumes différentes. 288

Si les locales font à cet égard ce qu'on doit entendre par coutumes différentes ? 289

Lefquelles d'entr'elles donnent moins d'extenfion au droit d'aineffe ? *ibid.*

En quel fens les limitations qu'elles portent doivent être entendues ? *ibid. & 595*

Si l'aîné prend fur les biens acquis à remeré droit d'aineffe ? 290

Si dans la fous-divifion des biens de l'ayeul le fils aîné du puîné prend droit d'aineffe ? *ibid.*

Le droit d'aineffe a lieu entre roturiers comme entre nobles. 291

Locales qui font exception. *ibid.*

En quoi confifte le droit d'aineffe ? *ibid.*

S'il n'y a point de manoir, l'aîné peut-il prendre le vol du chapon ? 292

Locales qui ne donnent à l'aîné que le manoir. *ibid.*

Si la déclaration faite par pere & mere en acquérant fief, qu'ils entendent qu'il foit partagé également, produit effet ? *ibid.*

Quid de la commutation de fief en roture ? *ibid.*

Si la donation de fiefs aux puînés peut nuire au droit d'aineffe ? 293

Si la fille de l'aîné prédécédé peut au préjudice du fecond fils fe tenir aux avantages faits à fon pere ? 287

Charges dont l'aîné doit fa part en raifon de fa plus grande portion. 293

Comment fe fait la répartition des dettes lorfque le pere domicilié à Blois laiffe des immeubles en Touraine ? *ibid.*

Si la légitime de droit due aux puînés, l'emporte fur le droit d'aineffe ? *ibid.*

S'il n'y a que trois enfans, & que l'un des puînés renonce, le droit de l'aîné en reçoit-il accroiffement ? 294

Le fils aîné ne laiffant que des filles, & qui ne foient en concurrence en la fucceffion de l'ayeul qu'avec des tantes, le droit d'aineffe a-t-il lieu ? 295

Si à S. Agnan pour donner lieu au droit d'ainesse, il suffit qu'il s'agisse de succession noble ? 708

Comment en cette locale doivent être entendus les mots de l'article 15 *venus en seconde souche* ? 710

Comment ceux de l'article 16 *venus à la tierce foi* ? 711

Si à Celles les fiefs tombés en troisieme souche doivent se partager noblement entre roturiers ? 735

Si dans cette locale pour donner lieu au partage noble entre les enfans de l'annobli, il est nécessaire que le fief ait passé en seconde souche ? 736

Si l'ainé noble y prend droit d'ainesse comme en la générale, ou seulement comme à saint Agnan ? 737

Si ces questions se doivent décider autrement pour Valançay que pour Celles ? 746

Si au lieu des mots *n'y a aucun droit d'ainesse* de l'article 13 de Chabris, il faut lire *& n'y a qu'une ainesse* ? 834

Comment se doit lire l'article 14 de saint Agnan ? *ibid.*

AMELIORATIONS. Quelles sont celles dont est dû récompense entre conjoints ? 341

AMENDES sont de deux especes : les unes vers justice ; les autres domaniales. 73

AMORTISSEMENT. En quel sens les gens-d'église entendoient ce mot ? 78, 240 & 268

Si ce qui fut ajouté à l'article 33 sur leur opposition a donné atteinte aux vraies maximes ? 78

Vraie leçon de cet article mal ponctué dans presque toutes les éditions. *ibid.*

ARBRES. A quelle distance du voisin doivent être plantés ? 505

Quid Quand il y a séparation par mur ou fossé ? 506

ASSEURETE'S. En quels cas & comment se donnoient ? 797

En quoi la sauve-garde différoit ? 798

Peines contre l'infracteur. *ibid.*

Si l'asseureté & la sauve-garde ont encore lieu ? 800

ASSISES. Signification propre de ce mot. 34

Différence entre les grandes & les petites assises. 35

AVANTAGE INDIRECT. Mari & femme ne peuvent en cette coutume s'avantager directement ni indirectement. 341 & 363

Inconséquences qui résultoient des Articles 164 & 165 corrigées par l'usage. *ibid.*

Conséquences qui résultent de la maxime. *ibid.*

Si les conjoints peuvent donner aux enfans l'un de l'autre ? 363

Si le frere est personne prohibée ? 364

Si la prohibition aux conjoints de s'avantager, est statut qui affecte la personne & les biens ? *ibid.*

Si le détour du fidéi-commis est licite ? 365

Si pour éluder l'édit des secondes nôces, la fausse reconnoissance d'une plus grosse somme apportée par le second conjoint, s'accorde avec le for intérieur ? *ibid.*

Si pour éluder la prohibition à roturiers de donner entre-vifs au-delà de la moitié des propres, on peut légitimement recourir à la vente simulée ? 366

S'il est permis de conseiller ces voies obliques & de prêter son ministere ? *ibid.*

AUBENAGE. Ce qu'on doit entendre par ce droit dont parle l'article 16 de Dunois ? 601

AVENAGE. Quel est suivant Dupont l'origine de ce droit ? 96

AVEU. Quand est dû ? 233

Sa forme. 233

Si le fief est divisé par partage, chaque portionnaire doit-il aveu du tout : ou tous le doivent-ils ensemble ? *ibid.*

Dans quel délai est-il dû ? 234

Sur quelle peine ? *ibid.* & 236

En quel cas le vassal peut employer l'acte de foi pour aveu ? 235

Ce qui est requis pour acquérir à l'aveu le titre de reçu ? 236

Effets que produit entre le seigneur & le vassal l'aveu reçu. 237

Ce que produisent les aveux au respect des tiers. *ibid.*

Si les aveux soutenus d'une possession centenaire peuvent donner atteinte au titre d'inféodation ? *ibid.*

Devant quel juge en cas de saisie du fief

la contestation sur l'aveu doit être portée ? 238

Quelle coutume on doit suivre pour le temps de l'aveu, sa forme & les blâmes ? *ibid.*

Si pour héritage en roture le détenteur ne doit reconnoissance qu'une fois en sa vie ? 617

AUGMENTATIONS. Ce qu'on entend dans la province par ce mot. 312

Si elles sont immeubles, susceptibles de la qualité de propres, & sujettes au douaire ? *ibid.*

AUMÔNE (FRANCHE). Si les gens-d'église sont obligés d'en rapporter titres pour les fiefs dont la possession est antérieure de plus de 100 ans à la rédaction de la coutume. 141

S'ils peuvent donner à cens ce qu'ils tiennent en franche aumône ? 268

AUTORISATION. Si la femme qui procede en jugement avec son mari a besoin d'autorisation plus expresse ? 4

Si l'absence du mari peut en certains cas autoriser la femme ? *ibid.*

En quel cas le mari est tenu des engagemens souscrits par la femme sans autorisation ? 5

V. aussi le mot *séparation.*

B.

BAIL A RENTE. Si le bail à rente de tout le fief sans rétention de foi est valable ? 147

S'il donne ouverture aux profits ? *ibid.*

Si l'héritage se partage roturiérement ? 147

Si les baux à rente rachetable peuvent être faits autrement qu'avec démission de foi ? *ibid.*

Premiere distinction des rentes non rachetables, en actives & passives. 148

Seconde distinction, en inféodées & non inféodées. *ibid.*

Comment ce mot *inféodé* doit être entendu des rentes actives ? Comment des passives ? *ibid.*

La rente passive inféodée prend jusqu'à concurrence la place du fief qui la doit. 149

Si le créancier de rente sur un fief peut contraindre le seigneur à l'inféoder, aut vice versâ ? 150

Si le vassal débiteur de la rente peut y contraindre le créancier ? *ibid.*

Quelle différence opere l'inféodation ou la non inféodation des rentes dues au vassal ? 152

Quand le vassal aliene sans démission de foi, & que le seigneur ne veut point inféoder la rente, toutes les mutations ne se considérent que du côté du vassal aliénateur. 153

Le Seigneur est libre pour les rachats de ne se pas contenter de la rente. *ibid.*

Si c'est la vente de la rente ou celle du fief qui donne ouverture au profit de quint ? *ibid.*

Si ce profit de quint doit se prendre sur le prix de la rente & de la foi y jointe, ou sur l'estimation du domaine du fief ? 154

Si le bail à rente de tout le fief sans démission de foi, peut être fait avec deniers d'entrée ? *ibid.*

Si le vassal qui s'est joué par bail à rente sans autre devoir de la tierce partie de son fief, peut consentir que cette rente lui soit rachetée ? 158

V. aussi le mot *profits.*

BANALITÉS. Dans notre coutume sont de convention. 96

Mais ne peuvent apartenir qu'au seigneur de fief ou de justice. *ibid.*

Celle de pressoir est réelle, & nul n'en est exempt. *ibid.*

Celles de four & de moulin sont personnelles. *ibid.*

Si les ecclésiastiques & les nobles sont exempts de ces dernieres ? *ibid.*

Quels titres sont nécessaires pour l'établissement des banalités ? *ibid.*

Si l'on prescrit contre à quartier ? 97

Si les grains achetés pour débiter ailleurs que dans la seigneurie sont sujets à la banalité ? 98

Si le boulanger public est sujet à celle de four ? *ibid.*

Si le Seigneur de banalité de four peut demander augmentation de prix ? *ibid.*

Quel est ce prix à Blois ? *ibid.*

Si un meûnier étranger peut mener farine dans le bancage ? 99

Si les meûniers étrangers peuvent venir

quêter bled au marché du bourg fujet à banalité ?			*ibid.*
Quelles font les peines de la contravention du fujet aux banalités ?		*ibid.*
BANLIEUE de BLOIS. Quelles font fes bornes ?				541
BATARD. Quelles circonftances font néceffaires pour que leur fucceffion paffe au feigneur haut-Jufticier.		60
BATARDS LEGITIMÉS. Effets de la légitimation.					196
BLOIS. Si cette ville a jamais été foumife au gouvernement civil de Chartres ?	20
En quel temps a acquis le titre de comté ?					22
Si le Comté de Blois & autres terres acquifes par Louis Duc d'Orléans & Valentine de Milan ont jamais fait vraie pairie de France ?		25 & fuivantes.
En quel temps le Comté de Blois a été de droit réuni à la couronne ?	*ibid.*
BOUCHERIE (DROIT DE). A qui appartient, & fon origine ?			104
Si les feigneurs qui ont droit de boucherie doivent être libres d'augmenter le prix des baux ?			*ibid.*
S'il eft permis à tout particulier de demander part au bail de boucherie ? 105

C

CAS ROYAUX. Quels font les civils dont le juge du feigneur haut-jufticier ne peut connoître ?		38
En quel cas l'affaffinat prémédité eft cas prévôtal, cas royal ou non royal ?	42
CENS. De combien d'efpeces en admet la générale ?				142
Comment le cens à cher prix doit être prouvé ?					*ibid.*
Si dans la générale le cens à tels cens tels reliefs exige titres ?		*ibid.*
Si ce relief doit être payé fi-tôt la mutation ?					811
Si dans les fous-locales de Chabris & de Moulins le relief a lieu fans titres ? *ibid.*
Locales ou le défaut de payement du cens à jour nommé n'emporte point d'amendes.					243
S'il eft dû autant d'amendes que de différens cenfifs ?				244
Si d'une rente jointe au cens on peut demander plus de neuf années ? *ibid.*

Locales où n'eft dû qu'une amende. *ibid.*
Si l'action du feigneur pour le cens eft réelle & perfonnelle ?			245
Quelles conditions font requifes pour donner à nouvelle cenfive ?		267
Difpofition finguliere à cet égard de la locale de Dunois.			615
Si le cens fe divife de plein droit entre les co-partageans ?			269
Quid quand il y a rente jointe au cens ? *ibid.*
CHASSE (DROIT DE) eft droit de fief.	103
Si le feigneur haut-jufticier peut empêcher de chaffer ceux à qui le feigneur de fief le permet ?			*ibid.*
CHASSE A MOULINS. En quoi confifte ce droit & d'où dérive.		100
COMMUNAUTE'. Jufqu'où s'étend le pouvoir du mari fur les biens de la communauté ?				373
Si fa condamnation à mort n'emporte intérêts civils & confifcation que fur fa part ?					374
Si le délit de la femme doit faire profiter de fa part le mari de préférence au fifc ?					*ibid.*
A qui du mari ou de la femme non communs appartiennent les acquêts faits par elle pendant le mariage ?		375
Si la donation au futur époux par un parent de la femme eft nonobftant propre à la femme ?			359
Quid de celle faite à la femme par un parent du mari ?			*ibid.*
Quid de l'héritage légué à l'un des conjoints par autre que par un afcendant ? *ibid.*
Si les dettes mobiliaires des fucceffions ftipulées propres font dettes de la communauté ?				378
Si l'apport d'une fomme fixe en communauté équivaut entre les conjoints à la claufe de féparation de dettes ?	379
Effet contre les héritiers de la femme des dettes contractées par le mari pendant la communauté.			380
Si la difpofition de l'article 184 qui répute meubles les fruits après certains travaux, fe reftreint aux héritages que les conjoints faifoient valoir par leurs mains ?					391
Si elle a lieu pour les fruits purement

naturels ? *ibid.*
Si le partage a lieu dans le cas de renonciation à la communauté ? 39*
Si ces fruits entrent dans le don mutuel ? *ibid.*
Si cette difposition forme un ftatut réel ? 393
Si elle s'applique aux fucceffions comme aux communautés ? 394
Si elle a lieu contre un héritier aux propres qui ne prend rien dans la communauté ? *ibid.*
COMMUNAUTE' CONTINUE'E. Si cette continuation a été introduite pour faire ceffer comme injurieux au pere le ferment déféré aux enfans ? 385
V. auffi le mot *ferment.*
Si la renonciation de la veuve à la communauté fans inventaire empêche la continuation ? 384
Quid de la donation en propriété ? 335
Si à faint Agnan le furvivant noble qui gagne les meubles eft tenu pour empêcher la continuation de communauté de faire inventaire ? V. *furvie.*
Si quand les enfans mineurs ne demandent pas la continuation, les majeurs peuvent la demander ? 385
Si le droit du mineur eft tranfmiffible à fes collatéraux autres que fes freres & fœurs ? 386
Si l'inventaire fait par le furvivant après fon convol, empêche la continuation de communauté, ou la diffout ? 387
De quels biens eft compofée la communauté continuée ? 388
Si les fruits des immeubles qui échéent aux mineurs pendant la continuation de communauté y entrent ? *ibid.*
A qui accroit la portion d'un des enfans qui s'en tient à l'inventaire défectueux ? 389
Quel eft l'effet de la ftipulation de propre faite par le furvivant lors qu'il convole ? 390
COMPLAINTE POSSESSOIRE ne peut être formée incidemment lorfque par les termes de l'exploit il paroit que le demandeur reconnoit la poffeffion de l'ajourné. 457
Si des bornes exiftantes peuvent empêcher la complainte ? 458
En quel cas l'action de bornage peut être prife pour trouble ? *ibid.*

Si pour faire ceffer la complainte il fuffit de dire que la chofe eft commune ? 459
En quel cas le juge peut ordonner l'inftruction au pétitoire fans juger la complainte ? *ibid.*
Lorfque la complainte n'eft qu'incidente, il n'eft pas befoin après qu'elle eft jugée de revenir par nouvelle action. *ibid.*
Du mérite des différens faits de poffeffion. 460
Quand le même fermier a joui pour les deux contendans, il faut remonter à la jouiffance antérieure. *ibid.*
Si l'auteur du trouble doit être mis hors de caufe lorfque le tiers confeffe avoir donné l'ordre ? 461
Si la complainte peut être formée fur a feule poffeffion pour droit de banalité? 97.
Quid pour droit de pêche ? 103
Quid pour droit de terrage? 175
Quid pour trouble en fait de fervitude? 461
Quid en combat de fief ? *ibid.*
Si le preneur à bail au-deffus de dix ans peut la former ? 456
COMTE' (DROITS DE). En quoi confiftent les droits de Comté cédés aux Chanoines faint Sauveur pendant les trois jours après l'Afcenfion ? 39
CONSIGNATION. Où doit fe faire en retrait ? V. le mot *retrait lignager.*

Si les droits du Receveur des confignations s'étendent jufques dans les juftices feigneuriales ? 576
Quid de ceux de commiffaires aux faifies ? *ibid.*
Par qui les coûts de la quittance d'un créancier colloqué doivent être portés ? 577
CONTRAINTE PAR CORPS. Si elle a lieu contre les adjudicataires de meubles vendus en place publique ? 530
Quid des adjudicataires en vente volontaire ? 531
CORVE'ES font réelles ou perfonnelles. 94
Les perfonnelles font communément de juftice & les réelles de fief. *ibid.*
Ce qui eft requis pour en prouver le droit ? *ibid.*

On ne prescrit point à quartier contre les personnelles. *ibid.*

Le corvéable doit se fournir d'outils : mais sa journée n'est que d'un soleil à l'autre. *ibid.*

CORVE'ES n'arréragent point. 95

Quid de l'obligation imposée à un fermier de faire par chacun an certain nombre de voitures : *ibid.*

Quels sont les exempts de corvées personnelles : *ibid.*

Si pout saisir réellement la discussion mobiliaire est nécessaire, même au respect du majeur : 567

S'il est besoin de commission de justice *ad hoc* : 569

Où doit se faire l'enregistrement de la saisie quand l'office de commissaire est vacant : 576

A quels jours & dans quels intervalles se doivent faire les criées : 568

Si celle de huitaine devant le prétoire de la justice où les biens sont situés est nécessaire : 569

Si les oppositions arrêtent le cours des criées : 575

Quand celles aux fins d'annuller, de charges ou de distraire doivent se vuider : *ibid.*

Où doivent être vérifiées les criées : 577

Comment après les criées & le congé d'adjuger se font les publications : 578

Si la derniere enchere décharge les précédens enchérisseurs : 571

Si le saisi est dépossédé avant le bail judiciaire : 575

COULOMBIER. Si coulombier & garenne sont droits de seigneurie : 499

Qualités, ou quelle quantité d'héritages sont nécessaires pour avoir coulombier : 500

D

DÉCRET. V. *criées.*

DECRET VOLONTAIRE. Si quand cette forme avoit lieu, les opposans après la conversion en saisies-arrêts pouvoient forcer le décret : 573

Si pour être admis à le forcer, il falloit donner caution de la sur-enchere, des frais de décret, d'ordre & de consignation : *ibid.*

Si le décret volontaire donnoit plus de droit à l'acquérenr qu'à son vendeur : *ibid.*

Si le créancier délégué ou l'acquéreur pour lui étoit obligé de former opposition : 574

Si l'acquéreur qui a accepté une délégation, étoit déchargé par l'opposition de créanciers antérieurs : *ibid.*

Si l'acquéreur aux charges d'une rente étoit tenu de la racheter, quand le créancier formoit opposition : *ibid.*

DEMEMBREMENT : l'un volontaire, l'autre forcé. 138

Le forcé se fait par partage entre cohéritiers. *ibid.*

Si la division fait en ce cas de chaque portion un fief par soi : 141 & 175

Si le jeu de fief au-delà de la portion permise est démembrement : 142

Opinion de Guyot sur cette question combatue. *ibid.*

Quelle est la peine de ce démembrement : 143

Si les mouvances peuvent être vendues séparément du corps du fief : 144

Difference du Dunois sur le démembrement. 588

DESAVEU. En quel cas fait cesser la maxime que le Seigneur plaide main-garnie : 227

Si quand il est imparfait il doit également opérer la main-levée : 228

Si cette main-levée n'a lieu qu'avec caution : *ibid.*

Dupont distingue jusqu'à six especes de désaveu. *ibid.*

Il n'emporte point de commise, s'il n'est tout-à la-fois de la chose & de la personne. *ibid.*

Comment se fait celui de la personne : comment celui de la chose : *ibid.*

Si se dire en franc-aleu est désaveu : 229

Quid de dire ne tenir qu'à cens : *ibid.*

Si le vassal en est quitte pour dire qu'il ignore : *ibid.*

Si celui qui ne peut aliéner peut désavouer : 230

Si l'action de désaveu passe à l'héritier, ou contre l'héritier : 231

Si le défaveu rétracté avant le jugement empêche la commise ? *ibid.*

DESHERENCE. S'il suffit qu'une ligne soit éteinte pour y donner ouverture ? 9

Si le titre *undè vir & uxor* y fait obstacle ? *ibid.*

Si la deshérence est un fruit de communauté ? *ibid.*

Différence entre la deshérence & les biens vacans. 629

DETTES. Quels sont les effets de la maxime *dettes perfonnelles suivent les meubles* ? 507

Si quand les meubles ne suffisent pas pour les dettes perfonnelles, l'excédent se rejette sur les immeubles ? 509

Si *vice versâ* quand les immeubles ne suffisent pas pour les dettes immobiliaires, les meubles y contribuent ? 512

Quand un tuteur a employé les deniers du rachat des rentes du mineur au rachat d'autres rentes par lui dues, sur qui tombe le payement à faire à l'héritier de la ligne des rentes qui étoient dues au mineur ? *ibid.*

Quelles sont les charges du testament du défunt que l'héritier des meubles n'est pas tenu d'acquitter ? 513

Si quand une succession est ouverte en coutume de contribution émolumentaire, les immeubles régis par la nôtre doivent contribuer au payement des dettes mobiliaires ? *ibid.*

Si *à contrario* en succession ouverte à Blois les immeubles régis par Paris contribuent aux dettes mobiliaires ? 514

Si l'héritier des propres est tenu de contribuer au payement de l'acquêt ? *ibid.*

Si la maxime *dettes perfonnelles suivent les meubles*, enleve au créancier son action contre l'héritier des immeubles ? *ibid.*

Quelle est l'action du créancier quand le défunt qui avoit son domicile à Blois, laisse des neveux non rappellés, & des immeubles en coutume de représentation ? *ibid.*

DIMES. Si dans leur origine sont feigneuriales ou ecclésiastiques ? 159

Si le juge du seigneur en peut connoître ? 160

Le droit de suite en fait de dîmes a lieu en la locale de Valençay. 740

S'il est nécessaire que les bêtes avec lesquelles le labourage a été fait ayent été hivernées en la dimerie du seigneur ? *ibid.*

Si ce droit a lieu lors même que le labourage a été fait en lieu éxempt de dîme ? *ibid.*

S'il a lieu en labourage fait de main d'homme ? *ibid.*

N'a pas lieu en dîmes ecclésiastiques. 741

En fait de dîmes, le seul usage fait la loi. *ibid.*

Si dans les paroisses où la dime de lainage a lieu, il est nécessaire que les bêtes y aient été hivernées & tondues ? *ibid.*

Si elle est due des vassives & vassiveaux ? *ibid.*

Si le nombre rompu des aigneaux doit être mis en compte pour l'année suivante ? 742

Si quand un héritage décimable est changé de nature, la dîme est due par subrogation ? *ibid.*

Si la dîme des prés artificiels est due ? *ibid.*

En quels cas celle des poix, des féves & des haricots est due ? 743

Quelles sont les grosses dimes solites en notre province, & qu'elles sont les menues ? 744

Si le titre ou la possession de 40 ans suffit pour les insolites ? *ibid.*

Si le droit de payer la dîme en argent peut s'acquérir par prescription ? *ibid.*

Quid de l'usage de payer en vin dans le cellier ? *ibid.*

Si quand elle se paye en vin, elle est due de ce qui a été donné pour droit de pressurage ? 745

Si le décimateur peut éxiger que l'on compte par hottées dans les lieux où l'usage est établi d'en donner une pour cinq jallayes ? 746

Si dans les grands vignobles, il est nécessaire d'avertir le décimateur ? *ibid.*

Si le préposé à la levée de la dime a droit d'entrer dans la vigne ? *ibid.*

DISCUSSION. Si l'hypotheque spéciale en dispense le créancier ? 523

Si le légataire de corps certain peut en oppofer le défaut ! 524
Si le créancier de tout ou partie du prix de l'héritage revendu eft tenu de difcuter ! *ibid.*
Si après la difcuffion mobiliaire, c'eft au tiers détenteur à indiquer les biens & fournir deniers ! *ibid.*
Si le ceffionnaire d'une rente avec obligation par le cédant de la faire valoir, peut après la difcuffion mobiliaire le forcer à la reprendre ! *ibid.*
Si quand le tiers détenteur a demandé la difcuffion immobiliaire, il doit le rapport des jouiffances du jour de l'action en relâchement ! 525
DOMICILE des mineurs quant à leur fucceffion & leur mariage ! 282
DONATION. Roturiers ne peuvent plus en fe mariant donner l'un à l'autre, ou dans aucun temps donner à autres, que la moitié de leur patrimoniaux, avec la totalité de leurs meubles & acquêts. 323
S'il eft néceffaire pour la validité de cette donation que le donateur foit majeur ! *ibid.*
S'il eft néceffaire qu'elle foit réciproque! *ibid.*
Si quand l'un des futurs a des enfans d'un précédent mariage, elle eft fujette à la réduction de l'Edit ! *ibid.*
Si quand le donataire fe remarie, elle tombe dans la réferve du fecond chef de l'Edit ! *ibid.*
Si quand le douaire ou autres avantages faits par le roturier entament la moitié réfervée des propres, fes héritiers peuvent demander le retranchement ! *ibid.*
Si les roturiers peuvent faire entrer la totalité de leurs propres en communauté ! 324
Si les enfans du mariage peuvent entre nobles prétendre leur légitime de droit contre le donataire ! *ibid.*
Si entre roturiers ils peuvent préférer cette légitime à la moitié des patrimoniaux ! *ibid.*
Si quand ces donations font faites à étrangers, elles peuvent bleffer la légitime de droit ! 346
Si quand il n'y a point d'enfans du mariage, ou qu'ils viennent à décéder, la moitié des patrimoniaux donnée à futur conjoint eft reverfible au donateur ou à fes héritiers : 326
Si cette reverfion fe fait libre d'hypotheque ! 327
Si elle a lieu entre nobles comme entre roturiers ! *ibid.*
S'il eft permis de déroger à cette reverfion ! *ibid.*
Si la qualité du donateur de noble ou roturier doit être confidérée au temps du contrat ! 341
Si la maffe des propres dont le donateur a pu difpofer, fe forme de tous ceux dont il a été propriétaire ou feulement de ceux qu'il poffédoit au temps de la donation ! *ibid.*
Si dans cette maffe entrent autres biens que ceux régis par la Coutume de Blois ! *ibid.*
Si l'on a égard aux dettes dont cette maffe fe trouve chargée, quoique poftérieure à la donation ! 344
Si pour demander le retranchement il fuffit d'être le plus proche parent de la ligne, ou fi la qualité d'héritier eft néceffaire ! *ibid.*
Si le donataire peut agir en recours contre les acquéreurs poftérieurs à la donation ! *ibid.*
S'il peut fe venger fur les biens difponibles, même propres de l'autre ligne qui fe trouvent en la fucceffion ! *ibid.*
Combien dure l'action de l'héritier ! 345
Voyez auffi le mot *réferves.*
Si la donation hors contrat de mariage d'une fomme à prendre fur les biens du donateur après fon décès eft valable ! 352
Si l'article 171 qui répute pour caufe de mort, les donations faites dans la maladie de laquelle décède le donateur, n'a parlé qu'*exemplariter* ou limitativement ! 354
Quelles autres donations doivent être préfumées faites dans la même vue ! *ibid.*
Si quand le donateur revient en fanté, la donation eft toujours valable ! 355
Si le donateur revenu en fanté peut révoquer ! *ibid.*

S'il ne révoque pas, son héritier est-il recevable à attaquer la donation : 356
DON MUTUEL. Si fait entre conjoints, l'autorisation du mari est nécessaire. 329

La seule différence entre les nobles & les roturiers est que les premiers peuvent faire le don mutuel en propriété enfans ou non. *ibid.*
Si cette limitation est réelle ou personnelle. *ibid.*
Si le profit que le survivant noble tire du don mutuel en propriété, tombe dans la réserve du second chef de l'Édit des secondes nôces. 330
Si le don mutuel peut porter sur autres biens que ceux de la communauté. *ibid.*
Si le don plus ample est nul ou seulement réductible. 331
Si la veuve donataire fait confusion de son douaire. 332
Si le survivant est tenu de payer les obséques du prédécédé. 333
Si la renonciation de la veuve à la communauté la prive du don mutuel. *ibid.*
Si les enfans d'un précédent mariage y font obstacle. *ibid.*
S'il est sujet à la réduction du premier chef de l'édit. *ibid.*
Si le conjoint qui avoit enfans d'un précédent mariage peut en profiter au delà de ce qu'en auroit profité l'autre conjoint. 334
Si lorsqu'il est en propriété, & qu'il n'y a point d'enfans, l'inventaire est nécessaire. *ibid.*
Dans quel temps au cas d'enfans l'inventaire doit être fait. 335
Si cet inventaire est nécessaire quoique les enfans soient majeurs. *ibid.*
S'il l'est, lorsque le don est en propriété entre nobles. *ibid.*
Si le survivant qui a négligé de faire inventaire perd l'effet de son don mutuel, même quant aux immeubles. 336
Si pour la validité du don mutuel entre conjoins, l'insinuation dans un bureau d'arondissement suffit. 337
Locales qui font exception sur le don mutuel. 339

En quoi consistent ces différences. *ibid.*
Si le statut à cet égard est réel ou personnel. 692
Si le don mutuel entr'autres que conjoints peut encore avoir lieu. 368
Si le survivant non conjoint est saisi. 369
Si en Dunois le don mutuel peut encore se faire dans la forme du testament mutuel. 646
S'il y peut porter pour la propriété ou l'usufruit des meubles & acquêts, sur autres que ceux de la communauté. *ibid.*
Si pour que le don des propres en usufruit ait lieu, il est nécessaire que les deux conjoints ayent de cette nature de biens en la même coutume, ou du moins de disposition semblable. *ibid.*
Si les propres conventionels suffisent au survivant pour le faire jouir des propres réels du prédécédé. *ibid.*
Si le don s'étend sur les propres conventionnels quand les deux conjoints en ont de cette espece sans en avoir de réels. *ibid.*
Si l'action de remploi tient lieu de propres réels. 647
Quelles dettes, legs & charges le survivant est tenu d'acquitter. *ibid.*
Le survivant est saisi de droit en Dunois. 648
DOT. Si la clause d'imputation sur la succession du premier mourant des pere & mere doit être entendue de la totalité, encore qu'elle excede la portion de l'enfant en la succession. 345
DOUAIRE. Le préfix peut excéder le coutumier, sauf à la Rue-d'indre. 396
Est réductible suivant l'édit des secondes nôces. *ibid.*
Si entre roturiers il peut excéder la portion disponible des propres par donation entre vifs. *ibid.*
N'est que viager à moins de stipulation contraire. *ibid.*
En Dunois entre nobles, est propre aux enfans, sauf Marchenoir & Fréteval. 650
Se confond dans la succession des meubles. 397
S'il se confond dans la garde-noble 13
Si lorsqu'il est d'une rente annuelle; les

acquêts

acquêts faits pendant le mariage entrent en maffe pour la contribution.
397
Si les Offices ne font fujets au Coutumier que fubfidiairement. 398
Autres objets fur lefquels porte ce douaire. 399
Si la douairiere, qui fe remarie, eft
tenue de donner caution. 400
Si elle eft tenue d'entretenir les baux.
401
Si elle peut demander que l'héritier mette
les chofes en bon état. ibid.
Si elle doit faire raifon aux héritiers des
labours & femences. ibid·
Si les fruits lui appartiennent du jour du
décès. 403
Quid, fi elle eft demeurée en poffeffion des propres du mari. ibid.
Quid de la mere tutrice de fes enfans.
404
Quid du préfix d'une fomme mobiliaire,
les intérêts font-ils dûs de droit. 403
S'il n'y a ni douaire préfix ni héritages,
la veuve ne peut prétendre aucun
douaire. 401
Locales qui different en ce point, &
encore en ce qui touche l'ufufruit de
la moitié des héritages que le mari
poffede au temps du mariage, & de
ceux qui lui échéent en ligne directe.
ibid. & fuiv.
Si à Saint-Aignan & à Celles, le mot
propres eft exclufif des acquêts faits
avant le mariage. 708
Si ce mot, propres, comprend dans ces
Locales les héritages venus au mari
de fucceffion collatérale pendant le
mariage. ibid.
Comment en la Locale de Menetou doivent s'entendre les mots, gens de labeur. 728
Comment le mot chevance de l'Article
15 de la Rue-d'Indre. 781
Si dans la même Locale, où la femme
du roturier n'a point de douaire coutumier, elle peut avoir douaire préfix.
782
Sur quoi porte en la Locale de Tremblevif, le douaire entre roturiers,
lorfqu'il n'y a point de propres. 827
Quel eft entre les mêmes le douaire à
Chabris. 833

Si l'on peut prendre douaire préfix dans
le lieu du domicile, & douaire cou-
tumier fur les héritages fitués en autres Coutumes. ibid.
DOUBLE LIEN. S'il a lieu au-delà des
enfans des freres. 304
S'il a lieu en faveur des oncles & des
coufins-germains. ibid.
Quid, entre neveux venans jure fuo. 306
Quid, fi avec les neveux, il fe trouve des
oncles & tantes du défunt, les uns du
double les autres du fimple lien. 307
Le double lien donne-t-il les propres
conventionels. 304
Quid des propres fans ligne. 305
Quid des propres naiflans. 307
V. auffi le mot mafculinité.
DROITS HONORIFIQUES. A qui font
dûs. 108

E.

ECHANGE (droits d') font à préfent
les mêmes qu'en cas de vente, &
font dûs au Roi, fauf les cas où la
Coutume les donne aux Seigneurs. 251
Si l'échange fe fait d'héritages tenus à
cens en différens cenfifs, fauf en Dunois, les ventes font dues au Seigneur. 252
Il ne fait rien que les divers cenfifs appartiennent au même Seigneur. ibid.
A fortiori, fi l'échange eft d'héritage à
cens contre une rente conftituée. ibid.
Idem de l'échange fait contre une rente
fonciere. 253
Quid fi d'héritage à cens contre un fief.
ibid.
Quid, fi les deux font en fief. ibid.
Quid, fi d'un fief contre une rente conf-
tituée. 254
Quid en héritages à cens à cher-prix.
ibid.
Quid en héritage à cens truant ou à ter-
rage. ibid.
Quid d'héritage à cens avec tourne. 255.
En héritages féodaux, le quint eft-il dû
au Seigneur de la bourfe déliée. ibid.
ECHELLE. Si le tour d'échelle a lieu
fans titre. 506.
Précaution que doit prendre celui qui
veut fe le réferver. ibid.
EMPHYTEOSE. Tout bail au-deffus de

dix ans ne donne pas le privilege de l'emphytéote. 455
Si dans cette Coutume elle emporte le droit de préférence en cas de vente. 456
ENCLAVE. S'il fuffi, pour affujettir au régime de la Coutume de Blois tous les héritages qu'elle renferme. 33
S'il fuffit au Seigneur contre ceux qui poffedent héritages, foit dans fon cenfif, foit dans fon terrage. 77
ENFANS. V. Puiffance paternelle.
EPAVES. A qui appartiennent en cette Coutume. 66
A quelles formalités le Seigneur eft tenu. 67
ETANG. Il eft permis à toute perfonne d'en faire en fon fonds. Menetou, Vatan, la Ferté-Imbault different. 483
Droit de fuite du poiffon. 482
Police pour la pêche des étangs. 483
EXECUTEUR TESTAMENTAIRE. Eft faifi après inventaire pendant an & jour, même des immeubles, fi befoin eft 370
De quand l'an & jour commence à courir. 377
Si le payement des dettes fait partie de fon office. ibid.
Comment l'héritier peut empêcher la faifine de l'exécuteur. ibid.
Si femme mariée peut être exécutrice. 372
Si l'exécuteur, lorfqu'il lui a été fait legs d'un bijou de valeur éterminée, peut exiger le payement de la fomme après que l'héritier a fait emplette du bijou. ibid.
EXHIBITION. Dans quel délai, relativement aux profits, l'acquéreur d'un fief eft tenu d'exhiber. 112
Dans quel délai pour les héritages à cens, & fous quelles peines. 249
S'il faut laiffer le titre en communication ou bailler copie. 22
Si l'exhibition des actes de partage des biens en fief eft due. ibid.
Quid de ceux des biens en rotures 249
Si ces mots, *Se tant ledit Seigneur cenfuel a de juftice*, qui fe trouvent en plufieurs éditions de la Coutume, Article 118, font du texte ou adultérins. 250
Locales qui fur les peines du défaut d'exhibition, different.

F.

FABRIQUE. Comment les comptes fe doivent rendre. 57
Si le Bailli & le Procureur Fiscal peuvent y affifter. 57
Par qui le fujet de l'affemblée doit-être propofé. ibid.
FELONIE. Si le fief commis par félonie, ne retourne au Seigneur qu'avec fes charges. 232
Fermier. V. Location.
FERMIER DE DROITS SEIGNEURIAUX. A quel fermier ou de celui au temps de la vente à réméré, ou de celui au temps de l'expiration les profits font dûs. 195
A quel fermier dans le cas d'une donation mutuelle au furvivant. 203
A quel fermier dans le cas de déshérence, lorfque le Seigneur met hors de fes mains. 204
Auquel dans le cas de donation en avancement de fucceffion. 211
Si le Seigneur qui acquiert directement, doit profits à fon fermier. 187
FESTAGE. (droit de) Son origine, & en quoi confifte. 101
FIEF. Vrai fens de la maxime, *fief & juftice n'ont rien de commun*. 160
L'on peut dire de même, *juftice & fief n'ont rien de commun*. 161
Fin de non-recevoir. V. Prefcription.
FOI. Si elle eft due pour fimples tenures à vie. 87
Si elle eft due aux ufufruitiers. ibid.
En quels cas les arrieres-vaffaux font tenus de la porter au fuzerain. 126
Si le nouveau Seigneur eft obligé d'ufer de fommation vers le vaffal qui n'étoit point en foi de l'ancien. 127
Comment fe doivent faire les fommations de venir à la foi. ibid.
Si la fommation par empêchement acquiert les fruits au Seigneur. 128
Si dans les délais pour porter la foi, le jour du terme eft compris. 129
Si le délai recommence en faveur de l'héritier de l'acquéreur décédé dans le cours du premier. ibid.
Quelle eft la forme de la foi dans cette Coutume. 130

Si Dargentré a eu raison de reprendre Dumoulin, au sujet du baiser. *ibid.*
Différence du Dunois, en ce qu'il oblige d'aller vers le Seigneur s'il est dans les dix lieues du fief dominant. 579
Si les offres du vassal en portant la foi, de payer les profits, *si aucuns sont dûs*, sont régulieres. 131
Si l'offre du rachat suffit pour, avant qu'il soit levé, obliger le Seigneur d'admettre le vassal en foi. 213
Conciliation de la contradiction apparente sur cette question, entre les Articles 91 & 98. 225
Si quand le fief étoit saisi avant la vente, le Seigneur, avant que d'admettre l'acquéreur à la foi, peut exiger les anciens profits. 131
S'il ne se trouve personne au fief dominant ayant pouvoir de recevoir en foi, le vassal doit-il s'en tenir à des offres de la porter. 132
Est il nécessaire, lorsqu'il n'y a point de manoir, ou qu'il ne s'y trouve personne de notifier les offres au voisin. 133
Le vassal, qui a fait offres valables, est-il tenu, s'il en est sommé, de retourner à la foi. *ibid.*
En quoi Dunois, Article 2 differe. 591
Si en Dunois, après le décès de l'aîné qui a porté la foi, les puinés sont tenus d'y retourner. 597
Si quand cet aîné acquiert les portions des puinés, il est tenu d'y retourner. *ibid.*
En quel cas la foi & le rachat sont dûs en Dunois, pour donation faite par ascendans à fille en la mariant. 598
Femme enceinte peut porter la foi pour son fruit, & de même la recevoir. 136
Si le tuteur, au lieu de simple souffrance, a été reçu en foi, le mineur, venu en âge, n'est pas obligé d'y retourner. *ibid.*
Le tuteur est-il tenu de demander souffrance en personne. 137
A quel âge en la Générale, à quel âge en Dunois, mineurs peuvent porter la foi. 1", 596
La femme à qui tombe un fief acquis pendant la communauté, est tenue d'y retourner. 136
Fossé. Celui qui fait fossé, doit laisser demi-pied de distance entre l'ou-

verture & le voisin. 506
Qui a douve a fossé. Tremblevif, *Article* 10. 825
On dit aussi l'inverse. *ibid.*
Vrai sens de ces deux maximes. *ibid.*
Si la douve ne se reconnoit plus, pour quel héritage le fossé est présumé fait. 226
FRANCS-FIEFS. (droit de) Ancienne exemption des Habitans de Blois, supprimée. 119
S'il est vrai que le droit de franc-fief fasse partie du domaine inaliénable de la Couronne. 111
Sur quel pied ce droit se paie aujourd'hui. 112
Si les rentes foncieres dues à l'Eglise pour l'aliénation du fief doivent être déduites. 114
Quid de celle due à un noble. *ibid.*
Quid de celle inféodée due à un roturier. *ibid.*
Quid de la non-inféodée. *ibid.*
Un Seigneur peut-il, au préjudice du droit de franc-fief, convertir en roture. 25
Si celui qui prend fief à bail au-dessous de 29 ans, doit le franc-fief. *ibid.*
FRUITS. A qui appartiennent les fruits de la chose léguée avant que le légataire se soit fait saisir. 369
Si l'héritier, qui se tient aux réserves, peut prétendre les fruits des biens disponibles, échus depuis le décès jusqu'à la délivrance des legs. *ibid.*
FRUITS PENDANS. V. le mot, *Communauté.*

G.

GANTS. En quoi consistent en Dunois, & dans quel cas sont dûs. 619 & *suivantes.*
GARANTIE. Si le vendeur d'un héritage chargé de droits plus onéreux que ceux ordinaires, est tenu de les déclarer. 108
Quelle est la durée de l'action de garantie entre copartageans. 310
Si elle a lieu pour une rente dont le copartageant souffre la perte par l'insolvance. *ibid.*
Si les autres créances donnent lieu à la

garantie de fait. 311
Si le vendeur d'un héritage eſt garant de la poſſeſſion actuelle, comme de la propriété. 461
Si quand l'acquéreur a laiſſé perdre la poſſeſſion, il peut appeller ſon vendeur en garantie au pétitoire. *ibid.*
GARDE-COMPTABLE. Comment le ſecond mari de la gardienne eſt obligé vers les mineurs. 14
Si par ce ſecond mariage la garde paſſe aux aſcendans. 18
GARDE-NOBLE. Si elle appartient au ſurvivant mineur. 8
Comment & en quel temps on y peut renoncer. 9
Si le ſurvivant qui renonce à la garde-noble, demeure de droit gardien-comptable. *ibid.*
Si la garde-noble eſt déférée à autres aſcendans que l'ayeul ou ayeule. *ibid.*
Si elle ſe réitere. 10.
Si la nobleſſe perſonnelle ſuffit. *ibid.*
Si le roncin de ſervice fait partie des fruits. 11
Quid de l'immeuble confiſqué ou avenu par déshérence. *ibid.*
Quid des fruits des biens échus au mineur pendant la garde. *ibid.*
De quelles réparations le gardien eſt tenu. 12
De quelles dettes. *ibid.*
Si quant à la capacité du gardien, on ne doit conſulter que la Coutume du domicile des pere & mere. 17
Si quant aux effets de la garde & ſa durée, autre Coutume que celle qui régit les biens. *ibid.*
Si le gardien, qui par la loi du domicile a perdu la garde, prend les fruits des biens ſitués dans les Coutumes où il ne la perdroit pas. *ibid.*
GARENNE. Comment doit-être entendu l'Article 19 de l'Ordonnance de 1669, concernant la poſſeſſion qu'elle requiert pour le droit de garenne. 501

H.

HAIE. A quelle diſtance du voiſin doit être plantée. 505
HÉRITIER Si l'héritier ſimple en collatérale, quoique plus éloigné, exclut le bénéficiaire. 286
Si cette excluſion a lieu contre l'héritier bénéficiaire des propres d'une ligne, par l'héritier ſimple de l'autre. 180
Si elle a lieu contre l'héritier des meubles & acquêts par l'héritier des propres. *ibid.*
Si la prérogative de maſculinité empêche qu'une héritiere ſimple donne excluſion au mâle pour les biens féodaux. *ibid.*
Si celle du double lien empêche que l'héritier ſimple du ſimple lien donne cette excluſion pour les meubles & acquêts & les propres de la ligne commune. *ibid.*
Si tant que l'héritier préſomptif ne s'eſt point immiſcé, il eſt toujours à temps de renoncer. 181
S'il peut, ſans s'immiſcer, faire vendre les meubles. 182
Si les héritiers majeurs peuvent empêcher la vente des meubles, & en demander le partage quand il y a des mineurs. *ibid.*
Si maris ou femmes ſe ſuccedant en vertu du titre, *undè vir & uxor*, ſont ſaiſis de droit. 283
HYPOTHEQUE. De quel jour a lieu ſur les biens de l'héritier obligé de rapporter. 643
HOMME VIVANT., voyez *Vicaire.*
HUISSIER. Si les payemens qui lui ſont faits ſont valables. 527
Quelle eſt la durée de leurs procès-verbaux de vente contre les adjudicataires. 532
Quid en Dunois des ventes faites par les Notaires. 683
Dans quel délai un Huiſſier doit exécuter les lettres qui lui ſont données. 533

J.

JEU DE FIEF. Permis juſqu'à la tierce partie, en retenant à foi ou autre devoir. 138
Ne porte aucun préjudice au Seigneur qui ſur la partie aliénée exerce ſes droits comme ſur les deux tiers retenus. 139
Quid du retrait féodal, peut-il être exercé par le ſuzerain ſur la portion dont

le vaffal s'eft joué. *ibid.*

Si l'aliénataire du tiers, par jeu de fief, peut à fon tour, & ainfi à l'infini, fe jouer du tiers. 141

Si dans la computation du tiers entrent les portions dont le Seigneur a approuvé l'aliénation. *ibid.*

Si bailler tout fon fief à rente, en retenant la foi, eft contraire à la regle qui ne permet de fe jouer que du tiers. 146

Les mots *retention de foi*, dont fe fervent les Articles 61 & 62, y font employés dans deux acceptions oppofées. 138

Voyez auffi le mot *Démembrement* & celui *retrait féodal*, & fur l'Article premier de Dunois, en quoi differe.

INCOMPATIBILITE'. On ne peut être héritier & donataire ou légataire. 315

Cette incompatibilité n'eft point abfolue. *ibid.*

Conféquences qui réfultent de ce qu'elle n'eft que relative. *ibid.*

Si on peut être héritier dans une Coutume & légataire dans une autre. 317

Obftacles que forme la fucceffibilité dans les deux Coutumes. *ibid.*

Si le legs fait au neveu excede ce qu'il eût pris en vertu d'un rappel, fes oncles peuvent-ils l'empêcher de venir à la fucceffion dans les Coutumes où repréfentation a lieu. 318

INVENTAIRE. En quel cas peut être fait par le Juge. 382

Si pour diffoudre la communauté, il eft néceffaire qu'il foit fait avec un contradicteur légal. 383

S'il doit porter eftimation des meubles. *ibid.*

Si la clôture ou affirmation devant le Juge eft requife. 384

Voyez auffi le mot *Communauté continuée*, & celui *Don mutuel*.

JUGE DE SEIGNEUR. S'il eft obligé de fe faire recevoir. 55

S'il peut connoitre des caufes du Seigneur étrangeres aux droits de la Seigneurie. 56

S'il peut appofer fcellés après le décès du Seigneur, & donner tuteurs à fes enfans. *ibid.*

A qui dans fon abfence fes fonctions font dévolues. 57

Si l'on peut être Officier de la Juftice d'un Seigneur, & en même temps fermier ou régiffeur de la Terre. 848

JUSTICE. Si le *Haut-Jufticier* peut avoir un Lieutenant de Bailli. 55

Si fon Juge peut fubhafter biens fitués hors la Seigneurie. 569

MOYEN JUSTICIER dans cette Coutume a les droits du fang. 63

De quels crimes il connoit. *ibid.*

Au civil il ne connoiffoit anciennement que des caufes où l'amende, contre celui qui fuccomboit, n'excédoit pas 60 fols. 61

Connoit aujourd'hui de toutes actions perfonnelles, réelles & mixtes. 62

Ne peut donner tuteur ni fubhafter biens. *ibid.*

N'a les épaves que jufqu'à 60 fols. 66

N'a aucun droit dans les déshérences ni biens vacans. *ibid.*

BAS-JUSTICIER Si Loifeau qui, dans fon Traité des Seigneuries, donne l'explication de l'Article 27 de notre Coutume, a réuffi. 69

Autre explication. 72

Si le Bas-Jufticier peut connoitre des actions réelles. 74

S'il connoit des actions perfonnelles au-deffus de 60 fols. *ibid.*

Les appellations du Bas-Jufticier reffortiffent immédiatement devant le Haut-Jufticier. 76

S'il peut donner commiffion pour faifir les héritages mouvans de la Seigneurie. 87

L.

LEGITIME. Si la donation aux enfans de l'héritier bleffe fa légitime, à qui doit-il s'adreffer. 349

Si les enfans peuvent prétendre leur légitime dans une Coutume, & les réferves dans une autre. 347

Si pour réduire un enfant à fa légitime, il eft néceffaire d'exprimer la caufe. *ibid.*

Si la légitime d'un imbécile peut être grévée de fubftitution. *ibid.*

Si celle d'un prodigue peut l'être. *ibid.*

Si les créanciers de l'enfant diffipateur peuvent demander diftraction de la légitime. *ibid.*

V. auſſi le mot *Donation*.
LEGS. Si le legs, ſous condition de ſe faire Prêtre, devient caduc, la condition manquant. 370
Comment l'héritier des propres, les meubles épuiſés, contribue au payement des legs. 361
LOCATION. Eſt annale, s'il n'y a convention contraire. 536
Erreur populaire ſur le temps où le locataire doit rendre les clefs *ibid.*
Location des domeſtiques eſt auſſi annale dans les campagnes. *ibid.*
Quid des Villes. 537
Location des vignerons auſſi annale. 538
Si la mort du vigneron décharge ſa veuve & héritiers. *ibid.*
Dans quel temps le congé, en vertu de la loi *Æde*, doit être donné. 537
S'il eſt dû dédommagement au locataire. *ibid.*
Si ce privilege a lieu en faveur du propriétaire de ſimple portion qui a le conſentement de ſes co-propriétaires. 539
S'il a lieu en faveur de celui qui ne veut occuper que portion. *ibid.*
Si le congé, donné en vertu de la loi *Emptorem*, doit précéder de trois mois le terme. 540
Quel eſt le dédommagement dû au fermier. *ibid.*
Si le congé peut être donné par l'acquéreur à réméré 539
S'il peut être donné au fermier à bail au-deſſus de neuf ans. 540
S'il peut être donné par lui. *ibid.*
S'il peut l'être par celui qui n'eſt que donataire, en avancement de ſucceſſion. *ibid.*
Par un Chanoine dont la collocation eſt changée. *ibid.*
Si la clauſe de ne pouvoir ſous-louer ſans le conſentement du bailleur eſt de rigueur. 541
Pour répondre de combien de termes le propriétaire de maiſon peut demander le garniſſement de meubles. 552
Quid en fait de métairie. *ibid.*
Si le maître d'hôtel peut exiger d'un créancier ſaiſiſſant qu'il réponde de toutes les années du bail. *ibid.*
Du fermier qui vend les pailles de la métairie : de celui qui les achete. 669
Si le fermier de terres non logées peut vendre les pailles. 670
Quid du fermier de métairie qui y a fait entrer les pailles de terres non logées. *ibid.*
Si les foins ſont fruits ou de la nature des pailles. 671
Quelle portion de paille il eſt permis au fermier ſortant de faire conſommer. 670

M.

MARI ET FEMME. S'ils peuvent s'avantager autrement que par don mutuel. Voyez *Avantage indirect*.
Si le mari peut ſeul recevoir le rachat des rentes de ſa femme. 374
En quel cas le mari peut faire bail des biens de ſa femme pour un temps qui excede la durée du mariage. 376
S'il peut former ſeul la complainte poſſeſſoire pour bien de la femme. 378
S'il peut ſeul provoquer partage ou licitation, ou y défendre. *ibid.*
S'il eſt tenu des dettes contractées avant le mariage, lorſque le titre n'eſt que ſous ſignature privée. 376
MASCULINITE'. Si la Note de Dumoulin ſur l'Article 152 eſt exact. 300
Si le neveu venant par repréſentation exclut dans les fiefs la ſœur du défunt. 301
Quid de la ſœur du ſimple lien. *ibid.*
Si quand avec le frere du ſimple lien, concoure une ſœur du double lien, & un neveu auſſi du double lien rappellé, le frere du ſimple lien eſt exclus des acquêts féodaux. *ibid.*
Quid ſi avec un frere du défunt, il ſe trouve un neveu, fils d'une ſœur, rappellé. *ibid.*
Quid ſi une niece, fille d'un frere germain vient par repréſentation avec ſon oncle. *ibid.*
Quid s'il ſe trouve une ſœur du défunt, un neveu fils d'un frere, une niece fille d'un autre frere, & un neveu fils d'une ſœur, & que les neveux & la niece ſoient rappellés. *ibid.*
Quid s'il ſe trouve de plus une niece fille d'une autre ſœur, venant auſſi par rappel. 302
Si en parité de dégré, la prérogative de

masculinité l'emporte sur celle du double lien. 302

Si dans les Locales qui admettent la représentation, les enfans de la sœur germaine, excluent le frere du simple lien. *ibid.*

Si de même que la proximité du dégré fait l'équivalent du double lien, l'avantage du double lien fait l'équivalent du dégré. *ibid.*

Locales qui font exception au droit de masculinité. 303

Si à Valançay & à Celles, ce droit à lieu. 747

MESURAGE. (Droit de) Il est défendu aux mesureurs de se faire payer en grains, & d'acheter le restant des poches. 107

Jauge du vin, de l'eau - de - vie, &c. *ibid.*

Différentes manieres de mesurer les terres & les grains en Bléfois. Voyez Articles 23 & 51 de Dunois. 607 & 631

MEUBLES ET IMMEUBLES. si les deniers provenans du rachat des rentes du majeur interdit sont meubles. 513

Si les pailles & fumiers d'un curé, provenant soit de ses dimes, soit des terres de la cure, doivent être laissés au successeur. 671

Si les archaux, autrement fonds en riviere sont immeubles. Sur Mennetou, Article 23. 730

Voyez aussi le mot *Augmentation.*

Quid des cuves & foudres. 312

Quid des chaudieres à eau de-vie. *ibid.*

Quid du cable de pressoir. *ibid.*

MEUNIERS. Combien doivent rendre de farine pour boisseau de bled. 102

Comment doivent s'entendre ces mots, *nettoyé & curé.* *ibid.*

Si les Meûniers sont obligés de fournir de poches, de venir prendre le bled, & ramener la farine. *ibid.*

Si ceux des moulins bannaux doivent garder l'ordre dans lequel les grains sont apportés. 104

MINEUR EMANCIPE' PAR MARIAGE. S'il peut disposer de ses biens autrement que l'émancipé par lettres du Prince. 3

S'il peut donner congé au fermier, lorsque le tuteur ne les a affermés que pour le temps de minorité. *ibid.*

S'il peut, sans assistance de tuteur accepter une donation. *ibid.*

S'il peut convoler sans le consentement de ses pere & mere. 2

Si la veuve mineure a besoin de curateur à l'effet de l'inventaire de sa communauté & liquidation de ses reprises. *ibid.*

Si le mineur peut évincer l'acquéreur de ses immeubles vendus par celui dont il est héritier. 282

MOULIN. Sous quelle condition il est permis à chacun d'en construire dans son fonds. 478

Si nonobstant la preuve que la jauge d'un moulin est la même d'ancienneté, le propriétaire peut être forcé de la baisser, lorsqu'il y a refoulement. 499

N.

NOTAIRES. Les Notaires royaux du plat - pays ne peuvent passer acte hors leur résidence & pour choses situées dans la vile & banlieue du chef lieu de leur collocation. 520

Notaire qui a trop pris pour ses vacations. 791

Celui qui demande trop. *ibid.*

Voyez aussi le mot *Saisie-exécution.*

NUITS. Quels délais sont entendus par ce mot. 533

O.

OBLIAGE. Est-il un droit seigneurial par soi. 95

OSTISES. En quoi consiste ce droit ? 94

P.

PAILLES & FUMIERS. Voyez *Location.*

PARAGE. En cette Coutume differe de celui de toutes les autres. 168

Locales où le parage n'a pas lieu. 170

Il est favorable en cette Coutume. *ibid.* & 13

Son effet est il rétroactif pour les puinés décédés ou les filles mariées intermédiairement. 131

La garantie peut-elle avoir lieu quand

le fils aîné de l'aîné décede fans enfans, laiflant un frere. 172
Cas qui font faillir le parage. 174
Parrage failli, les puinés ne tiennent
point leur portion de l'aîné, mais
comme lui du Seigneur. 175
Si le partage, après parage, donne lieu
au rachat des portions des filles mariées. 176
Si le fils aîné décede fans hoirs pendant
le parage, eft-il du rachat de tout le
fief. 178
PASSAGE. Si celui qui ne peut arriver
à fon héritage fans paffer fur autrui,
le peut faire de droit. 463
Quels font les héritages fur lefquels il
peut contraindre à lui céder paffage.
ibid.
S'il eft permis de paffer fur les prés qui
joignent les petites rivieres. Sur Mennetou, Article 21. 729
Si les meûniers ont droit de prendre
l'herbe dans les trois pieds du bord.
ibid.
PATURE. Si le droit de vaine pâture a
lieu dans cette Coutume. 473
Quid dans la Sologne. 475
Quelle clôture eft néceffaire pour fouftraire un héritage à la vaine pâture.
473
Si le droit de parcours a lieu. ibid.
Quel nombre de bêtes à laine on peut
avoir par arpent. ibid.
Quels héritages entrent en compte. 474
Si les accroîts de l'année entrent dans
celui des bêtes. 474
S'il eft permis prendre troupeau à fim-
ple herbage. ibid.
Si le nombre des aumailles eft fixé. ibid.
Si la qualité de boucher autorife à tenir
autres bêtes que celles deftinées à la
boucherie. 475
Si les chaumes font vaine pâture. ibid.
Quid des fains-foins & luzernes 476
Quand & jufqu'à quel temps les prés
font défendus 478
Si en grande prairie on peut mettre à
deux herbes un pré, le faifant clore.
479
S'il eft permis de mener vaches par la
corde dans les clos de vignes. ibid.
Si les bois, quoique non clos font défendus en tout temps. ibid.

Quid des étangs. 480
Si la défenfe de mener porcs dans les
prés, s'étend aux pâtis. ibid.
S'il eft permis de mener bêtes à laine
dans les prés après qu'ils font fauchés.
ibid.
PESAGE. (Droit de) 107
PESCHE. (Droit de) Si le Seigneur de
fief a befoin contre le Seigneur haut-
Jufticier d'autre titre que fa poffeffion. 103
Si ce droit eft incorporel, ou s'il emporte propriété du lit de la riviere
104
S'il s'étend fur les eaux ftagnantes après
les crues. ibid.
S'il eft permis de pêcher à la ligne dans
les petites rivieres· Sur Mennetou,
Article 22. 730
PRÉFÉRENCE. A lieu au profit du premier faififfant, fauf le cas de déconfiture. 553
A-t-elle lieu en faveur de l'arrêtant qui
n'a pas fait dénoncer fa faifie. ibid.
A-t-elle lieu en faveur du maître d'hôtel
ou créancier de rente fonciere pour
toutes les années. 554
En quoi Dunois differe, Article 91,
676
Si les boulangers & les bouchers ont un
privilege. ibid.
Ordre dans lequel font colloqués les
créanciers privilégiés fur le prix des
meubles, des grains & des vins. 755
En quel cas le vendeur de la chofe peut
en demander la recréance. 557 & 559
Effets dont le maître d'hôtel ne peut em-
pêcher la diftraction. 557
Si en Dunois le propriétaire de métairie
a privilege *fuper invecta & illata*. 669
Si le bailleur de métairie eft préféré à
celui qui a fourni les femences. 557
S'il l'eft aux marchands de Chevaux &
au bailleur de chetel. 558
Si l'ouvrier qui a réparé un bâtiment,
a privilege fur les loyers. 560
Voyez auffi le mot *Saifie-exécution.*
PRESCRIPTION. Celle de dix & vingt
ans a lieu dans cette Coutume. 405
Secùs en Dunois. 667
La Rue-d'Indre. 793
Vatan differe de plus, en ce que le jufte
titre y eft néceffaire pour la prefcrip-
tion

tion de trente ans. 757
Elle diffère encore en ce que la prescription y court contre les mineurs. 758
Si dans cette Locale le concours de la personnelle & de l'hypothéquaire proroge jusqu'à 40 ans. ibid.
Comment la présence ou absence se considere pour la prescription de dix & vingt ans. 405
Si l'enclave ou le voisinage fait exception à la regle qui pour l'absence ou présence, ne considere la demeure des parties qu'à raison des Bailliages où elles ressortissent. 406
Si nonobstant que pour la présence ou absence, on fasse abstraction de la situation de l'héritage, le statut est réel. 407
Si pour la prescription de dix ans, deux années d'absence doivent se compter pour une de présence. ibid.
Si cette prescription court en faveur de l'acquéreur à réméré. 408
Si le possesseur spolié, ensuite rétabli par jugement, a la possession continuée. ibid.
Si la simple signification extrajudiciaire emporte interruption. ibid.
Si la mauvaise foi survenante interrompt la prescription de 30 ans. 667
Si la négligence du mari nuit à la femme. 462
Si le concours de la personnelle & de l'hypothéquaire proroge dans la Générale jusqu'à 40 ans. 409
Quid si l'acquéreur aux charges d'une rente, n'a pas passé nouveau titre. 669
Dettes pour lesquelles cette prorogation n'a pas lieu. 409
Comment doit être entendue la maxime : *les poursuites contre l'un des débiteurs nuisent aux autres.* 410
Comment celle : *le mineur releve le majeur.* ibid.
Comment celle : *nul ne prescrit contre son titre.* ibid.
Comment celle : *le payement de la dot se prescrit par dix ans.* 411
Comment celle qui proroge à 40 ans la prescription contre l'Eglise. ibid.
Si la Jurisprudence qui admet la prescription contre la faculté de rembourser une rente de bail d'héritage est

bien équitable. 165
Quid d'admettre celle de rembourser à divers payemens. 410
Si l'imprescriptibilité de l'Article 135 empêche qu'entre le Seigneur & le sujet un héritage ne devienne de féodal à cens, *aut vice versâ.* 80
Quid d'un héritage à terrage, s'il peut par prescription n'être plus qu'à cens. 82
Conditions requises pour qu'une redevance composée soit imprescriptible dans toutes ses parties. 108
Si la prescription, pour profits de fief, court contre le mineur. 82
Quel est le temps requis pour prescrire de Seigneur à Seigneur. ibid.
En quel nombre les reconnoissances sont nécessaires. ibid.
Si l'opinion de Guyot, qui n'admet que celles précédées de saisies féodales, est fondée. ibid.
Lequel doit être préféré de deux Seigneurs qui n'ayant l'un ni l'autre de titre constitutif, ne prouvent leur droit que par des reconnoissances. 83
Si l'on doit tenir avec Dumoulin & Guyot que le Seigneur qui a commencé sa possession autrement que *jure feudi,* ne peut prescrire par quelque temps que ce soit. 85
Le droit de pâture ne pouvant s'acquérir sans titre, peut-on acquérir la propriété de l'héritage par la seule pâture pendant 30 ans. 463
Si les servitudes de vues & autres peuvent s'acquérir par la prescription centenaire. 484
Quid s'il y a incorporation dans l'héritage voisin. 486
Si pour les servitudes rurales la liberté s'acquiert par le seul non usage. 485
Si l'Ordonnance de Louis XII, pour la prescription des fermages, cinq ans après l'expiration des baux est suivie. 519
Si en location verbale la prescription est acquise un an après l'occupation finie. ibid.
Si en rente constituée pour vente d'héritage, le créancier ne peut demander que cinq années. 523
Quelle est la durée de l'action contre les adjudicataires des meubles vendus

par huissier. 532
Quelle est la durée de celle contre l'huis-
fier. *ibid.*
Si le cabaretier qui vend vin à pot , n'a
que 40 jours. 516
Quid du voiturier par eau. 550
Si contre les manouvriers les 40 jours
se comptent seulement depuis la der-
niere journée. 517
S'il en est de même des fournitures faites
par les marchands. *ibid.*
Si les bouchers n'ont que six mois. *ibid.*
Combien les domestiques. 519
Combien les vignerons. *ibid.*
Si la déclaration de l'inventaire fait titre.
518
Si la preuve testimoniale de la promesse
de payement est admissible contre la
fin de non recevoir. 517
PRESIDIAUX. Le bien public exige
que les Pairies y ressortissent au premier chef. 19
PREVENTION. Si le Roi , comme
Comte de Blois , l'a sur ses vassaux
en autres matieres que les possessoires.
33
PRÉVÔTÉ'. En quel temps celle de Blois
a été réunie au Bailliage , & comment.
44
PRISE DE BESTES FAISANT DOM-
MAGE. Par qui cette prise peut-elle
être faite. 469
Par quelle raison , en demande de gage
au pâtre , la Coutume exige qu'il soit
d'âge compétent. 464
Si pour en croire à son serment , celui
qui a fait la prise , il est nécessaire
qu'il ait demandé gage , & qu'il ait
mené les bêtes à Justice. 465
S'il est nécessaire d'affirmer qu'il a été
fait dommage. *ibid.*
Locales qui font exception. *ibid.*
Celui qui a fait la prise n'est cru du dommage à son estimation que jusqu'à cinq
sols outre l'amende. *ibid.*
Dunois & S'oelme veulent même un témoin. 466
Si dans les 30 jours que donne la Coutume pour former l'action , celui de la
prise & celui de l'action font compris
ibid.
Locales dans lesquelles la durée de l'action est différente. *ibid.*

En quoi consiste l'obligation de mener à
Justice les bêtes dont on s'est saisi. 467
Quelle est la peine à défaut de le faire.
ibid.
Si le maître de l'animal qui a fait le
dommage en est quitte pour le mé-
connoître ou l'abandonner. 468
Comment doit s'entendre en la Locale
de Vatan & autres semblables , le droit
de mener à Justice les gens faisant dommage. 763
Si celui qui dit avoir pris autrui en son
héritage faisant dommage , en doit être
cru contre toutes fortes de personnes.
469
Si le gage peut être pris de violence à
un inconnu faisant dommage. 470
De la recousse des bêtes , & des différentes amendes en ce cas. *ibid.*
De celle du gage. *ibid.*
Des différentes amendes & leur diverse
application en prise de gens & de bêtes faisant dommage. 476
Si l'action en prise de bêtes doit être
portée devant le Juge du lieu de l'héritage. 471
Raison pour laquelle il est permis de tuer
volailles faisant dommage , & pour laquelle il n'y a point d'amende contre
le maître. 472
PRIVILEGE V. PREFERENCE.
PROFITS DE FIEF ET DE CENSIVE.
Si gens d'Eglise peuvent prescrire contre les profits par moindre temps que
contre l'indemnité de la même acquifition. 115
Si la dation en payement du pere au
fils est exempte de profits. 186
Si en vente de droits successifs , le Seigneur est tenu d'attendre le partage. 187
Si en vente d'héritage , sous réserve d'u-
sufruit , les profits de cette réserve font
dûs. 189
Si Dumoulin a bien pris le sens des Articles 43 de Dunois , & 112 d'Orléans.
624
Si quand la résolution de la vente n'a
lieu qu'*ex nunc* , il est dû de seconds
profits. 625
Si dans le command ou déclaration
d'acquérir pour foi ou pour autre ,
l'opinion de Livoniere , qui donne un
an , doit être préférée. 188

Si femme à laquelle par partage de la communauté, échet la totalité du fief, doit profit de moitié.   200

Profits font dûs par partage, quand le retour excede moitié de la valeur du fief.   204

Ce profit n'est que du retour.   205

Si pour se garantir des profits, la voie de licitation suffit.   ibid.

Si le profit dû pour le retour est celui de quint ou seulement le rachat.   206

Si le profit de retour d'outre moitié est dû pour les rotures.   205

Si tout premier act eentre co-propriétaires ab initio, même conçu en forme de vente, est exempt de profits.   206

Différence qui, pour le Dunois, résulte de son Article 44.   617

Si à saint-Aignan les profits font dûs des retours quelconques.   717

Sont indistinctement dûs par l'acheteur en héritages censuels, à l'exception de la Ferté-Imbault   249

Si dans cette Locale il est stipulé que l'acheteur payera les ventes, le Seigneur peut-il prendre en-sus le 11e du 12e.   802

Quelles charges en donation donnent ouverture aux profits.   256

Si la donation en avancement de succession, aux charges de payer les dettes, n'est exempte de profits qu'autant qu'elle est par contrat de mariage.   ibid.

Si quand une donation est faite sous réserve d'usufruit, & que le donataire prend ensuite la chose à ferme, les ventes sont dues.   257

Si en donation en avancement de succession d'héritage à cens, soit de cher prix, soit de tel cens, tel relief, ce profit de relief est suspendu.   258

Si d'héritage à cens baillé à rente à temps, à vies ou à toujours, les ventes sont dues.   259 & 622

Le sont-elles quand cet héritage est vendu par le preneur.   264

Quid si c'est la rente qui est vendue.   265

Quid si cette rente n'est devenue non rachetable, que faute de l'avoir rachetée dans les 30 ans.   265

Profits de vente, sont-ils dûs pour deniers d'entrée d'un bail à rente pour une seule vie.   260

Le sont-ils pour bail à rente fonciere par un laïc d'une maison en ville.

Le Seigneur est-il fondé à joindre au prix de la vente celui des rentes de dons & legs faits à l'Eglise.   111 & 267

Si quand un de plusieurs Seigneurs compose pour tous & fait remise, les autres peuvent s'en plaindre.   608

V. aussi le mot Bail à rente & celui réméré.

PROPRES. Notre Coutume est de celles qu'on appelle de côté & ligne.   309

Quid de la Locale de Dunois, Article 71.   652

Si en parité de dégré, le lignager qui descend de l'acquéreur, l'emporte sur celui qui n'en est que parent.   309

Si l'action de réméré est propre à l'héritier de la ligne du vendeur.   310

A qui appartient l'héritage acquis sous cette faculté qui se trouve en la succession de l'héritier de l'acquéreur, avant la grace expirée.   ibid.

L'office acquis des deniers fournis par pere ou mere est-il propre.   309

Si l'héritage de retrait lignager est propre, lorsque le remboursement ordonné au profit de l'héritier de l'acquêt, est demeuré confus en la personne de l'héritier du retrayant.   311

Si la donation d'un ancien propre, faite en collatérale, mais successuro, qui se tient à son don, fait un propre.   358

En quoi Dunois, Article 65, differe à cet égard.   644

Si les deniers provenans du rachat des rentes du mineur, conservent leur nature de propre de ligne.   512

Quand le tuteur a employé les deniers du rachat des rentes dues au mineur, au rachat de celles par lui dues, sur qui tombe l'action de remploi.   ibid.

PROPRES CONVENTIONNELS. S'ils font des propres de ligne.   308

S'ils s'éteignent par la confusion des deux hérédités en la personne du mineur.   310

S'il s'éteint par le payement fait à l'enfant mineur par le survivant.   311

De quelle considération font en Dunois, pour le don mutuel, les propres conventionnels.   646

PUISSANCE PATERNELLE. Si elle

eſt plus étendue dans cette Coutume qu'à Paris. 1

Q.

QUINT. V. PROFITS, BAIL A RENTE & RETRAIT FEODAL.

R.

RACHAT. Eſt-il dû quand le pere ou autre aſcendant ſuccede à ſon fils. 197

Eſt-il dû rachat par le mari, pour fief chargé d'uſufruit qui échet à la femme. ibid.

Eſt-ce à la femme propriétaire, ou au mari à dédommager l'uſufruitier. 198

Quid ſi le mari décede peu après le mariage, & avant d'avoir perçu aucuns fruits. ibid.

La femme qui renonce à la communauté, eſt-elle affranchie de cette dette pour le fief à elle échu pendant le mariage. 197

Femme donataire des biens de la communauté, doit rachat de la moitié du fief qui eût appartenu aux héritiers du mari. 200

Si elle eſt donataire par mariage d'un fief propre de ſon mari, elle doit le rachat du tout. ibid.

Si la donation des biens de la communauté n'eſt qu'à vie, le rachat de moitié eſt-il dû par les collatéraux du mari ou ſi le Seigneur doit attendre l'iſſue du partage. ibid.

Si le rachat eſt dû par la veuve qui ſe remarie avant le partage de la communauté. ibid.

Quid des fiefs des ſucceſſions qui lui échéent pendant le mariage, & dont le partage ne s'eſt fait que depuis qu'elle eſt veuve. ibid.

Le rachat eſt-il dû in inſtanti pour donation, ſous réſerve d'uſufruit. 201

Ce rachat eſt-il aux charges de l'uſufruitier ou du donataire. ibid.

Eſt il dû ſecond rachat pour fief chargé de douaire échu par ſucceſſion collatérale à fille qui ſe marie. 404

Eſt-il dû double rachat lorſque le légataire décede avant que d'avoir obtenu délivrance, & ne laiſſe que des collatéraux. 202

Si les mutations qui arrivent pendant la ſaiſie féodale donnent également ouverture au rachat. 203

S'il eſt dû lorſque le vendeur rentre faute de payement & pour le même prix. 204

S'il eſt dû pour nomination de curateur à la vacance de ſucceſſion. 196

De donation en avancement de ſucceſſion, même par un collatéral, il n'eſt point dû de rachat juſqu'à l'ouverture de la ſucceſſion & le partage. 207

Pour affranchir de rachat la donation en directe, eſt-il néceſſaire d'exprimer qu'elle eſt faite en avancement de ſucceſſion. 208

L'eſt-il qu'elle ſoit faite à l'héritier préſomptif & ſans moyen. 209

Quid de la donation faite à la fille unique du donateur, & qui eſt mariée. 210

Quid de celle faite en collatérale à tout héritier préſomptif. ibid.

Quid de celle à un neveu dont le pere vit. ibid.

Quid de celle à la ſœur, lorſque le donateur a des freres. ibid.

Quid de celle faite au neveu, dont le pere eſt décédé, lorſqu'il y a d'autres freres ou ſœurs du donateur. ibid.

Quid de celle faite au petit-neveu, lorſque le donateur a d'autres neveux ou nieces. 211

Si pour ſuſpendre le profit de rachat en donation, il eſt néceſſaire que le donateur réſerve de porter la foi. ibid.

Le rachat eſt il dû ſans titre en la Locale de Romorantin. Sur l'Article 14. 696

Erreur de Guyot ſur le mot relief de notre Coutume & ſes Locales. ibid.

Si en Dunois, lorſqu'il n'y a point d'aîné qui ait porté la foi, le premier mariage des filles eſt affranchi de rachat. 597

Si le Seigneur haut-juſticier auquel vient fief par confiſcation ou déſhérence, doit de plein droit le rachat après l'an. 602

Si le vaſſal eſt obligé, comme en Dunois, en offrant le rachat, d'offrir le choix de trois choſes. 212

Si en Dunois, lorsque le vassal après avoir fait ses offres, laisse son fief vacant, il est déchargé du rachat. 592

Si quand le fief, dont le rachat est offert, est affermé, le Seigneur doit se contenter de la ferme. 213

Si le vassal est garant de l'insolvabilité du fermier. ibid.

Si le profit des bestiaux donnés à chetel de fer, appartient au Seigneur. ibid.

Si le Seigneur doit rendre les labours & semences, ou seulement laisser les terres également labourées & ensemencées. 214

L'arriere-fief, tombant en rachat le dernier jour de l'année, le Seigneur en prend il le rachat en entier. 215

Quid si pendant la jouissance de l'arriere-fief, un sous fief de cet arriere-fief tombe encore en rachat. ibid.

En quel sens doivent être entendus les Articles 16, 17, & 18 de Dunois, au sujet du doublement, en cas de rachat, des droits y énoncés. 610

Points sur lesquels la Rue-d'Indre differe de la Générale, quant au rachat. 778

RACHAT RENCONTRE'. S'il est nécessaire, pour y donner lieu, que les mutations successives aient leur ouverture dans la même année. 217

Echéant dans une même année un second rachat, avant que le Seigneur ait commencé la levée du premier, ni qu'il lui ait été offert, les deux sont-ils dûs en entier. ibid.

En quoi cette Coutume differe sur le rachat rencontré de celles d'Anjou, Maine, &c. ibid.

En quoi differe de celles de Tours & de Lodunois. 218

Vrai cas du rachat rencontré dans notre Coutume. 219

S'il y est nécessaire pour faire prendre au second rachat la place du premier, que la cause soit forcée. ibid.

Si quand les deux causes sont volontaires, il est dû deux rachats. ibid.

Dans quel délai, depuis la mutation, le vassal doit offrir le premier rachat, pour jouir du bénéfice de la rencontre. 219

V. aussi les mots Echanges, Profits, Ré-

mere & Saisie seigneuriale.

RAPPEL. S'il doit être par écrit & en la forme testamentaire. 285

Si, fait entre-vifs, il peut l'être autrement qu'en faveur de mariage. 286

Si, fait hors les termes de droit, il fait du rappellé un héritier ou un simple légataire. ibid.

Si, dans ce cas, celui qui n'a que des propres peut ordonner un partage égal entre les enfans d'une sœur & les petits-enfans d'une autre. 815

Si le rappel ne profite entre enfans d'un même frere, qu'à celui, en faveur duquel il est fait. 287

RAPPORT. Tout ce qui blesse l'égalité entre héritiers en collatérale comme en directe est sujet à rapport. 318

Ce rapport est également dû par l'héritier bénéficiaire. ibid.

Si l'enfant d'un second lit qui, en renonçant à la communauté, a le droit de reprendre ce que sa mere y avoit mis, est tenu de rapporter cette somme à la masse. 319

Si la renonciation du pere en faveur d'un enfant, à l'usufruit que lui donne le don mutuel, est sujet à rapport. ibid.

Si la fille, qui a renoncé à la communauté, est obligée de rapporter ce qui a été donné ou prêté à son mari. 320

Si les habits de noces sont sujets à rapport. 321

Quid des alimens fournis à un petit-fils. ibid.

Quid de l'argent donné pour un grade militaire. ibid.

Si en collatérale un héritier est tenu de rapporter ce qui a été donné à ses enfans. 342

Si les enfans, pour lesquels le pere a été obligé de rapporter, en doivent tenir compte à la succession. ibid.

Si les petits-fils sont obligés de raporter en la succession de leur ayeul ce qu'il a donné à l'un de leur branche. ibid.

Si lorsque l'ayeul ne laisse qu'un fils, le petit-fils est obligé de rapporter à la succession de son pere ce qui lui a été donné par l'ayeul. ibid.

Si le pere venant à la succession d'un frere est obligé de tenir compte de ce qu'il a prêté au fils.

Si les neveux , enfans de différens freres , venant *jure suo* à la succeslion d'un oncle , sont tenus de rapporter ce qui a été donné ou prêté à leurs peres. *ibid.*

Si l'obligation en Dunois de rapporter , même en renonçant, a lieu en succeslion d'autres ascendans que pere & mere. 641

Si cette obligation a lieu lorsqu'il n'y a point d'oncles ni de tantes & seulement freres & sœurs du donataire. 642

Quid de la donation faite au petit-fils , du vivant du pere, qui renonce. *ibid.*

Quid de celle au petit-fils , du vivant du pere, seul héritier de l'ayeul. *ibid.*

Les enfans qui renoncent peuvent-ils demander ce rapport ou seulement leur légitime. 643

Si en Dunois, d'après l'obligation de rapporter , même en renonçant, on y peut faire substitution contraire à l'ordre des successions. *ibid.*

RECOMPENSE. En quel cas est dûe à l'un des conjoints. 341

Si quand le douaire préfix ne porte que sur le propre d'une ligne , l'héritier peut en demander récompense. 397

Est-elle due à l'héritier des meubles , quand le tuteur les emploie à racheter les rentes dues par le mineur. 512

RELIEF. Ce mot , synonime avec celui rachat dans la Coutume de Paris, ne s'applique dans celle-ci qu'aux héritages en censive. 117

En quelle mutation ce droit est dû. *ibid.* & 158

En quoi consiste ce droit dans les censives à cher prix. 118

En quoi dans celles à tels cens, tels reliefs. *ibid.*

En bail à rente à vie ou à temps, n'est point dû , mais bien en bail à rente à toujours. 262

REMERE'. La vente faite sous cette faculté est regardée comme imparfaite dans cette Coutume. 193

Le vendeur en conséquence est toujours censé l'homme du Seigneur , & les mutations ne sont considérées que de sa part & de celle de ses héritiers. *ibid.*

Quid du relief dû pour les mutations d'héritages à cens. 248

Si , quand le vendeur cede son action , il est dû doubles droits. 193

Si , quand cette action passe à fille mariée ou à des collatéraux, le rachat est dû. 203

Si la prorogation jusqu'à 30 ans de l'action de réméré , faute de jugement de déchéance , s'accorde avec les vrais principes. 194

Si pendant la grace, le premier acquéreur a revendu , & que le réméré ne soit pas exercé est-il dû doubles profits. *ibid.*

De réméré prorogé après le temps de la grace, est-il dû un premier profit , & un second s'il est exercé dans le temps de la prorogation. *ibid.*

A qui du fermier au temps de la vente , ou à celui au temps de l'expiration de la grace, les profits sont dûs. Voyez *Fermier.*

RENTES CONSTITUE'ES. Sont-elles meubles ou immeubles. 313

RENTES POUR PRIX D'HERITAGES. Combien on peut en demander d'années. 314

RENTES FONCIERES. Si celles sur les maisons des villes sont rachetables , quoique premieres après le cens. 260

Quid de celles dues au Clergé , encore qu'elles ne soient que secondes. 261

REPRESENTATION. En collatérale n'a lieu en cette Coutume. 285

Exceptez Saint-Aignan & ses Sous-Locales, Celles , Vatan , Levroux , où elle a lieu, suivant le droit.

A-t-elle lieu à Valençay. 755

Si à Vatan la représentation en directe n'a lieu qu'entre roturiers 768

Deux freres peuvent-ils stipuler que la représentation aura lieu entre leurs enfans pour venir à la succeslion d'un oncle. 287

RESERVES COUTUMIERES. Si le roturier , qui a disposé par donation entre-vifs de la moitié de ses propres, peut encore disposer du quart par testament. 362

Si celui qui succede au propre par ligne défaillante peut demander le retranchement. 363

Voyez aussi le mot *Donation.*

RESSORT. Quel est aujourd'hui celui du

Comté de Blois. 28
RETRAIT CONVENTIONNEL. Voyez REMERE.
RETRAIT LIGNAGER. A lieu en vente par décret forcé. 412
A lieu d'un héritage du vivant du donateur en directe, à qui il étoit acquêt. 413
Héritage devenu sujet à retrait dans une famille, conserve cette nature jusqu'à ce qu'il sorte par voie sujette à retrait. 414
Si la rente fonciere stipulée rachetable, y est sujette, quand elle est vendue. 415
Quid de celle non rachetable vendue au débiteur. ibid.
A lieu en échange quand la soulte excede de moitié. 439
Comment se doit fixer la portion que l'acquéreur peut retenir. ibid.
S'il a lieu en échange d'héritages contre rentes constituées & rachetées dans l'an. 441
Pour quelle portion il a lieu en donation, quand les charges excedent la moitié de la valeur de l'héritage 442
Pour quelle portion en bail à rente fonciere, quand la bourse déliée excede. 443
S'il a lieu en vente aux charges de nourrir le vendeur. 427
Quid en bail à rente fonciere avec obligation de faire valoir, quand le vendeur refuse de décharger l'acquéreur. ibid.
S'il a lieu en vente sur curateur au déguerpissement. 444
Quid de la vente faite sur un curateur à la vacance. ibid.
Quid si par un héritier bénéficiaire. ibid.
Quand a lieu en licitation. ibid.
S'il a lieu en vente à réméré avant la grace expirée. 446
Si l'action en est prorogée jusqu'à 30 ans, quand le vendeur n'a pas été déchu de la grace par jugement. 447
Il suffit d'être parent de l'acquéreur sans en descendre. 417
Si Marchenoir fait exception. 660
Le parent le plus prochain est préféré au moins prochain, quoique plus diligent. 435

Locales qui font exception. ibid.
En quel temps doit venir le plus prochain pour être préféré. 436
Quid à Marchenoir. 663
Action de retrait est personnelle. 417
En Dunois est réelle. 663
Idem La Rue-d'Indre & Soesme. 774 & 810
Forme de l'exploit, en quoi differe des autres ajournemens en Bléfois. 417
En Dunois. 663
Sa forme à Saint-Aignan. 716
A Mennetou. 725
A Soesme. 810
Si dans cette Locale il faut commission du Juge, pour assigner pour héritage situé hors la jurisdiction. ibid.
Si l'assignation en retrait doit être à jour certain. 432
Si Saint-Aignan, Article 23, Vatan 10, & Soesme 6, font à cet égard exception. 716
Si le délai peut être plus long que quinzaine. 434
Si le retrayant, qui a failli dans la forme, peut avant contestation venir par nouvelle action. 418
Si les nullités de forme peuvent se couvrir. ibid.
Si elles donnent action de garantie. 419
Si l'exploit donné un jour de fête qui n'est pas le dernier, est valable. ibid.
Si le retrait lignager exercé sur un Seigneur, qui avoit retiré féodalement, est sujet aux formalités. 452
Si temps court au profit d'un acquéreur locataire ou usufruitier du jour de l'insinuation. 420
Quid quand le vendeur se réserve l'usufruit. 421
Quid en vente à réméré, quand pendant la grace, le vendeur y renonce. ibid.
S'il court au profit d'un tuteur qui avoit deniers à son mineur. 420
Si en Dunois, la prise de possession est toujours nécessaire. 658
Si quand elle l'est, & a été omise, l'action dure 30 ans. ibid.
Par quel espace de temps l'action de retrait intentée tombe en peremption. 421
Dans quel délai se doit faire la consignation. 424 & 430

Où doit-elle se faire. 414
Est-elle sujette à contrôle. *ibid.*
Dans quel délai l'acquéreur doit mettre son contrat en Cour pour faire courir le délai de consigner. 419
En quoi diffère Dunois. 659
En quoi Vatan, Menneton & Saint-Aignan. 759
En quoi la Rue-d'Indre. 775
Comment doit être lu l'Article 21 de Chabris. 839
Si dans cette Sous-Locale, la consignation du grand-blanc est nécessaire. *ibid.*
Si à Saint-Aignan & Chabris, les fruits ne sont acquis au retrayant que du jour de l'offre ou consignation du grand-blanc. 840
Si l'acquéreur doit être appellé à la consignation. 425
Si lorsqu'il y a terme de payement le retrayant est tenu de consigner *ibid.*
Si la décharge des créanciers délégués qui n'ont point accepté, est nécessaire. 425
Si en vente aux charges d'une pension viagere vers le vendeur qui refuse de décharger l'acquéreur, la consignation d'un acte de cautionnement est suffisante. 426
Si en vente à rente rachetable, le retrayant est toujours tenu de consigner. 453
En quoi consistént les loyaux coûts. 422 *& suiv.*
S'ils doivent être consignés. 428
Différence en Dunois. 660
Si les frais d'un retrait féodal sont loyaux coûts contre le lignager. 453
Si le second acquéreur, évincé par retrait, a recours contre son vendeur pour ce qu'il lui a payé de plus. 446
Quelles circonstances sont nécessaires pour donner lieu à la répétition du retrait. 437
Si quand avant la vente, l'acquéreur avoit pris l'héritage à ferme, le retrait éteint le bail. 666
RETRAIT DE MI-DENIER. Quand a lieu 448
En quel temps doit être exercé. 449
S'il est sujet à formalités. *ibid.*
S'il est suspendu par le don mutuel en usufruit. 450
Si le don mutuel en propriété le fait cesser pour le tout. 451
RETRAIT FÉODAL. A qui appartient 47
Si le Seigneur qui n'a obtenu lettres de Châtellenie que depuis la rédaction de la Coutume peut exercer ce retrait. *ibid.*
S'il a lieu en vente à réméré avant la grace expirée. 446
Quand il n'y a pas de ventillation par le contrat, aux dépens de qui doit-elle se faire. 48
Si ce retrait est cessible. 50
Si le Seigneur qui échoue par défaut de forme, peut revenir par nouvelle action. *ibid.*
Quid, si à défaut de consigner. *ibid.*
Si le bénéficier séculier peut user de ce retrait pour son profit particulier. *ibid.*
Si l'usufruitier peut en user en son privé-nom. *ibid.*
Si le fermier le peut. 51
Si les 30 ans que dure l'action, faute d'exhibition courent pendant la minorité. 52
A qui doit être faite cette exhibition. *ibid.*
Si une rente, prix de l'aliénation du fief, est rachetée, le retrait féodal a-t-il lieu. 151
Si, quand une rente procédant du bail du fief avec réserve de foi est vendue, le retrait féodal ne peut être que de la rente, ou s'il est du domaine du fief. 156
Quelle Coutume on doit suivre pour les formalités de ce retrait. 54
Avant le retrait consommé, la propriété du Seigneur étant contestée, l'acquéreur peut-il s'en faire un moyen. 54
Si l'héritage rétiré est toujours acquêt de communauté. 55
Si le Seigneur qui use du retrait, peut retenir sur le prix le profit du quint, quand la vente n'est pas francs deniers venans. 190
En quoi Valençay, Article 6, fait exception à la Générale. 748
En quoi Vatan, Article 1 & 2. 752
En quoi la Rue d'Indre, Article 9. 778
REUNION DE FIEF. Comment se consomme en cette Coutume. 161

Si

Si l'interprétation que Dupont donne des Articles 66 & 67, est exacte. 164
Si celle de Guyot l'est davantage. 165
Ce que l'on croit devoir être pris de l'une & de l'autre. *ibid.*
Comment se fait la réunion de fief en Dunois. 599
RONCIN DE SERVICE. Si d'un fief divisé par partage, il est dû autant de roncins que de portions. 221
Si ce droit appartient au gardien, au fermier, ou à l'usufruitier. 223
S'il est dû en toutes mutations. *ibid.*

S.

SAISIE-ARREST. Si le commandement préalable est nécessaire. 544
Quelle est la durée du commandement. 521
Si la saisie & exécution des meubles empêche de saisir-arrêter, *aut vice versâ*. 544
Si la saisie-arrêt peut porter sur les choses non fongibles qui sont en main-tierce. 545
Si quand le créancier n'a point de titre exécutoire, la saisie-arrêt peut se faire sans la permission du Juge. *ibid.*
Si le saisi-arrêté à qui l'arrêt n'a point été dénoncé, poursuit son débiteur, aux charges de qui sont les frais. 553
Quid, si l'arrêté ne doit rien au saisi. 554
Si l'arrêté devient insolvable, sur qui tombe la perte 553
SAISIE-EXECUTION. Si l'obligation passée devant un Notaire subalterne entre parties demeurantes hors la Seigneurie, emporte saisie & exécution. 520
En quels cas le paréatis est nécessaire. *ibid.*
Si l'on peut exécuter sans commandement préalable. 521
S'il est nécessaire de donner copie du titre. *ibid.*
Si le créancier de rente fonciere sur une maison, peut exécuter les meubles du tiers détenteur non obligé. 522
Si celui sur héritage qui a lettres obligatoires a besoin de la commission du Juge pour saisir sur un tiers les fruits. 526
Si l'hypotheque spéciale suffit pour saisir sur un tiers détenteur non obligé. 523

Privilege des habitans de Blois de saisir sans titre ni permission de Juge les meubles de leurs Locataires les jours, vigiles & lendemain de Noël & S. Jean. 534
Si ce privilege s'étend sur autres meubles que ceux qui garnissent la maison. 543
S'il a lieu au profit du principal locataire. 535
Si le sous-locataire, dont les meubles sont saisis par le maitre d'hôtel en est quitte pour le prix de la sous location. *ibid.*
Quid en Dunois.
Si dans la saisie pour loyers le lit doit être laissé. 535
En quel temps de l'année les fruits pendans peuvent être saisis. 526
Si le légataire universel peut saisir & exécuter. 528
Si les biens du débiteur qui ne laisse point d'héritier resléant, peuvent être saisis par permission du Juge. *ibid.*
Si cette permission est nécessaire, quand il y a titre exécutoire. 530
Si ce droit de saisir les biens du défunt n'a lieu que dans le cas où l'héritier n'est pas domicilié. 529
Comment doit s'entendre la regle qui défend à huissier d'executer pour son salaire. 534
Comment le créancier qui a privilege, ou lorsqu'il y a péril en la demeure, peut saisir. 543
Si le saisi doit être écouté dans son opposition avant le rapport de main-pleine. 546 & 680.
Si la vente d'une déblée sur pied quand les fruits sont réputés meubles, opere la dépossession du vendeur. 552
Si le cessionnaire peut saisir & exécuter sous le nom de son cédant. 547
SAISIE REELLE. Voyez *Décret & criées*.
SAISIE SEIGNEURIALE. Si elle peut être faite au nom du Procureur-Fiscal. 86
Si l'usufruitier & l'acquéreur à réméré peuvent la faire en leur nom. *ibid.*
Si la commission du Juge, pour saisir un fief, doit être particuliere. 87
Quid de celle pour héritage en roture. *ibid.*
Si la commission du Juge suffit pour sai-

fir un héritage fitué hors la juftice. *ibid.*

Si un Sergent de la juftice peut faire cette faifie pour héritage de la Seigneurie, & non de la juftice. 88

Si la faifie du fief faite au principal manoir, tant du manoir que des dépendances, fans défignation de ces dernieres, porte fur les parties divifées par partage. *ibid.*

Si la faifie feigneuriale des héritages en roture doit être faite avec défignation. *ibid.*

Si le Seigneur qui s'en tient à la fimple action, eft obligé de défigner conformement à l'Article 3 du titre 9 de 1767. *ibid.*

Comment fe doit faire la faifie féodale d'un objet corporel. 226

Comment celle d'un objet incorporel. 89

Si dans la faifie féodale il eft néceffaire de nommer le vaffal fur qui elle eft faite. *ibid.*

S'il faut fignifier copie au détenteur pour le vaffal. *ibid.*

Comment fe doit faire cette notification s'il n'y a aucun détenteur. *ibid.*

Si toute faifie feigneuriale fe doit faire avec établiffement de Commiffaire. *ibid. & 226*

Si dans ce cas l'office du Commiffaire eft libre ou forcé. 90

Si pour le rendre forcé, il eft au moins néceffaire que le Commiffaire foit jufticiable du Seigneur. *ibid.*

Quelle eft la peine du vaffal qui enfreint la faifie. *ibid.*

S'il eft rapportable des fruits perçus fans violence. *ibid.*

Quid du cas où le Seigneur auroit action contre le Commiffaire à la faifie. *ibid.*

Si le Seigneur eft obligé de faire vendre les fruits. 92

Si quand il n'y a point d'oppofition à la faifie féodale, le Seigneur peut les lever par lui même fans Commiffaire. 127

Si le Seigneur a privilege ou hypotheque fur le fief pour les fruits perçus par le vaffal, au préjudice de la faifie. 90

Comment le Seigneur doit jouir pendant la faifie, & quels fruits il gagne. 182 *& fuiv. &* 2 7

Si le Seigneur peut faifir fon vaffal pour le feul défaut de payement de profits. 91 & 214

S'il peut faifir fon cenfitaire pour le feul défaut d'exhibition ou payement des ventes. *ibid.*

Si de plufieurs co-Seigneurs un feul peut faifir tout le fief. 133

Le Seigneur auquel il eft dû des profits, & qui ufe de faifie après fommation, gagne t-il les fruits. 134

Si la faifie faite par le vaffal de l'arriere-fief, profite au fuzerain, *aut vice versâ.* 183

Si celle faite par le vendeur profite à l'acquéreur. 183

Si dans le cas de faifie féodale du fief baillé à rente fans démiffion de foi, ou dans le cas de rachat, le Seigneur eft obligé de fe contenter de la rente ou au moins du prix de la ferme. 185

Si les frais de faifie doivent être payés au Seigneur qui gagne les fruits 226

Si en Dunois, le Seigneur qui faifit ou refaifit après des offres de foi, gagne les fruits. 590

Si l'on peut faifir cenfuellement pour moins de trois défauts. 244

Si cette faifie ne doit porter que fur les fruits & non fur le fonds. 245

Si le cens à quefte arrérage. 246

S'il eft néceffaire de le demander par écrit. *ibid.*

Dans quel délai le payement doit s'en faire pour ne pas encourir l'amende. *ibid.*

SAISINE. Si la faifine devant Notaire tranfère le domaine, quand le vendeur ou donateur conferve la poffeffion de fait. 351

SEPARATION DE BIENS. Jufqu'où s'étend le pouvoir de la femme féparée. 6

Comment fe doit entendre l'Article 58 de Dunois, qui lui permet de difpofer de fes immeubles. 637

Si les claufes, fimplement exclufives de communauté, font également fujettes à la publication. 7

Où fe doit faire cette publication. *ibid.*

Si faute d'être faite dans le fecond Dimanche, elle eft de nul effet. *ibid.*

Si le mari peut jamais provoquer la séparation de biens. 317

Femme qui rapporte preuve par écrit de la dissipation des biens, est dispensée de faire enquête. 793

SERMENT. Si l'enfant majeur, au décès du prédécédé de ses pere & mere, doit être admis, au défaut d'inventaire, au serment *in litem*, & à la preuve de commune renommée. 385

Avec quelles précautions le mineur. *ibid.*

Si la veuve doit être admise à ce genre de preuves contre les héritiers de son mari qui n'a point fait inventaire des successions à elle échues. *ibid.*

SERVITUDES. Si elles peuvent s'acquérir sans titre. V. le mot *Prescription*.

S'il est permis de faire dans les champs des rigoles ou évieres pour l'écoulement des eaux. 487

Si pour la construction des vues, nous suivons la Coutume de Paris. *ibid.*

Si le voisin, sur lequel il y a des vues coutumieres, peut dans la seule vue de forcer à les boucher, demander à acquérir la mitoyenneté du mur. 488

Si dans la distance requise pour faire vues droites ou bées, l'épaisseur du mur doit être comptée. *ibid.*

Si les six pieds de distance pour vues droites sont nécessaires, quand le terrein entre deux est public. *ibid.*

Quid d'un cimetiere. 489

Quid d'un terrein vague. *ibid.*

S'il est permis d'adosser égoût de son côté en mur mitoyen. *ibid.*

Si la faculté d'acquérit la mitoyenneté du mur, a lieu en campagne comme en ville. *ibid.*

Comment en doit-on user, quand le mur n'a pas la force de porter la nouvelle charge. 490

Si celui qui fait exhausser mur mitoyen, doit les charges dans cette Coutume. *ibid,*

Si celui qui a fait percer le mur d'outre en outre pour asseoir ses poutres, ou qui a pris plus du tiers de l'épaisseur pour ses arcs & cheminées, est obligé de se retirer quand le voisin veut bâtir. 491

S'il suffit en Dunois, sans être seul propriétaire du mur, d'avoir primé, pour n'être pas obligé de retirer ses poutres. 638

Ce qu'on doit entendre dans cette Locale par chantille. 639

Si tout gros mur entre deux maisons est nécessairement mitoyen. 492

Quid de celui faisant séparation de Cour & jardin. *ibid.*

Quid du gros mur d'une maison, joignant sans moyen la cour ou jardin du voisin. *ibid.*

Comment les corbelets désignent la mitoyenneté. *ibid.*

Jusqu'à quelle hauteur le voisin en ville peut contraindre à faire mur de séparation. 493

Si dans les fauxbourgs de Blois le voisin peut contraindre à cette clôture. *ibid.*

Si l'on peut être contraint à faire fosses d'aisances. 595

Quelle distance est requise pour faire retraits, latrines & égoûts près du puits du voisin. *ibid.*

Quelle, pour faire égoût & cloaque, quand il n'y a point de puits. *ibid.*

Si, quand les latrines nuisent nonobstant le contre-mur, celui à qui elles appartiennent est tenu du dommage. *ibid.*

Si, pour faire étable ou écurie, en notre Coutume, le contre-mur est d'obligation. 496

Quid pour les terres jectisses. *ibid.*

Aux charges de qui tombe l'entretien des murs de terrasse. *ibid.*

Si pour le four, il faut espace vuide outre le contre-mur. 497

Si contre un mur non mitoyen on peut adosser espaliers. 506

Si le voisin est tenu de donner passage pour édifier ou réparer. 639

En maison dont l'un a le bas & l'autre le haut, quelles sont les charges de chacun. 505

Sur qui tombe l'entretien du pavé. *ibid.*

V. aussi les mots *Arbres*, *fossés*, *haies*.

SOCIÉTE' si la société taisible a lieu entre freres & sœurs. 761

Si la société, faute d'inventaire, se continue avec les enfans de l'associé. 762

Si la mort d'un commun dissout la société entre les autres. *ibid.*

Si la composition faite avec l'un des communs sans inventaire, est valable. *ibid.*

SOLIDITE'. A-t-elle encore lieu quand le créancier devient détenteur de portion des héritages chargés de la redevance. 269

SUCCESSION. Si les afcendans venans à la fucceffion de leur-petit fils fuccedent par têtes. 185

Si l'ayeul fuccede à fon petit-fils dans les biens acquis par le pere, lorfque le petit-fils a frere ou fœur. 299

S'il fuccede aux chofes par lui données. ibid.

Si la chofe donnée lui étoit acquêt, devient-elle un propre en fa fucceffion. 300

Si en collatérale le partage a lieu par fouche entre neveux, lorfque le défunt laiffe un frere qui renonce. 303

Quels font les incapables de fuccéder. 295 & fuiv.

Voyez auffi le mot Propres.

SUITE. (droit de) a lieu en faveur du maitre d'hôtel & de métairie fur les meubles vendus par fon locataire ou fermier, ou faifis & exécutés fur lui. 551

Durée de ce droit. ibid.

SURVIE. (droit de) S'il a lieu à Saint-Aignan, lorfque les conjoints nobles transferent leur domicile en autre Coutume. 703

S'il a lieu au profit de conjoints qui de Blois transferent leur domicile à Saint-Aignan. ibid.

S'il a lieu fur les conquêts faits à Saint-Aignan entre conjoints domiciliés en autre Coutume. ibid.

S'il s'étend jufqu'aux deniers réalifés & remploi de propres. 704

Quid des deniers pris dans la communauté pour racheter une rente due par le furvivant. ibid.

Quid de celle due du chef du prédécédé. ibid.

Quid d'une dette mobiliaire due par le prédécédé, acquittée pendant la communauté. ibid.

Quid de la récompenfe due pour conftruction de bâtiment ou rachat de fervitude. 705

Le furvivant eft-il obligé de payer les deniers réalifés, ou de remploi de propres indefiniment, ou feulement par proportion émolumentaire fur les meubles & acquêts. ibid.

Quid des actions de même nature qui appartiennent au furvivant. 706

Le furvivant eft-il tenu d'acquitter les difpofitions teftamentaires du prédécédé. ibid.

Jufqu'à quel temps les enfans mineurs doivent être nourris par le furvivant. 707

Le furvivant gagne-t-il les fruits & revenus des autres biens du mineur. ibid.

Si dans cette Locale le défaut d'inventaire de la part du furvivant noble, donne lieu à la continuation de communauté. 381

T.

TACITE RECONDUCTION. S'il fuffit, pour y donner lieu, que le locataire ait joui pendant huit jours après le terme. 536

TAILLES SEIGNEURIALES. Quelle eft leur nature. 94

TAVERNIERS. Difpofition finguliere de la Rue d'Indre à leur fujet. 788

Jufqu'où s'étend le droit de contraindre ceux qui ont fait dépenfe à donner gage. ibid.

TERRAGE. Sa quotité dépend de l'ufage, & eft fujette à prefcription. 270

Le détenteur ne peut changer l'héritage de nature, ni acquérir fur ce prefcription. 271

Le changement de nature emporte commife : mais le Seigneur doit en ce cas la faire prononcer. ibid.

S'il en eft de même du défaut de culture, ou fi le Seigneur peut de plein droit s'emparer de l'héritage. 276 & 814

Si cette commife a lieu contre la femme en puiffance de mari & contre le mineur. 278

Si l'obligation de rendre le terrage à la grange, fait partie effentielle de ce droit, ou n'en eft qu'un attribut fujet à prefcription. 273

S'il eft dû autant d'amendes que de pieces d'héritages. ibid.

Quel temps le détenteur qui a averti de venir compter, doit attendre avant que d'emmener fes gerbes. 274

Si le terrage arrérage. *ibid.*
Si le terrage dû au décimateur fait cesser la dime. *ibid.*
Si, quand les deux droits sont dûs, la dime doit se lever la premiere & compter le terrage . *ibid.*
Si, quand le terrage & la dime ne sont qu'un seul droit, le défricheur doit en conséquence de la déclaration de Septembre 1766. jouir de quelque diminution sur le droit de terrage. 578
Si l'interprétation donnée par Drapier, en son Traité du Champart, à l'Article 3 de Vatan est exacte. 754
En quoi cette Locale fait exception, en quoi sert d'explication à la Générale. 755
Soesme, Article premier differe de la Générale. 806
TERRIER. (Lettres à) Si quand sont adressées au Juge royal, le Seigneur peut traduire ses sujets directement devant lui, & si le suzerain peut s'en plaindre. 38
TESTAMENT. Quel âge est requis pour tester. 359
Ce qui est requis pour la forme du testament. 366
TUTEUR. Si la nomination de tuteur par le testament du pere fait loi. 15
En quel nombre les parens doivent être appellés pour la nomination de tuteur. *ibid.*
Si fille ou femme hors puissance de mari, peut être nommée tutrice. *ibid.*
Si les parens d'un mineur sans biens peuvent être forcés de contribuer à sa nourture. 16
Depuis quel âge le tuteur est tenu de payer services au mineur. *ibid.*
Voyez aussi *Gardien-comptable.*

V.

VENTE. Si pour vendre choses saisies, il est nécessaire d'intimer les opposans aux fins de payement. 683
VENTES. Voyez *Profits.*

VICAIRE, *alias* HOMME VIVANT. Son âge est indifférent pour les rotures, *secùs* pour les fiefs. 116
Doit être domicilié. 117
S'il s'absente, le Seigneur doit accepter autre vicaire sans profit, ou recevoir la foi par un fondé de procuration. *ibid.*
C'est à la main morte, après dix ans d'absence, à prouver que le vicaire est vivant. *ibid.*
VICES REDHIBITOIRES. Quand un porc, dont la langue étoit saine, se trouve vicié dans les jambons, le vendeur est tenu de le reprendre. 674
Si les tonneliers sont tenus reprendre les poinçons futés, & payer le prix du vin. 675
Si l'action a lieu pour poinçons vieux comme pour neufs. *ibid.*
Combien elle dure. *ibid.*
Combien celle pour chevaux & vaches. 676
VINS & EAUX-DE-VIE. Si le vendeur a action contre autre que le commissionnaire. 672
S'il doit le congé & la commission. *ibid.*
S'il est tenu de rendre l'eau-de-vie à Blois. *ibid.*
Si pour consommer la vente du vin, la marque est nécessaire. 673
Si la vente du vin au prix qu'un tiers ou plusieurs vendront est valable. *ibid.*
Quid de celle au prix qu'un tiers a vendu, quand ce prix n'est connu que de l'acheteur. *ibid.*
Différence entre le prix le plus cher, & la vente au prix des plus chers. *ibid.*
Si le commissionnaire, qui a placé rapés, est tenu de prendre tout le vin sur lie. *ibid.*
Si le vendeur de vins est obligé de donner terme pour le recevoir. *ibid.*
Si le terme de Foire de Blois pour le payement est, sans stipulation, de droit ou de grace. 674
VOIRIE. Si les Tréforiers de France en peuvent connoitre au préjudice des Seigneurs Justiciers. 705

Fin de la Table des Matieres.

TABLE

DES COUTUMES

ET

DE LEURS CHAPITRES.

BLOIS.

COUTUME GÉNÉRALE DE BLOIS. — *Pag.* 1
CHAPITRE PREMIER. *De l'Etat des personnes.* — *ibid.*
CHAP. II. *Des Gardiens & Baillistres.* — 8
CHAP. III. *De la Jurisdiction des Juges du Comté de Blois.* — 20
CHAP. IV. *Des Droits seigneuriaux.* — 77
CHAP. V. *Des Fiefs.* — 119
CHAP. VI. *De Garantie en parage.* — 168
CHAP. VII. *Des Profits féodaux.* — 181
CHAP. VIII. *Des Aveux & Dénombremens.* — 232
CHAP. IX. *Des Cens & Profits censuels.* — 239
CHAP. X. *Du Droit de terrage.* — 270
CHAP. XI. *Des Successions.* — 279
CHAP. XII. *Des Donations faites entre-vifs, comme par testament.* — 322
CHAP. XIII. *De Mariages.* — 373
CHAP. XIV. *De Douaires.* — 396

CHAP. XV. *De Prescription.* 405
CHAP. XVI. *Des Retraits lignagers.* 412
CHAP. XVII. *Des Emphythéoses.* 455
CHAP. XVIII. *Des Matieres possessoires.* 457
CHAP. XIX. *De Prinse de bêtes.* 464
CHAP. XX. *D'Etangs.* 482
CHAP. XXI. *Des Servitudes réelles.* 484
CHAP. XXII. *Des Dettes personnelles & Exécutions faites par vertu de Lettres obligatoires, des Rentes & Louages des Maisons.* 507.
CHAP. XXIII. *Des Criées & Subhastations.* 565

DUNOIS.

COUTUMES LOCALES DU COMTÉ ET BAILLIAGE DE DUNOIS, &c. 581
CHAPITRE PREMIER. *Des Fiefs.* 587
CHAP. II. *De l'Estimation commune du rachat.* 609
CHAP. III. *De Matiere censuelle.* 615
CHAP. IV. *De Terrage ou Champart.* 630
CHAP. V. *Des Pâturages & Herbages.* 633
CHAP. VI. *Des Epaves.* 634.
CHAP. VII. *Des Communautés d'entre hommes & femmes mariés.* 636
CHAP. VIII. *Des Sociétés.* 638
CHAP. IX. *Des Servitudes réelles.* ibid.
CHAP. X. *Des Donations faites entre-vifs.* 640
CHAP. XI. *Donation faite en mariage.* 644
CHAP. XII. *Des Donations testamentaires & pour cause de mort.* 645
CHAP. XIII. *Des Douaires de femmes.* 648
CHAP. XIV. *Des Droits de Succession.* 652

CHAP. XV. *En matiere de retrait.* 658
CHAP. XVI. *De Prescription.* 667
CHAP. XVII. *Des Exécutions de louages de Maisons & Mé-*
tairies. 668

ROMORANTIN.

COUTUMES LOCALES DE LA CHATELLENIE
DE ROMORANTIN , &c. 685
CHAPITRE PREMIER. *Des Profits de fiefs.* 687
CHAP. II. *De Succession des fiefs.* 688
CHAP. III. *De profits censuels.* 690
CHAP. IV. *Des Terrages.* *ibid.*
CHAP. V. *Des Dons & Récompenses* 692
CHAP. VI. *De Retrait lignager.* 693
CHAP. VII. *De Prinse & Dégagement.* *ibid.*
CHAP. VIII. *De matiere féodale.* 695

SAINT AIGNAN.

COUTUMES LOCALES DE LA BARONNIE ET
SEIGNEURIE DE SAINT-AIGNAN. 697
CHAPITRE PREMIER. *De Prinse de bétes.* *ibid.*
CHAP. II. *Des Droits & Devoirs de cens.* 701
CHAP. III. *De Communauté.* 702
CHAP. IV. *De Douaires.* 707
CHAP. V. *Des Successions.* 708
CHAP. VI. *De Donations.* 713
CHAP. VII. *De Retraits lignagers.* 715
CHAP. VIII. *Des Droits féodaux.* 715

MENETOU

MENETOU-SUR-CHER.

COUTUMES LOCALES DE LA CHATELLENIE DE MENNETOU SUR-CHER.
CHAPITRE PREMIER. *Des Cens & Droits censuels.*   718
CHAP. II. *Des Terrages.*   720
CHAP. III. *Des Pâturages, &c.*   721
CHAP. IV. *Des Epaves.*   724
CHAP. V. *Des Etangs & Garennes.*   ibid.
CHAP. VI. *De Retrait lignager.*   725
CHAP. VII. *De l'Etat & Droits des personnes.*   726
CHAP. VIII. *Des Prescriptions.*   727
CHAP. IX. *Des Douaires.*   728
CHAP. X. *De Servitudes réelles.*   729
CHAP. XI. *De Dîmes.*   732

CELLES EN BERRY.

COUTUMES LOCALES DE LA CHATELLENIE DE CELLES EN BERRY.   733
CHAPITRE PREMIER. *De Prinse de bêtes.*   ibid.
CHAP. II. *Des Droits & Devoirs de cens.*   734
CHAP. III. *De Successions.*   735
CHAP. IV. *De Douaires.*   738

VALANÇAY.

COUTUMES LOCALES DE LA CHATELLENIE DE VALENÇAY.   739
CHAPITRE PREMIER. *De Cens.*   ibid.

B bb

CHAP. II. *De Terrage.*   *ibid.*
CHAP. III. *De Successions.*   746
CHAP. IV. *De Prinse de bêtes.*   749
CHAP. V. *D'Empêchemens de chemins.*   751

VATAN.

COUTUMES LOCALES DES TERRES ET CHA-TELLENIES DE VATAN, &c.   752
CHAPITRE PREMIER. *Des Cens & Profits d'iceux.* ibid.
CHAP. II. *Du Terrage.*   753
CHAP. III. *Des Juges & Jurisdictions.*   755
CHAP. IV. *Des Exécutions.*   756
CHAP. V. *De Prescription.*   757
CHAP. VI. *De Retrait lignager.*   759
CHAP. VII. *De Douaires.*   760
CHAP. VIII. *De Prinse de Bêtes.*   762
CHAP. IX. *Des Testamens, &c.*   767
CHAP. X. *Des Successions.*   768

LA RUE-D'INDRE.

COUTUMES LOCALES DE LA BARONNIE DE LA RUE-D'INDRE.   769
CHAPITRE PREMIER. *De Retrait lignager.*   774
CHAP. II. *De Droits féodaux.*   776
CHAP. III. *Des choses censuelles.*   778
CHAP. IV. *De Successions.*   780
CHAP. V. *De la Forme de succéder entre personnes franches, &c.*   785
CHAP. VI. *De Prinse de bêtes.*   786
CHAP. VII. *Dépense faite en Tavernes publiques.*   788

ET DE LEURS CHAPITRES. 951

CHAP. VIII. *De la Jurifdiction, &c.* 789
CHAP. IX. *Des Notaires.* 791
CHAP. X. *Des Emancipations.* 792
CHAP. XI. *Des Batards.* 793
CHAP. XII. *Des Prefcriptions.* ibid.
CHAP. XIII. *Des Crimes & délits.* 794
CHAP. XIV. *Des Affeuretés & Sauves-Gardes.* 797

LA FERTÉ-IMBAULT.

COUTUMES LOCALES DE LA BARONNIE DE LA FERTÉ-IMBAULT. 801
CHAPITRE PREMIER. *Des Fiefs.* ibid.
CHAP. II. *De Cens & Profits cenfuels.* 802
CHAP. III. *Des Terrages.* 803
CHAP. IV. *Des Matieres poffeffoires.* ibid.
CHAP. V. *De Prinfe de bétes.* 804

SOESME.

COUTUMES LOCALES DE SOESME. 806
CHAPITRE PREMIER. *Des Champarts & Terrages.* ibid.
CHAP. II. *Des Cens.* 808
CHAP. III. *De Prinfe de bétes.* 809
CHAP. IV. *De Retrait lignager.* ibid.

LEVROUX.

COUTUMES LOCALES DE LEVROUX & BOUGE. 812

952 **TABLE DES COUTUMES**

CHAPITRE PREMIER. *De Prinſe de bétes.* ibid.
CHAP. II. *De Confiſcation.* 813
CHAP. III. *De Terrage.* ibid.
CHAP. IV. *De Succeſſions.* 814

LA FERTÉ-AVRAIN.

COUTUMES DE LA CHATELLENIE DE LA
FERTÉ-AVRAIN. 817
CHAP. PREMIER. *De Prinſe de bétes.* ibid.
CHAP. II. *De Cens.* 820

TREMBLEVIF.

COUTUMES LOCALES DE TREMBLEVIF. 822
CHAPITRE PREMIER. *Des Succeſſions.* ibid.
CHAP. II. *De Prinſe de bétes.* 824
CHAP. III. *De Juriſdiction.* 826
CHAP. IV. *De Douaires.* 827

CHABRIS.

COUTUMES LOCALES DE LA CHATELLENIE
DE CHABRIS. 828
CHAPITRE PREMIER. *De Prinſe de bétes.* ibid.
CHAP. II *Des Cens, Ventes & Reliefs.* 831
CHAP. III. *De Douaire coutumier & préfix.* 833
CHAPITRE IV. *Des Succeſſions.* 334
CHAP. V. *Des Donations.* 337
CHAP. VI. *De Retraits.* 839
CHAPITRE VII. *De Batards.* 841

MOLINS EN BERRY.

Coutumes Locales de Molins en Berry.
    843
CHAPITRE PREMIER. *De Cens.*   *ibid.*
CHAP. II. *Des Bois de haute-futaie & taillis.*   844
CHAP. III. *De Recousse de bêtes.*   845

AUTROCHE.

Coutumes Locales d'Autroche.   846
CHAPITRE PREMIER. *Des Cens.*   *ibid.*
CHAP. II. *De Champéage.*   847
CHAP. III. *De Prinse de bêtes.*   *ibid.*

VILLEFRANCHE.

Coutumes Locales de la Chatellenie
DE VILLEFRANCHE SUR CHER.   850
CHAPITRE PREMIER. *De Prinse de bêtes.*   *ibid.*

OBSERVATIONS

POUR TENIR LIEU DE CALENDRIER

O U

NOUVEAU CALENDRIER:

ON trouve enfin de toutes les Éditions *in-douze* de notre Coutume un Calendrier des jours esquels on ne plaide point au Palais Royal de Blois.

Ce Calendrier n'est point du corps de la Coutume, c'est l'Ouvrage d'un Editeur, pour la commodité des Officiers du Siege.

Dans l'Édition faite par *Olivier, Boynard & Jean Nyon*, Libraires ; ce Calendrier est même intitulé par erreur *des jours èsquels on ne plaide au Bailliage de Blois*, au lieu *des jours èsquels on ne plaide au Palais Royal de Blois*. Et sur ce fondement j'ai vu attaquer de nullité, mais comme on pensera bien sans succès une Sentence rendue par défaut dans une Justice seigneuriale le jour de S. Fomesme 9 Juin, comme si une Fête qui n'étoit établie pour le Palais de Blois, qu'à raison de ce qu'elle se chomoit autrefois dans la Paroisse S. Solenne qui est la Paroisse du Palais, pouvoit être de quelque considération dans les lieux ou cette Fête ne s'étoit jamais chomée.

Ce Calendrier ne peut plus même servir de regle pour le Palais Royal de Blois. Il avoit été formé sur les Fêtes observées dans toute l'Eglise, sur celles particulieres au Diocese, ou à l'Eglise de Saint Solenne, ou aux Officiers de Justice, & sur certaines Fêtes qu'on peut appeller civiles ; tels que jours de Foire, Jeudi gras, &c.

Partie des Fêtes d'Eglise, & particuliérement de celles qui se rencontroient dans les quatre mois de récolte a été supprimée par Ordonnance de M. de Caumartin, Evêque de Blois :

mais nonobstant leur suppression, l'usage s'étoit conservé de ne point plaider les jours auxquels elles tomboient, ce qui étoit déraisonnable & retardoit infiniment l'administration de la Justice.

Au mois d'Août 1765, la Compagnie a arrêté qu'il n'y auroit d'autres Fêtes au Palais que celles chomées par l'Eglise dans tout le Diocese, ou dans la Paroisse Saint Solenne §. Et depuis, en 1767, il a été verbalement arrêté que le 16 Mai, Fête de Saint Honoré, le Palais vaqueroit aussi, attendu le grand nombre d'Officiers demeurans dans cette Paroisse.

Outre les Fêtes chomées, on ne plaide point toute la quinzaine de Pâques.

On ne plaide point non plus à compter de Noël jusqu'après les Rois.

Idem, les Vigiles de Pâques-Fleuries, Pentecôtes, Toussaints & Noël, à cause de la visite des Prisons qui se fait ces jours là : ce qui n'empêche pas que l'Audience de Police puisse tenir de relevée : & même s'il y a des causes provisoires, & que l'Audience n'ait pas tenu le Vendredi, elles se plaident en la Chambre du Conseil de la Prison.

Idem, le Jour de S. Marc 25 Avril, à cause de la Procession, le Mercredi des Cendres, le Jeudi de l'Octave de la Fête-Dieu, le jour de la Commémoration des Morts.

Le Palais ne vaque plus le jour de S. Yves, quoique les Procureurs continuent d'en faire leur Patron. Si la Fête tombe un jour d'Audience, ils en remettent à un autre jour la célébration.

Les jours de Saint Nicolas & de Sainte Catherine ne font plus aussi vaquer le Palais.

A fortiori les autres Fêtes, aujourd'hui non chomées, de l'ancien Calendrier.

§ Il ne se solemnise dans cette Eglise le plus que dans les autres Paroisses du Diocese, que le jour de Saint Hilaire 13 Janvier, jour auquel a été transférée la Fête Patronale de Saint Solenne.

FÉTES CIVILES, *qui font vaquer le Palais.*

La Foire de Blois 29 Août : mais non les autres jours de Foire. Réglement de 1765 §.

Le Jeudi-gras. L'ancien Calendrier parle du Lundi & du Mardi-gras, mais inutilement, puifque l'on ne plaide jamais les Lundi ni Mardi au Palais de Blois.

Ce Calendrier parle auffi du Jeudi de la Mi-Carême, mais nulle raifon d'en faire un jour de vacances.

Il parle auffi des deux jours qui fuivent l'Afcenfion, mais le Palais ne vaque point proprement, la Juftice peut être ad-miniftrée, pour la Ville & Banlieue feulement, par les Offi-ciers du Chapitre.

Il n'eft plus d'ufage de demander les Vacances. Elles com-mencent après l'Audience du Samedi qui fuit le huit Septem-bre jufqu'au premier Vendredi d'après la S. Martin. Mais pendant cet intervalle il fe tient pour les caufes provifoires quelques Audiences à jours de Samedis indiqués.

Quoique les Vacances finiffent à la S. Martin, cependant dans les caufes non provifoires, qui n'ont point encore reçu d'inftruction, les Procureurs ne font point juger de défaut avant le premier Décembre.

Le Vendredi eft le jour d'Audience pour les caufes Pré-fidiales, le Samedi pour celles du Bailliage §§.

Anciennement que les affaires étoient plus abondantes, on diftinguoit pour les Audiences les caufes dont la connoiffance

§ Les vrais jours de Foire font les 29, 30 & 31 Août, & premier Septembre, & même le 2, lorfque le Dimanche tombe l'un des quatre jours : mais il eft d'ufage depuis long-temps de la continuer jufqu'au 8 Septembre, fur une Requête que préfente les Forains aux Officiers de Police. Pendant cette continuation, elle ceffe d'être franche.

§§ L'Edit d'Août 1777, vient de changer cet ordre, & veut que pour les deux Ju-rifdictions, il n'y ait plus qu'un même Siege.

Ce Siege tiendra de même les Vendredi & Samedi, & même le Jeudi, quand l'un les deux autres jours fera fête & fuivant l'abondance des affaires.

avoit appartenu au Prévôt, d'avec celles dont la connoiſſance étoit attribuée au Bailli ſuivant l'Edit de Cremieu.

On tenoit deux Audiences en même jour pour les cauſes de l'ordinaire, l'une le matin, l'autre de relevée.

A celle du matin, étoient portées les cauſes d'appel, enſuite les cauſes entre perſonnes eccléſiaſtiques ou nobles, ou entre parties dont celle défendreſſe étoit domiciliée hors la Banlieue.

A celle de relevée, étoient portées les cauſes entre parties dont celle défendreſſe, non privilégiée, étoit domiciliée dans la Banlieue.

Il en étoit de même pour l'Audience des cauſes préſidiales. On en tenoit auſſi deux en même jour dans leſquelles on ſuivoit la même diſtinction.

Si l'on rendoit à notre Siege les diſtractions qu'il a ſouffertes, & que l'affluence des affaires devint plus grande, il feroit juſte de revenir à cet ancien uſage qui n'a ceſſé que depuis vingt ans.

FAUTES A CORRIGER.

PAGE 7, ligne 8, *fous*, lifez *fans*.

Pag. 9 lign. 29, après le mot *garde*, ajoutez *comptable*.

Pag. 14, lign. 16, *la décharge* lifez *l'a déchargé*.

Pag. 20, lign. 19, *expreffion plus digne*, lifez *expreffions plus dignes*.

Pag. 22, lign. 33, *cet*, lifez *cette*.

Pag. 25, lign. 27, après 1505, ne mettez que virgule.

Pag. 38, lign. 22, mettez le point après & non avant le §.

Pag. 46, lign. 12, après le mot *bafe*, mettez un point au-lieu de virgule.

Pag. 48, lign. 19, *fi ce Seigneur*, lifez *fi le Seigneur*.

Pag. 51, lign. 22, après les mots *in folidum*, mettez virgule ; après celui *fruit ;* deux points au-lieu d'un.

Pag. 52, lign. 41, *foïmoit*, lifez *fermoit*.

Pag. 53, lign. 30, après le mot *tiers*, ôtez le point.

Pag. 54, lign. 8, *aratoi*, lifez *aratoires*.

Ibid. lign. 26, après le mot *féodal*, mettez point-virgule.

Pag. 69, lign. 22, après les mots *à la marge*, mettez une virgule.

Pag. 79, lign. 7, *tient*, lifez *tint*.

Pag. 81, lign. 21, *quæ decet*, lifez *quæ debet*.

Pag. 83, ligne derniere, *cenfuel*, lifez *cenfuelle*.

Pag. 94, lign. 34, *par quartier*, lifez *à quartier*.

Pag. 96, lign. 19, *celle*, lifez *celles*.

Pag. 97, lign. 30, *rapporte*, lifez *rapportent*.

Pag. 102, lign. 35, après *buret* effacez le point, & ne mettez que virgule.

Pag. 103, lign. 27, *ajoute*, lifez *on trouve*.

Pag. 122, lign. 18, *&*, lifez *&c.*

Pag. 135, lign. 22, après le mot *foi*, ne mettez que virgule, & à la ligne fuivante, après le mot *Seigneur*, mettez point virgule.

Même page, ligne avant-derniere, *gere*, lifez *gérant*.

Pag. 136, lign. 2, *que ledit*, lifez *que fi ledit*.

Ibid. lign. 24, *Louet*, lifez *Louis*.

Pag. 138 ligne 4 *fans*, lifez *fauf*.

Ibid. lign. 19 *pour*, lifez *de*.

Pag. 141, lign. 39, *d'épié*, lifez *dépié*.

Pag. 142, lign. 10, *aprofondi*, lifez *aprofondis*.

Ibid. lign. 13, *cohéritier*, lifez *cohéritiers*.

Pag. 148, lign. 10, *retour du*, lifez *retour de*.

Pag. 149, lign. 11 *créanciers*, lifez *créancier*.

Ibid. lign. 24. *s'il les*, lifez *s'il le*.

Pag. 150, lign. 39, *du*, lifez *de*.

Pag. 151, lign. 40, *qui* lifez *qu'il*.

Pag. 153, lign. 5, après les mots *chofe même*, ne mettez que virgule.

Ibid. après le mot *foi*, ne mettez que virgule.

Ibid. lign. 37, *des créanciers*, lifez *du créancier*.

Pag. 155, lign. 38, 1755, lifez 1775.

Pag. 158, lign. 14, *parties* lifez *partie*.

Pag. 159, lign. 15, *elle*, lifez *elles*.

Pag. 160, lign. 13, *reçues* lisez *tenues.*
Ibid. lign. 19, *on peut*, lisez *on ne peut.*
Pag. 170 lign 16, *seconde foi*, lisez *seconde fois*, ou bien lisez *troisieme foi*, & à la ligne suivante, au-lieu de *troisieme*, lisez *quatrieme.*
Ibid. lign. 19, *qu'une d'ainesse*, lisez *qu'une ainesse.*
Pag. 181, lign. 12, *ses*, lisez *ces.*
Pag. 181, lign. 23, *c'est-à dire que*, effacez *que.*
Pag. 188, lign 4, *forme*, lisez *force.*
Pag. 189, ligne derniere, effacez *du prix.*
Pag. 201, lign. 31, après le mot *usufruit*, mettez une virgule.
Pag. 104, lign. 25, après *la réquisition*, lisez *après l'an de la.*
Pag. 212. lign. 16, au mot *hodiè*, ôtez la virgule, & la reportez au chiffre 51 qui précede.
Pag. 216, lign. 32, après le mot *en conséquence*, ôtez la virgule.
Pag. 217, lign. 5, *& que*, lisez *& avant que.*
Ibid. lign. 36, *celle-ci*, lisez *celles-ci.*
Pag. 218, lign. 1, après le mot *exigent*, ôtez la virgule, & ôtez-la de même à la ligne suivante après les mots *la nôtre.*
Pag. 219, lign. 13, *rapportée*, lisez *rapporté.*
Page 227, lign derniere, *pure*, lisez *par.*
Pag. 230, lign. 25 & 26, *interdi*, lisez *interdit.*
Pag. 231, lign. 25, *annotations*, lisez *annotateurs.*
Pag. 238, lign. 4, *extérieurs*, lisez *antérieurs.*
Ibid. lign. 32, *de l'aveu & chap* lisez *de l'aveu & dénomb.*
Pag. 239, lign. avant-derniere, avant le mot *toutes* mettez l'astérisque *
Pag. 246, lign. 14, après le mot *demandé*, au-lieu d'un point ne mettez que virgule.
Pag. 247, ligne 30, *aux rentes*, lisez *aux ventes.*
Pag. 248, lign. 18, après *vendeur*, ne mettez que virgule.
Pag. 254, lign. 9, *qu'il ne possede*, lisez *qu'ils ne possedent.*
Pag. 278, lign. 32 & 33, *sur pied*, lisez *sur ce pied.*
Pag. 306, lign. 25 *de legent*, lisez *de legit.*
Pag. 312, lign. 13, *parti*, lisez *partie.*
Pag. 316, lign. 22, *premier*, lisez *premiere.*
Pag. 328, lign. 12, *de doit*, lisez *ne doit.*
Pag. 329 lign. 8, (*), lisez (t).
Pag. 367, lign. 19, *qu'un*, lisez *que.*
Pag. 410, lign. 13, après le mot *débiteur*, ôtez la virgule.
Pag. 411, lign. 30, *que subroger*, lisez *que le subroger.*
Pag. 428, lign. 29, *délai*, lisez *délais.*
Pag. 429, lign 22, au texte *n'étoit pas écrit*, lisez *par écrit.*
Pag. 438, lign. 21, *ont* lisez *peut.*
Pag. 449, lign. 17, *excédent*, lisez *excedens.*
Pag. 444, lign. 5, *qui le*, lisez *qui la.*
Ibid. lign. 32, *fosse*, lisez *fausse.*
Pag. 445, lign. 6, *excédent*, lisez *excedant*
Ibid. ligne 8, même correction.
Pag. 460, lign. 29, *possessam*, lisez *possessam.*
Pag. 460, lign. 10, *ne sont*, lisez *ne sont.*
Pag. 483, lign. 13, *se*, lisez *ce.*
Pag. 487, lign. 27, *attenda*, lisez *attendæ.*
Pag. 488, lign. 25, *ses*, lisez *ces,*

Ibid. ligne 18, après le mot *donne*, ajoutez *pour celui qui les ouvre.*
Pag. 499, lign. 16, *ſi l'ou*, liſez *ſi l'on.*
Pag. 502, lign. 26, *quetir* liſez *querir.*
Pag. 506, lign. 27, *frere*, liſez *neveu.*
Pag. 508, lign. 18, *a*, liſez *en.*
Ibid. lign. 33, *échu*, liſez *iſſu.*
Pag. 520, lign. 13, *du reſſort royal*, liſez *ſous ſceau royal.*
Pag. 521, lign. 37, *la*, liſez *le.*
Pag. 535, lign. 18, *614*, liſez *414.*
Pag. 544, lign. 29, après le mot *débiteur*, ôtez la virgule.
Ibid. lign. 31, après le même mot, même correction.
Pag. 565, CHAP. XXII. liſez XXIII.
Pag. 563, lign. 36, après le mot *débiteur*, ôtez la virgule.
Pag. 598, lign. 17, *vouliſt*, liſez *voulſiſt.*
Pag. 611, ligne avant-derniere, *due*, liſez *dû.*
Pag. 615, Chap. 3, *de la matiere cenſuelle*, effacez *la.*
Pag. 622, lign. 11, *on*, liſez *ou.*
Pag. 628, lign. 22, *nais*, liſez *mais.*
Pag. 641, lign. 5, *ſemblable*, liſez *ſemblables.*
Ibid. lign. 16, *profeĉlilia*, liſez *profeĉlitia.*
Pag. 651, lign. 17, *l'exprime*, liſez *s'exprime.*
Pag. 653, lign. 28, *&*, liſez *eſt.*
Pag. 664, dernier mot, mettez point, au-lieu de virgule.
Pag. 670, lign. 10, *rachete*, liſez *achete.*
Pag. 678, lign. 19, *baille*, liſez *baillé.*
Pag. 687, ligne avant-derniere, au texte, *au plus tard*, liſez *ou plus tard.*
Pag. 699, lign. 12, *enfuités*, liſez *enfruitées.*
Pag. 708, lign. 18, *maître d'hôtel*, liſez *maître hôtel.*
Pag. 714, après Chap. 5, ajoutez en titre, *des Etangs & Garennes.*
Pag. 756, lign. 8 & 9, après le mot *exécutables*, ôtez le point-virgule.
Pag. 779, lign. 14, *il ne le peut*, liſez *il ne peut.*
Pag. 785, lign. 13, *ſans d'aîneſſe*, liſez *ſans aîneſſe.*
Pag. 794, lign. 7, après le mot *criminel*, ôtez la virgule.
Pag. 801, lign. derniere, *voyez la Note*, liſez *voyez les Notes.*
Pag. 807, lign. 1, *n'eſt retenu*, liſez *n'être tenu.*
Pag. 810, lign. 27, *porté*, liſez *portée.*
Pag. 813, après Chap. 2, ajoutez en titre, *de Confiſcation,*
Ibid. après Chap. 3, ajoutez en titre, *de Terrage.*
Pag. 814, ligne 27, après le mot *chapon*, ne mettez que virgule.
Pag. 815, ligne 5, *par égale portion*, liſez *par égales portions.*
Pag. 819, ligne derniere, *s'il y a*, liſez *s'il n'y a.*
Pag. 820, lign. 15, au texte, ſupprimez les deux-points après le mot *reliefs.*
Pag. 827, au titre de *Donations*, liſez *de Douaires.*
Pag. 833, après Chap. 3, ajoutez en titre, *de Douaire coutumier & préfix.*
Pag. 837, lign. 24, effacez *fondé.*

APPROBATION.

J'Ai lu par Ordre de Monseigneur le Garde des Sceaux un Manuscrit intitulé *Coutumes Générales du Pays & Comté de Blois, &c.* & je n'y ai rien trouvé qui doive en empêcher l'impression. A Paris ce onze Juillet mil sept cent soixante-quinze. *Signé*, ESTIENNE.

PRIVILEGE GÉNÉRAL.

LOUIS, par la grace de Dieu, Roi de France & de Navarre, A nos amés & féaux Conseillers, les Gens tenans nos Cours de Parlement, Maîtres des Requêtes ordinaires de notre Hôtel, Grand Conseil, Prévôt de Paris, Baillifs Sénéchaux, leurs Lieutenans Civils, & autres nos Justiciers, qu'il appartiendra : SALUT, notre amé le sieur MASSON, Imprimeur à Blois, Nous a fait exposer qu'il désireroit faire imprimer & donner au public un Ouvrage qui a pour titre : *Coutumes Générales du Pays & Comté de Blois.* S'il Nous plaisoit lui accorder nos Lettres de Privilege pour ce nécessaires: A ces Causes, voulant favorablement traiter l'Exposant, nous lui avons permis & permettons par ces Présentes de faire imprimer ledit Ouvrage autant de fois que bon lui semblera, & le vendre, faire vendre & débiter par tout notre Royaume, pendant le temps de six années consécutives, à compter du jour de la date des Présentes. Faisons défenses à tous Imprimeurs, Libraires & autres Personnes de quelque qualité & condition qu'elles soient d'en introduire d'impression étrangere dans aucun lieu de notre obéïsance : comme aussi d'imprimer ou faire imprimer, vendre, faire vendre, débiter ni contrefaire ledit Ouvrage, ni d'en faire aucuns extraits sous quelques prétextes que ce puisse être, sans la permission expresse & par écrit dudit Exposant, ou de ceux qui auront droit de lui, à peine de confiscation des Exemplaires contrefaits, de trois mille livres d'amende contre chacun des contrevenans, dont un tiers à Nous, un tiers à l'Hôtel-Dieu de Paris, & l'autre tiers audit Exposant, ou à celui qui aura droit de lui, & de tous dépens, dommages & intérêts ; à la charge que ces Présentes seront enregistrées tout au long sur le Registre de la Communauté des Imprimeurs & Libraires de Paris, dans trois mois de la date d'icelle ; que l'impression dudit Ouvrage sera faite dans notre Royaume & non ailleurs, en beau papier, beaux caracteres, conformément aux Réglemens de la Librairie, & notamment à celui du dix Avril mil sept cent vingt-cinq, à peine de déchéance du présent Privilége : qu'avant de l'exposer en vente, le manuscrit qui aura servi de copie à l'impression dudit Ouvrage, sera remis dans le même état ou l'approbation y aura été donnée, ès mains de notre très-cher & féal Chevalier Garde des

Sceaux de France le Sieur HUE DE MIROMENIL, qu'il en fera enfuite mis deux Exemplaires dans notre Bibliotheque publique, un dans celle de notre Château du Louvre, un dans celle de notre très-cher & féal Chevalier Chancelier de France le Sieur DE MAUPEOU, & un dans celle dudit Sieur HUE DE MIROMENIL ; le tout à peine de nullité des Préfentes : du contenu defquelles vous mandons & enjoignons de faire jouir ledit Expofant & fes ayans caufes, pleinement & paifiblement, fans fouffrir qu'il leur foit fait aucun trouble ou empêchement. Voulons que la copie des Préfentes, qui fera imprimée tout au long, au commencement ou à la fin dudit Ouvrage, foit tenue pour duement fignifiée, & qu'aux copies collationnées, par l'un de nos amés & féaux Confeillers, Sécrétaires, foi foit ajoûtée comme à l'original. Commandons au premier notre Huiffier ou Sergent fur ce requis, de faire pour l'exécution d'icelles, tous actes requis & néceffaires, fans demander autre permiffion, & nonobftant clameur de haro, charte normande, & lettres à ce contraires : Car tel eft notre plaifir. Donné à Paris le vingt-feptieme jour du mois de Septembre l'an de grace mil fept cent foixante-quinze, & de notre Régne le deuxieme. Par le Roi en fon Confeil. *Signé*, LEBEGUE.

Regiftré fur le Regiftre XX de la Chambre Royale & Syndicale des Libraires & Imprimeurs de Paris, Num. 279, Fol. 57, conformément au Réglement de 1723. A Paris, ce 5 Décembre 1775. Signé, HUMBLOT, Adjoint.

www.ingramcontent.com/pod-product-compliance
Lightning Source LLC
LaVergne TN
LVHW020608180726
843502LV00002B/404